家事調停の実務

[編]
紙子達子
野本俊輔
羽成　守

青林書院

はしがき

　家事事件手続法が2013年1月1日から施行されて1年8ヶ月が経過しました。同法は，家庭裁判所における家事審判および家事調停の手続を定める法律です。家庭裁判所の公益的・後見的機能を重視する立場から，手続の進行や事実の調査を基本的には裁判所の職権に委ねていたといえる，昭和22年(1947年)に制定された旧家事審判法を全面的に見直し，手続を透明化して，当事者の主体的，能動的な活動により納得のいく解決につなげるための手続を新たに定めたものです。子どもの意見表明の機会を拡充するなど，子どもの意思と権利の保障に配慮していることも，今回の家事事件手続法で取り入れられた新たな視点です。

　この60年あまりの間の社会の著しい変化に伴い，家族をめぐる事件が増加しており，かつ複雑化・多様化し，紛争が激化しています。このような状況の中，裁判所の関わりを求める場合の手続である家事事件手続法が誰にも明確で利用しやすく，当事者が主体的に主張や資料の提出ができるようになっていることで，裁判所での調停手続や審判の適正さ・公平さが担保され，当事者等の納得を得られやすいと言えます。

　家事事件では旧家事審判法制定当初から調停前置主義がとられていましたが，新しく制定された家事事件手続法でも，同法39条別表第一に掲げるいわゆる第一事件を除く事件で調停前置主義がとられています。人の生活の根拠であり，社会の重要な単位である家族に関わる紛争は，まず当事者相互の話合いによる解決が望まれます。家事事件における調停の重要性はあらためて言うに及びません。家事調停に関する手続については家事事件手続法第3編，244条以下に規定されています。家事審判手続と同様に，手続の透明化，当事者等への手続保障の観点から詳細な規定が設けられています。

　本書は，家事事件手続法に則って実際に家事調停に，申立人や相手方各当事者本人として，または弁護士らが当事者の代理人等として関わる場合に，あるいは家庭裁判所の調停委員等として調停を進行する立場にある場合に，

参考として役立てていただけるように，手続の総論的なことで問題となる事項や，事件の各論として種類別に争点となることの多い事項を念頭に，Q&A方式で解説したものです。家事事件の経験がない弁護士が調停を受任した場合も想定して，平易でわかりやすい説明をすることを心がけました。

　執筆者はいずれも家事調停の経験が豊富であり，自身の実務経験に基づいて個性を発揮して自分なりに比較的自由に解説していますので，多少形式面での統一性に欠け，内容が不揃いであったり，意見にわたるところがありますが，それも本書の特性としてご容赦くださるようお願いいたします。

　なお，本書は，本来は2013年7月に発行されている『民事調停の実務』の姉妹書として発行すべく出発いたしましたが，家事事件の特徴でもある多様性と事件ごとにある微妙さを生かす内容にすべく，原稿の推敲に手間どり発刊が遅れました。

　最後に，本書の企画から構成まで青林書院の加藤朋子さんには多大なご苦労をおかけし，大変お世話になりました。ここに感謝の意を表します。

2014年8月15日

　　　　　　　　　　　　　　　　　　　　　　　　　　　紙子　達子
　　　　　　　　　　　　　　　　　　　　　　　　　　　野本　俊輔

凡　例

I　叙述の仕方
(1)　叙述は，原文引用の場合を除いて，原則として常用漢字，現代仮名遣いによりました。
(2)　見出し記号は，原文引用の場合を除いて，原則として，【1】【2】【3】……，ⅠⅡⅢ……，(1)(2)(3)……，(a)(b)(c)……の順としました。

Ⅱ　法令の表記
　日本の法令名の表記は，原文引用の場合を除き，原則として，次のように行いました。
(1)　地の文では概ね正式名称で表しました。
(2)　カッコ内表記は次のように行いました。
　(a)　主要な法令は後掲の「法令略語例」により，それ以外のものについては正式名称で表しました。
　(b)　多数の法令条項を引用する場合，同一法令の条項は「・」で，異なる法令の条項は「，」で併記しました。原則として「第」「条・項・号」の文字は省き，条は数字，項はローマ数字，号は丸囲み数字で表しました。
〔例〕家事事件手続法277条1項2号　→　法277Ⅰ②

Ⅲ　文献の表記
　文献等は原則として，次のように表示しました。主な文献については，後掲の「文献略語例」を用いて表しました。
　〔例〕著者名『書名』頁数
　　　　執筆者名「論文名」編者名編『書名』頁数
　　　　編者名編『書名』頁数〔執筆者名〕
　　　　執筆者名「論文名」掲載誌　頁数

Ⅳ 判例の表記

(1) 判例は，原則として，後掲の「判例集・雑誌等略語例」を用いて表しました。
(2) カッコ内における判例の出典表示は，原則として，次のように行いました。
〔例〕昭和30年1月28日，最高裁判所判決，最高裁判所民事判例集9巻1号60頁
　　　→ 最判昭30・1・28民集9巻1号60頁

■法令略語例

法	家事事件手続法	調停委員規	民事調停委員及び家事調停委員規則
規	家事事件手続規則		
家審法	(旧) 家事審判法	民執法	民事執行法
家審規	(旧) 家事審判規則	民訴法	民事訴訟法
厚生年金法	厚生年金保険法	民訴規	民事訴訟規則
厚生年金規	厚生年金保険法施行規則	民訴費用法	民事訴訟費用等に関する法律
人訴法	人事訴訟法		
人訴規	人事訴訟規則	民調法	民事調停法
人保法	人身保護法	民保法	民事保全法
通則法	法の適用に関する通則法		

■判例集・雑誌等略語例

大	大審院	民集	最高裁判所（又は大審院）民事判例集
最	最高裁判所		
高	高等裁判所	家月	家庭裁判月報
地	地方裁判所	高民集	高等裁判所民事判例集
家	家庭裁判所	裁時	裁判所時報
支	支部	裁判集民	最高裁判所裁判集民事
判	判決	判時	判例時報
決	決定	判タ	判例タイムズ
審	審判	ジュリ	ジュリスト

■文献略語例

一問一答・家事法	金子修編著『一問一答 家事事件手続法』（2012年，商事法務）
家審法実務講義案	裁判所職員総合研修所監修『家事審判法実務講義案〔6訂再訂版〕』（2009年，司法協会）
家審法講座Ⅲ	加藤令造編『家事審判法講座(3)調停関係』（1975年，判例タイムズ社）
条解家事規則	最高裁判所事務総局家庭局監修『条解家事事件手続規則』（家庭裁判資料第196号，2013年，法曹会）
条解民訴法	兼子一原著／松浦馨＝新堂幸司＝竹下守夫＝高橋宏志＝加藤新太郎＝上原敏夫＝高田裕成著『条解民事訴訟法〔2版〕』（2011年，弘文堂）
逐条解説・家事法	金子修編著『逐条解説 家事事件手続法』（2013年，商事法務）
民事実務講義案Ⅰ	裁判所職員総合研修所監修『民事実務講義案(1)〔4訂補訂版〕』（2013年，司法協会）
家月	家庭裁判月報
判タ	判例タイムズ

編者・執筆者一覧

編　者

紙 子　達 子
　　弁護士
　　慶應義塾大学法学部卒業

野 本　俊 輔
　　弁護士
　　中央大学法学部中退

羽 成　守
　　弁護士
　　中央大学法学部卒業

執筆者（執筆順）

吉 葉　一 浩
　　（弁護士，慶應義塾大学法学部卒業）

中 谷　仁 亮
　　（弁護士，上智大学法科大学院修了）

紙 子　達 子
　　（上掲）

三 神　光 滋
　　（弁護士，明治大学大学院法学研究科博士前期課程修了）

編者・執筆者一覧

金澄 道子
　（弁護士，中央大学法学部卒業，お茶の水女子大学大学院修士課程修了）

久保 貢
　（弁護士，北海道大学法学部卒業）

三枝 恵真
　（弁護士，慶應義塾大学法学部卒業）

兼川 真紀
　（弁護士，早稲田大学法学部卒業，政策研究大学院大学修士課程修了（政策研究））

澄川 洋子
　（弁護士，明治大学大学院法学研究科博士前期課程修了）

広瀬 めぐみ
　（弁護士，上智大学外国語学部卒業）

山田 攝子
　（弁護士，早稲田大学法学部卒業）

中村 規代実
　（弁護士，慶應義塾大学法学部卒業）

加藤 祐司
　（弁護士，早稲田大学法学部卒業）

牛島 聡美
　（弁護士，中央大学法学部卒業，ニューヨーク大学客員研究員（2000年～2001年））

目　次

はしがき
凡　例
編者・執筆者一覧

第1編　家事調停手続総論

第1章　家事調停の基本

Q1　家事調停事件の種類……………………………〔吉葉　一浩〕／ 5
　家事調停事件には，どのような事件がありますか。また，どのように分類されますか。

Q2　家事調停事件の管轄裁判所……………………〔吉葉　一浩〕／ 11
　家事調停事件の管轄裁判所は，どのように定められていますか。

Q3　移送と自庁処理…………………………………〔吉葉　一浩〕／ 15
　家事調停事件の移送とは何ですか。また，自庁処理とは何ですか。

Q4　調停機関…………………………………………〔吉葉　一浩〕／ 19
　家事調停を行う調停機関には，どのようなものがありますか。

Q5　調停委員会………………………………………〔中谷　仁亮〕／ 22
　調停委員会とは何ですか。その組織と権限はどのように定められていますか。

Q6　家事調停委員……………………………………〔中谷　仁亮〕／ 28
　家事調停委員にはどのような人が選ばれますか。その地位等はどうなっていますか。

Q7　家事調停官………………………………………〔紙子　達子〕／ 32
　家事調停官とはどのような人ですか。どのような権限をもちますか。

Q8　家庭裁判所調査官………………………………〔紙子　達子〕／ 35
　家庭裁判所調査官とはどのような人ですか。家事調停にどのように関与するのですか。

Q9 医師である裁判所技官…………………………………〔紙子 達子〕/ 38
医師である裁判所技官とはどのような人ですか。家事調停にどのように関与するのですか。

Q10 裁判所職員の除斥・忌避・回避………………………〔中谷 仁亮〕/ 40
裁判官の除斥・忌避・回避とは、どのような制度ですか。調停委員や他の裁判所職員についても、同様の制度がありますか。

Q11 事件記録の管理等………………………………………〔中谷 仁亮〕/ 45
家事調停事件の記録はどのように作成・管理されますか。

Q12 事件記録の閲覧等………………………………………〔吉葉 一浩〕/ 52
家事調停事件の記録の閲覧、謄写等はどのような扱いになっていますか。

Q13 当事者能力・手続行為能力……………………………〔三神 光滋〕/ 56
家事調停手続における当事者能力及び手続行為能力とは何ですか。

Q14 法定代理人の権限………………………………………〔三神 光滋〕/ 61
家事調停手続において、法定代理人にはどのような権限が認められていますか。

Q15 法定代理人の利益相反…………………………………〔三神 光滋〕/ 65
家事調停手続において未成年者又は被後見人とその法定代理人との間に利益相反があるときは、どのような扱いになりますか。

Q16 手続法上の特別代理人…………………………………〔三神 光滋〕/ 69
手続法上の特別代理人とは、どのような制度ですか。

Q17 手続代理人の資格………………………………………〔三神 光滋〕/ 72
家事調停手続において、弁護士でない者を手続代理人にすることができますか。

Q18 手続代理人の地位及び権限……………………………〔三神 光滋〕/ 74
家事調停手続において、手続代理人の地位及び権限はどのように定められていますか。

Q19 子の手続代理人…………………………………………〔金澄 道子〕/ 80
家事事件手続法では、どのような場合に子が自分で調停に参加したり、代理人を選任することができるようになったのでしょうか。両親の離婚事件や面会交流事件で自分の意見をいうことができますか。

Q20 裁判長による手続代理人の選任………………………〔三神 光滋〕/ 84
家事調停手続において、裁判長が手続代理人を選任するのはどのような場合ですか。

Q21 手続代理人の利益相反…………………………………〔三神 光滋〕/ 86
家事調停手続において手続代理人の利益相反があるときは、どのような扱いになりますか。

Q22 補佐人 ……………………………………〔三神光滋〕/ 88
　家事調停手続における補佐人とは，どのような人ですか。どのような場合に許可されますか。

第2章　調停手続

Q23 調停の申立て ………………………………〔三神光滋〕/ 93
　家事調停事件の申立ては，どのように行いますか。

Q24 申立ての併合 ………………………………〔吉葉一浩〕/ 100
　申立ての併合は，どのような場合に認められますか。

Q25 申立書の写しの送付 …………………………〔吉葉一浩〕/ 102
　家事調停の申立書の写しの送付は，どのように行われますか。

Q26 調停前置主義と必要的付調停 ………………〔吉葉一浩〕/ 105
　調停前置主義とは何ですか。また，必要的付調停とは何ですか。

Q27 任意的付調停 ………………………………〔吉葉一浩〕/ 108
　任意的付調停とは何ですか。

Q28 調停手続の非公開 …………………………〔吉葉一浩〕/ 111
　家事調停手続の非公開とは，どういう意味ですか。どのような場合に傍聴が許可されますか。

Q29 調停期日とその指定等 ……………………〔吉葉一浩〕/ 113
　調停期日とは何ですか。期日の指定や変更は，どのようになされますか。調停の場所は，どのように定められていますか。

Q30 調停手続の併合・分離 ……………………〔吉葉一浩〕/ 117
　家事調停手続の併合・分離は，どのような場合に行われますか。

Q31 申立ての変更 ………………………………〔中谷仁亮〕/ 120
　申立ての変更は，どのような場合に認められますか。

Q32 調停期日の進行方法（双方立会いの手続説明，別席・同席調停）
　……………………………………………………〔紙子達子〕/ 122
　調停期日はどのようにして始まりますか。期日に当事者は同席するのでしょうか。

Q33 主張書面・証拠資料の提出 ………………〔紙子達子〕/ 126
　当事者の主張書面や証拠資料を提出する時はどのような注意が必要ですか。また調停ではどのような扱いになりますか。

Q34 当事者参加 ……………………………………〔中谷　仁亮〕／*129*
当事者参加とは何ですか。どのような場合に，当事者参加が認められるのですか。

Q35 利害関係参加 ……………………………………〔中谷　仁亮〕／*132*
利害関係参加とは何ですか。どのような場合に，利害関係参加が認められるのですか。

Q36 調停手続からの排除 ………………………………〔中谷　仁亮〕／*135*
家事調停手続からの排除とは何ですか。従来行われていた家事調停手続からの脱退との違いは何ですか。

Q37 調停手続の受継 …………………………………〔中谷　仁亮〕／*137*
家事調停手続の受継とは何ですか。どのような場合に，受継が認められますか。

Q38 電話会議システム等による調停手続 ……………〔中谷　仁亮〕／*140*
電話会議システムによる調停手続とは，どのようなものですか。また，テレビ会議システムによる調停手続とは，どのようなものですか。

Q39 調停手続における事実の調査（法56・58，規44） ………〔紙子　達子〕／*145*
調停の手続の中で行われる事実の調査は，どのような場合にどのように行われるのですか。

Q40 調停手続における証拠調べ（法56，規44） ………〔紙子　達子〕／*149*
調停の手続の中で証拠調べについては，どのような定めがあり，実際はどのような場合に実施されるのでしょうか。

Q41 調停手続における調査嘱託（法62，規45，法64，民訴法186）
……………………………………………………〔紙子　達子〕／*152*
調停の手続における裁判所の調査嘱託とはどのようなことですか。

Q42 調停手続における子の意思の把握等（法65） ……〔紙子　達子〕／*154*
子の意思の把握とはどのようなことで，どのように規定されているのですか。

Q43 調停手続における中間合意（法253） ……………〔紙子　達子〕／*158*
調停手続において中間合意がされるのはどのような場合ですか。

Q44 調停手続上の裁判に対する不服申立て …………〔紙子　達子〕／*160*
調停手続においてなされた裁判の不服申立てとしてはどのような方法がありますか。

Q45 高等裁判所における調停手続 ……………………〔紙子　達子〕／*162*
養育費の審判の抗告審である高等裁判所で審理係属中ですが，当事者間で合意ができそうなので，諸条件をつめるため調停手続にしたいのですが，可能でしょうか。

第3章　調停手続の終了

Q46　調停手続の終了事由……………………………………〔久　保　　　貢〕／167
家事調停事件の終了事由にはどのようなものがありますか。
また，それぞれにつき，家事調停事件の終了時期はいつですか。

Q47　調停合意の成立と効力（法268，規130）……………〔久　保　　　貢〕／171
調停が成立するには何が必要ですか。また，成立した調停の効力はどのようなものがありますか。

Q48　調停調書の更正（法269）………………………………〔久　保　　　貢〕／173
離婚調停事件における慰謝料の分割払いの条項に計算違いがあり，調停調書が誤った記載になっています。どうすれば良いですか。

Q49　調停条項案の書面による受諾（法270，規131）……〔久　保　　　貢〕／175
調停の期日に遠方のため出頭するのが困難な当事者がいるのですが，調停を成立させることは可能ですか。

Q50　調停をしない措置（法271，規132Ⅰ）………………〔久　保　　　貢〕／176
離婚の調停を申し立てられたのですが，相手方は，手続を引き延ばしているとしか思えません。何か方法がありますか。

Q51　調停の不成立（法272，規132Ⅱ）……………………〔久　保　　　貢〕／178
調停の不成立はどのような場合におきますか。

Q52　調停申立ての取下げ（法273）…………………………〔久　保　　　貢〕／181
調停を申し立てたのですが，一向に進展がありません。取下げは可能でしょうか。

Q53　当事者の死亡………………………………………………〔久　保　　　貢〕／184
相手方から家事事件の調停を起こされましたが，相手方が死亡しました。どのように対応すればよいでしょうか。

第4章　合意に相当する審判

Q54　合意に相当する審判の手続………………………………〔三　枝　恵　真〕／191
合意に相当する審判とはどのような手続ですか。その対象となる事件にはどのようなものがありますか。

Q55　合意に相当する審判に対する不服申立手続……………〔三　枝　恵　真〕／196
合意に相当する審判に対する不服申立手続はどのようなものですか。

Q56 合意に相当する審判の効力……………………………〔三枝 恵真〕／199
　合意に相当する審判の効力はどのようなものですか。

第5章　調停に代わる審判

Q57 調停に代わる審判の手続………………………………〔三枝 恵真〕／203
　調停に代わる審判とはどのような手続ですか。その対象となる事件にはどのようなものがありますか。

Q58 調停に代わる審判に対する不服申立手続……………〔三枝 恵真〕／207
　調停に代わる審判に対する不服申立手続はどのようなものですか。

Q59 調停に代わる審判の効力……………………………〔三枝 恵真〕／210
　調停に代わる審判の効力はどのようなものですか。

第6章　調停手続における保全手続

Q60 調停前の処分はどのような場合になされますか………〔金澄 道子〕／215
　調停の申立てをすると，調停前の処分ができるようになったと聞きましたが，どのような場合に利用できますか。調停前の処分は，当事者の申立てが必要ですか。

Q61 調停前の処分の効力（法266）………………………〔金澄 道子〕／218
　調停前の処分が出ると，強制執行ができるのでしょうか。調停前の処分に不服のときには，どのようなことができますか。

Q62 審判前の保全処分とは（法105）……………………〔金澄 道子〕／220
　審判の申立てをしないと，審判前の保全処分の申立てはできないのでしょうか。できれば調停での話合いをじっくりやりたいと思っているのですが，調停中に不動産が処分されてしまうと困るのです。

Q63 審判前の保全処分の手続（法106，規75）…………〔金澄 道子〕／223
　調停中に申し立てる審判前の保全処分では，どのような書類を作成し，どのような資料を提出すればよいのでしょうか。裁判所は当事者の提出した資料だけで判断をし，事実の調査は行われないのでしょうか。

Q64 審判前の保全処分の効力……………………………〔金澄 道子〕／228
　調停中に，審判前の保全処分の審判が出ましたが，強制執行はできますか。調停が不成立になり，審判移行したときには，効力を失いますか。

目 次　xv

Q65　審判前の保全処分に対する不服申立て……………………〔金澄　道子〕／230
　　審判前の保全処分に対し，審判が出ましたが，不服のときにはどのようにしたらよいのでしょうか。即時抗告をすれば，執行停止になりますか。

Q66　民事保全法による保全手続……………………………………〔金澄　道子〕／234
　　家事事件で保全処分をしたいのですが，家事事件手続法に定められた「調停前の処分」と「審判前の保全処分」しか利用できないのですか。

第7章　履行確保

Q67　履行勧告……………………………………………………………〔金澄　道子〕／239
　　調停で養育費の支払の合意ができていたのに相手方が支払ってくれません。強制執行するしかないのでしょうか。家庭裁判所を利用してできることはありますか。

Q68　履行命令……………………………………………………………〔金澄　道子〕／242
　　家庭裁判所に履行勧告をしてもらったところ，半年位は養育費を支払ってくれていたのですが，また支払が止まってしまいました。もう少し強力な制度はないのでしょうか。

Q69　強制執行……………………………………………………………〔金澄　道子〕／245
　　調停での合意若しくは確定した審判で定められた内容及び審判前の保全処分による内容を，強制的に履行させるためには，どうしたらいいですか。

第2編　家事調停手続各論

第1章　夫婦関係事件

Q70　夫婦関係調整（円満）調停………………………………………〔紙子　達子〕／253
　　ささいなことで夫婦喧嘩となり，その後夫が私と子どもをおいて出て行き，1人住まいをしています。私は夫と元の生活に戻りたいのですが。

Q71　離婚調停……………………………………………………………〔紙子　達子〕／261
　　家業に協力しない妻と夫婦喧嘩ばかりしているので離婚したいのですが，妻と離婚についての話合いができません。

Q72　離婚原因……………………………………………………………〔兼川　真紀〕／267
　　離婚調停を申し立てることができるのはどのような場合でしょうか。

Q73 有責配偶者からの離婚請求……………………………〔兼川 真紀〕/272
　有責配偶者からの離婚が認められるのはどのような場合でしょうか。

Q74 内縁関係調整調停………………………………………〔兼川 真紀〕/275
　婚姻の届出をしないまま長年夫婦として暮らしてきたけれども，その関係を解消したいとき，調停を利用できるでしょうか。手続を教えてください。

Q75 離婚調停に伴う付随調停事項…………………………〔兼川 真紀〕/281
　離婚調停を申し立てるつもりですが，子どもの今後のことなども一緒に決めたいと思います。そのような調停ができるでしょうか。

Q76 離婚後の紛争調停………………………………………〔兼川 真紀〕/285
　私たち夫婦は離婚しました。引越し先で落ち着くまで，荷物をそのままにさせておいてもらいたい，後日引き取らせてもらいたいといわれ，了解しましたが，離婚後1年が経過して，何度連絡しても荷物を引き取ってくれません。そろそろ気持ちの整理をつけて再出発したいと思いますが，話し合う方法はあるでしょうか。

Q77 財産分与調停……………………………………………〔兼川 真紀〕/288
　離婚の届出はしたけれども，財産分与が終わっていないというような場合で，調停を利用したいと思います。財産分与調停とはどのようなものでしょうか。

Q78 年金分割調停……………………………………………〔兼川 真紀〕/297
　離婚の届出をしました。年金分割の合意もしたいと考えていますが話合いがうまく進みません。年金分割調停申立てとはどのようなものでしょうか。

Q79 離婚慰謝料請求調停……………………………………〔澄川 洋子〕/303
　夫の浮気が原因で協議離婚しました。夫に慰謝料を請求したいのですが，どうすればよいでしょうか。

Q80 婚姻費用分担請求調停…………………………………〔澄川 洋子〕/307
　小学生の息子を連れて家を出ました。夫は，私が勝手に出て行ったのだから生活費を渡す必要はないと言います。夫に生活費の請求をしたいのですが。

Q81 婚姻費用算定表…………………………………………〔澄川 洋子〕/311
　婚姻費用算定表とはどういうものですか。どのように利用するのですか。

Q82 婚姻無効・取消調停（法282）………………………〔澄川 洋子〕/315
　彼から，結婚しなければ私の過去をネットに公表すると脅され，婚姻届にサインしてしまいました。婚姻を取り消すにはどうしたらいいですか。

Q83 協議離婚無効・取消調停………………………………〔澄川 洋子〕/319
　半年前に夫が私に無断で離婚届を出していたことを知りました。私は夫と離婚するつもりはないのですが，どうしたらよいでしょうか。

Q84 婚姻関係存否確認調停……………………………〔澄川 洋子〕/323
別居中の夫と離婚することが決まり，夫から署名済みの離婚届が送られてきたので，私が離婚届を提出しました。ところが，離婚届が受理された前日に夫が自殺していました。この場合，離婚は成立しているのでしょうか。

Q85 婚姻関係事件の戸籍手続…………………………〔澄川 洋子〕/326
夫と調停離婚しました。子どもの親権者は私です。この後，戸籍の手続はどうすればよいのでしょうか。

第2章 婚外男女関係事件

Q86 婚約不履行による損害賠償請求調停……………〔紙子 達子〕/333
結婚する約束をして交際していましたが，突然，結婚しない，別れようといわれました。相手にはどんな請求ができますか。

Q87 不倫相手に対する慰謝料請求調停………………〔紙子 達子〕/335
夫の不倫相手に慰謝料を請求したいのですが，どのような方法がありますか。調停でできますか。

第3章 実親子関係事件

Q88 親権者の指定・変更調停…………………………〔広瀬 めぐみ〕/341
親権に争いがある場合，親権者指定はどのような基準でなされますか。いったん決まった親権者を変更する場合はどうでしょうか。

Q89 監護者の指定・変更調停…………………………〔広瀬 めぐみ〕/346
夫婦が別居する際に，どちらが子と一緒に暮らすか，子の取合いになっています。どのような法的手続が考えられますか。また，親権者でない者が子の世話をしたい場合にどのような申立てが考えられますか。

Q90 養育費調停…………………………………………〔広瀬 めぐみ〕/351
養育費は子どもがいくつになるまで請求できますか。その法的な根拠は何でしょうか。養育費の金額を変更したい時にはどうしたらよいですか。

Q91 養育費算定表………………………………………〔広瀬 めぐみ〕/357
養育費はどの程度の金額を払うのか決まっていますか。養育費算定表で決まる金額よりも少なかったり多かったりするのはどのような場合ですか。

Q92　面会交流調停……………………………………〔広瀬　めぐみ〕／361
面会交流調停はどのように進みますか。面会交流が認められるための要件は何ですか。面会交流を支援する第三者機関などはありますか。

Q93　認知・嫡出否認調停（法283）……………………〔広瀬　めぐみ〕／366
婚姻をしていない男女間に生まれた子について，実父がこれを認める場合の手続及びこれを認めない場合にとるべき手続にはどのようなものがありますか。

Q94　認知無効・取消調停……………………………〔広瀬　めぐみ〕／371
迫られて認知をしてしまいましたが，実際の父子関係がない場合に，認知の無効を調停で主張することはできますか。取消しはどうでしょうか。

Q95　実親子関係存否確認調停……………………………〔広瀬　めぐみ〕／375
夫婦が結婚している間に生まれた子に，実の父子関係がない場合，これを確認するための申立ては嫡出否認の訴えだけでしょうか。親子関係不存在確認の訴えで対応すべきなのはどのような場合でしょうか。

Q96　実親子関係事件の戸籍手続……………………………〔広瀬　めぐみ〕／378
子どもが生まれたらどのように戸籍を提出するのでしょうか。認知をした場合はどうでしょうか。

第4章　養親子関係事件

Q97　離縁調停……………………………………………〔山田　攝子〕／385
養子縁組を解消したいのですが，当事者間で話合いができません。
離縁するには，どのような手続をしたらよいのでしょうか。

Q98　縁組無効・取消調停……………………………〔山田　攝子〕／389
戸籍全部事項証明書を取り寄せたところ，甥が養子として私の戸籍に入っていました。無理やり養子縁組届を作成させられた記憶はありますが，届出を承知した事実はありません。

Q99　協議離縁無効・取消調停……………………………〔山田　攝子〕／392
養親である私の知らない間に，協議離縁届が提出され受理されたことを知りました。どのような手続を踏まなければならないでしょうか。

Q100　養親子関係存否確認調停……………………………〔山田　攝子〕／396
離縁の届出をしたにもかかわらず養親子関係の実態のない養子が戸籍に記載されています。相続に備えて戸籍を訂正して身分関係を明確にしたいのですが，どのような手続が必要でしょうか。

Q101　養親子関係事件の戸籍手続 ……………………………〔山田　攝子〕／399
　養親から離縁調停を申し立てられました。離縁には応じるつもりですが，永年使ってきた氏を変えたくありません。可能でしょうか。

第5章　親族関係事件

Q102　扶養請求調停 ………………………………………………〔澄川　洋子〕／405
　年金が少なく生活が苦しいので，息子たちに生活費の援助をしてもらいたいのですが。

Q103　親族間紛争調整調停 ……………………………………〔澄川　洋子〕／411
　夫の両親が建てた二世帯住宅で同居するようになってから，夫の両親とギクシャクするようになりました。以前のような良好な関係を取り戻したいのですが。

第6章　遺産分割事件

Q104　遺産分割調停の申立て …………………………………〔中村　規代実〕／415
　A子の亡父甲は遺言を残していなかったので，母乙，兄Bと妹Cと話合いで父の遺産を分けたいと考えていますが，兄Bは母及びACら妹と仲が悪いため話合いがまとまりそうにありません。そこで，A子は裁判所に持ち込んで解決したいと考えています。どのような手続がありますか。また，どのように申し立てればよいでしょうか。

Q105　遺産分割調停の手続手順 ………………………………〔中村　規代実〕／421
　遺産分割調停の手続は，どのように進められるのですか。調停が不成立に終わった場合，あらためて審判の申立てが必要ですか。
　また，審判までにどのようなことが行われ得るのでしょうか。

Q106　相続人の範囲 ………………………………………………〔中村　規代実〕／427
　遺産分割調停で相続人の範囲を確認する必要があるのはなぜですか。また，どのようにその範囲を確認するのですか。当事者となるのはどの範囲ですか。
　共同相続人中に熟慮期間中の者や所在不明，長期間生死不明の者がいる場合，どのように対応すればよいですか。

Q107 相続人の不存在……………………………………〔中村　規代実〕／431
　亡父甲の遺産分割について，A子が母乙，兄B及び妹Cを相手に遺産分割調停を申し立てたのですが，兄Bと母乙・AC姉妹との対立が深く，話合いがまとまらないまま調停手続の期日が重なっていたところ，同調停手続の途中でBが死亡しました。Bは独身で，乙及びA，Cは従前対立が激しかったBの遺産について相続する意思はなく家裁で放棄申述手続をしたので，Bには相続人がいないことになります。この場合，亡父甲の遺産分割におけるBの相続分や係属している調停手続はどうなるのですか。また，B自身の遺産の処遇はどうなるのでしょうか。

Q108 相続分の譲渡・放棄……………………………〔中村　規代実〕／433
　相続分の譲渡・放棄とは何ですか。また，譲渡・放棄した当事者は調停・審判手続に関与し続けることができるのでしょうか。
　その際，相続分の譲渡・放棄の真意の確認方法はどのようにするのですか。

Q109 遺産の範囲……………………………………〔中村　規代実〕／437
　どのような遺産が相続の対象となるのですか。遺産分割の対象とは異なるのですか。

Q110 遺産分割の対象財産（遺産の範囲と異なる）……〔中村　規代実〕／439
　遺産分割の対象となる財産の範囲は，遺産の範囲と異なると聞きましたが，どのように異なるのでしょうか。具体的にはどのような財産が遺産分割の対象となるのでしょうか。

Q111 使途不明金……………………………………〔中村　規代実〕／444
　相続開始前に一部の相続人が被相続人名義の預金を引き出し，使途不明金があることが判明したため，このままでは遺産の範囲が確定しません。調停手続との関係においてどのように対応するべきでしょうか。

Q112 遺産から生じる果実……………………………〔中村　規代実〕／445
　遺産から生じる果実（相続開始後の賃料，利息及び配当金等）は遺産分割の対象財産になるのでしょうか。

Q113 遺産の評価……………………………………〔中村　規代実〕／447
　遺産の評価はなぜ必要ですか。また，調停実務上，評価の基準時や方法はどのようにされていますか。

Q114 特別受益(1)……………………………………〔加藤　祐司〕／450
　特別受益による持戻しとはどのような制度ですか。特別受益は遺産分割にどのような影響を与えるのですか。

Q115 特別受益(2)……………………………………〔加藤　祐司〕／456
　共同相続人について特別受益が問題となるのはどのような場合ですか，また特別受益にあたる遺贈，贈与にはどのようなものがありますか。

Q116 特別受益(3) ……………………………〔加藤 祐司〕/463
超過特別受益と遺留分侵害とはどのような関係に立ちますか，また超過特別受益額は誰がどのように負担しますか。

Q117 特別受益(4) ……………………………〔加藤 祐司〕/468
特別受益の評価はどのような時点でするのでしょうか。

Q118 寄 与 分(1) ……………………………〔加藤 祐司〕/472
寄与分とはどのような制度ですか。寄与分は遺産分割にどのような影響を与えるのですか。

Q119 寄 与 分(2) ……………………………〔加藤 祐司〕/479
寄与分が主張できるのは誰ですか，またどのような寄与が特別の寄与といえますか。

Q120 遺産分割の方法 ………………………〔加藤 祐司〕/484
遺産分割の方法にはどのようなものがありますか。共有物の分割とはどのように異なりますか。

Q121 遺産分割と登記 ………………………〔加藤 祐司〕/489
相続開始後，相続財産である不動産について遺産分割がなされたのですが相続を原因とする移転登記をしていませんでした。そうしたところ，この不動産を取得しないこととなった相続人の債権者がその持分を差し押さえてしまいました。

第7章 遺留分減殺事件

Q122 遺留分の意義，遺留分侵害額の計算，遺留分算定の財産
……………………………………………〔加藤 祐司〕/495
遺留分とはどのような制度ですか，遺留分侵害額はどのように計算されますか。

Q123 遺留分減殺の順序と減殺の割合，減殺請求後の法律関係
……………………………………………〔加藤 祐司〕/502
複数の遺贈，死因贈与，生前贈与がある場合に減殺請求はどのようにするのですか。また，減殺請求後の法律関係はどのようになりますか。

Q124 価額弁償(1) ……………………………〔加藤 祐司〕/508
遺留分減殺請求がなされた場合に，金銭を支払って解決する価額弁償という制度があるとのことですが，どのような内容のものですか。

Q125 価額弁償(2) ……………………………〔加藤 祐司〕/511
価額弁償額についての遺留分権利者と遺留分義務者の利益の調整について判例上様々な工夫がなされているとのことですが，どのような工夫なのでしょうか。

Q126 遺留分と特別受益・寄与分 ……………………………〔加藤　祐司〕/523
遺留分侵害額の算定にあたり，寄与分が考慮されていません。このことは実際の家事調停や訴訟においてどのような意味がありますか。

第8章　その他の相続関係事件

Q127 遺産をめぐる紛争調停 ……………………………………〔加藤　祐司〕/529
遺産分割を終えたのですが，相続人の1人が遺産分割の対象とした財産の内に自分の物があると言い出しました。

Q128 相続回復請求調停 …………………………………………〔加藤　祐司〕/534
相続の放棄をした人から，相続の放棄は共同相続人が書類を偽造したものであるから無効であるとして，遺産分割調停の申立てがなされました。相続放棄の手続は既に15年も前のことであり，相手方の相続回復請求権は時効によって消滅していると思うのですが。

Q129 祭祀財産承継調停 …………………………………………〔加藤　祐司〕/540
死亡した父がお墓を所有していましたが，このお墓を今後守っていく人はどのように決めれば良いですか。

第9章　渉外家事調停事件

Q130 渉外家事調停事件とは ……………………………………〔牛島　聡美〕/547
渉外家事調停事件とはどのようなものですか。どのような判断が加わりますか。また，調停前置主義は適用されますか。

Q131 渉外離婚調停 ………………………………………………〔牛島　聡美〕/552
渉外離婚調停は，どのような場合に日本でできますか。

Q132 渉外離婚に伴う財産的請求・養育費請求調停 …………〔牛島　聡美〕/556
国際結婚をしましたが，離婚をする場合，財産的請求・養育費を請求するにはどうしたらいいでしょうか。

Q133 渉外子の引渡し・面会交流調停 ………………………〔牛島　聡美〕/559
国際結婚をした日本人が配偶者の本国で住んでいましたが，家庭内暴力を受けたことから，16歳未満の子どもを連れて日本に帰国しました。子どもを戻せと配偶者からいわれていますが，どうしたらいいですか。

Q134 渉外遺産分割調停 ……………………………………〔牛 島 聡 美〕／564
　(1)　日本で暮らしている日本人である母が，外国で投資用不動産を所有していましたが，死亡しました。相続はどのようになるでしょうか。
　(2)　日本人である母が，外国で暮らしていましたが，日本に不動産があった場合の相続はどうですか。

巻末資料：養育費・婚姻費用算定表……………………………………………… *567*
事項索引……………………………………………………………………………… *589*

第1編

家事調停手続総論

第 1 章

家事調停の基本

Q1 家事調停事件の種類

家事調停事件には、どのような事件がありますか。また、どのように分類されますか。

〔1〕 概　　説

最高裁判所が公表している司法統計によれば、平成25年に全国の家庭裁判所に申し立てられた家事調停事件の総数は約13万9600件です。

家庭裁判所が扱う家事調停事件の範囲については、家事事件手続法244条が「家庭裁判所は、人事に関する訴訟事件その他家庭に関する事件（別表第一に掲げる事項についての事件を除く。）について調停を行うほか、この編の定めるところにより審判をする。」と規定しています。したがって、家庭裁判所が扱う調停事件すなわち家事調停事件の対象は、「人事に関する訴訟事件」及び「その他家庭に関する事件」ということになります。

〔2〕 人事に関する訴訟事件

「人事に関する訴訟事件」とは、家事審判法時代から人事訴訟法2条の定義にしたがうものと解されており、具体的には次のとおりです。

① 婚姻の無効及び取消しの訴え、離婚の訴え、協議上の離婚の無効及び取消しの訴え並びに婚姻関係の存否の確認の訴え（人訴法2①）

② 嫡出否認の訴え、認知の訴え、認知の無効及び取消しの訴え、民法773条の規定により父を定めることを目的とする訴え並びに実親子関係の存否の確認の訴え（人訴法2②）

③ 養子縁組の無効及び取消しの訴え、離縁の訴え、協議上の離縁の無効及び取消しの訴え並びに養親子関係の存否の確認の訴え（人訴法2③）

④ その他の身分関係の形成又は存否の確認を目的とする訴え（人訴法2本文。具体的な例として、姻族関係終了の意思表示の効力を争う姻族関係の存否確認の訴え）

なお，これらの人事訴訟事件はいずれも身分関係の変更を伴うものであり，そのうち通常の家事調停の対象となるのは，当事者の任意処分が認められている離婚（民法763）と離縁（民法811Ⅰ）に限られます。その他の事件は，一定の身分行為の無効や取消しを求め，又は一定の身分関係の存否確認を求めるものですから，当事者の協議のみで任意に決められるものではなく，通常の家事調停の対象とすることはできません。これらの事件は，家事事件手続法277条以下が定める「合意に相当する審判」として特殊の家事調停手続によらなければなりません。

【3】　その他家庭に関する事件

　「その他家庭に関する事件」とは何か，その意義あるいは範囲は必ずしも明確ではありません。旧法（家審法17）においては「その他一般に家庭に関する事件」と規定されていましたが，家事事件手続法では「一般に」という文言が削除されて「その他家庭に関する事件」という規定になっています。しかし，その違いにより対象となる事件の範囲が変わることはないと考えられ，要は「家庭に関する事件」といえるかどうかで判断するほかないと考えられます。現在では，一般的には，
　① 親族又はこれに準ずるものという一定の身分関係の存在
　② これらのものの間で紛争が存在すること
　③ 紛争の内容に人間関係調整の余地が認められること
という三要素を備えているものと解されています（例えば，佐上善和『家事審判法』325頁以下）。

　①の身分関係の存在は，あまり厳格に考えられておらず，かつて夫婦・内縁や親子関係にあったという場合も含まれます。②の紛争は，身分上の問題に限らず金銭貸借，不動産の賃貸借関係，同族会社の争いなども含まれます。③の人間関係調整の余地は，一定の身分関係が存在するもの同士の紛争の背後には複雑かつ感情的な人間関係の葛藤を含んでいる場合が多く，紛争解決のためには人間関係の調整が必要とされるために求められた要素であり，この点も厳格に考えられているものではありません。

　「家庭に関する事件」に該当する調停事件としては，次のようなものが含

まれます。
① 夫婦・男女関係　夫婦関係調整調停（夫婦円満），内縁関係調整調停（円満調停及び解消調停），婚姻費用分担請求調停，財産分与請求調停，年金分割調停，離婚慰謝料請求調停，離婚後の紛争調整調停，婚外男女関係調整調停，婚約不履行慰謝料請求調停，不貞相手に対する慰謝料請求調停等
② 子ども関係　親権者の指定・変更調停，養育費請求調停，面会交流調停，子の監護者の指定・変更調停，子の引渡し調停，親子関係調整調停等
③ 親族関係　扶養請求調停，親族関係調整調停等
④ 相続関係　遺産分割調停，寄与分を定める処分調停，遺産に関する紛争調整調停，遺産分割後の紛争調整調停，相続回復請求調停，遺留分減殺による物件返還請求調停，祭祀承継者指定調停等

【4】 家事調停事件の分類

　家裁の現場では，家事調停事件を①一般調停事件，②第二調停事件，③特殊調停事件（合意に相当する審判）と三分類するのが一般的です。

Ⅰ　一般調停事件

　一般調停事件とは，家事調停事件のうち②第二調停事件と③特殊調停事件（合意に相当する審判）を除いたものです。平成25年に全国の家庭裁判所に申し立てられた一般調停事件の総数は約6万0600件で，全家事調停事件の約43％を占めています。

　一般調停事件は，調停が不成立になるとそこで事件が終了し，審判手続に移行することはありません。大半の一般調停事件については，調停不成立後に訴訟を提起することができます。離婚及び離縁は家裁に人事訴訟を提起することができ，その他の事件は地裁や簡裁に民事訴訟を提起することができます。ただし，法律的に履行を求め得ない請求，例えば夫婦の同居を求める請求や婚約の履行の請求等は，訴訟になじまないので訴訟を提起することができません。一般調停事件には，以下のような事件が含まれます。
① 夫婦・男女関係　夫婦関係調整調停（円満調停及び離婚調停），内縁関

係調整調停（円満調停及び解消調停），離婚慰謝料請求調停，離婚後の紛争調整調停，婚姻外男女関係調整調停，婚約不履行慰謝料請求調停，不貞相手に対する慰謝料請求調停等
② 子ども関係　　親子関係調整調停等
③ 親族関係　　親の財産管理をめぐる紛争調整調停，親族間紛争調整調停等
④ 相続関係　　遺産に関する紛争調整調停，遺産分割後の紛争調整調停，相続回復請求調停，遺留分減殺による物件返還請求調停等

II　別表第二調停事件

「別表第二調停事件」（「別表第二事件」「第二調停事件」「第二事件」などと略すこともあります）とは，家事事件手続法39条別表第二の1項ないし16項に掲げる事項についての調停事件を指し，これらの事件は調停が不成立になると，当然に審判手続に移行します（法272Ⅳ）。平成25年に全国の家庭裁判所に申し立てられた別表第二調停事件の総数は約7万4900件で，全家事調停事件の約54％を占めています。

旧法（家審法9Ⅰ）では乙類として規定されていたことから乙類調停事件（乙類事件）と呼ばれていました。別表第二調停事件には，以下のような事件が含まれます。

① 夫婦関係　　夫婦間協力扶助調停（別表第二1項），婚姻費用分担請求調停（同2項），財産分与請求調停（同4項），年金分割調停（同15項），離婚等の場合の祭祀承継者指定調停（同5項）
② 子ども関係　　子の監護に関する調停（養育費請求調停，面会交流調停，子の監護者の指定・変更調停，子の引渡し調停。同3項），離縁等の場合の祭祀承継者指定調停（同6項），離縁後の親権者指定調停（同7項），親権者の指定・変更調停（同8項）
③ 親族関係　　扶養の順位の決定等調停（同9項），扶養の程度・方法の決定等調停（同10項），扶養義務者の負担額確定調停（同16項）
④ 相続関係　　祭祀承継者指定調停（同11項），遺産分割調停（同12項），遺産分割の禁止調停（同13項），寄与分を定める処分調停（同14項）

Ⅲ　特殊調停事件（合意に相当する審判）

　合意に相当する審判は，家事事件手続法277条以下に規定されている特殊の調停手続であり，前述の「人事に関する訴訟事件」のうち離婚と離縁を除いたものが対象となります（法277Ⅰ）。家事審判法においては，条文（家審法23）を引いて「23条事件」と呼ばれており，家事事件手続法下においては「277条事件」と呼ばれることになると思われます。平成25年に全国の家庭裁判所に申し立てられた277条事件の総数は4146件で，全家事調停事件の約3％を占めています。

　合意に相当する審判の対象事件は，特定の身分行為の無効又は取消し等であり，本来，当事者の合意により任意に処分することが許される性質のものではありません。例えば，離婚無効原因が存在しないにもかかわらず，当事者間の合意により離婚無効を認めることはできませんし，実親子関係がない者同士の合意により認知を認めることは許されるものではありません。この種の紛争は，本来，正式な判決手続（人事訴訟手続）によってのみ確定すべきものですが，当事者間に事実関係について争いがない場合についてまで，常に人事訴訟の提起を求めることは当事者の負担が重くなる上に訴訟経済上の問題もあります。

　そこで，このような事件の家事調停の手続において，①当事者間に事実関係について争いがなく（法277Ⅰ②），当事者間に申立ての趣旨のとおりの審判を受けることについての合意が成立している（法277Ⅰ①）ときは，裁判所が必要な事実の調査を行った上で，合意が正当と認められる場合には，「合意に相当する審判」を行うという制度を設けたものです。当事者間に争いがないときに，人事訴訟手続に代わって利用できる簡易迅速な非訟手続です。

　なお，合意に相当する審判の対象となる事件は別表第二調停事件ではありませんから，調停が不成立になったときは，手続はそこで終了し，審判に移行することはありません。不満のある当事者は，改めて人事訴訟を提起することができます。

Ⅳ　財産上の給付を求める事件

　以上の三分類とは別に，家事調停事件のうち身分行為に直接関わらない金銭的な紛争を「財産上の給付を求める事件」として分類することがあります。

一般調停事件の中では，離婚後の慰謝料請求調停，婚約不履行慰謝料請求調停，不貞相手に対する慰謝料請求調停，遺産に関する紛争調整調停，遺産分割後の紛争調整調停，相続回復請求調停，遺留分減殺による物件返還請求調停等が含まれます。
　また，第二調停事件の中では，婚姻費用分担請求調停，養育費請求調停，財産分与請求調停，年金分割調停，扶養関係調停，遺産分割調停，寄与分を定める処分調停が含まれます。
　これらの事件は，解決のために当事者間の人間関係調整の余地があるものの，経済紛争の要素が強いため，当事者の手続保障の面から，調停手続における当事者間の情報共有を重視して，主張書面や提出資料を当事者間で交換させる等，より当事者主義的な運用がなされています。
　なお，これらの事件については，調停手続における手続行為能力の場面でも異なる扱いがなされることがあります（法252）。詳しくは，**Q13**参照。

【吉葉　一浩】

Q2 家事調停事件の管轄裁判所

家事調停事件の管轄裁判所は，どのように定められていますか。

〔1〕概　　説

　家事調停事件の管轄裁判所について，家事事件手続法245条1項は「家事調停事件は，相手方の住所地を管轄する家庭裁判所又は当事者が合意で定める家庭裁判所の管轄に属する。」と規定しています。原則として，「相手方の住所地を管轄する家庭裁判所」又は「当事者が合意で定める家庭裁判所」が管轄裁判所となります。各家庭裁判所の具体的な管轄区域は「下級裁判所の設立及び管轄区域に関する法律」によって規定されています。

〔2〕「相手方の住所地を管轄する家庭裁判所」

　任意の話合いを基本とする調停手続においては，相手方の裁判所への出頭確保が重要であることから，家事調停事件の管轄裁判所は，相手方の住所地を管轄する裁判所が基本となっています。住所地とは，そのものの生活の本拠地であり（民法22），住民登録の有無に関係なく，現実に生活の拠点として寝泊まりをしていることが基準となります。日本国内に住所がないとき又は住所が知れないときは相手方の居所地を管轄する家庭裁判所の管轄に属し，日本国内に居所がないとき又は居所が知れないときは相手方の最後の住所地を管轄する家庭裁判所の管轄に属します（法4）。相手方の最後の住所地が不明である場合など，法の規定により管轄が定まらないときは，その家事調停事件は，調停を求める事項に係る財産の所在地又は東京都千代田区を管轄する家庭裁判所の管轄に属します（法7，規6）。

　管轄は，家事調停の申立てがあった時を標準として定めるとされていますから（法8），調停申立て後に相手方の住所が変わっても，管轄裁判所は変わりません。

　遺産分割調停など相手方が複数の場合，相手方ら各人の住所地を管轄する

全ての家庭裁判所に管轄が認められます。申立人は，調停申立てにあたって，いずれかの裁判所を選択することができます。この場合において，「この法律の他の規定により二以上の家庭裁判所が管轄権を有するときは，家事事件は，先に申立てを受け，又は職権で手続を開始した家庭裁判所が管轄する。」（法5）と規定されていますので，申立人が先に申し立てた裁判所のみが管轄権を有し，他の裁判所は管轄権を失うことになります。ただし，申立人があえて少数相手方の住所地裁判所に申し立てたような場合，裁判所は職権で，多数相手方の利便性を考慮して多数相手方の住所地裁判所に移送することができます（法9Ⅱ①）。

【3】「当事者が合意で定める家庭裁判所」

　管轄の合意については，民事訴訟法の規定が準用されています（法245Ⅱ）。したがって，管轄の合意は，事件の範囲を特定するものでなければならず（例えば「当事者間の家事調停すべてに関して」などという管轄の合意は認められません），かつ，書面でしなければ効力を生じません（民訴法11Ⅱ）。必ずしも同一の書面による必要はなく，別個の書面による合意でもよいとされています。また，電磁的記録によってなされた管轄の合意は，書面による合意とみなされます（民訴法11Ⅲ）。

　管轄の合意は，遅くとも調停申立てと同時になされなければなりません。管轄の標準時は申立てがあった時とされていますから，申立ての後に管轄合意が成立しても，それにより管轄のなかった裁判所に管轄が生ずることはありませんし，逆に申立て後に事件係属とは別の裁判所を管轄裁判所と合意しても，申立て時の裁判所の管轄がなくなることもありません。

　管轄の合意は，民事訴訟の場合と同様に，専属的に，特定の裁判所（複数も可）のみを管轄裁判所と定めることも可能ですし，併存的に，法に基づく管轄裁判所とともに定めることも可能です。しかし，専属的管轄合意がなされたとしても，当該裁判所が家事事件手続法9条2項2号に基づいて調停事件を他の裁判所に移送することは制限されません。また，当事者が多数の場合，一部の者同士で管轄合意をしても，合意をしていない当事者との関係で管轄が生じることはありません。

【4】 併合管轄及び応訴管轄の不採用

　民事訴訟においては，併合請求が認められる場合，一つの請求について管轄権を有する裁判所に対し，管轄が認められない他の請求を併せて訴えることができます（民訴法7）。家事調停の申立てについても，併合請求が明文規定（法255Ⅳ・49Ⅲ）により認められていますが，併合管轄は認められていません。

　また，民事訴訟では，原告が管轄裁判所以外の裁判所に訴訟を提起した場合でも，被告が管轄違いの抗弁を提出しないで本案について弁論をするなどしたときは，その裁判所が管轄権を有するとされています（民訴法12）。被告の応訴は，当該裁判所で裁判を受けることを認めるものとして，そこに消極的な管轄合意があるとみることも可能です。家事調停事件においても，合意管轄が認められていることから，管轄裁判所以外の裁判所において相手方が異議なく調停手続行為をしたときは当該裁判所の管轄権を認めるという規律も考えられるところですが，家事事件手続法では採用されていません。ただし，裁判所が自庁処理（法9Ⅰ但書）により調停手続を進めることは可能です。

【5】 遺産分割調停と寄与分調停に関する特例

　遺産分割調停事件が係属している場合，寄与分を定める処分調停事件の管轄は，「相手方の住所地を管轄する家庭裁判所」，「当事者が合意で定める家庭裁判所」又は「相続が開始した地を管轄する家庭裁判所」のいずれでもなく，遺産分割調停事件が係属している裁判所に属します（法245Ⅲ・191Ⅱ）。

　寄与分を定める処分調停事件は，遺産分割における法定相続分に修正を加えることを目的とするものであって，その性質上，遺産分割調停事件と同時に一括して解決すべきものです。両事件が異なる裁判所に係属することを認めれば，両事件の一括処理が不可能となってしまうことから，このような特例が設けられたものです。仮に異なる裁判所に係属した場合，寄与分を定める処分調停事件は，遺産分割調停事件が係属している裁判所に移送されることになります。

　また，同様の趣旨から，遺産分割調停事件及び寄与分を定める処分調停事

件が係属するときは，これらの調停事件は，併合して手続を行わなければならず，数人からの寄与分を定める処分調停事件が係属するときも，すべて併合して手続を行わなければならないことになっています（法245Ⅲ・192）。

【6】 管轄裁判所の指定

　管轄裁判所が法律上又は事実上調停手続を行うことができないときは，その裁判所の直近上級の裁判所が，管轄裁判所を定めます（法6Ⅰ）。現実にはあまり想定されませんが，所属する裁判官や調停委員全員に除斥事由があれば，法律上調停手続を行うことができませんし，大災害により管轄裁判所が事実上調停手続を行うことができない場合もありえます。

　また，裁判所の管轄区域が明確でないため管轄裁判所が定まらないときは，関係のある裁判所に共通する直近上級の裁判所が管轄裁判所を定めることとされています（法6Ⅱ）。

【7】 本庁，支部，出張所の管轄区域

　家事調停事件の管轄の問題は，全国に50箇所ある家庭裁判所のいずれが当該事件について管轄権を有するかということです。

　一方，最高裁判所は，裁判所法31条の5・31条の規定により，各家庭裁判所の管轄区域内に支部や出張所を設けており，それらの管轄区域も最高裁規則により定められています。しかし，本庁と支部・出張所との間の管轄区域の問題は，家事事件手続法の定める管轄の問題ではなく，各家庭裁判所の管轄区域内における事務分配の問題にすぎません（支部や出張所自体は独立の裁判所ではありません）。

　最高裁規則が定める本庁，支部，出張所の管轄区域と異なる本庁，支部，出張所に家事調停の申立てがあったとしても，同一家庭裁判所内である限り，管轄違いや移送（法9）の問題は発生しません。そのような内部的管轄区域を誤った調停事件を受理した本庁，支部，出張所が，本来の本庁，支部，出張所に事件を送付することがありますが，それは法に基づく移送ではなく，司法行政処分としての「回付」と呼ばれる手続です（『家審法実務講義案』45頁）。

【吉葉　一浩】

Q3 移送と自庁処理

家事調停事件の移送とは何ですか。また，自庁処理とは何ですか。

[1] 移　　送

I　管轄権を有しない場合の移送

　管轄権を有しない裁判所に申し立てられた家事事件（家事調停事件を含む）は，管轄違いを理由に申立てが直ちに却下されるものではありません。

　裁判所は，家事事件の全部又は一部がその管轄に属しないと認めるときは，申立てにより又は職権で，これを管轄裁判所に移送します（法9Ⅰ本文）。ただし，家庭裁判所は，事件を処理するために特に必要があると認めるときは，職権で管轄権を有する家庭裁判所以外の家庭裁判所に移送することができます（法9Ⅰ但書）。

　当事者が移送の申立てを行うときは，家事事件の手続の期日においてする場合を除き，書面でしなければならず，申立てをするときは，申立ての理由を明らかにしなければなりません（規7）。

Ⅱ　管轄権を有する場合の移送

　また，家庭裁判所は，家事事件がその管轄に属する場合においても，職権で，①調停手続が遅滞することを避けるため必要があると認めるときその他相当と認めるときは，優先管轄の規定（法5）により管轄権を有しないこととされた家庭裁判所（もともと重複して管轄権を有していた家庭裁判所）に，②事件を処理するために特に必要があると認めるときは，もともと管轄権を有しない家庭裁判所に，家事事件の全部又は一部を移送することができます（法9Ⅱ）。

Ⅲ　手　　続

　裁判所が移送の裁判をするときは，あらかじめ当事者及び利害関係参加人の意見を聴くことができます（規8Ⅱ）。

　当事者は，移送の裁判及び移送の申立てを却下する裁判に対しては，即時

抗告をすることができます（法9Ⅲ）。

確定した移送の裁判は，移送を受けた家庭裁判所を拘束し，当該家庭裁判所は，さらに事件を他の家庭裁判所に移送することができず，また，調停事件は初めから移送を受けた家庭裁判所に係属していたものとみなされます（法9Ⅴ，民訴法22）。

【2】 自庁処理

管轄権を有しない裁判所に申し立てられた家事事件（家事調停事件を含む）は，管轄裁判所に移送されるのが法の原則です。しかし，家庭裁判所は，事件を処理するために特に必要があると認めるときは，職権で自ら処理することができます（法9Ⅰ但書）。これを自庁処理といいます。

Ⅰ 要　件

自庁処理の要件は「事件を処理するために特に必要があると認めるとき」であり，「相当と認めるとき」（法9Ⅱ①）より限定的な文言であると考えられていますが，旧法（家審規4Ⅰは法9Ⅰと同一文言）における実務においては，さほど厳格には運用されていなかったようです。

家事事件手続法においても，次のような場合には，具体的事情にもよりますが，「事件を処理するために特に必要があると認めるとき」に該当すると判断され，自庁処理が認められることがあると考えられます。

① 地理的位置関係や交通機関などの関係で，管轄権を有しない隣接県の家庭裁判所へ出頭する方が時間的，経済的に便利な場合
② 勤務先等が管轄権を有しない家庭裁判所の管轄区域内にあり，勤務先からその裁判所へ出頭する方が時間的，経済的に便利な場合
③ 申立人と相手方が遠方に居住している場合において，双方の利便性を考慮して，中間に位置する管轄権を有しない家庭裁判所に調停事件が申し立てられた場合
④ 以前に関連事件を処理したことがあるため，管轄権を有しない家庭裁判所に当該関連事件の記録が残っており，事情がよくわかるとして，調停事件が申し立てられた場合
⑤ 双方の手続代理人の全部又は大半の事務所が管轄権を有しない家庭裁

判所の管轄区域内にある場合
⑥ 別表第二事件について，調停事件の管轄権を有しないものの審判事件の管轄権を有する家庭裁判所に調停事件が申し立てられた場合で相手方が出頭する見込みがあるとき。ちなみに，審判事件の管轄は事件の種類毎に定められており，例えば，子の監護に関する処分の審判事件の管轄は，子の住所地を管轄する家庭裁判所（法150④）と，遺産分割に関する審判事件の管轄は，相続が開始した地を管轄する家庭裁判所（法191Ⅰ）とされているのに対し，調停事件の管轄は事件の種別に関係なく「相手方の住所地を管轄する家庭裁判所又は当事者が合意で定める家庭裁判所」（法245Ⅰ）と定められています。
⑦ 別表第二事件について，審判事件の管轄権を有しないものの調停事件の管轄権を有する家庭裁判所に調停が申し立てられ，当該調停事件が不成立により審判手続に移行した場合（法272Ⅳにより，調停申立て時に審判の申立てがあったとみなされます）。この場合，受調停裁判所が審判事件の管轄権を有しない以上，当該家庭裁判所は審判移行した事件について当然には管轄権を認められませんが，実質的な調停が行われていたときは，当該家庭裁判所が調停事件に引き続き審判事件を処理することが望ましいケースが大半だと考えられ，審判事件について自庁処理の手続を行って当該家庭裁判所が処理することになります。

Ⅱ 手　続

　管轄権を有しない家庭裁判所が自庁処理を決定することは，当該調停事件について新たに管轄を創設するものであり，手続法上の一種の裁判です。ちなみに，家事事件手続規則8条1項は，自庁処理の「裁判をするときは」と規定し，法9条1項但書による自庁処理の決定が裁判であることを明らかにしています。

　自庁処理の裁判をするときは，家庭裁判所は，あらかじめ当事者及び利害関係参加人の意見を聴かなければなりません（規8Ⅰ）。移送の裁判の場合と異なり，意見聴取は必要的となっています。意見聴取の方法は電話聴取や書面による意見照会等が考えられ，意見聴取にあたっては，単に自庁処理についての意見を聴取するのみならず，移送の申立てが可能である旨を教示する

ことが望ましいとされています（『条解家事規則』25頁（注３））。

　自庁処理の裁判に対しては，即時抗告をすることはできません（法９Ⅲの反対解釈）。いったん自庁処理の裁判がされると，もはや管轄違いを理由とする移送の申立てができなくなります（『条解家事規則』24頁）。

【３】　任意的付調停における自庁処理

　任意的付調停は，家事調停を行うことができる事件について訴訟又は家事審判事件が係属する裁判所が，当事者の意見を聴いて，職権で，事件を家事調停に付することです（法274Ⅰ）。任意的付調停について詳しくは**Q27**参照。
　裁判所は，家事調停に付した事件を，管轄権を有する家庭裁判所（家事調停事件を処理するために特に必要があると認めるときは，管轄権を有しない家庭裁判所）に処理させなければなりません（法274Ⅱ）。
　ただし，家庭裁判所及び高等裁判所は，調停に付した事件を自ら処理することができます（法274Ⅲ）。なお，それ以外の裁判所が家事事件手続法274条１項に基づき調停に付す場合は，自庁処理をすることができず，調停事件を家庭裁判所に送らなければなりません。
　この場合の自庁処理は，訴訟又は家事審判事件が現に係属している家庭裁判所又は高等裁判所が自ら調停を行うものであり，管轄権のない裁判所による自庁処理とは性質が異なり，管轄を創設する裁判ではないと考えられています。法律上，自庁処理を行うについて特に理由が必要とされているわけではありませんし，また，自庁処理について当事者及び利害関係参加人の意見を聴く必要もありません。もっとも，付調停決定をするについて，裁判所は，当事者の意見を聴くことになっていますので，あわせて調停を行う裁判所についても意見を聴くことになると考えられます。
　なお，調停前置主義（法257Ⅰ）に反して提起された訴訟について必要的付調停の手続がありますが，この場合の付調停については，自庁処理が認められておらず，管轄権を有する家庭裁判所（家事調停事件を処理するために特に必要があると認めるときは，管轄権を有しない家庭裁判所）に処理させなければなりません（法257Ⅲ）。

【吉　葉　一　浩】

Q4 調停機関

家事調停を行う調停機関には、どのようなものがありますか。

〔1〕 家庭裁判所における調停機関

　家庭裁判所における家事調停には、調停委員会による調停と裁判官のみによる調停があり、さらに裁判官のみによる調停には、1人の裁判官が単独で行う場合と3人の裁判官が合議体で行う場合があります。したがって、家庭裁判所における調停機関は、
　① 調停委員会
　② 1人の裁判官
　③ 3人の裁判官による合議体
の3種類となります。

　②の1人の裁判官による調停には、1人の家事調停官による調停が含まれます（法251）。家事審判法は、家庭裁判所において調停・審判を扱う裁判官を家事審判官と呼ぶ旨定めていましたが（家審法2）、家事事件手続法は、「家事審判官」の呼称を廃止しました。

　③の合議体による調停は、家事事件手続法で新しく認められたものですが、例えば離婚訴訟が係属している家庭裁判所の合議体が、当該事件は調停による解決が相当と判断し、職権で家事調停に付して受訴裁判所たる合議体が自ら調停手続を行う場合が考えられます。家事審判事件が係属している家庭裁判所の合議体が自ら調停手続を行う場合も同じです。これらの場合、合議体は、その裁判官の中から指定した受命裁判官に調停をさせることができます（法258Ⅰ・53）。

　家庭裁判所の家事調停は、調停委員会による調停が原則であり、裁判官のみによる調停は「家庭裁判所が相当と認めるとき」に限られています（法247Ⅰ）。相当と認めるときとは、事案の性質上、家事調停委員に関与させる必要がないと考えられる場合であり、一般的に、

(i)　事案が極めて簡単であるか，あるいはその解決が主として法律上の解釈にのみかかっていて，特に調停委員会を開くまでもない場合
　(ii)　極めて緊急迅速な処理を要し，調停委員会を開く間がない場合
　(iii)　当事者が裁判官だけの調停を希望し，調停委員会を開くのが適当でない場合
　(iv)　事案が複雑で法律的な論点が多いため，争点整理が必要な場合
などが該当するとされています（『家審法実務講義案』176頁）。

　ただし，当事者の申立てがあるときは，裁判官のみによる調停を行うことはできず，調停委員会による調停を行わなければなりません（法247Ⅱ）。当事者の申立ては，何らの理由を付すことを必要とせず，当事者の一方の申立てで足ります。また，調停のいかなる段階においても申立ては可能であって，書面によらず口頭によるものでも良いとされています。

【2】 高等裁判所における調停機関

　高等裁判所の家事調停にも，家庭裁判所と同様に，調停委員会による調停と裁判官のみによる調停があります。高裁における裁判官のみによる調停は，3人の裁判官による合議体による調停に限られ，1人の裁判官による調停は認められていません。ただし，合議体は，その裁判官の中から指定した受命裁判官に調停をさせることができます（法274Ⅴ・258Ⅰ・53）。

　したがって，高等裁判所における調停機関は，
　④　調停委員会
　⑤　3人の裁判官による合議体
の2種類となります。

　家裁と高裁あわせて調停機関は，全部で5種類となります（合議体による調停と受命裁判官による調停を別の調停機関と考えれば，全部で7種類ともいえます）。

　そもそも高等裁判所の家事調停は，家事事件手続法によって新たに認められたものです。家事審判法下においても，人事訴訟等の控訴事件が係属している高等裁判所が事件を家庭裁判所の調停に付すことは明文（家審法19Ⅰ）で認められており，乙類審判の抗告事件が係属している高等裁判所が事件を家庭裁判所の調停に付すことも同条の類推適用により認められていましたが，

付調停先の裁判所は家庭裁判所に限られていました。そのため，離婚訴訟や遺産分割審判事件が高等裁判所に係属中に，当事者間において話合いがまとまった場合でも，当該高等裁判所が自ら調停を成立させることはできず，家庭裁判所の調停に付して家庭裁判所において調停を成立させるという迂遠な方法をとるほかありませんでした。

　家事事件手続法は，この点を改めて，「家庭裁判所及び高等裁判所は，第一項の規定により事件を調停に付する場合には，前項の規定にかかわらず，その家事調停事件を自ら処理することができる。」(法274Ⅲ)と規定し，高等裁判所が自ら調停を行うことを認めたものです。

　高等裁判所における家事調停についても，調停委員会による調停が原則であり，裁判官のみによる調停は「高等裁判所が相当と認めるとき」に限られ(法274Ⅴ・247Ⅰ)，当事者の申立てがあるときは，裁判官のみによる調停を行うことはできず，調停委員会による調停を行わなければならないとされています(法274Ⅴ・247Ⅱ)。しかし，高等裁判所が調停に付すのは，調停成立が確実な状況の場合などに限られると考えられますから，裁判官のみによる調停の方が機動的であり，そのような場合において当事者が裁判官のみの調停に反対することも想定しにくく，現実に高等裁判所において調停委員会による調停が行われることはほとんどないと考えられます。

【吉葉　一浩】

Q5 調停委員会

調停委員会とは何ですか。その組織と権限はどのように定められていますか。

[1] 概　　説

　調停委員会は，家庭裁判所における原則的な調停機関です（法247Ⅰ本文）。裁判官のみによる調停も認められていますが（法247Ⅰ但書），当事者の申立てがあるときは，必ず調停委員会による調停を行わなければならないことになっています（法247Ⅱ）。

　高等裁判所においても，調停委員会による調停が認められており，法律上，家裁の場合と同じように調停委員会が原則的な調停機関とされています。しかし，高等裁判所が調停に付すのは，調停成立が確実な状況の場合などに限られると考えられますから，裁判官のみによる調停の方が機動的であり，そのような場合において当事者が裁判官のみの調停に反対する状況は想定しにくく，高等裁判所において調停委員会による調停が行われることはほとんどないと考えられます。

[2] 調停委員会の構成

　家事事件手続法は，「調停委員会は，裁判官一人及び家事調停委員二人以上で組織する。」（法248Ⅰ）と規定し，「前項の規定により家庭裁判所又は高等裁判所が調停委員会で調停を行うときは，調停委員会は，当該裁判所がその裁判官の中から指定する裁判官一人及び家事調停委員二人以上で組織する。」（法274Ⅳ）と規定しています。

　このように家事調停を行う調停委員会は，常に，1人の裁判官と2人以上の家事調停委員により構成されます。一つの調停委員会に複数の裁判官が加わることは認められていません。裁判官1人及び男女各1人の家事調停委員の3人により構成されることが通例ですが，法令上，両性の調停委員が必要

的とされているわけではありません。また,「2人以上の家事調停委員」とされていますから,裁判官1人と家事調停委員3人以上により組織される調停委員会も認められます。そのような調停委員会は,主として当該調停事件の処理に有用な専門的知識をもつ家事調停委員を参加させる場合に組織され,調停手続の途中で必要に応じて調停委員を追加することもできます。

なお,調停委員会を組織する1人の裁判官は,通常は当該調停事件の配点を受けた単独裁判官(あるいは家事調停官)ですが,付調停による自庁処理(法274Ⅲ)の場合は訴訟あるいは家事審判事件が係属している手続法上の裁判所の裁判官があてられます(係属裁判所が単独裁判官の場合は当該単独裁判官となり,合議体の場合は合議体を構成する裁判官の1人が指定されます)。

【3】 調停委員の指定

調停委員会を組織する家事調停委員は,調停事件ごとに裁判所が指定します(法248Ⅱ・274Ⅴ)。ここでいう裁判所とは,調停事件を処理する手続法上の裁判所(単独裁判官あるいは合議体)のことです。指定は,当該裁判所において職務を行う家事調停委員の中から特定の者に対し,具体的事件について調停委員会の構成員として担当すべき旨の命令,すなわち事務分配の性質を有する職務命令です。それ自体が一種の裁判であると考えられますが,指定の方式は特に定められていません。

実務上は,裁判官(手続法上の裁判所)が直接,調停委員を選定するケースはさほど多くはなく,ほとんどの場合は,裁判官から調停委員への事件配点を任された担当書記官が調停委員に事件の担当を依頼しています。そして,調停事件記録の表紙裏面に設けられている「家事調停委員の指定欄」に指定日と選定された調停委員の氏名を記載し,裁判官が押印する方式により指定が行われています。

一旦,指定を受けた調停委員が任期満了,病気や怪我その他の事情により当該調停事件を担当することができなくなった場合は,裁判官(手続法上の裁判所)が職権で指定の取消しを行います。

当事者の中には,「自分の言い分を聞いてくれない」等として調停委員を別の人に代えて欲しいと申し出る者がいますが,調停委員の忌避は制度とし

て認められておりませんし，裁判所がそのような当事者の意見のみによって調停委員を交代させることはありません。

【4】 調停委員会の権限

　家事調停は，調停委員会等の調停機関の下で，家庭に関する紛争を当事者の互譲に基づく合意により解決を図る制度です。家事事件手続法には，「この法律は，民事に関する紛争につき，当事者の互譲により，条理にかない実情に即した解決を図ることを目的とする。」（民調法1）というような目的規定は存在しませんが，家事調停においても，民事調停と同様に，条理にかない実情に即した適正妥当な合意による解決が求められていることに変わりはありません。

　調停委員会には，このような合意の成立を目指して，公平な第三者として調停手続を主導することが期待されています。したがって，調停案を策定し，合意の成立を目指して当事者を説得し，調停合意を成立させることは，法に明文規定はないものの，調停委員会の本来的な権限です。また，調停手続上の調停委員会の権限については，家事事件手続法260条が以下のとおり規定しています。

① 弁護士でない者の手続代理人としての許可等（法260Ⅰ①・22）
② 当事者とともに出頭して当事者を補佐する補佐人の許可等（法260Ⅰ②・27）
③ 相当と認める者についての傍聴許可（法260Ⅰ③・33）
④ 手続の併合及び分離の裁判（法260Ⅰ④・35）
⑤ 申立ての変更が不適法の場合の不許可裁判等（法260Ⅰ⑤・50Ⅲ・Ⅳ）
⑥ 当事者参加及び利害関係参加の許可等（法260Ⅰ⑥・41・42）
⑦ 当事者の資格がない者の手続からの排除の裁判（法260Ⅰ⑥・43Ⅰ）
⑧ 当事者の死亡，資格喪失等の場合の受継についての裁判（法260Ⅰ⑥・44Ⅰ・Ⅲ）
⑨ 期日への事件の関係人の呼出し（法260Ⅰ⑥・51Ⅰ）
⑩ 電話会議・テレビ会議による調停手続（法260Ⅰ⑥・54Ⅰ）
⑪ 調停委員会としての事実の調査（法260Ⅰ⑥・56Ⅰ）

⑫　調停期日における家庭裁判所調査官の立会い等（法260Ⅰ⑥・59Ⅰ・Ⅱ）
⑬　調停期日における医師である裁判所技官の立会い等（法260Ⅰ⑥・60Ⅱ・59Ⅰ・Ⅱ）
⑭　他の家庭裁判所又は簡易裁判所への事実の調査の嘱託（法260Ⅰ⑥・61Ⅰ）
⑮　官庁，公署その他適当と認める者への調査嘱託，又は銀行，信託会社，関係人の使用者その他の者への関係人の預金，信託財産，収入その他の事項に関する報告要請（法260Ⅰ⑥・62）
⑯　当事者本人尋問を行う場合の当事者に対する出頭命令（法260Ⅰ⑥・64Ⅴ）
⑰　調査嘱託，証人尋問，当事者本人尋問，鑑定，書証，検証など民訴法の規定に基づく証拠調べ（法260Ⅰ⑥・64Ⅰ）

これらに加えて，家事事件手続法262条以下の各条文は，調停委員会の権限を以下のとおり規定しています。

⑱　調停委員会を組織する家事調停委員に事実の調査をさせること（法262）
⑲　他の家庭裁判所又は簡易裁判所への関係人からの意見聴取の嘱託（法263Ⅰ）
⑳　調停委員会を組織していない家事調停委員からの専門的意見の聴取（法264Ⅰ）
㉑　裁判所外の適当な場所での調停手続（法265）
㉒　調停前の処分（法266Ⅰ）
㉓　調停をしないものとしての事件終了（法271）

これらの中には，手続上の比較的軽微な判断とはいえ一種の裁判が含まれており，家事調停委員は調停委員会が行う裁判に関与することになります。いずれの権限も，合議体である調停委員会として行使されるべきものであり，調停委員会の構成員の一部の者の判断のみで行使することはできません。調停委員が裁判官との評議を経ることなく調停案を当事者に示すことや，裁判官が調停委員の意見を聴かずに調停委員会に属する権限を行使することは，いずれも手続違背となります。

【5】 調停委員会における評議と決議

　前述のとおり調停委員会は合議体ですから，合意体としての意思をまとめる必要があります。法は，そのための手段として調停委員会における評議と決議を予定しています。

I　評　　議

　評議は，調停委員会を組織する裁判官と調停委員が行う任意の話合い（協議）です。調停手続のどの段階で評議を行うべきかが一律に決まっているわけではありません。しかし，第1回調停期日の前に事件の処理方針等を協議するために評議が行われることが多いと考えられますし，調停成立（法268），調停をしない措置（法271），調停不成立（法272）により事件を終了させる場合は，事前の評議が必須と考えられます。実務上は，そのほか中間合意成立の場合，その他調停手続の要所で評議が行われています。

　裁判の合議体における評議に関しては，裁判官に自己の意見を述べる義務が課せられていますが（裁判所法76），調停委員会の評議についてそのような義務規定は存在しません。しかし，協議の充実を図るために，構成員は評議において積極的に自己の意見を述べる責務があると考えられています。評議は，調停室で行われることが多いと考えられますが，裁判官室その他の場所で行われる場合もあります。評議の内容は秘密とされ（法248Ⅳ），家事調停委員又は家事調停委員であった者が正当な理由なく評議の経過又は裁判官，家事調停官若しくは家事調停委員の意見若しくはその多少の数を漏らしたときは，刑罰に処せられます（法293）。

Ⅱ　決　　議

　「評議」における調停委員と裁判官の自由闊達な意見交換の中で，自然に調停委員会としての意見がまとまっていくのが通例であり，また，望ましい成行きでもあります。しかし，いくら議論を尽くしても，残念ながら意見の一致を見ないことがあり得ます。その場合は，いわば最後の手段として，多数決で調停委員会の意思を決定しなければなりません。その最後の手段が「決議」です。逆にいうと，評議において構成員の意見が一致した場合には，決議をする必要がありません。

調停委員会の決議は，過半数の意見によって決まり，可否同数の場合には，裁判官の決するところによります（法248Ⅲ）。調停委員会は裁判官1人と調停委員2人により組織されることがほとんどですから，2人の調停委員の意見が一致すると，裁判官の意見が決議で否決されることも理論的にはあり得ます。

【中谷　仁亮】

Q6 家事調停委員

家事調停委員にはどのような人が選ばれますか。その地位等はどうなっていますか。

【1】 家事調停委員の任命

Ⅰ 任命要件

家事事件手続法は、「家事調停委員は、非常勤とし、その任免に関し必要な事項は、最高裁判所規則で定める。」（法249Ⅰ）と規定し、この委任を受けて最高裁は、「民事調停委員及び家事調停委員に関する規則」を定めています。

同規則1条は、「調停委員は、弁護士となる資格を有する者、民事若しくは家事の紛争の解決に有用な専門的知識経験を有する者又は社会生活の上で豊富な知識経験を有する者で、人格識見の高い年齢四十年以上七十年未満のものの中から、最高裁判所が任命する。ただし、特に必要がある場合においては、年齢四十年以上七十年未満の者であることを要しない。」と規定しています。同条によれば、調停委員の任命要件は、

① 弁護士となる資格を有する者
② 民事若しくは家事の紛争の解決に有用な専門的知識経験を有する者
③ 社会生活の上で豊富な知識経験を有する者

の3種類があります。

便宜的に、①の要件にあたる者を弁護士（調停）委員、②の要件にあたる者を専門（調停）委員、③の要件にあたる者を一般（調停）委員と呼ぶことがありますが、複数の要件に該当する者もあり（そもそも③の要件は①と②にも求められていると考えられます）、厳密な分類ではありません。

なお、禁錮以上の刑に処せられた者、公務員として免職処分を受けた日から2年を経過しない者、弁護士として除名処分を受けた日から3年を経過しない者など欠格事由に該当する者は、調停委員に任命することができません

（調停委員規2）。

II　選考手順

　調停委員規則1条の規定にかかわらず，最高裁判所が全国の調停委員を直接人選するわけではありません。全国の各家庭裁判所が当該庁に所属予定の調停委員候補者を選考し，各家裁がその候補者名簿を最高裁に提出し，これに基づいて最高裁が「家事調停委員に任命する」旨の辞令を発行し，各家裁で行われる辞令交付式において所長が最高裁判所に代わって候補者に対し辞令を交付するという手順になっています。すなわち，調停委員候補者の人選を現実に行っているのは各家裁です。

　各家裁における候補者の選考に関して，以前は様々なルートによる推薦制度があったようですが，現在は候補者を公募している裁判所が増えているようです。応募者について書類審査，所長以下の裁判所幹部による面接などにより候補者を選考しているケースが多いといわれています。ただし，弁護士調停委員を選任する場合は，各家裁が，当該管轄区域に対応する弁護士会から提出された推薦名簿に基づいて候補者を選考するのが一般的であり，その場合には各家裁が面接などの実質選考を行うことはないようです。

III　最高裁事務総長依命通達

　調停委員規則1条は，いずれの任命要件の者に対しても「人格識見の高い」ことを要求していますが，これに関連して「民事調停委員及び家事調停委員の任免等について」と題する平成16年7月22日最高裁事務総長依命通達が存在します。

　同通達は，各裁判所が候補者の選考にあたって特に留意する点として，①公正を旨とする者であること，②豊富な社会常識と広い視野を有し，柔軟な思考力と的確な判断力を有すること，③人間関係を調整できる素養があること，④誠実で，協調性を有し，奉仕的精神に富むこと，⑤健康であることの5点をあげ，さらに，⑥候補者は，調停に対する理解と熱意を有し，かつ，現実に調停事件を担当することができる者でなければならないとしています。

　同通達が求めている選考基準は，当然といえば当然ですが，選考時において，初めからこの通達の基準すべてを満たしている理想的な人材はそれほど多くはないと考えられます。実際には，各調停委員は，任命された後，実務

経験や研鑽を重ねることによって，通達の求める調停委員像に少しずつ近づいて行くものと考えられます。

　なお，専門委員は税理士，公認会計士，司法書士，行政書士，一級建築士，大学教授などの一定の資格を有する者の中から選考されており，男性の一般委員については，多くが大企業や地元有力企業OBの中から選考され，役員ないし役員に準ずる地位を経験した者も少なくありません。女性の一般委員については，主として専業主婦の中から選考されていましたが，最近は職業経験者の中から選考されるケースが増えているようです。平成26年4月1日現在，全国の家庭裁判所に約1万2000人の家事調停委員が配属されており，そのうち民事調停委員を兼務している人が約4000人います。

【2】任　　期

　調停委員の任期は2年ですが（調停委員規3），一旦，任命されると一定の年齢まで再任が繰り返されるのが一般的です。同規則1条本文は，70歳未満の者の中から任命することを規定していますので，再任の任期開始日の時点で満70歳になる者は，原則として再任されません。しかし，同条但書が「特に必要がある場合においては，年齢四十年以上七十年未満の者であることを要しない」と規定していますので，70歳以上の調停委員であっても例外的に再任されるケースがあります。

【3】地　　位

　家事調停委員は，任命の辞令を受けることにより，非常勤の裁判所職員すなわち国家公務員としての地位を取得します。

　「家事調停委員は，非常勤とし，その任免に関し必要な事項は，最高裁判所規則で定める。」（法249Ⅰ）としか規定されていませんが，家事調停委員は，調停委員会の一員として裁判所における手続上の権限を行使することになりますから，明文規定はなくても裁判所職員であることは当然とされています。

　調停委員は，非常勤とはいえ裁判所職員ですから，常勤の裁判所職員と同様に，裁判所職員臨時措置法の適用を受けます。その結果，調停委員にも国家公務員法，一般職の職員の給与に関する法律（以下「給与法」という），国家

公務員災害補償法などが準用されます。しかし，非常勤であることから，常勤職員を対象としている国家公務員倫理法は準用されません。

〖4〗 待　　遇

　家事調停委員には，別に法律で定めるところにより手当を支給し，並びに最高裁判所規則で定める額の旅費，日当及び宿泊料を支給することになっています（法249Ⅱ）。

　非常勤の国家公務員の手当については，給与法22条が勤務一日の上限額を定めており，これが調停委員にも準用されます。最高裁判所は，給与法の上限額の範囲内で，調停委員の手当の金額を定めて全国の裁判所に通達しており，通達の手当額は2～3年に一度の割合で改定されています。

　平成26年4月の通達によれば，調停委員の手当は，勤務一日で1万5850円，半日（3時間以内）で8950円となっています。

　また，調停委員に支給される旅費，日当及び宿泊料については，調停委員規則7条が詳細な規定をおいています。

【中谷　仁亮】

Q7 家事調停官

家事調停官とはどのような人ですか。どのような権限をもちますか。

〔1〕 家事調停官と制度の意義

　家事調停官は，5年以上の経験のある弁護士が，弁護士としての身分をもったまま，最高裁判所の任命により，非常勤の裁判所職員として家庭裁判所に勤務し，家事調停の手続を主宰する非常勤裁判官であり，家事調停の手続においては，常勤の裁判官の権限と同等の権限をもって家事調停を主宰します。

　国民（市民）の様々な法的紛争に直に関わり，その解決にあたってきた熟練の在野の弁護士から裁判官を選任することが，国民のための司法を実現する重要な道であるとの法曹一元の理念のもとに，その理念を実現するための制度の一つとして，弁護士から常勤裁判官への任官（いわゆる弁護士任官）を促進するための環境を整備し，併せて調停手続をより一層充実・活性化することを目的として，非常勤裁判官制度（法律上の呼称は民事調停官及び家事調停官）が創設されました。平成15年法律第128号「司法制度改革のための裁判所法等の一部を改正する法律」による旧裁判所法の一部改正です。当時は，旧民事調停法，旧家事審判法にて，民事調停官，家事調停官の権限や資格などが定められ，平成16年1月1日から上記制度は施行となっています。

　家事事件手続法では，250条及び251条に任命等に関わる定めと権限等が規定されています。家事調停官の任期は2年で再任されることができるとされ（再任のみで在職4年限り），家事調停事件の処理に必要な職務を独立して行うと規定されています。

　家事調停官の実際の採用についてですが，上記の制度趣旨からして，上限の年齢は概ね55歳前後とされています。また，勤務の実際としては，週1回，丸1日おおよそ午前9時30分から午後5時ころまで裁判所にて執務し，主宰する調停事件は午前午後各2，3件程度であり，丸1日勤務する間に，記録

を検討し，調停の充実・活性化を期して調停に現実に立ち会い，当事者と対面し，調停委員と評議し，調停が継続する場合は引続き担当事件として出勤日にあたる日を次回期日に指定し，調停成立の場合は期日当日に調書の決済までを完了することになっています。

【2】 家事調停官の権限等（法251）

　家事調停官は，家庭裁判所の指定により取り扱う家事調停事件の処理について，家事事件手続法において家庭裁判所，裁判官又は裁判長が行うものとして定める家事調停事件の処理に関する権限を行うことができます。すなわち，家事調停官は，①調停裁判所としての権限，②調停機関としての調停委員会を組織する裁判官としての権限，③裁判官のみで調停を行う場合の裁判官の権限，があります。

　①の例としては，他の裁判所への移送や自庁処理（法9Ⅰ・Ⅱ）や調停委員の指定（法248Ⅱ）等があります。277条の合意に相当する審判，284条の調停に代わる審判について，家事審判法ではできなかったのですが，家事事件手続法では，家事調停官は別表第二に掲げる事項について家事調停を行っている場合において調停が成立しない場合には，調停に代わる審判をすることができるようになりました。ちなみに，合意に相当する審判に対する異議の申立てに対する審判など，家事調停手続における裁判に対する不服申立ての手続は家事調停官の権限にはありません。

　②の例としては，259条の家事調停の手続の指揮や，261条の裁判官による事実の調査・証拠調べなどがあります。

　③の例としては，267条の事実の調査を裁判所書記官にさせること，270条の調停条項案の提示などです。

　なお，251条4項で，家事調停官は，その権限を行うについて，裁判所書記官，家庭裁判所調査官，医師である裁判所技官に対し，その職務に関して必要な命令をすることができます。

　このように，家事調停官は，弁護士の身分を有するまま，家事調停事件において常勤の裁判官とほぼ同等な権限をもって調停手続を主宰することができ，裁判所勤務については別に法律で定めるところにより手当が支給され，

最高裁判所規則で定める額の旅費，日当，宿泊費が支給されます。

【紙子 達子】

Q8 家庭裁判所調査官

家庭裁判所調査官とはどのような人ですか。家事調停にどのように関与するのですか。

【1】 家庭裁判所調査官の制度と意義

　家庭裁判所調査官は，各家庭裁判所及び各高等裁判所におかれている裁判所職員の職名です（裁判所法61の2Ⅰ）。家庭裁判所は，夫婦や親子，親族間の争いなど，身分や家庭に関する諸問題を，家事調停手続や家事審判手続，人事訴訟などによって解決する他，少年法で定める少年保護事件を扱います。家事及び少年について，いずれも法律的な解決や処遇を図るだけでなく，各事案の当事者や利害関係人など事案に関わる者の人間性や，背後の人間関係，生活・養育等の環境など複雑な諸事情を考慮した解決が求められます。家庭裁判所調査官は，このような観点から，裁判所ないし裁判官の命ずるところにより，家事及び少年事件について諸事項の調査をする専門職の裁判所職員です。

　家庭裁判所調査官になるには，裁判所職員採用総合職試験（院卒・大卒，人間科学区分）に合格し，家庭裁判所調査官補として採用され，その後約2年間心理テストに関する技法や職務に関する判事補相当の法的知識などを身につける研修を終了して，家庭裁判所調査官に任命されることが必要です。このような過程を経て任命される家庭裁判所調査官は，法的知識に限らず，心理学，社会学，教育学等に通じている専門職であり，実際の事件においては，その行動科学等の専門的知見を活かした事実の調査等を行うものとされています。

【2】 家事調停事件における家庭裁判所調査官の職務と実際の関与

　家事調停手続における家庭裁判所調査官の主たる職務は，裁判官の命によ

り，事実の調査をし，これを裁判官に報告し，報告に意見を付し，必要がある場合には期日に立ち会い，期日において意見を述べ，事案により必要なときは社会福祉機関と連絡をとるということです。

　すなわち，家事事件手続法261条1項は，家事調停事件における裁判官による事実の調査及び証拠調べについて定めている規定ですが，裁判官はこの事実の調査を家庭裁判所調査官にさせることができると定めています。一方，家事審判手続における事実の調査については，同法58条1項が，「家庭裁判所は，家庭裁判所調査官に事実の調査をさせることができる。」と定め，同条3項で「家庭裁判所調査官は，事実の調査の結果を書面又は口頭で家庭裁判所に報告するものとする。」とし，4項では，「家庭裁判所調査官は，前項の規定による報告に意見を付することができる。」と定め，さらに続く59条1，2項では，家庭裁判所調査官に期日への立会いや意見を述べさせることができるとし，3項では，社会福祉機関との連絡その他の措置をとらせることができると定めています。これらの家事審判事件における家庭裁判所調査官の職務の規定は，同法258条1項により家事調停手続に準用されています。

　その他，未成年者である子の意思の把握等が必要な場合も，家庭裁判所調査官による調査その他適切な方法により子の意思の把握をするものとされています（法65を法258Ⅰで準用）。

　調停が成立して終了した後の，調停で定められた義務の履行状況の調査や履行勧告についても，裁判所は家庭裁判所調査官にその調査や勧告をさせることができると定めています（法289Ⅲ）。

　実際，調停手続では，家庭裁判所調査官は，当事者の意向調査を含む事実調査として期日に立ち会い，当事者の心理的調整を行い，不出頭の当事者には出頭を促す調整や時には出頭勧告を行います。家庭裁判所調査官が関与する場合として，当事者の情緒的な混乱や当事者間の著しい葛藤等で，争点や紛争の実体が不明確で調停の進行ができず解決の見通しがつかない場合や，当事者の精神状態，性格，行動傾向などに著しい問題がある場合，当事者が出頭せず，出頭困難な場合などが挙げられています（東京家事調停協会『新・家事調停ハンドブック』32頁）。

　夫婦関係調停事件で当事者の性格や心情その他複雑な要因により冷静な話

合いが困難になっている場合に，双方当事者に面談して円滑な話合いに向けて調整することや，離婚自体は双方が概ね合意しているが，子の親権について意見が対立している場合などに，当事者の生活状況，精神状態，養育環境などの事実調査に家庭裁判所調査官が関わることが多々あります。手続代理人としては，当事者や調停の進行状況により，家庭裁判所調査官の関与が望ましいと考える場合には，調停委員会に関与を提案して，事案に即した柔軟で円滑な調停の進行を図ることが必要でしょう。

【紙子　達子】

Q9 医師である裁判所技官

医師である裁判所技官とはどのような人ですか。家事調停にどのように関与するのですか。

【1】 医師である裁判所技官（医務室技官）

　家事事件手続法60条1項は，「家庭裁判所は，必要があると認めるときは，医師である裁判所技官に事件の関係人の心身の状況について診断をさせることができる。」と定め，同条2項で，家庭裁判所調査官について定めている期日への立会いと報告及び報告に意見を付す権限を裁判所技官に認めています。家事事件手続の実務上よく使われる呼称は「医務室技官」ですが，裁判所法61条1項で，「各裁判所に裁判所技官を置く。」とし，2項で，「裁判所技官は，上司の命を受けて，技術を掌る。」と定めて，「裁判所技官」と呼んでいます。ただし，ここでは，通常使われている「医務室技官」といいます。

　医務室技官は，家庭裁判所に所属している医師で，医学の専門家として，事件関係人の心身の状況について家庭裁判所の命により診断します。家庭裁判所は，その公益的・後見的見地で家事事件を取り扱い，裁判所自ら事実の調査を行い，必要な場合は，申立てにより又は職権で，証拠調べを行いますが（法56Ⅰ），医務室技官の診断は，裁判所の事実の調査の一環として行われるものです。しかし，医務室技官の診断や期日への立会いは，裁判官にはない専門性を前提とした調査と意見になるわけで，事実の調査というよりも鑑定に近い性格のものといえます。

【2】 家事調停における医務室技官の関与

　家事事件手続法61条1，2項は，同法258条1項で調停手続の場合に準用されています。また，同法261条2項で，調停委員会を構成する裁判官が，事実の調査として医師である裁判所技官に事件の関係人の心身の状況についての診断をさせることができると定めています。

医務室技官を調停期日に立ち会わせる場合としては，本条の趣旨から「期日に出席する当事者等が情緒不安定になり，その場で対応が必要となることが予想される場合や期日における当事者等の様子を観察してもらい，今後の進行上注意すべきことに関し医学的見地からの助言を受けることが有用である場合等が考えられる。」(『逐条解説・家事法』207頁）と解されています。

実際，調停委員会が裁判官と評議した上で医務室技官を立ち会わせる事案例として挙げているのは，

① 当事者に精神的障害の既往歴があり，また現に精神障害の治療中などのため精神障害のあることがうかがわれるとき
② 紛争の原因が当事者の薬物又はアルコール依存にあると推測されるとき
③ その他，当事者の言動などから当事者に精神的身体的な障害があると推測されるとき

です（東京家事調停協会『新・家事調停ハンドブック』32頁）。

家事調停手続の当事者の立場から見ると，医務室技官の関与は，当事者の自主的な合意による紛争解決の進行が「事件の関係人」の心身の状況により妨げられ，当該当事者にとって公正な調停の進行ができない場合であるべきです。「事件の関係人」は，当該当事者と当該調停に直接利害が関係する者に限定され，単に事情を知っているだけでは診断の対象にはなりません。精神的に混乱している当事者がいる場合に，手続進行上で，当事者のために医学的見地から留意すべき点について意見を求めることなどが考えられます。調停手続に医務室技官が関与することに懸念や不安，疑問，反対意思，拒否を示す当事者もあります。手続代理人としては，事案の実情，当事者の心身の状況をあらためて慎重に確認し，また当事者の心情等も考慮の上，必要な場合は調停委員会に関与についてしっかり意見を述べるなどの対応が必要です。

【紙子　達子】

Q10 裁判所職員の除斥・忌避・回避

裁判官の除斥・忌避・回避とは，どのような制度ですか。調停委員や他の裁判所職員についても，同様の制度がありますか。

〔1〕 概　説

除斥・忌避・回避とは，いずれも，裁判の公正を保障するための制度であり，不公正な裁判をするおそれのある裁判官や他の裁判所職員をその事件の職務の執行から排除するものです。

「除斥」は，一定の事由がある場合に法律上当然に職務を行うことができなくなることです（除斥の裁判は確認的なものと解されています）。

「忌避」は，除斥原因以外に，事件ないし当事者との関係等から不公正な裁判をするおそれがあるときに，当事者の申立てに基づく忌避の裁判により職務執行から排除するものです。

「回避」は，除斥又は忌避事由があることを認めて，裁判所職員が自発的に職務の執行を避けるものです。

〔2〕 裁判官の除斥・忌避・回避

Ⅰ　除　斥

家事事件手続法10条1項は，家事事件における裁判官の除斥事由を列挙しており，このうち調停手続に関係するのは次のとおりです。

① 裁判官又はその配偶者若しくは配偶者であった者が，調停事件の当事者であるとき，又は調停事件について当事者と共同権利者，共同義務者若しくは償還義務者の関係にあるとき（法10Ⅰ①）

② 裁判官が当事者の四親等内の血族，三親等内の姻族若しくは同居の親族であるとき，又はあったとき（法10Ⅰ②）

③ 裁判官が当事者の後見人，後見監督人，保佐人，保佐監督人，補助人又は補助監督人であるとき（法10Ⅰ③）

④　裁判官が調停事件について証人若しくは鑑定人となったとき，又は審問を受けることとなったとき（法10Ⅰ④）
⑤　裁判官が調停事件について当事者の代理人若しくは補佐人であるとき，又はあったとき（法10Ⅰ⑤）
⑥　裁判官が調停事件について仲裁判断に関与し，又は不服を申し立てられた前審の裁判に関与したとき（法10Ⅰ⑥）

　以上のとおり，裁判官と調停当事者との間に一定の身分関係や密接な利害関係が認められる場合がほとんどであり，これらに該当する裁判官に事件を担当させるのが不適当であることは明らかです。

Ⅱ　忌　避

　忌避に関して，家事事件手続法11条1項は，「裁判官について裁判又は調停の公正を妨げる事情があるときは，当事者は，その裁判官を忌避することができる。」と規定しています。

　「調停の公正を妨げる事情」とは，通常人が判断して，裁判官と調停事件との関係からみて，偏頗・不公平な扱いがなされるであろうとの懸念を当事者に起こさせるに足りる客観的な事情とされています。

　裁判官と調停事件との関係を客観的に検討することになりますが，判例は，民事訴訟に関して「原審における裁判長たる裁判官が，原審における被上告人の訴訟代理人の女婿であるからといつて，右の事実は民訴三五条所定事項に該当せず，又これがため直ちに民訴三七条にいわゆる裁判官につき裁判の公正を妨ぐべき事情があるものとはいえない」と判示しています（最判昭30・1・28民集9巻1号60頁）。しかし，裁判官の公正らしさの観点から，この判例には批判的な意見が少なくありません。調停委員会を組織する裁判官と当事者代理人弁護士との間に女婿関係がある場合などは忌避事由にあたると判断すべきではないかと考えられます。

　具体的事件と直接関連のない裁判官の行状，思想，法律上の見解などは忌避事由にあたらないと解されており，裁判官の調停における手続指揮（法259）に対する不満や，自分の主張が裁判官に取り上げてもらえない等という主観的不満もそれだけで忌避事由にあたりません。

Ⅲ 除斥又は忌避の裁判及び手続の停止

　調停事件の当事者は，裁判官について除斥又は忌避の申立てをすることができます。除斥は，調停事件の継続中いつでも申し立てることができますが，忌避については，当事者が忌避の原因があることを知った上で裁判官の面前において調停事件について陳述をしたときは，もはや申立てができなくなります（法11Ⅱ）。

　除斥又は忌避の申立ては，その原因を明示して裁判官の所属する裁判所にしなければならず，調停事件の手続の期日においてする場合を除き，書面でしなければなりません。また，除斥又は忌避の原因は，申立てをした日から3日以内に疎明しなければなりません（規10）。

　除斥又は忌避についての裁判は，当該裁判官が所属する裁判所が合議体で行います（法12Ⅰ・Ⅱ）。申立てを受けた当該裁判官は，除斥又は忌避の裁判に関与することはできません（法12Ⅲ）。

　ただし，いわゆる簡易却下（申立てが家事調停事件の手続を遅滞させる目的のみでされたことが明らかなとき，申立てが上記規則10条の規定に違反するときなど）の場合は，当該裁判官が合議体の一員として関与することができますし，当該裁判官が単独で行うこともできます（法12Ⅴ・Ⅵ）。

　除斥又は忌避の申立てがあったときは，急速を要する行為を除き，申立てについての裁判が確定するまで調停事件の手続を停止しなければなりません（法12Ⅳ）。ただし，簡易却下の裁判をした場合には，手続は停止しません（法12Ⅶ）。申立てを受けた裁判官は，その除斥又は忌避の申立てについて意見を述べることができます（規11）。

　除斥又は忌避を理由があるとする裁判に対しては，不服を申し立てることができませんが，除斥又は忌避の申立てを却下する裁判に対しては，申立人は即時抗告をすることができます（法12Ⅷ・Ⅸ）。

　除斥原因のある裁判官は，法律上当然に裁判に関与することができません。つまり，除斥の裁判は確認的性質を有するものにすぎません。他方で，忌避については，忌避申立てを理由ありとする裁判をもって裁判官は裁判に関与することができなくなります。つまり，忌避の裁判は形成的性質を有するものです。

Ⅳ 回 避

　裁判官は，自分に配点された調停事件について除斥事由又は忌避事由がある場合，監督権を有する裁判所の許可を得て，回避することができます（規12）。回避の許可は，除斥や忌避の裁判と異なり，手続法上の裁判ではありません。いわば事件の配点替えを認めるものに過ぎず，司法行政上の措置とされます。

　回避の許可を与えるかどうかは，当該裁判官について監督権を有する裁判所の裁判官会議（又は裁判官会議により委任を受けた裁判所長あるいは特定の裁判官）が決定します（『条解家事規則』31頁）。回避の許可・不許可に対して，当該裁判官や当事者は不服申立てをすることができません。

【3】 家事調停官の除斥・忌避・回避

　家事調停官は，一種のパートタイム裁判官であり，裁判官に代わって調停手続における裁判官の職務を行う者です。裁判官と同じように除斥・忌避・回避のいずれも認められています。家事調停官の除斥・忌避・回避については，それぞれ裁判官に関するものを準用する形で規定されており（法15，規13），基本的に裁判官と同じ規律となっています。

【4】 裁判所書記官の除斥・忌避・回避

　裁判所書記官は，調停事件に関する調書の作成，事件記録の保管，事件記録の正本・謄本等の交付，調停事件に関する事項の証明書の交付等を行う権限を有する裁判所職員です。裁判所書記官についても，除斥・忌避・回避のいずれも認められています。

　裁判所書記官の除斥及び忌避については，裁判官に関する規定が準用されています（法13，規13）。しかし，裁判官の場合と異なり，除斥や忌避の申立てがあっても調停手続は停止しません（法12Ⅳの準用除外）。裁判所書記官について除斥又は忌避の申立てがあったときは，当該書記官は当該調停事件に関与することができなくなります。ただし，簡易却下の裁判があったときは，この限りではありません（法13Ⅱ）。

　裁判所書記官の除斥又は忌避についての裁判は，裁判所書記官の所属する

裁判所が行います（13Ⅲ）。裁判官の場合と異なり，合議体でする必要はありません。

裁判所書記官の回避については，裁判官に関する規定が準用されています（規13）。

【5】 家庭裁判所調査官及び家事調停委員の除斥・回避

旧法（家審法・家審規）においては，家庭裁判所調査官と家事調停委員について除斥・忌避・回避の制度は設けられていませんでした。しかし，家庭裁判所調査官及び家事調停委員は，調停手続において重要な役割を担っており，手続の公正を確保するため，家事事件手続法において新たに除斥制度が採用されました。

家庭裁判所調査官及び家事調停委員の除斥について，裁判官に関する規定が準用されています（法16，規13）。したがって，当事者との一定の関係等（法10）が認められる家庭裁判所調査官及び家事調停委員は，当該調停事件から除斥されます。除斥の申立てがあったときは，その家庭裁判所調査官又は家事調停委員は，その申立てについての裁判が確定するまで当該調停事件に関与することができません（法16Ⅱ）。家庭裁判所調査官又は家事調停委員の除斥についての裁判は，家庭裁判所調査官又は家事調停委員の所属する裁判所が合議体で行います（法16Ⅲ・12Ⅱ）。

なお，家庭裁判所調査官及び家事調停委員の忌避については，家事事件手続法の審議過程で採否が検討されましたが，最終的には採用に至りませんでした。家庭裁判所調査官に関しては，裁判官の命令によって裁判官の手足となって調査等を行う補助機関の面が強いこと，そして，家事調停委員に関しては，当事者からの濫用的な申立てが懸念されるという事情が考慮されたものと考えられます。

また，家庭裁判所調査官及び家事調停委員の回避については，裁判官の回避に関する規定が準用されています（規14）。

【中 谷 仁 亮】

Q11 事件記録の管理等

家事調停事件の記録はどのように作成・管理されますか。

[1] 概　　説

　調停事件に限らず裁判所の事件記録は，裁判所書記官が作成し，保管することとされています（裁判所法60Ⅱ）。裁判所書記官は，その職務を行うについて裁判官の命令にしたがいますが，口述の書取その他書類の作成又は変更に関して裁判官の命令を受けた場合において，その作成又は変更を正当でないと認めるときは，自己の意見を書き添えることができます（裁判所法60Ⅳ・Ⅴ）。

[2] 期日調書

　調停事件の記録には，当事者が提出した申立書，答弁書，主張書面その他の書面や証拠資料などが綴られますが，事件記録として重要なのは，調停期日にどのようなことが行われたかを記録する期日調書です。
　期日調書に関して，家事事件手続法は「裁判所書記官は，家事調停の手続の期日について，調書を作成しなければならない。」と規定しています（法253本文）。
　家事調停の期日調書には，次の事項を記載しなければなりません（規126Ⅰによる31・32の読替え準用）。
　①　事件の表示
　②　裁判官又は家事調停官，家事調停委員及び裁判所書記官の氏名
　③　出頭した当事者，利害関係参加人，代理人，補佐人，通訳人その他の関係人の氏名
　④　期日の日時及び場所
　⑤　申立ての趣旨又は理由の変更，申立ての取下げ，調停成立の合意及び調停をしない措置又は調停不成立による事件の終了

⑥　証人，当事者本人及び鑑定人の陳述
⑦　証人，当事者本人及び鑑定人の宣誓の有無並びに証人及び鑑定人に宣誓をさせなかった理由
⑧　検証の結果
⑨　裁判長が記載を命じた事項及び当事者の請求により記載を許した事項
⑩　書面を作成しないでした裁判

　以上のほか，期日調書には，当事者及び利害関係参加人による書面の提出の予定その他手続の進行に関する事項を記載することができます（規32Ⅲ）。期日調書には，裁判所書記官が記名押印し，裁判長が認印しなければなりません（規31Ⅱ）。また，録音テープ等による代用等を規定している民事訴訟規則が準用されていますので（規126Ⅱ，民訴規68～77），それらの方法によることも可能です。

　なお，期日調書等の様式と記載方法の具体的詳細を定める「家事事件の期日調書等の様式及び記載方法について」と題する平成24年12月10日最高裁家庭局長，総務局長通達があります。

【3】　期日調書の省略

　家事事件手続法253条但書は，「裁判長においてその必要がないと認めるときは，この限りでない。」と規定し，裁判長が必要ないと認めるときは，期日調書の作成を省略することができる旨を規定しています。家庭裁判所における調停委員会調停の場合，調停委員会を組織する裁判官又は家事調停官が裁判長の権限を行使しますので（法260Ⅱ・251Ⅱ），当該裁判官又は家事調停官の判断により期日調書の作成を省略することができることになります。

　審判事件については，「裁判所書記官は，家事審判の手続の期日について，調書を作成しなければならない。ただし，証拠調べの期日以外の期日については，裁判長においてその必要がないと認めるときは，その経過の要領を記録上明らかにすることをもって，これに代えることができる。」（法46）と規定されていますので，期日調書の作成を省略するときにあっても，いわゆる代用調書により経過の要領を記録上明らかにすることが要求されています。しかし，調停事件については，そのような規定がないところから，調停委員

会を組織する裁判官又は家事調停官が調書作成の必要がないと判断した場合には，経過の要領を記録上明らかにする必要もないことになります。

　実務上は，調停手続の進行中に調停期日ごとに期日調書が作成されることはほとんどなく，中間合意が成立した場合や一部取下げがあった場合など重要な手続行為があった場合にのみ期日調書が作成され，それ以外の期日については省略することが通例となっています。

【4】 事件経過表

　家裁の実務においては，期日調書の作成の有無にかかわらず，家事調停事件の期日の都度，事件経過表が作成されています。事件経過表には，概ね次のような記載事項欄が設けられています。なお，全国の高裁・家裁事務局長宛の「『家事事件の調書通達の概要』及び事件経過表の参考様式の送付について」と題する平成24年12月10日最高裁家庭局第一課長，総務局第三課長事務連絡（家月65巻4号83頁以下）には，事件経過表の参考様式が示されています。

①　事件の表示（事件番号）
②　裁判官又は家事調停官の氏名
③　期日の日時及び場所
④　家事調停委員及び家庭裁判所調査官の氏名
⑤　出頭した当事者，利害関係参加人・当事者参加人，これらの手続代理人，その他の関係人の氏名
⑥　次回期日の日時及び場所
⑦　経過の要領
⑧　裁判所書記官の氏名及び押印

　委員会調停の場合，実際に事件経過表に記入するのは，調停委員会を組織する調停委員であり，調停委員は，調停期日の終了後，裁判所書記官に対し，事件記録を返還する際に後記【5】の調停委員手控えとともに提出しています。

　裁判所書記官は，調停委員が記入した事件経過表の内容を確認し，記名押印します。事件経過表は一種の代用調書であり，正式の期日調書作成の有無

にかかわらず，調停期日の都度，作成されています。したがって，事件経過表は事件記録の一部を構成し，閲覧・謄写の対象となり得ます。

【5】 調停委員手控え

委員会調停の場合，上記事件経過表とは別に，調停委員が調停期日の都度，手控えを作成しています。手控えには，一般的に次のような欄が設けられています。

① 事件の表示（事件番号）
② 期日の日時
③ 記入した調停委員の氏名
④ 当事者の主張，提出書類等
⑤ 調停の経過，争点，今後の方針等
⑥ 裁判官（家事調停官）への連絡事項

このように調停委員手控えは，事件経過表と異なり，当事者の主張や調停の経緯，今後の方針等調停進行に関する具体的な事実や問題点が記入されています。また，手控えには，裁判官（家事調停官）や書記官から調停委員への連絡事項欄も設けられており，事件処理に関する意見や指示等が記載されることもあります。

手控えの作成について法令上の根拠はなく，その様式について最高裁が参考様式を示しているわけでもありません。その性格は，調停委員が担当裁判官（家事調停官）や書記官への報告文書として，また，自らの備忘録として記入作成しているものであって，調停手続を正式に記録するものではありません。したがって，調停委員手控えは，事件記録の一部（調停期日の調書や代用調書）ではなく，閲覧・謄写の対象とはなりません。

【6】 事件記録の編成

記録の編成については，「家事事件記録の編成について」と題する平成24年12月11日最高裁事務総長通達があり（家月65巻4号93頁以下），同通達によれば，調停事件の記録の編成方法には，3分方式と2分方式が認められています。遺産分割調停事件及び寄与分を定める処分調停事件の記録の編成は，3

分方式により，それ以外の調停事件の記録の編成は，事案に応じて，3分方式又は2分方式によることとされています。

I　3分方式

① 第1分類（手続関係書類）　第1分類を調書群，審判書群及び申立書群の3群に分け，その順につづり込みます。

(i) 調書群　手続の経過を明らかにするため，次のような書類を編年体によりつづり込みます。

具体的には，事件経過表，期日指定書，期日変更決定書，手続の併合又は分離の決定書，調停条項案（書面による受諾の場合）及びその諾否に関する書類，第二事件についての調停不成立調書等が含まれます。

(ii) 審判書群　調停の終了を明らかにし，それに附随する書類をつづり込みます。

具体的には，調停成立調書，調停の不成立調書（第二事件についてのものを除く），調停成立調書の更正決定書，調停の申立ての取下書（取下げを記載した期日調書を含む），取下げに対する同意書，調停をしない旨の処分を記載した書面，申立書却下命令書，合意に相当する審判書又は調停に代わる審判に対する異議申立権放棄書，審判書等の正本，取下書副本等の送達報告書等です。

(iii) 申立書群　当事者及びその主張を明らかにする書類を，関連するものごとに一括し，編年体によりつづり込みます。

具体的には，調停の申立書，答弁書，主張書面，受継の申立書，参加の申出書，排除の決定書，申立ての変更の申立書，合意に相当する審判又は調停に代わる審判に対する異議申立書，調停の申立て以外の附随的申立てに関する疎明書類，決定書，取下書等です。

② 第2分類（証拠関係書類）　第2分類を事実の調査関係書類群及び証拠調べ関係書類群の2群に分け，その順につづり込みます。

(i) 事実の調査関係書類群　当事者等から提出された戸籍謄本等，住民票の写し等，戸籍の附票の写し等の身分関係書類，源泉徴収票，納税証明書，登記事項証明書，固定資産税評価証明書等の収入，財産等に関する資料，陳述書，事実の調査に関する申出書等が含まれます。

関連するものを一括して編年体によりつづり込みますが，必要に応じて提出者ごとにまとめてつづり込むこともできます。
　　審問調書，家庭裁判所調査官作成の調査報告書，調査嘱託又は書面による照会に対する回答書等もここにつづり込みます。
(ⅱ) 証拠調べ関係書類群　当事者等から申出のあった証拠調べに関する書類及び裁判所が職権でした証拠調べに関する書類を民事訴訟記録の例にならってつづり込みます。

③　第3分類（その他の書類）　第1分類及び第2分類につづり込む書類以外の書類を代理及び資格証明関係書類とその他の書類に分け，関係書類ごとに編年体によりつづり込みます。
(ⅰ) 代理及び資格証明関係書類　手続代理人又は法定代理人の代理権を証する書面及び当事者又は代表者の資格を証する書面並びにこれらの関係書類
(ⅱ) その他の書類　管轄に関する書類，移送申立書，移送決定，手続の併合又は分離の申請書，期日の指定又は変更の申請書，送達場所等の届出書，調停成立調書の更正決定の申立書，嘱託書又は照会書の控え，期日請書等があります。

④　非開示希望の書類　なお，当事者等から非開示を希望する旨の申出があった書類（非開示の希望については，Q12参照）については，以上の分類にかかわらず，非開示希望の申出書とともに第3分類の末尾にまとめてつづり込みます。

Ⅱ　2分方式

①　第1分類　第1分類を調書群，審判書群，申立書及び事実の調査関係書類群並びに証拠調べ関係書類群の4群に分け，その順につづり込みます。
(ⅰ) 調書群（3分方式と同じ）
(ⅱ) 審判書群（3分方式と同じ）
(ⅲ) 申立書及び事実の調査関係書類群（3分方式の申立書群と事実の調査関係書類群とあわせてつづり込みます）
(ⅳ) 証拠調べ関係書類群（3分方式と同じ）

② 第2分類（その他の書類）
　(i) 代理及び資格証明関係書類（3分方式と同じ）
　(ii) その他の書類（3分方式と同じ）
③ 非開示希望の書類　3分方式の場合と同様に，以上の分類にかかわらず，非開示希望の申出書とともに第2分類の末尾にまとめてつづり込みます。

【中谷　仁亮】

Q12 事件記録の閲覧等

家事調停事件の記録の閲覧，謄写等はどのような扱いになっていますか。

[1] 調停事件記録の閲覧・謄写等

I 請求権者

　当事者又は利害関係を疎明した第三者は，家庭裁判所の許可を得て，裁判所書記官に対し，家事調停事件の記録の閲覧若しくは謄写，その正本，謄本若しくは抄本の交付又は家事調停事件に関する事項の証明書の交付を請求することができます（法254Ⅰ）。調停事件の記録中の録音テープ又はビデオテープについては，当事者又は利害関係を疎明した第三者は，家庭裁判所の許可を得て，裁判所書記官に対し，これらの物の複製を請求することができます（法254Ⅱ）。高等裁判所における調停事件記録についても，同じ規律になっています（法274Ⅴ）。

　すなわち，調停事件記録の閲覧・謄写等を請求できるのは，当事者又は利害関係を疎明した第三者に限られています。民事訴訟記録について何人も閲覧を請求できる（民訴法91Ⅰ）とされているのと異なります。利害関係とは法律上の利害関係をいい，事実上の利害関係だけでは足りません。記録中の文書の記載等がその者の法律的地位に関係する場合に利害関係が認められます。疎明は，即時に取り調べることができる資料によってしなければなりません（法258Ⅰ・57）。

　なお，調停事件記録の閲覧，謄写等の請求は，家事調停事件の記録の保存又は裁判所若しくは調停委員会の執務に支障があるときは，することができないとされています（254Ⅴ）。

Ⅱ 裁量許可の原則

　家事事件手続法254条3項は，「家庭裁判所は，……，相当と認めるときは，これを許可することができる。」と規定し，調停事件の記録の閲覧・謄写等

に関する許可を裁判所の裁量に委ねています。高等裁判所における調停事件の記録についても，同じ規律となっています（法274Ⅴ）。

審判事件の記録の閲覧・謄写等に関しては，「家庭裁判所は，当事者から前二項の規定による許可の申立てがあったときは，これを許可しなければならない。」と規定され（法47Ⅲ），当事者の手続保障の強化の観点から，旧法の裁量許可の規律（家審規12）を変更して，当事者からの請求に権利性を認めています。

しかし，調停事件の記録の閲覧・謄写等に関しては，家事審判法の裁量許可の規律がそのまま維持され，当事者からの請求であっても裁判所の裁量許可になっています。家事事件手続法の法案を審議した参議院法務委員会では，この点について論議されましたが，法務省民事局長は，「家事調停事件は当事者の話し合いによる自主的な解決をめざすものであり，自己に有利，不利を問わず当事者から資料を提出していただいて，当事者の話し合いを促進するという手続でございますので，裁判所の裁量にゆだねるのが調停手続の性格にも合うのではないかということでこういう規定ぶりにいたしました。」と述べて，従来からの規律を維持する理由を説明しています。

調停事件の記録の閲覧・謄写等について，許可するか，許可しないかの裁判所の裁量判断は一種の裁判です。裁量により一部のみを許可することもでき，その場合は，記録中の閲覧等を許可する部分を特定しなければなりません（規126Ⅰ・35）。また，閲覧のみを許可し，謄写は許可しないということもあり得ます。家庭裁判所調査官の調査意見や医師である裁判所技官の診断などについては，調停手続中の閲覧・謄写は許可されにくいといわれています。これらの裁判所の裁量的な判断に対して，当事者らに不服申立ての手段は認められておりません。

Ⅲ 合意に相当する審判手続の例外

調停事件の記録であっても，合意に相当する審判手続の記録に関しては，同手続が簡易な人事訴訟の手続であるという面から，当事者からの閲覧・謄写等の請求については権利性が認められており，裁判所は原則としてこれを許可しなければなりません（法254Ⅵ・47Ⅲ）。

【2】 非開示希望の申出

　調停手続において，当事者が，裁判所限りにして欲しい，反対当事者には開示しないで欲しい等として書類等を提出する場合があります。家庭裁判所には「非開示の希望に関する申出書」の用紙が備え付けられており，当事者は，提出する書類ごとにその申出書を添付する扱いになっています。

　このような非開示希望の申出書を付けて提出された書類等について，他方当事者から，閲覧・謄写の申請がされた場合には，裁判所が，同申出書に記載されている理由や開示によって円滑な話合いを妨げるおそれがないか等の事情を考慮して，申請を許可するかどうかを判断します。この申出書が付けられている書類であっても，相手方からの閲覧・謄写が許可される可能性があります。すなわち，非開示希望の申出は必ずしも裁判所を拘束するものではないことに留意する必要があります。

　また，遺産分割事件等の別表第二調停事件の場合，調停が不成立となって審判手続に移行したのちは，事実の調査により，調停手続での非開示希望の申出が付いた資料も審判事件の記録となる可能性があります。一旦，審判事件の記録になれば，調停段階で非開示希望があった資料についても，基本的に相手方に開示されることになります。

【3】 調停調書等の正本，謄本等

　記録の謄写とは別に，当事者は，裁判所書記官に対し，
① 　審判書その他の裁判書の正本，謄本又は抄本
② 　調停において成立した合意を記載し，又は調停をしないものとして，若しくは調停が成立しないものとして事件が終了した旨を記載した調書の正本，謄本又は抄本
③ 　家事調停事件に関する事項の証明書

の交付を請求することができます。これらの書類については，裁判所の許可は不要であり（法254Ⅳ・274Ⅴ），当事者は，当然に交付を請求することができます。

【4】 調停委員手控え

　調停事件の記録には，調停委員手控えが事実上編綴されています。そこには調停期日における当事者の主張や調停の経緯，今後の方針等調停進行に関する具体的な事実や問題点が記載されていることがあります。当事者あるいは手続代理人としては，閲覧等したいところですが，調停委員手控えは，調停委員が担当裁判官（家事調停官）や書記官への報告文書として，また，自らの備忘録として記入作成しているものに過ぎず，事件記録の一部ではないとされていますので，閲覧・謄写の対象とはなりません。

【吉葉　一浩】

Q13 当事者能力・手続行為能力

家事調停手続における当事者能力及び手続行為能力とは何ですか。

[1] 概　　説

　家事調停手続においても，他の裁判手続と同様に，事件当事者の当事者能力及び手続行為能力が問題となります。当事者能力とは，家事調停事件の当事者になることができる能力であり，手続行為能力とは，家事調停事件の手続における手続上の行為を自ら又は自ら選任した手続代理人によって有効に行うことができる能力です。

[2] 当事者能力

　家事事件における当事者能力は，特別の定めのある場合を除き，民法その他の法令に従うとされており（法17Ⅰ，民訴法28），基本的に民法の権利能力に関する規定によって定まります。

　自然人の権利能力は，出生に始まり死亡によって終了します。胎児は，損害賠償の請求権，相続及び遺贈については，すでに生まれたものとみなされますが，胎児が死体で生まれたときはこの限りではありません（民法721・886・965）。外国人は，法令又は条約の規定により禁止される場合を除き，権利能力を有します（民法3Ⅱ）。法人は，定款その他の基本約款で定められた目的の範囲内において，権利能力を有します（民法34）。

　このような権利能力を有するものは，家事事件の当事者能力を有します（法17Ⅰ，民訴法28）。また，いわゆる権利能力なき社団等（法人でない社団又は財団で代表者又は管理人の定めがあるもの）も当事者能力を有します（法17Ⅰ，民訴法29）。

　当事者能力のある者は，家事調停事件の申立人・相手方のいずれにもなることができ，また，利害関係人として家事調停手続に参加することもできます。

【3】 手続行為能力

Ⅰ 原　　則

　手続行為能力は，民法の行為能力に対応するものであり，自ら又は自ら選任した手続代理人によって有効に手続行為をし，また，反対当事者の手続行為を有効に受ける能力です。家事事件における手続行為能力についても，特別の定めのある場合を除き，民法その他の法令に従うとされており，基本的に民法の行為能力に関する規定によって定まります。

　自然人は満20歳をもって行為能力者となります（民法4）。未成年者が婚姻したときも同様です（民法753）。また，法人は権利能力の範囲で行為能力を有します。このような行為能力者は，家事事件の手続行為能力を有します（法17Ⅰ，民訴法28）。

Ⅱ 未成年者及び成年被後見人の手続行為能力

　未成年者及び成年被後見人は，法定代理人によらなければ，手続行為をすることができません（法17Ⅰ，民訴法31）。民法は，未成年者及び成年被後見人の行為を取り消すことができるとしていますが（民法5Ⅱ・9），裁判手続における手続行為を取り消し得るものとすると手続の安定が損なわれることになりますから，民事訴訟法では，これらの者は自ら手続行為をすることができないとされています。すなわち，法律上，未成年者及び成年被後見人の調停手続行為は無効とされています。

　しかし，婚姻，縁組等の身分上の行為は，その性質上，無能力者であっても，意思能力がある限り本人が単独で行うべきであって，原則として法定代理人が代理して行うことはできないとされており，人事訴訟に関しては，民事訴訟法31条の適用が排除されています（人訴法13Ⅰ）。同様の観点から，家事事件手続法も，家事調停事件における手続行為能力に関する特則を置いています。

　次に掲げる調停事件については，未成年者又は成年被後見人であっても，民事訴訟法31条の規定にかかわらず，法定代理人によらずに，自ら手続行為をすることができます（法252Ⅰ）。ただし，乳幼児や心神喪失の状態にある者のように意思能力を有しない者は，自ら手続行為をすることはできません。

①　夫婦間の協力扶助に関する処分の調停事件（ただし，財産上の給付を求めるものは除かれます）について，夫及び妻（法252Ⅰ①）。
②　子の監護に関する処分の調停事件（ただし，財産上の給付を求めるものは除かれます）について，子（法252Ⅰ②）。子自身は調停事件の当事者にはなり得ませんので，ここでは子が利害関係参加人としての調停手続行為を行うことを想定されています。
③　養子の離縁後に親権者となるべき者の指定の調停事件について，養子，その父母及び養親（法252Ⅰ③）。なお，養子自身は調停事件の当事者にはなり得ませんので，ここでは養子の利害関係参加人としての調停手続行為が想定されています。
④　親権者の指定又は変更の調停事件について，子及びその父母（法252Ⅰ④）。なお，子自身は調停事件の当事者にはなり得ませんので，ここでは子の利害関係参加人としての調停手続行為が想定されています。
⑤　人事に関する訴えに関する調停事件について，人事訴訟法13条1項により自ら訴訟行為をすることができることとなる者（法252Ⅰ⑤）。

　特に⑤があることにより，離婚調停，離縁調停，合意に相当する審判その他の人事訴訟事項に関する調停事件の当事者になった未成年者及び成年被後見人は，法定代理人によらず，自ら手続行為をすることができることになります。

　なお，③と④において，条文上，父母及び養親が明記されていますが，これは，民法の解釈において，親権の行使と親権者の指定を区別して親権者の指定は意思能力を有する限り未成年者や成年被後見人も行うことができる，と解する有力な見解に基づくものと説明されています。

　他方，②において，条文に父母が明記されていません。すなわち，子の監護に関する処分の調停事件において，父母である未成年者及び成年被後見人には手続行為能力が認められておりません。家事事件手続法は，審判事件の手続行為能力に関しても子の監護に関する処分と親権者の指定又は変更を区別して規定しています（法151②・168⑥⑦）。監護権の行使については基本的に行為能力が必要とされているためです。

　相続関係の調停，婚姻費用分担調停，養育費調停，慰謝料調停その他上記

①ないし⑤に該当しない調停事件については，未成年者及び成年被後見人は，自ら調停事件において手続行為をすることはできず，法定代理人によって手続行為をしなければなりません。

Ⅲ 被保佐人及び被補助人の手続行為能力

　被保佐人が訴訟行為をするには，保佐人の同意を得なければなりません（民法13Ⅰ④）。また，被補助人（訴訟行為をすることにつき補助人の同意を得ることを要することとされている場合に限ります。以下，同様）が調停手続行為をするには，補助人の同意を得なければなりません（民法17）。家事調停事件の手続行為は，民法が定める訴訟行為に含まれますから，被保佐人等が調停手続行為をするには，保佐人等の同意を得なければなりません。保佐人等の同意は，書面で証明しなければなりません（規15，民訴規15前段）。

　民法は，これらの者が必要な同意を得ないでした行為を取り消すことができるとしていますが（民法13Ⅳ・17Ⅳ），同意のない調停手続行為は無効となります。ただし，能力を回復した本人又は保佐人若しくは補助人が追認したときは，行為のときにさかのぼって有効となります（法17Ⅰ，民訴法34Ⅱ）。

　婚姻，縁組等の身分上の行為は，被保佐人又は被補助人も保佐人又は補助人の同意を得ないで行うことができます。未成年者又は成年被後見人について述べた上記Ⅱ①ないし⑤の場合には，被保佐人又は被補助人は，保佐人等の同意を得ないで調停手続行為をすることができます（法252Ⅰ）。

　また，被保佐人又は被補助人が，他の者が申し立てた家事調停事件について手続行為をする場合は，保佐人又は補助人の同意は不要です（法17Ⅱ）。民事訴訟法32条と同趣旨の規定であって，反対当事者の調停申立権（広い意味で裁判を受ける権利）を保障するための例外です。

　被保佐人又は被補助人が，保佐人又は補助人の同意を得て（あるいは同意が不要の場合に同意を得ないで）調停手続行為を行う場合でも，①家事調停の申立ての取下げ，②調停成立の合意，③合意に相当する審判を受けることについての合意，④調停条項案の書面による受諾，⑤調停に代わる審判に服する旨の共同の申出など重要な手続行為については，特別授権事項として保佐人又は補助人の個別の同意が必要とされています。ただし，家事調停の申立てその他家事調停の手続の追行について同意を得ている場合，②ないし⑤につい

ては個別の同意が不要です（法17Ⅲ）。

【三神　光滋】

Q14 法定代理人の権限

家事調停手続において，法定代理人にはどのような権限が認められていますか。

[1] 法定代理人

Ⅰ 親権者及び未成年後見人

未成年者の法定代理人は，親権者と未成年後見人です。未成年の子は父母の親権に服し，その子が養子であるときは，実親ではなく養親の親権に服します。親権は，父母の婚姻中は父母が共同して行います。ただし，父母の一方が親権を行うことができないときは，他の一方が行うこととされています（民法818）。未成年者に対して親権を行う者がないとき，又は親権を行う者が管理権を有しないときは，後見が開始され，未成年後見人が指定あるいは選任されます（民法838～840）。

Ⅱ 成年後見人

成年被後見人の法定代理人は，成年後見人です。精神上の障害により事理を弁識する能力を欠く常況にある者について，家庭裁判所は，後見開始の審判をすることができ，その審判を受けた者は成年被後見人とし，成年後見人を付することになります（民法7・8）。

Ⅲ 保佐人及び補助人

保佐人及び補助人は，原則として同意権のみを有し代理権を有していませんが，家庭裁判所は，被保佐人又は被補助人のために特定の法律行為について保佐人又は補助人に代理権を付与する旨の審判をすることができます（民法876の4Ⅰ・876の9Ⅰ）。そのような審判がなされた場合，保佐人又は補助人は，審判で定められた範囲において法定代理権を有することになります。

【2】 法定代理人による調停手続行為

Ⅰ 家事調停の申立て

　親権者又は後見人（未成年後見人及び成年後見人）は，未成年者又は成年被後見人が自ら手続行為をすることができない場合はもちろん，未成年者又は成年被後見人が法定代理人によらずに自ら手続行為をすることができる場合であっても，未成年者又は成年被後見人を代理して手続行為をすることができます（法18本文）。

　ただし，家事調停の申立ては，民法その他の法令の規定により法定代理人が申立てをすることができるとされている場合に限られています（法18但書）。「民法その他の法令の規定により」法定代理人に認められているのは，認知（民法787），子が15歳未満であるときの子の氏の変更（民法791Ⅲ），離婚及び離縁を除く人事に関する訴訟（人訴法14Ⅰ・2）に限られていますから，親権者又は後見人が申し立てることができるのは，これらの事件についての家事調停です。すなわち，離婚及び離縁については，法定代理人が家事調停を申し立てることはできません（なお，未成年者は婚姻により成年に達したものとみなされますから，そもそも未成年者の離婚調停申立てというのはあり得ません）。

Ⅱ 調停申立て以外の手続行為

　親権者又は後見人は，①親権者又は後見人が未成年者又は成年被後見人を代理して調停を申し立てた場合，②未成年者又は成年被後見人が自ら調停を申し立てた場合，③他の当事者が調停を申し立てた場合のいずれであっても，それらの家事調停事件に関して，基本的に種々の手続行為をすることができます。

　ただし，親権者又は後見人は，以下に列記する①ないし⑤の調停事件に関して，各号に記載する者を代理して，(ⅰ)調停成立の合意（法268Ⅰ），(ⅱ)調停条項案の書面による受諾（法270Ⅰ），(ⅲ)調停に代わる審判に服する旨の共同の申出（法286Ⅷ）をすることはできません（法252Ⅱ）。そのような身分上の重大な手続行為については，その性質上，代理に親しまず，あくまで本人に行わせるべきものだからです。

　① 夫婦間の協力扶助に関する処分の調停事件（ただし，財産上の給付を求め

るものは除かれます）について，夫及び妻
② 養子の離縁後に親権者となるべき者の指定の調停事件について，養子，その父母及び養親
③ 親権者の指定又は変更の調停事件について，子及びその父母
④ 離婚調停事件について，夫及び妻
⑤ 離縁調停事件について，養親及び15歳以上の養子

Ⅲ 法定代理権の証明及び法定代理権消滅の通知

　法定代理人が，家事調停事件において，未成年者，被後見人，被保佐人又は被補助人に代わって手続行為をするためには，その法定代理権を書面で証明しなければなりません（規15，民訴規15前段）。法定代理権を証明する書面としては，親権者及び未成年後見人の戸籍記載事項証明書，成年後見人の後見登記事項証明書，代理権付与の審判を受けた保佐人等の後見登記事項証明書等があります。

　法定代理権は，法定代理人の死亡・破産手続開始・後見開始・辞任・解任，親権者の親権停止・親権喪失等により消滅します。ただし，調停手続においては，法定代理権の消滅は，本人又は法定代理人から他方の当事者に通知しなければ，その効力を生じません（法20）。通知は，相当と認める方法によることができ（規5，民訴規4Ⅰ），法定代理権消滅の通知をした者は，その旨を裁判所に書面で届け出なければなりません（規16Ⅰ）。なお，法定代理人の死亡及び後見開始については，他方の当事者への通知をまたず，原因事実の発生と同時に代理権消滅の効果が発生すると解されています。

Ⅳ 後見監督人

　後見監督人が選任されている場合，後見人の権限は，後見監督人が選任されていない場合に比べて制約されています。後見監督人が選任されているときは，後見人が，未成年者又は成年被後見人に代わって訴訟行為をするには，後見監督人の同意を得なければなりません（民法864・13Ⅰ④）。家事調停事件の手続行為は，民法が定める訴訟行為に含まれますから，後見人が調停手続行為をするには，後見監督人の同意を得なければなりません。後見監督人の同意は，書面で証明しなければなりません（規15，民訴規15前段）。民法は，後見監督人の同意を得ないでした後見人の行為を取り消すことができるとして

いますが（民法865Ⅰ），後見監督人の同意を得ないでした後見人の調停手続行為は無効です。ただし，後見監督人が追認したときは，行為のときにさかのぼって有効となります（法17Ⅰ，民訴法34Ⅱ）。

　また，後見人が，他の者が申し立てた家事調停事件について手続行為をする場合は，後見監督人の同意は不要です（法17Ⅱ）。民事訴訟法32条と同趣旨の規定であって，反対当事者の調停申立権（広い意味で裁判を受ける権利）を保障するための例外です。

　後見人が，後見監督人の同意を得て（あるいは同意が不要の場合に同意を得ないで）調停手続行為を行う場合でも，①家事調停の申立ての取下げ，②調停成立の合意，③合意に相当する審判を受けることについての合意，④調停条項案の書面による受諾，⑤調停に代わる審判に服する旨の共同の申出など重要な手続行為については，特別授権事項として後見監督人の個別の同意が必要とされています。ただし，家事調停の申立てその他家事調停の手続の追行について同意を得ている場合，②ないし⑤については個別の同意が不要です（法17Ⅲ）。

　代理権付与の審判を受けた保佐人等についても，上記の特別授権事項については，後見人の場合と同じように裁判所の個別の同意が必要とされています。

　なお，後見人の配偶者，直系血族及び兄弟姉妹は，後見監督人になることができず（民法850），後見監督人は，後見人と被後見人との利益が相反する行為について被後見人を代表します（民法851④）。

【三　神　光　滋】

Q15 法定代理人の利益相反

家事調停手続において未成年者又は被後見人とその法定代理人との間に利益相反があるときは，どのような扱いになりますか。

【1】 未成年者又は被後見人とその法定代理人との間の利益相反

I 未成年者と親権者との間の利益相反

例えば，父親とその子である未成年者との間で売買契約をする場合，父親が子を代理することになれば，父親が子に不利な条件で売買契約を締結することも可能であり，子の利益が侵害されるおそれがあります。そのような親権の濫用を防止するために，民法は，未成年者と親権者の利益が相反する場合は，親権者の親権に制限を加えて，親権者が子の代理権を行使することを認めず，親権者は，その子のために特別代理人を選任することを家庭裁判所に請求しなければならないと規定しています（民法826Ⅰ）。

また，親権者が数人の子に対して親権を行う場合において，その一人と他の子との利益が相反する行為についても，親権者は，その一方のために特別代理人を選任することを家庭裁判所に請求しなければなりません（民法826Ⅱ）。

利益相反にあたるかどうかの基準については，外形説（もっぱら行為の形式・外形によって判断する考え方）と実質説（行為の動機，目的，結果その他の背景事情を実質的に考慮して判断する考え方）が対立しています。近時の学説は実質説が有力とされていますが，判例は外形説を採用しています。

親権者が民法826条に違反して自ら子を代理してなした利益相反行為の効力については，明文の規定がありません。しかし，判例は，利益相反行為は，民法113条所定の無権代理行為にあたり無効であると解釈しています（最判昭48・4・24裁判集民109号183頁）。ただし，子は成人になった後に当該無権代理行為を追認することができます。

Ⅱ　自己取引及び双方代理との差異

　民法108条は，自己契約及び双方代理に関して，「同一の法律行為については，相手方の代理人となり，又は当事者双方の代理人となることはできない。ただし，債務の履行及び本人があらかじめ許諾した行為については，この限りでない。」と規定しています。

　民法826条と108条は，いずれも本人の利益を守ることを目的としている点で同趣旨の規定ですが，適用範囲は異なります。すなわち，利益相反行為には，民法108条に含まれない単独行為（権利放棄等）あるいは第三者との契約に関する代理（間接取引）も含まれますが，逆に，親権者からの子への贈与は形式的には自己取引であるものの，子に一方的に有利な契約ですから利益相反行為にはあたらないとされています。

　また，利益相反行為は，民法108条の場合と異なり，本人があらかじめ許諾しても有効にはなりません。ただし，子が成人になった後に追認することはできます。

Ⅲ　後見人への準用

　親権者の利益相反行為に関する民法の規定は後見人に準用されていますので（民法860），被後見人と後見人の利益が相反する場合にも，後見人は特別代理人の選任を家庭裁判所に請求しなければなりません。ただし，後見監督人があるときは，後見監督人が，後見人に代わって被後見人を代理することになりますので，この限りではありません（民法860但書・851④）。

【2】　調停手続における利益相反と特別代理人の選任

Ⅰ　調停手続における利益相反

　未成年者又は被後見人とその法定代理人との間の利益相反は，家事調停手続の中でも起こり得ます。例えば，父の遺産をめぐる遺産分割調停事件において，当事者の中に未成年の子とその親権者の母がいる場合，未成年者とその母は，遺産の取得をめぐって利害が対立することになりますから利益相反となります。

　また，祖父の遺産をめぐる遺産分割調停事件において，祖父の長男が祖父より先に死亡している場合，長男の子が数人あるときはいずれも代襲相続人

として当事者になります。数人の子がいずれも未成年の場合，母親（長男の妻）が数人の未成年者の親権者となりますが，この場合，一人の子と他の子の利益が相反します。さらに，遺産分割調停事件の当事者の中に被後見人とその後見人がともにいる場合は，被後見人とその法定代理人である後見人の利益が相反します。

身分行為にあっても，例えば，養親と未成年の養子との間の離縁調停事件において，養親と養子の利益は相反します。

民法826条は，家事調停を含む裁判所の手続行為にも適用されます。したがって，利益相反が生じている状態で法定代理人が未成年者又は被後見人を代理して調停を成立させた場合，その調停合意は無権代理行為として無効となります。

Ⅱ　特別代理人の選任

調停手続において利益相反が生じたときは，親権者又は後見人は，未成年者又は成年被後見人のために特別代理人を選任することを家庭裁判所に請求しなければなりません（民法826・860本文）。ただし，後見監督人があるときは，後見監督人が，後見人に代わって未成年者又は成年被後見人を代理することになりますので，この限りではありません（民法860但書・851④）。

特別代理人の選任は，家事事件手続法39条別表第一の12項（成年被後見人に関する特別代理人の選任），65項（子に関する特別代理人の選任）及び79項（未成年被後見人に関する特別代理人の選任）の家事審判事件です。

管轄裁判所は，成年被後見人に関する特別代理人の選任については，後見開始の審判をした家庭裁判所，未成年の子に関する特別代理人の選任については，子の住所地を管轄する家庭裁判所となります（法117Ⅱ・167・176）。

親権者及び後見人には，特別代理人の選任審判を申し立てる義務が課せられていますが，親権者等が必要な手続をとらないことも考えられ，未成年者又は被後見人のために，それらの親族やその他の利害関係人が特別代理人の選任審判の申立てをすることもできると解されています。

Ⅲ　特別代理人の権限

特別代理人の権限は，親権者や後見人のような包括的な代理権を有する者ではなく，あくまで特定の利益相反行為について権限を与えられるものであ

って，その範囲は家庭裁判所の選任審判の審判書（又は代用審判）により定められます。

Ⅳ　実体法上の特別代理人

　以上の利益相反の場合に家事審判手続により選任される特別代理人は，「実体法上の特別代理人」といわれており，係属している家事事件の裁判長が当該家事事件の手続限りで選任する「手続法上の特別代理人」とは別の制度です。手続法上の特別代理人についてはQ16を参照。

【三　神　光　滋】

Q16　手続法上の特別代理人

手続法上の特別代理人とは，どのような制度ですか。

[1] 概　　説

　法定代理人の利益相反等の特別代理人は，調停事件など裁判所の手続とは直接関係なく選任されるものであり，例えば，未成年者とその親権者との間の契約行為等に関して選任されることも少なくありません。根拠規定が民法であることもあって，「実体法上の特別代理人」と呼ばれています。

　これに対し，家事事件手続法19条の特別代理人は，裁判所に係属する特定の家事事件の手続行為を行うために限って，当該家事事件を担当する裁判長が選任するもので，「手続法上の特別代理人」と呼ばれています。旧法（家事審判法）にはない制度で，民事訴訟法35条をならって家事事件手続法で初めて家事事件に採用されたものです。

[2] 選任手続

　裁判長は，未成年者又は成年被後見人について，法定代理人がない場合又は法定代理人が代理権を行うことができない場合において，家事事件の手続が遅滞することにより損害が生ずるおそれがあるときは，利害関係人の申立てにより又は職権で，特別代理人を選任することができます（法19Ⅰ）。

　「法定代理人がない場合」とは，未成年者や成年被後見人について，法定代理人の死亡等により法定代理人がいない場合であり，「法定代理人が代理権を行うことができない場合」とは，利益相反の場合など法律上，法定代理人が代理権を行使できない場合であり，病気や怪我等による事実上の支障の場合を含みません。

　「遅滞することにより損害が生ずるおそれがあるとき」とは，法定代理人がない場合又は法定代理人が代理権を行うことができない場合において，別途，家事審判手続により法定代理人あるいは実体法上の特別代理人が選任さ

れるのを待っていたのでは，損害が生ずるおそれがある場合をいいます。例えば，消滅時効や除斥期間の満了がせまっているとき，調停前の処分（法266）や審判前の保全処分（法105以下）をするとき等，緊急の必要性がある場合が該当するとされています。

　主として，未成年者又は成年被後見人を相手方にする場合に利用される制度ですが，未成年者又は成年被後見人側が申し立てる場合にも認められます。

【3】 特別代理人の権限

　家事調停事件に関して選任された特別代理人は，未成年者又は成年被後見人を代理して，当該調停事件に関する手続行為を行うことができます。

　特別代理人が手続行為をするには，後見人と同一の授権がなければならない（法19Ⅳ）と規定されていますが，条文の「後見人と同一の授権がなければならない」という文言の意味は，一読しただけでは理解が困難です。同一の文言である民事訴訟法35条3項の解釈によれば，特別代理人は，法定代理人の不存在又は代理権を行使し得ないときに認められる臨時の補充的なものであり，法定代理人以上に代理権の範囲を広く認める必要はないことから，法定代理人の中でもっとも代理権に制約がある「後見監督人がいる場合の後見人」と同じ扱いにするものとされています。

　したがって，後見監督人がある場合には，選任された特別代理人が，①家事調停の申立ての取下げ，②調停成立の合意，③合意に相当する審判を受けることについての合意，④調停条項案の書面による受諾，⑤調停に代わる審判に服する旨の共同の申出など重要な手続行為をするには，特別授権事項として，後見監督人の個別の同意が必要となります。ただし，家事調停の申立てその他家事調停の手続の追行について後見監督人の同意を得ている場合，②ないし⑤については個別の同意が不要です（法17Ⅲ参照）。

　後見監督人がいない場合に選任された特別代理人が，上記①ないし⑤の手続行為をするには，選任した裁判長の個別の同意が必要となります。

【4】 特別代理人の改任

　特別代理人の選任後に，法定代理人又は実体法上の特別代理人が選任され

た場合にも，特別代理人はその地位を当然に失うわけではなく，その地位は，裁判所による解任によって失われるものと解されています（民事訴訟法に基づき選任された手続法上の特別代理人に関する最判昭36・10・31家月14巻3号107頁）。

　裁判所は，いつでも特別代理人を改任することができます（法19Ⅲ）。改任とは，従来の特別代理人を解任して，新たな特別代理人を選任することをいいますが，改任は裁判所の裁量事項であり，改任決定で解任の理由を明らかにする必要もありません。

【三神　光滋】

Q17 手続代理人の資格

家事調停手続において，弁護士でない者を手続代理人にすることができますか。

〔1〕 手続代理人

調停手続における手続代理人は，当事者，利害関係参加人又は法定代理人に代わって，手続行為をし，又は手続行為を受ける者です。民事訴訟手続における訴訟代理人と同じ立場です。法令により裁判上の行為をすることができる法令上の代理人（支配人，船長ほか）と当事者等からの委任に基づく任意代理人が含まれます。しかし，事件の性格上，家事調停手続に法令上の代理人が関与することは想定できず，通常，家事調停手続における手続代理人といえば，委任に基づく任意代理人を指すことになります。

〔2〕 手続代理人の資格

家事事件手続法22条1項は，「法令により裁判上の行為をすることができる代理人のほか，弁護士でなければ手続代理人となることができない。ただし，家庭裁判所においては，その許可を得て，弁護士でない者を手続代理人とすることができる。」と規定しています。同条は，家事事件の総則規定として家事審判事件及び家事調停事件に適用されます。

したがって，調停手続における手続代理人は，原則として弁護士でなければなりません。ただし，家庭裁判所における家事調停に関しては，裁判所の許可を得て，弁護士でない者を手続代理人とすることができます。家事事件手続法は高等裁判所における家事調停を認めましたが，高裁での家事調停については弁護士でなければ手続代理人になることはできません。

〔3〕 弁護士以外の手続代理人

家庭裁判所における家事調停について弁護士以外の者が手続代理人として

許可されるのは，当事者等が高齢や傷病により裁判所への出頭が困難なときに近親者を手続代理人にする場合等であり，司法書士，行政書士，税理士等の専門職からの許可申出は，非弁活動の禁止（弁護士法72）の関係もあって一般的には許可されません。裁判所の許可・不許可は，裁判所の裁量処分であり，これに対し不服を申し立てることはできません。また，いったん許可があっても，裁判所はいつでもその許可を取り消すことができます（法22Ⅱ）。

　なお，調停委員会が家事調停を行う場合には，手続代理人の許可・不許可は，当該事件を取り扱う調停委員会の権限となります（法260Ⅰ①）。

　弁護士以外の手続代理人の権限は，弁護士である手続代理人の場合と異なり，その代理権の範囲を制限することができます（法24Ⅲ）。例えば，特定の調停期日の手続に限定して手続代理権を与えるということも可能です。

【三　神　光　滋】

Q18 手続代理人の地位及び権限

家事調停手続において，手続代理人の地位及び権限はどのように定められていますか。

〔1〕 手続代理人の地位

Ⅰ 手続委任

委任による手続代理人の地位は，依頼者の手続委任行為によって与えられます。手続委任行為は，当事者，利害関係人又はこれらの法定代理人が，手続代理人となる弁護士に対し，特定の家事調停事件について手続代理権を与える手続行為であり，手続法上の単独行為です。

Ⅱ 手続委任状

手続代理人は，その手続代理権を書面により証明しなければなりません（規18Ⅰ）。一般的には，依頼者の署名捺印又は記名捺印のある手続委任状を裁判所に提出することにより，これを証明することになります。

手続委任状における事件の特定は，新たに申立てをする場合は裁判所，当事者及び事件名を記載し，すでに係属している事件についてはこれに事件番号を加えます。他方の当事者が代理権を争ったり，委任状の真正に疑いがある場合等には，裁判所は，公証人その他の認証の権限を有する公務員の認証を受けるべきことを手続代理人に命ずることができます（規18Ⅱ）。

調停事件において訴訟委任状の様式をそのまま用いる手続代理人が散見されますが，裁判所や調停委員に対して家事事件に不慣れではないかとの印象を与えかねない行為です。訴訟委任状の様式の流用も否定されるものではないと裁判所は善解しているようですが（『条解家事規則』44頁（注2）参照），家事事件の特別委任事項（法24Ⅱ）と訴訟事件の特別委任事項（民訴法55Ⅱ）では異なりますから，正しく家事事件の特別委任事項を記載した手続委任状を提出すべきです。

III 委任契約

手続委任行為と同時に（あるいは前後して），依頼者と手続代理人との間において，報酬支払合意を伴う民法上の委任契約が締結されるのが通例です。この委任契約は，口頭の合意でも成り立ちますが，弁護士は，原則として，事件を受任するにあたり弁護士報酬に関する事項を含む委任契約書を作成しなければならないとされています（弁護士職務基本規定30）。

IV 手続代理権の消滅

代理権は，本人の死亡，代理人の死亡又は代理人の破産手続開始決定若しくは後見開始審判によって消滅し，委任による代理権は，このほか委任の終了によって消滅します（民法111）。また，委任は，各当事者がいつでもその解除をすることができます（民法651 I）。そのほか，委任は，①委任者又は受任者の死亡，②委任者又は受任者の破産手続開始決定，③受任者の後見開始審判によって終了します（民法653）。

しかし，家事事件手続法は民事訴訟法を準用し，手続代理権は，当事者の死亡又は訴訟能力の喪失，法定代理人の死亡，訴訟能力の喪失又は代理権の消滅若しくは変更等，本人側に生じた事由では消滅しないものとしています（法26，民訴法58）。家事事件の手続の円滑な進行を図るためです。例えば，遺産分割調停事件の係属中に当事者が死亡しても，その手続代理人の手続代理権は消滅せず，死亡した当事者の相続人の関係で手続代理権をもつことになります。

なお，人事訴訟の係属中に原告が死亡した場合及び離婚，嫡出否認又は離縁の人事訴訟の係属中に被告が死亡した場合は，当該人事訴訟は当然に終了するとされており（人訴法27），同条は家事調停にも類推適用されると解されています。したがって，このような家事調停事件の係属中に申立人又は相手方が死亡した場合，当該調停事件は当然に終了し，手続代理権も消滅します。

手続代理人の代理権の消滅は，本人又は代理人から他方の当事者に通知しなければその効力を生じません（法25）。代理権の有無に対する他方当事者の信頼等を保護するとともに，代理権消滅の効力発生時期をめぐる争いを避けることにより手続の安定と明確を期するためとされています。通知は，相当と認める方法によることができますが（規5，民訴規4 I），手続代理権消滅

の通知をした者は，その旨を裁判所に書面で届け出なければなりません（規18Ⅲ）。ただし，手続代理人の死亡又は後見開始審判については，他方の当事者への通知をまたず，原因事実の発生と同時に代理権消滅の効果が発生すると解されています。

【2】 手続代理人の権限

Ⅰ 手続代理人の代理権の範囲

手続代理人は，受任した調停事件について一切の調停手続行為を行い，また，受けることができます。なお，一定の重要な手続行為については後記Ⅱの特別委任事項とされています。

家事事件手続法24条1項は，「手続代理人は，委任を受けた事件について，参加，強制執行及び保全処分に関する行為をし，かつ，弁済を受領することができる。」と規定しており，手続代理人は，調停手続とは別の手続である強制執行及び保全処分を行うことができます。なお，本条でいう参加とは，当該事件に参加した参加人の手続行為に対応して手続行為を行うことであり，本人のために別の事件に参加することではありません。

弁済の受領とありますが，それ以外の実体法上の権利行使を否定する趣旨ではなく，相殺，取消し，時効の援用の意思表示等実体法上の権利を行使し，また，受けることもできます。

以上の手続代理人の代理権は，弁護士でない手続代理人を除いて，制限することができません（法24Ⅲ）。依頼者と弁護士との間で手続代理権の範囲を限定する合意をしたとしても，それは内部関係で効力をもつに止まるものです。

Ⅱ 特別委任事項

手続代理人が行った行為は，本人が行ったのと同様に，本人に直接その効力を生じますが（民法99），本人にとって重大な結果を生じる事項については，特別委任事項とされています。

家事事件（家事審判事件及び家事調停事件）において，手続代理人の特別委任事項（法24Ⅱ）は，次のとおりです。

① 家事審判又は家事調停の申立ての取下げ（法24Ⅱ①）

②　調停成立合意（法24Ⅱ②）
③　調停条項案の書面による受諾（法24Ⅱ②）
④　合意に相当する審判を受けることについての合意（法24Ⅱ②）
⑤　調停に代わる審判に服する旨の共同の申出（法24Ⅱ②）
⑥　審判に対する即時抗告，特別抗告，許可抗告の申立て，合意に相当する審判に対する異議又は調停に代わる審判に対する異議（法24Ⅱ③）
⑦　⑥の抗告，申立て又は異議の取下げ（法24Ⅱ④）
⑧　復代理人の選任（法24Ⅱ⑤）

　家事調停事件を受任した手続代理人が，当該調停手続において，上記のうち①，⑥，⑦及び⑧の手続行為を行うには，特別の委任を受けなければなりません（法24Ⅱ本文）。なお，②ないし⑤の手続行為については，調停事件を受任している以上，その代理権の範囲に含まれると考えられますので，特別の委任は不要とされています（法24Ⅱ但書）。
　手続代理人が家事審判事件を受任した場合において，当該家事審判事件が調停に付されたときは，上記の①ないし⑧の全ての手続行為について特別の委任が必要となります。
　手続代理人は，特別委任事項の授権について書面で証明しなければなりません（規18Ⅰ）。通常は，手続委任状に特別委任事項を記載することによりこれを証明しています。

Ⅲ　本人出頭主義

　調停手続においては，手続代理人が選任されている場合であっても，やむを得ない事由がない限り，調停期日に本人が出頭しなければなりません（法258Ⅰ・51Ⅱ）。すなわち，手続代理人は原則として本人とともに調停期日に出頭しなければなりません。
　また，離婚，内縁解消，離縁，親権者・監護者の指定又は変更等の身分行為は代理に親しまないと考えられていますから，本人が出頭しない調停期日において，手続代理人のみの出頭でこれらの調停を成立させることはできません（法定代理人の権限に関する法252Ⅱ参照）。
　これに対し，婚姻費用分担調停，養育費調停，慰謝料調停，財産分与調停，遺産関係の調停のように主として財産上の給付を求める調停については，本

人が出頭しない期日において，手続代理人のみの出頭で調停を成立させることが可能です。

IV 審判移行等の場合の手続代理権

第二調停事件が調停不成立により審判移行した場合，法律上，家事調停の申立ての時に当該事項についての家事審判の申立てがあったものとみなされますから（法272IV），調停事件を受任した手続代理人の手続代理権は，移行後の審判事件に及ぶと解されています（高松高決昭35・4・15家月13巻1号138頁）。これに対し，一般調停事件が調停不成立となったあとに人事訴訟ないし民事訴訟を提起する場合は，調停事件を受任した手続代理人の手続代理権は訴訟事件に及びませんから，手続代理人は改めて訴訟委任を受ける必要があります。

訴訟事件又は審判事件の裁量的付調停手続がなされた場合（法274 I）は，同一の事件が訴訟（審判）手続と調停手続の双方に係属することになります。この場合，訴訟事件の訴訟代理人（審判事件の手続代理人）の権限は，調停に付された調停事件の手続代理権に及ぶものと解されますが，特別委任事項については，訴訟事件又は審判事件の委任状に記載がない限り，手続代理権が認められません（『逐条解説・家事法』80頁）。なお，必要的付調停の手続がなされた場合（法257 II）も，同様と解されます。

V 個別代理

手続代理人が数人あるときは，各自がそれぞれ当事者を代理し，当事者がこれと異なる定めをしても，その効力を生じません（法26，民訴法56）。

数人の手続代理人の手続行為が互いに矛盾するときは，それぞれの行為は当事者本人が行ったのと同様の効果を生じます。したがって，時を異にするときは，取消し又は撤回できる行為であれば，後の行為により前の行為が取り消されたことになります（『条解民訴法』296頁）。

裁判所や反対当事者が手続行為をするには，数人のうちの誰か一人に対してすれば足ります。なお，手続代理人が数人あるときにその内の一部の者にのみ特別委任事項を委任することは可能です。

VI 当事者による更正

手続代理人が行った手続行為は，当事者が自ら行ったのと同様に直接当事

者のために効力を生じます。他方，手続代理人を選任しても当事者本人は自ら手続行為をなし，また手続行為を受ける権能を失うものではありません。手続代理人の手続行為と当事者本人の手続行為が互いに矛盾するときは，複数の手続代理人の行為が矛盾するときと同様の扱いとなります。

　ただし，手続代理人の事実に関する陳述は，当事者が直ちに取り消し，又は更正したときは，その効力を生じません（法26，民訴法57）。事実関係については，手続代理人より当事者本人の方がよく知っているだろうという配慮による規定とされています。更正の対象となる手続代理人の行為は「事実に関する陳述」に限定されていますので，法律上の意見や陳述は含まれません。

【三　神　光　滋】

Q19 子の手続代理人

家事事件手続法では、どのような場合に子が自分で調停に参加したり、代理人を選任することができるようになったのでしょうか。両親の離婚事件や面会交流事件で自分の意見をいうことができますか。

【1】 子の手続代理人制度の導入

　未成年である子がその結果により影響を受ける家事審判の手続においては、家事事件手続法65条で「子の陳述の聴取、家庭裁判所調査官による調査その他の適切な方法により、子の意思を把握するように務め、審判をするに当たり、子の年齢及び発達の程度に応じて、その意思を考慮しなければならない」と定められました。これまでも、家事審判手続のみならず家事調停事件においては、家庭裁判所は家庭裁判所調査官の調査その他の方法により子の意思の把握に務めてきていましたので、その運用を明文化したのです。さらに、家事事件手続法では、子に直接影響を及ぼす調停事件・審判事件においては、新たに未成年の子にも手続行為能力を認め、法定代理人によらずに子自身が当該手続に当事者として若しくは利害関係人として参加できるようになりました（法252Ⅰ・151②・168⑥・⑦）。それらの場合には、必要に応じて、裁判長が子に手続代理人を選任したり、子が自ら代理人を選任し（法23条Ⅰ・Ⅱ）、調停・審判にあたり子が積極的に意見を表明していく道が開けました。
　なお、いずれの場合も、子には意思能力が必要ですから、実際には、小学校中学年から高学年程度の理解力が必要となるでしょう。

【2】 子に手続行為能力が認められ参加できる事件類型

Ⅰ 子の監護に関する処分の調停事件（法252Ⅰ②）

　子の監護者の指定・子の引渡し・面会交流に関する事件等については、両親の間で行われる調停の結果について子が直接影響を受けるため、子の意思を可能な限り尊重する必要があります。そのため、子に意思能力がある限り、

自ら手続行為をすることができるようにしたのです。

ただし，財産上の給付を求める調停事件は除かれています（法252Ⅰ括弧書）ので，養育費についての事件には，子は参加することはできません。

Ⅱ　養子の離縁後に親権者となるべき者の指定の調停事件（法252Ⅰ③）

養子は，離縁後に誰が親権者になるかにつき直接かつ重大な影響を受けるので，意思能力があれば，自ら手続行為ができるようにしたのです。

Ⅲ　親権者の指定又は変更の調停事件（法252Ⅰ④）

子は，親権者の指定又は変更に直接かつ重大な影響を受けるため，意思能力があれば，その意思を尊重する必要があるからです。

Ⅳ　人事に関する訴えを提起することができる事項についての調停事件（法252Ⅰ⑤）

子は認知の訴え（民法787）や父を定めることを目的とする訴え（民法773）を提起することができますが，訴え提起以前に調停を起こさなければなりません（法257。調停前置主義）。そこで，これら認知や父を定める調停事件についても，子に意思能力があれば手続行為能力を認め，子は自ら調停を申し立てることができるのです。

Ⅴ　離婚調停事件における親権者の指定（法258Ⅰ・42Ⅱ）

未成年者の子がいる離婚調停事件では，当該子の親権者を指定しなければなりませんが，子はその結果について直接かつ重大な影響を受けますので，意思能力があれば利害関係参加をすることができます。

【3】　子の手続参加の方法

子が【2】記載の各類型の事件において意思能力があることにより手続行為能力が認められた場合，子は自ら手続の当事者として手続を遂行したり利害関係参加することができます。

Ⅰ　当事者参加

自ら手続の当事者となる場合には，裁判所の許可を得る必要はありません（法41Ⅰ）。さらに，他の当事者からの申立て又は職権によって，審判を受けるべきものとなる場合には，手続に参加することを求められることもあります（法41Ⅱ・Ⅲ）。

Ⅱ　利害関係参加

　審判の結果により直接の影響を受けるため利害関係参加をする場合には，家庭裁判所の許可を得て，家事調停の手続に利害関係参加することができます（法42Ⅱ・258Ⅰ）。また，場合によっては裁判所が子を利害関係参加人として強制的に参加させることもできます（法42Ⅲ）。

　ただし，未成年者による利害関係参加の場合には，未成年者の年齢及び発達の程度その他一切の事情を考慮して，手続に参加することがその子の利益を害すると認めるときには，参加の申出又は参加の許可の申立てを却下しなければならないことになっています（法42Ⅴ）。例えば，親権者の指定や面会交流の事件では，子が手続への参加によって両親の対立に巻き込まれ，子と親との関係が破綻してしまうおそれがある場合には，子の参加の申出などを却下することになります（法42Ⅴ）。

【4】　子の手続代理人の選任

　未成年者でも【2】に記載した事件類型では手続を遂行することができる手続行為能力が認められるのですが，現実に家庭裁判所で子が自らの意思や利益を法的に主張するためのさまざまな手続を行うことが困難なことも考えられます。そのような時には，子が自分自身のために活動をする弁護士を代理人として選任することになりますが，未成年者と法定代理人との意見が異なる場合などではスムーズに子が自分のための弁護士を選任できない可能性もあります。そこで，裁判長が申立て若しくは職権で，弁護士を未成年者の手続代理人に選任することができると規定されています（法23）。

【5】　子の手続代理人の権限

　子が当事者となる場合であれば，当然当事者ができる全ての行為をすることができます。申立てを取り下げることも，調停期日に出席することも，審判に移行した場合には審判に対して不服申立てをすることもできます。

　また，子が利害関係参加した場合であっても，当事者参加人ではありませんが，原則として当事者が行う手続行為をすることができます（法42Ⅶ）。ただし，当事者のみの判断で行うべき申立ての取下げ及び変更並びに当事者の

行った不服申立ての取下げなどはできません（法42Ⅶ括弧書）。裁判に対する不服申立ての可否については，各事件の類型ごとに定める規定によります。

【6】 子の手続代理人の活動

Ⅰ 想定される活動

実際に代理人としてどのような活動をするかについては法の規定はありません。しかし，子の手続代理人制度が設けられた趣旨からすれば，子と面接して意思を把握する，事実の調査や証拠収集をする，関係機関と連携する，子の意向を反映させるべく裁判所に対する主張・立証を行う，調停・審問期日に出頭する，紛争解決に向け父母等の関係者と調整活動を行うなどが考えられます。

Ⅱ 活動事例

平成25年末の段階では，調停手続において子の手続代理人が活動した事例はありませんが，子の引渡しの審判・親権者変更の審判に子が利害関係参加し，その代理人として活動した事例があります（親権喪失・親権停止の審判前保全処分についての活動事例もありますが，省略します）。

子の引渡しの審判事件では，非監護親が子の手続代理人の選任を申し立て，裁判長が弁護士を子の代理人として選任しました。子の手続代理人は，記録を閲覧し，両親及び子と面会をし，子の生活用品等の受渡しを行い，両親の代理人と連絡を取り，子からの相談に応じ，子の意向を踏まえた調査報告書を作成して裁判所に提出しました。

親権者変更事件では，非監護親が選任の申立てをし，裁判長が弁護士を子の手続代理人として選任しました。子の手続代理人は裁判官・調査官・調停委員と連絡を取り合い，記録を閲覧し，子及び両親と面談をし，意見書を提出しました。

【金澄　道子】

Q20 裁判長による手続代理人の選任

家事調停手続において、裁判長が手続代理人を選任するのはどのような場合ですか。

[1] 概　　要

　未成年者又は被後見人は、離婚、離縁、その他の人事に関する事件等について、自ら調停手続行為をすることができます。また、被保佐人又は被補助人は、上記の事件等について、保佐人又は補助人の同意がない場合でも自ら調停手続行為をすることができます（法252Ⅰ）。

　しかし、自ら調停手続行為をすることができる場合にあっても、未成年者、被後見人、被保佐人、被補助人が、裁判所の調停手続において、手続行為を過不足なく行うことは必ずしも容易ではありません。そこで、行為能力の制限を受けた者が自ら自分の意思で弁護士に手続追行を委任することが考えられますが、これに関して法定代理人等と意向が食い違って、報酬支払を伴う弁護士との間の委任契約締結について必要な同意を得られないこともあり得ます。

　そのような事態にそなえて、行為能力の制限を受けた者の利益を保護する見地から、家事事件手続法は、人事訴訟法をならって、旧法（家事審判法）には存在しなかった「裁判長による手続代理人選任制度」を新設しました。

[2] 手続代理人の選任

　手続行為につき行為能力の制限を受けた者が家事事件手続法252条1項の規定により手続行為をしようとする場合において、必要があると認めるときは、裁判長は、申立てにより、弁護士を手続代理人に選任することができます（法23Ⅰ）。調停手続の行為能力の制限を受けた者がこの申立てをしない場合においても、裁判長は、職権で弁護士を手続代理人に選任することができます（法23Ⅱ後段）。

他方，調停手続の行為能力の制限を受けた者は，自ら適当と考える弁護士を手続代理人として選任することも可能ですから，裁判長は，これらの者に対して弁護士を手続代理人に選任すべき旨を命じることもできます（法23Ⅱ前段）。

　調停委員会が家事調停を行う場合には，以上の手続代理人の選任等に関する裁判長の権限は，当該調停委員会を組織する裁判官が行います（法260Ⅱ）。

　この裁判長による手続代理人の選任制度は，いわゆる子供代理人制度への足がかりとなるものとして活用が期待されているところです（増田勝久編著『家事事件手続法と弁護士実務』31頁以下）。

【3】 選任された手続代理人の権限

　裁判長により選任された手続代理人の権限は，手続行為につき行為能力の制限を受けた者が自ら選任した手続代理人（委任に基づく任意代理人）と変わりません。特別委任事項については，裁判長の特別の委任が必要となります。

【4】 選任された手続代理人の報酬

　裁判長が手続代理人に選任した弁護士に対し，手続行為につき行為能力の制限を受けた者が支払うべき報酬の額は，裁判所が相当と認める額とするとされています（法23Ⅲ）。裁判所は報酬額を決定するだけで，報酬の負担者は，原則として手続行為につき行為能力の制限を受けた者です。ただし，報酬額のうち裁判所が相当と認める額が手続費用となり（民訴費用法2⑩），手続費用の負担の裁判（法29）によって負担者が決められることになります。

　なお，手続行為につき行為能力の制限を受けた者に支払能力がないときは，手続上の救助（法32Ⅰ・Ⅱ，民訴法83Ⅰ②）により支払の猶予を受ける余地があります（『一問一答・家事法』74頁）。

【三　神　光　滋】

Q21 手続代理人の利益相反

家事調停手続において手続代理人の利益相反があるときは，どのような扱いになりますか。

〔1〕 手続代理人の利益相反

　家事調停手続において，当事者とその手続代理人との間の利益相反が問題となる場合があります。例えば，遺産分割調停事件において，当事者である弁護士が別の当事者から手続委任を受ける場合があり，この場合，依頼者と手続代理人の利益が相反することがあります。また，遺産分割調停事件で同一の手続代理人が複数の当事者から手続委任を受ける場合があり，この場合も，複数の依頼者の利益が相反することがあります。

　このような場合には，民法の自己契約及び双方代理に該当し，調停手続行為についても，あらかじめ本人が許諾しない限り，無権代理行為となり無効です（民法108）。

〔2〕 弁護士職務基本規定

　弁護士職務基本規定は，弁護士が職務を行ってはならない事件類型を規定していますが，利益相反の観点から，①依頼者の利益と自己の経済的利益が相反する事件（同規定28④）及び②依頼者の利益と他の依頼者の利益が相反する事件（同規定28③）があげられています。ただし，①については，その依頼者が同意した場合，②については，その依頼者及び他の依頼者のいずれもが同意した場合は除外されています（同規定28但書）。

〔3〕 利益相反状態の解消

　依頼者の利益と手続代理人の利益が相反する場合には，当事者たる弁護士が手続代理人を辞任すれば，利益相反状態が解消されます。依頼者本人を調停成立期日に出頭させることもできますし，改めて別の弁護士を依頼者の手

続代理人に選任することもできます。なお，この場合の別の弁護士は同一の法律事務所に所属する弁護士であっても良いとされています。もともと複数の弁護士が依頼者の手続代理人になっていたときは，利益相反となる弁護士のみが辞任すれば，それだけで利益相反状態は解消します。

複数の依頼者の利益が相反する場合は，1人の依頼者の関係を除いて他の依頼者の関係で手続代理人を辞任し，同一弁護士が複数の当事者の手続代理人を兼任しない状態にすることにより，利益相反状態を解消することができます。

【4】 依頼者の許諾

自己契約又は双方代理に該当する手続行為であっても，あらかじめ本人が許諾すれば有効となりますので（民法108，弁護士職務基本規定28但書），依頼者から自己契約又は双方代理についての許諾を得て調停を成立させる方法もあります。

依頼者の許諾は，手続代理人の権限を有効にするための要件となりますので，許諾があったことを書面で証明しなければなりません（規18Ⅰ）。複数の依頼者の利益が相反する場合は，関係する依頼者全員から許諾があったことを証明する必要があります。

実務上は，依頼者からの同意書（複数の依頼者の利益相反の場合は依頼者全員の同意書）を裁判所に提出することにより，これを証明しています。なお，依頼者の真意を確認するために，裁判所は，同意書に本人の実印押捺と印鑑証明書の添付を要求しています。

【三 神 光 滋】

Q22 補佐人

家事調停手続における補佐人とは，どのような人ですか。どのような場合に許可されますか。

〔1〕 補佐人の許可

　補佐人とは，当事者，利害関係参加人又はこれらの手続代理人とともに付き添って調停期日に出頭し，陳述や意見を補充する者です。

　当事者等が，補佐人を調停期日に出頭させるためには，裁判所の許可が必要です（法27，民訴法60Ⅰ）。この許可の判断は，裁判所の裁量によるものであって，許可されなかったことに対し不服を申し立てることはできません。また，裁判所は，いったん許可した場合でも，いつでもその許可を取り消すことができます（民訴法60Ⅱ）。なお，調停委員会が家事調停を行う場合には，補佐人の許可及びその取消しに関する裁判所の権限は，調停委員会が行使します（法260Ⅰ②）。

　実際に補佐人として許可されるのは，一定の専門分野における専門家の場合が多いと考えられますが，これに限らず，視覚障害，難聴，言語障害，老齢，知能不十分等のため，当事者等が調停期日において十分な手続行為をなし得ないような場合に，親族等が許可されることもあります。

〔2〕 補佐人の権限

　補佐人は，調停期日において，当事者，利害関係参加人又は手続代理人に代わって一切の陳述をすることができます。補佐人の陳述は，当事者等が直ちに取り消し，又は更正しないときは，当事者等が自らしたものとみなされます（民訴法60Ⅲ）。したがって，その範囲では補佐人に一種の代理権が認められます。

　ただし，補佐人は，調停期日において当事者等に付き沿って出頭し，これらの者の陳述を補充する者であり，手続代理人のように，当事者等に代わっ

て単独で調停期日に出頭したり，調停期日外において何らかの手続行為を当事者等に代わって行うことはできません。

【三 神 光 滋】

第 2 章
調停手続

Q23 調停の申立て

家事調停事件の申立ては，どのように行いますか。

〔1〕 申立ての書面主義

　家事調停の申立ては，申立書を家庭裁判所に提出してしなければなりません（法255Ⅰ）。旧法下においては，書面又は口頭でこれをすることができる（家審規3Ⅰ）とされていましたが，家事事件手続法は，「訴えの提起は，訴状を裁判所に提出してしなければならない。」（民訴法133Ⅰ）をならって書面主義を採用しました。なお，旧法下で行われていた，裁判所職員が申立人の意思に基づいて申立書を代筆する「準口頭申立て」は，家事事件手続法下でも許容されると解されています（『条解家事規則』96頁注5）。

〔2〕 申　立　書

Ⅰ　申立書の記載事項

　家事調停の申立書には，次に掲げる事項を記載しなければなりません。
　① 　当事者及び法定代理人（法255Ⅱ①）
　② 　申立ての趣旨及び理由（法255Ⅱ②）
　③ 　事件の実情（規127・37Ⅰ）

「申立ての理由」は，当該調停で求める申立てを特定するのに必要な事実です。これに対し，「事件の実情」とは，「申立ての理由」には含まれない周辺事情であって，紛争の経緯，紛争の実態や背景事情，申立ての動機等をいいます。「事件の実情」は，「申立ての理由」と異なり，記載がなくても補正命令や申立書の却下の対象とはなりません。したがって，「事件の実情」の記載を求める家事事件手続規則37条1項は訓示的な規定と解されています（『条解家事規則』94頁）。

　また，申立書には，次に掲げる事項を記載し，当事者又は代理人が記名押印するものとされています（規1Ⅰ）。

④ 当事者の氏名及び住所並びに代理人の氏名及び住所
⑤ 事件の表示
⑥ 附属書類の表示
⑦ 年月日
⑧ 裁判所の表示

　離婚調停その他戸籍の届出を伴う結果を求める家事調停の申立てにおいては，申立書に当事者の本籍を記載することが一般的です。しかし，本籍は法令上，申立書の記載事項とされていません。これは，離婚後の慰謝料請求事件や不貞相手に対する慰謝料請求事件等のように本籍の記載がなくてもよい事件もあり，家事事件全ての申立書に本籍の記載が必要ではないためです。

　なお，いわゆるDV事件など申立人の所在情報を相手方に知られることを避ける必要がある場合は，申立人の住所を申立書に記載せず秘匿することも認められます。

　また，民事訴訟規則や非訟事件手続規則においては，原告（申立人）又はその代理人の郵便番号及び電話番号（ファクシミリの番号を含む）が記載事項と定められていますが（民訴規53Ⅳ，非訟規1Ⅰ），家事事件手続規則においては，記載事項とされていません。これについてもいわゆるDV事件に配慮したものとされています（『条解家事規則』4頁）。しかし，DVが問題にならない事件においては，裁判所等との連絡のためにこれらの情報を申立書に記載した方が良いと考えられます。

Ⅱ　申立書の様式

　申立書の様式について法令上の規律はありませんので，申立人又は手続代理人がそれぞれ工夫して作成すれば良いとされています。申立書に「事件の実情」をどこまで詳細に記載すべきか問題となりますが，家事事件手続法においては，原則として相手方に対し申立書の写しを送付することが義務づけられたこともあり，話合いを基本とする家事調停手続では，相手方を過度に非難していたずらに相手方の感情を刺激するような事柄は避けた方がよいと考えられます。

Ⅲ　裁判所のウェブページ

　現在，裁判所のウェブページ[*1]には，調停事件の種類ごとに「申立書」

の参考様式と「記載例」等が掲載され，調停申立ての手順等が丁寧に説明されています。

家事調停は当事者本人が申し立てる場合が少なくないため，申立てを行う当事者本人を想定して公開されているものですが，裁判所は，手続代理人となる弁護士においても，できるだけこれらの申立書等の様式を利用するように推奨しています。すなわち，裁判所のウェブページに掲載されている様式が，申立書のデファクト・スタンダードになっており，弁護士もこれらの参考様式を積極的に利用すべきです。

ウェブページの様式では，「申立ての趣旨」欄と「申立ての理由」欄が設けられているものの，「事件の実情」欄は設けられていません。また，離婚調停等の申立書では，「申立ての趣旨」欄及び「申立ての理由」欄が整理簡素化されており，該当する事項を選択するだけで申立書の必要条件を満たすように作られています。

弁護士が手続代理人として申し立てる場合は，裁判所に対して「事件の実情」を説明した方が良い場合が多いと考えられますので，後記「事情説明書」に別紙として添付する形で，紛争の経緯や要点，申立ての事情等を具体的にかつ簡潔に記載することが望まれます。

【3】 申立書の添付書類等

I 申立書の添付書類

人事訴訟に関しては，「訴状には，当該訴えに係る身分関係の当事者の戸籍の謄本のほか，法第十五条（利害関係人の訴訟参加）第一項に規定する利害関係人の有無並びにその氏名及び住所又は居所を明らかにするために必要な他の戸籍の謄本その他の書類を添付しなければならない。」（人訴規13）と規定されています。

人事訴訟事項に関する家事調停の申立書についても，事情はまったく同様であり，本来は当事者の戸籍の謄本等は必要不可欠の添付書類です。しかし，家事事件手続規則においては，申立書に関して同様の規定を設けませんでした。これは，家事事件の申立てには様々な種類があり，その全てについて必要な添付書類を列挙することは困難であることから，規則で一律に添付書類

を規定することにはしなかったものとされています（『条解家事規則』95頁）。

　ただし，家庭裁判所は，申立人に対して申立てに係る身分関係についての資料その他家事審判（家事調停）の手続の円滑な進行を図るために必要な資料の提出を求めることができます（規127・37Ⅲ）。この規定に基づき，申立人は，事件の種類に応じて戸籍謄本等，住民票の写し等の身分関係資料や不動産登記簿謄本，評価証明書等の資料の添付を求められます。添付資料の詳細についても，上記の裁判所ウェブページに掲載されています。

　そのほか，申立ての理由及び事件の実情についての証拠書類があるときは，その写しを申立書に添付しなければなりません（規127・37Ⅱ）。また，法定代理人による申立ての場合は戸籍・後見登記関係の証明書等法定代理権を証する書類を（規15，民訴規15前段），手続代理人による申立ての場合は手続委任状を（規18Ⅰ）それぞれ提出しなければならないことになっています。

Ⅱ　その他の提出書類

　家事調停の申立てにあたって，申立人は，申立書のほか，申立書を補充する書類として，①事情説明書，②連絡先等の届出書，③進行に関する照会回答書の提出が求められています。これらの書類の様式等についても，上記の裁判所ウェブページに掲載されています。

　「事情説明書」には，事件の背景事情等を簡潔に記入し，「連絡先等の届出書」には，書類の送付先住所，平日昼間の連絡先電話番号等を，「進行に関する照会回答書」（規127・40）には，相手方の出頭見込み，相手方に代理人がつくか否か，相手方の暴力の可能性，調停期日に関する希望等を記入することになっています。

【4】　遺産分割調停，寄与分調停及び年金分割調停に関する特則

　遺産分割調停，寄与分を定める処分調停及び年金分割調停に関しては，申立書の記載事項及び添付書類に関して特則が設けられています。

Ⅰ　遺産分割調停

　遺産分割調停の申立書には，①共同相続人，②特別受益（民法903Ⅰに規定する遺贈又は贈与）の有無及びこれがあるときはその内容を記載しなければな

りません（規127・102Ⅰ）。

Ⅱ　寄与分を定める処分調停

寄与分を定める処分調停の申立書には，①寄与の時期，方法及び程度その他の寄与の実情，②遺産分割の審判又は調停の申立てがあったときは，当該事件の表示，③民法910条に規定する場合にあっては，共同相続人及び相続財産の表示，認知された日並びに遺産分割その他の処分の内容を記載しなければなりません（規127・102Ⅱ）。②の記載は，遺産分割事件と寄与分事件が係属するときは手続の併合が義務づけられることから（法245Ⅲ・192），事件を記載させることにより遺産分割事件を探しやすくするためです。

Ⅲ　年金分割調停

年金分割調停の申立てにあたっては，申立書に，「年金分割のための情報通知書」を添付しなければなりません（規127・120）。「年金分割のための情報通知書」には，①当事者それぞれの対象期間標準報酬総額，②按分割合の範囲，③対象期間等が記載されており，年金分割調停の手続を進める上で必須の書類ですので，申立書の必要的添付書類として定められています。

【5】　申立ての手続

家事調停の申立ては，当該調停事件の管轄権を有する家庭裁判所（相手方の住所地を管轄する家庭裁判所又は当事者が合意で定める家庭裁判所）の事件受付窓口に申立書と添付書類をあわせて提出することにより行います。調停事件の管轄権がない家庭裁判所に，自庁処理（法9Ⅰ但書）をしてもらうことを見込んで，あえて申立てをすることも可能です。さらに，家事調停事件の管轄と家事審判事件の管轄が異なることから，家事審判事件の管轄権を有する家庭裁判所に家事審判事件を申し立てて，家事事件手続法274条1項に基づき家事調停に付してもらい（付調停は裁判所の職権で行われ，当事者に申立権はありませんが，当事者が職権発動を促すことは可能です），自庁処理（法274Ⅲ）により当該家庭裁判所において調停事件を扱ってもらうという方法もあります。

申立ては郵送で行うこともできます。申立てにあたっては，調停事件1件について1200円の手数料を申立書に収入印紙を貼る方法により納めなければなりません（民訴費用法3Ⅰ・別表第一15項の2・8）。あわせて，連絡用の郵便

切手を予納する必要があります。

　家事事件手続法においては，申立書の写しを相手方に送付することになりましたので（法256Ⅰ），申立ての際，申立人は申立書の写しを相手方の数と同数添付しなければならないことになっています（規127・47）。しかし，証拠書類の写しを含めて申立書の添付書類等は相手方に送付することになっていませんので，添付書類等については相手方用の写しの提出は義務づけられていません。もっとも相手方の利便性を考慮して証拠書類の写しを予め提出することは，調停手続の充実をはかるために有用と考えられます。

【6】 申立書の不備に関する補正命令及び申立書の却下命令

　家事調停の申立書が不備な場合（申立書に「当事者及び法定代理人」又は「申立ての趣旨及び理由」が記載されていない場合）及び申立ての手数料が納付されていない場合には，裁判長は，相当の期間を定め，その期間内に不備を補正すべきことを命じ，申立人が不備を補正しないときは，裁判長は，命令で，家事調停の申立書を却下することになります（法255Ⅳ・49Ⅳ・Ⅴ）。裁判長は，家事調停の申立書の記載について必要な補正を促す場合には，裁判所書記官に命じて行わせることができます（規127・38）。通常は，いきなり裁判長が補正命令を発するのではなく，その前に裁判所書記官による補正指導が行われます。

　また，申立人が申立書の写しの送付又はこれに代わる通知の費用（郵便切手）の予納がない場合も同様の扱いとなり，最終的に裁判長は，命令で，申立書を却下することになります（法256Ⅱ・49Ⅳ・Ⅴ・67Ⅲ）。

【7】 申立ての却下

　上記の裁判長による申立書の却下とは別に，家事調停の申立てが不適法な場合は，家庭裁判所は申立てを却下することができます（法255Ⅲ）。申立ての却下は，申立書の却下と異なり，審判の形式で行われ相手方にも告知されます。申立てが不適法として却下される例としては，当事者適格を欠く場合，申し立てた代理人がその代理権を証することができない場合，家事調停の対象とはならない事項（法39別表第一）について調停が申し立てられた場合等で

す。

【三 神 光 滋】

《注》
＊1　http://www.courts.go.jp/saiban/syurui_kazi/index.html（最高裁），http://www.courts.go.jp/tokyo-f/saiban/tetuzuki/（東京家裁）

Q24 申立ての併合

申立ての併合は，どのような場合に認められますか。

〔1〕 申立ての併合

　家事審判法下においては，申立ての併合に関する規定は存在しませんでした。しかし，例えば，数人の子の監護者の指定調停事件を一つの申立書によって申し立てることは認められており，その場合，子一人ごとの複数の調停事件が事実上，同時進行しているという扱いでした。
　家事事件手続法は，手続を明確にするために，申立ての併合に関する明文規定を設けて，その要件を定めるとともに，申立て後の手続の途中における手続の併合・分離に関する規定を整備しました。

〔2〕 申立ての併合の要件

　申立人は，二つ以上の事項について調停を求める場合において，これらの事項についての家事調停の手続が同種であり，これらの事項が同一の事実上及び法律上の原因に基づくときは，一つの申立てにより求めることができます（法255Ⅳ・49Ⅲ）。客観的な併合のみならず，主観的な併合も認められます。なお，家事事件については，民事訴訟の場合と異なり，併合管轄の規定（民訴法7）が存在しませんので，申立ての併合は，各申立てのいずれについても当該家庭裁判所が管轄権を有していることを前提としています。

Ⅰ　手続の同種

　手続が同種であるかどうかは，手続の種類が同じあって，同一の手続で処理をしても問題がない場合とされており，家事審判手続においては，別表第一の審判事件と別表第二の審判事件は，手続の規律が異なることから同種ではなく，両事件の申立ての併合は認められないと考えられています（『一問一答・家事法』107頁）。
　しかし，家事調停の申立ては，家事審判の申立てよりも内容のあいまいな

申立ても想定され得ることから，申立ての併合の要件は，よりゆるやかに運用されるものと解されています（『一問一答・家事法』232頁）。

Ⅱ 同一の事実上及び法律上の原因

この要件は，調停を求める事項を理由づける原因事実がその主要部分において同一である場合をいいます。例えば，数人の子の監護に関する調停，数人の扶養義務者に対する扶養請求調停，親権者の変更調停と子の引渡し調停，遺産分割調停と祭祀承継者指定調停事件等は，申立てを基礎づける原因事実がその主要部分において同一であると考えられ，申立ての併合が許されるものと考えられます。他方，夫婦間の調停事件と遺産分割調停は，同一の事実上及び法律上の原因とはいえませんから，申立ての併合をすることはできません。

【3】 申立ての併合の効果

申立ての併合が認められる場合，一つの申立書により，複数の事項についての調停を申し立てることができます。民事訴訟の場合，複数の訴えであっても訴状が一通であれば，事件は一件として扱われ，事件番号も一つになります。しかし，家事事件の場合は，一つの申立書によって複数の申立てがなされたときにあっても，申立事項ごとに一件とされ，事件番号も複数付されます。

また，申立ての併合による手数料の逓減も認められていませんので，複数の事項に応じた手数料を納める必要があります（『一問一答・家事法』108頁）。

【吉葉 一浩】

Q25 申立書の写しの送付

家事調停の申立書の写しの送付は，どのように行われますか。

[1] 概　　説

　民事訴訟においては，訴状は被告に送達しなければならず（民訴法138Ⅰ），民事調停においても，法令に明文規定は存在しませんが，実務上，申立書の写しを相手方に送付しています。

　これに対し，家事審判法下の家事調停においては，相手方には，裁判所，事件番号，調停期日の日時，申立人の氏名，事件名等が記載された期日呼出のための書面が送付されるだけでした。相手方は，第一回期日に出頭して初めて，申立人が求める調停の具体的内容を知ることが少なくなく，そのため，相手方は調停への事前準備ができず，期日が実質的に空転することがありました。

　家事事件手続法は，相手方の手続保障を重視して，原則として申立書の写しを相手方に送付することとしました。

[2] 申立書の写しの送付

　家事事件手続法256条1項本文は，「家事調停の申立てがあった場合には，家庭裁判所は，申立てが不適法であるとき又は家事調停の手続の期日を経ないで第二百七十一条の規定により家事調停事件を終了させるときを除き，家事調停の申立書の写しを相手方に送付しなければならない。」と規定しています。

　相手方に送付する申立書の写しは申立人が準備すべきものとされ，申立人は，調停申立てにあたって，相手方の数と同数の申立書の写しを裁判所に提出しなければならないと規定されています（規127・47）。ただし，この規定は訓示的なものと解されており，申立人が申立書の写しを提出しない場合，最終的には裁判所書記官が申立書の写しを作成して，相手方に送付すること

になります（『条解家事規則』118頁）。

【3】 写しの送付に代わる通知

　適法な家事調停の申立てがあり，直ちに「調停をしない措置」をしない場合は，第一回期日が指定され，相手方に期日の呼出し（法51Ⅰ）とともに申立書の写しが送付されることになります。しかし，申立書の記載内容に問題があり，「家事調停の手続の円滑な進行を妨げるおそれがあると認められるときは，家事調停の申立てがあったことを通知することをもって，家事調停の申立書の写しの送付に代えることができる。」（法256Ⅰ但書）とされています。

　「手続の円滑な進行を妨げるおそれがあると認められるとき」とは，申立書の記載内容が，相手方を一方的に誹謗中傷するものであるとき，もっぱら相手方の人格攻撃に終始するとき等です。そのような内容の申立書の写しをそのまま送付すれば，当事者間の対立を無用に煽って紛争を激化させるおそれがあり，場合によっては，相手方の出頭拒否により調停手続が進まないことにもなりかねません。

　そこで，申立書の記載にそのようなおそれがあるときは，裁判所は，相手方に申立書の写しを送付せず，代替措置として，家事調停の申立てがあったことを通知するだけに止める方法を可能にしたものです。この通知は相当と認める方法によることができますが（規5，民訴規4Ⅰ），通常は，裁判所，事件番号，調停期日の日時，申立人の氏名，事件名等が記載された書面を送付する方法によることになります。

　なお，裁判所のウェブページに掲載されている「参考様式」を用いて申立書を簡潔に作成することにより，手続の円滑な進行を妨げるおそれがあると認められるような事態を防ぐことができます。その意味でも，申立てにあたっては，裁判所の参考様式を活用すべきです。

　弁護士が手続代理人として申立書を作成する場合は，必ずしも参考様式にしばられるものではなく，裁判所に事案の背景を理解させる目的で詳細な事情を書き込むこともありえます。しかし，申立書はできるだけ簡潔に作成し，詳しい背景事情等は，相手方に送付されない別紙「事情説明書」に書き込む

方法が推奨されていることに留意すべきです。

【4】 申立ての却下等の場合

　家事調停の申立てが不適法であるときは，家庭裁判所は当該申立てを却下することができます（法255Ⅲ）。

　また，適法な申立てであっても，当該事件が性質上調停を行うのに適当でないと認めるとき，又は当事者が不当な目的でみだりに調停の申立てをしたと認めるときは，家事調停の手続の期日を経なくとも，調停をしないものとして家事調停事件を終了させることができます（法271）。

　さらに，申立書が不備な場合（申立書に「当事者及び法定代理人」又は「申立ての趣旨及び理由」が記載されていない場合）及び申立ての手数料が納付されていない場合には，裁判長は，相当の期間を定め，その期間内に不備を補正すべきことを命じ，申立人が不備を補正しないときは，裁判長は命令で家事調停の申立書を却下することになります（法255Ⅳ・49Ⅳ・Ⅴ）。申立人が申立書の写しの送付又はこれに代わる通知の費用（郵便切手）の予納をしない場合も同様の扱いとなり，最終的に裁判長は，命令で申立書を却下することになります（法256Ⅱ・49Ⅳ・Ⅴ・67Ⅲ）。

　これらの理由によって調停事件が期日を開くことなく終了するときは，家庭裁判所は，相手方に申立書の写しの送付（又はこれに代わる通知）をするまでもありません。

【吉葉　一浩】

Q26 調停前置主義と必要的付調停

調停前置主義とは何ですか。また、必要的付調停とは何ですか。

[1] 概　　説

　調停前置主義とは、調停先行主義ともいわれ、訴訟を提起するためにはその前に調停手続を経なければならないとするルールです。家庭に関する紛争については、公開の法廷で争う訴訟手続の前に、まず非公開の話し合いの場である調停手続を踏んで、できるだけ当事者の互譲により円満かつ自主的に解決することを図る制度です。

　調停前置は、訴訟との関係でいわれることであって、審判との関係でいわれることではありません。すなわち、別表第二事件について、いきなり審判を申し立てた場合、まず調停手続をという趣旨から、職権で調停に付されることが少なくありません。その場合、調停と審判の関係は調停前置と類似した関係に立ちますが、この関係について調停前置ということはありません。

　また、調停前置主義は、民事調停においても、地代借賃増減請求事件に関して採用されています（民調法24の2）。

[2] 対象となる事件

　家事事件手続法は、「第二百四十四条の規定により調停を行うことができる事件について訴えを提起しようとする者は、まず家庭裁判所に家事調停の申立てをしなければならない。」（法257Ⅰ）と規定しています。すなわち、家事調停の対象となる訴訟事件の全てが調停前置の対象となりますので、①家裁で扱われる人事訴訟事件だけではなく、②地裁や簡裁で扱われる「その他家庭に関する事件」（法244）についての民事訴訟事件が含まれます。

　なお、いわゆる ADR 法（裁判外紛争解決手続の利用の促進に関する法律）は、同法に基づく認証紛争解決手続が当事者間に和解が成立する見込みがないことを理由に終了したときは、調停前置主義を適用しない旨を規定しています

(同法27)。すなわち，同法に基づく認証紛争解決手続を家事調停手続に準ずるものとして扱っているものです。

【3】 調停手続を経ない訴えの取扱い

I 必要的付調停

　調停前置の対象となる事件について家事調停の申立てをすることなく訴えを提起した場合には，裁判所は，職権で，事件を家事調停に付さなければならないとされています（法257Ⅱ）。すわなち，調停前置主義に反する訴えは，手続違反としてただちに却下されるのでなく，職権で，家庭裁判所の調停に付されることになります。

　その場合，受訴裁判所は，当該事件をその調停事件について管轄権を有する家庭裁判所に処理させることが原則ですが，調停事件を処理するために特に必要があると認めるときは，管轄権を有しない家庭裁判所に処理させることができます（法257Ⅲ）。

　調停を申し立てても事件が取下げにより終了した場合は，当該調停事件は初めから係属していなかったものとみなされます（法273Ⅱ，民訴法262Ⅰ）。したがって，調停の申立て自体がなかったことになり，調停前置の条件を満たすことになるのか問題となる余地がありますが，第1回調停期日前に取り下げられた場合は別として，実質的に調停期日が開かれていれば調停前置の条件を満たすものと考えられています。

　なお，調停手続を経由していれば，申立人が訴えを提起する場合に限らず，相手方が訴えを提起する場合も調停前置の条件を満たすことになります。

Ⅱ 例　　外

　上記のとおり，調停前置の対象となる事件について調停申立てをすることなく訴えを提起した場合は，家事調停に付されるのが原則です。しかし，「事件を調停に付することが相当でないと認めるとき」は，例外とされています（法257Ⅱ但書）。「調停に付することが相当でないと認めるとき」にあたるのは，①合意が成立する余地がない場合や，②事案の内容等から合意の見込みのない場合とされています（『逐条解説・家事法』772頁）。具体的には，以下のようなケースが考えられます。

(i) 死後認知のように死者に代わって検察官を相手方にする事件，相手方が行方不明の場合又は相手方に調停行為能力がない場合
(ii) 本国法が調停離婚を認めない場合など調停手続で解決できない渉外事件
(iii) 離婚の訴えを取り下げた後に再度，離婚の訴えを提起する場合には前訴が調停を経たものであれば，改めて調停を申し立てなくてもよいし，離婚訴訟が請求棄却で確定している場合に再度，離婚の訴えを提起する場合も同様と考えられます。また，被告が調停手続を明確に拒否している場合も同じです。
(iv) 民事調停と家事調停のいずれの管轄に属するか疑問があるような場合

Ⅲ 訴訟手続の中止

付調停決定によって訴訟事件が終了することはありませんので，同一の事件が訴訟手続と調停手続の双方に係属することになります。この場合に双方の手続を同時に進行させることもできますが，通常は，受訴裁判所は，調停手続が終了するまで訴訟手続を中止することになります（法275Ⅰ）。

中止された訴訟事件は，調停手続が行われている間，中止状態が続きますが，付調停事件について調停が成立し，又は合意に相当する審判若しくは調停に代わる審判が確定したときは，当該訴訟について訴えの取下げがあったものとみなされます（法276Ⅰ）。この場合，調停事件を担当する裁判所書記官は，当該訴訟が係属していた裁判所に対し，遅滞なく，その旨を通知しなければなりません（規133Ⅰ）。

調停手続が不成立等によって終了したときは，訴訟手続の中止の効力は当然に消滅し，改めて訴訟事件が進行することになります。

なお，裁判所が家事調停に付した事件は，裁判所の職権により開始した手続であることから当事者がこれを取り下げることはできないと解されています。ただし，中止状態にある訴訟を取り下げることは認められ，その場合，調停事件は当然に終了します。

【吉葉 一浩】

Q27 任意的付調停

任意的付調停とは何ですか。

【1】 任意的付調停

　付調停には，必要的付調停と任意的付調停の二種があります。必要的付調停は，調停前置主義に反する訴訟を必要的に調停に付すことであり，これについては，**Q26**で説明しました。

　これに対し，本問の任意的付調停は，訴訟及び家事審判事件について，調停での話し合い解決が望ましいとする裁判所の裁量判断により，調停に付す制度です。

【2】 対象となる事件

　家事事件手続法は，「第二百四十四条の規定により調停を行うことができる事件についての訴訟又は家事審判事件が係属している場合には，裁判所は，当事者（本案について被告又は相手方の陳述がされる前にあっては，原告又は申立人に限る。）の意見を聴いて，いつでも，職権で，事件を家事調停に付することができる。」（法274Ⅰ）と規定しています。

　家事調停の対象となる事件の全てが任意的付調停の対象となりますので，①家庭裁判所に係属中の人事訴訟，②地方裁判所又は簡易裁判所に係属中の「その他家庭に関する事件」（法244）についての民事訴訟，③高等裁判所に係属中の訴訟（①の控訴審，②の控訴審及び上告審），④家庭裁判所に係属中の別表第二審判事件及び⑤高等裁判所に係属中の家事審判事件（④の抗告審）が含まれます。

【3】 付調停の手続

Ⅰ 職権裁量による決定

　任意的付調停の決定は，受訴裁判所又は受審判裁判所が職権で行うもので

あり，当事者には付調停の申立権はありません。条文に「いつでも」とあるとおり，付調停の時期は裁判所に任されています。

裁判所が，どのような場合に調停に付すべきかの基準についての規定はありませんので，裁判所は，事件の種類，事件の進行状況，当事者の主張，調停成立の見込み，その他を総合勘案して，その合理的裁量により調停に付すべきかを決めることになります。又，前に調停手続を行ったことがある事件について再び調停に付すこともでき，その意味で付調停は何回でも可能です。

Ⅱ 当事者の意見聴取

旧法下（家審法11・19Ⅱ）においては，特に要求されていませんでしたが，家事事件手続法においては，当事者の手続選択権に配慮して，裁判所は，調停に付す前に当事者双方（本案について被告又は相手方が陳述する前にあっては，原告又は申立人）の意見を聴かなければならないことになっています（法274Ⅰ）。

しかし，裁判所は当事者の意見に拘束されませんので，当事者が反対意見を述べたとしても調停に付することができます。そして，裁判所の付調停決定について当事者が不服を申し立てることはできません。

とはいえ，調停合意をする意思が全くない場合は，当事者を無理やり調停の席につけても意味がないでしょうから，当事者から強い反対があれば，裁判所が付調停決定することは難しいと考えられます。

Ⅲ 調停を行う裁判所

事件が係属する裁判所は，事件を家事調停に付する場合においては，調停事件について管轄権を有する家庭裁判所に処理させなければなりません。ただし，事件を処理するために特に必要があると認めるときは，管轄権を有しない家庭裁判所に処理させることができます（法274Ⅱ）。

また，家庭裁判所及び高等裁判所は，事件を家事調停に付する場合に，その調停事件を自ら処理することができます（法274Ⅲ）。それ以外の裁判所，すなわち地方裁判所及び簡易裁判所が事件を家事調停に付する場合は，自庁処理をすることができず，調停事件を家庭裁判所に送らなければなりません。

家事審判法においては，家庭裁判所における自庁処理しか認められていませんでしたが，家事事件手続法は高等裁判所による自庁処理を新たに認めました。これにより，高等裁判所に係属する離婚訴訟や遺産分割審判事件等に

ついて，当事者間の協議成立が可能な場合等は，家庭裁判所の調停に付して調停を成立させるという迂遠な方法をとらなくても，高等裁判所が自ら速やかに調停を成立させることが可能となりました。

なお，付調停決定に基づき，係属中の訴訟又は家事審判事件とは別に家事調停事件の事件番号が起こされ，事件記録も別に作られます。しかし，裁判所の職権による手続開始ですから，調停申立て時に求められる手数料の納付は必要ありません。

IV　訴訟手続及び家事審判手続の中止

付調停決定によって係属中の訴訟又は家事審判事件が終了することはなく，同一の事件が訴訟手続又は家事審判手続と家事調停手続の双方に係属することになります。この場合に双方の手続を同時に進行させることもできますが，通常は，受訴裁判所又は受審判裁判所は，調停手続が終了するまで訴訟手続又は家事審判手続を中止することになります（法275）。

中止された事件は，調停手続が行われている間，中止状態が続きますが，訴訟の付調停事件について，調停が成立し，又は合意に相当する審判若しくは調停に代わる審判が確定したときは，当該訴訟について訴えの取下げがあったものとみなされます（法276Ⅰ）。また，家事審判事件の付調停事件について，調停が成立し，又は調停に代わる審判が確定したときは，当該家事審判事件は当然に終了します（法276Ⅱ）。

これらの場合，調停事件を担当する裁判所書記官は，当該訴訟又は家事審判事件が継続していた裁判所に対し，遅滞なく，その旨を通知しなければなりません（規133）。

調停手続が不成立等によって終了したときは，訴訟手続又は家事審判手続の中止の効力は当然に消滅し，改めて訴訟又は家事審判事件が進行することになります。

なお，裁判所が家事調停に付した事件は，裁判所の職権により開始した手続であることから当事者がこれを取り下げることはできないと解されています。ただし，中止状態にある訴訟又は家事審判事件を取り下げることは認められ，その場合，調停事件は当然に終了します。

【吉葉　一浩】

Q28 調停手続の非公開

家事調停手続の非公開とは、どういう意味ですか。どのような場合に傍聴が許可されますか。

[1] 概　説

　家事調停を含む家事事件の手続は、裁判所における紛争解決手続という意味で広義の司法権の行使にあたります。民事訴訟の手続は公開が原則であり（憲法82、民訴法312Ⅱ⑤）、家事事件についても、手続を公開して、その公正な運用を確保するために国民に監視させることも考えられます。しかし、家事事件の手続は、訴訟手続と異なり、実体的な権利義務の確定を目的とするものではありません。また、家事事件はその性質上、家庭内の秘密を扱うことが少なくなく、手続を公開すると当事者等が発言を躊躇する結果、事案の真相把握が困難となり、事件の適正妥当な処理が阻害されるおそれがあります。そのため、家事事件の手続は非公開とされているものです。

[2] 手続の非公開

　家事事件手続法33条は、「家事事件の手続は、公開しない。ただし、裁判所は、相当と認める者の傍聴を許すことができる。」と規定しています。本条の「公開しない」という文言の趣旨は、公開してはならないという意味であり、裁判所の裁量で一般的に公開することは許されないものと解されています（『一問一答・家事法』83頁）。

[3] 傍聴の許可

　本条但書による傍聴許可の判断は、裁判所の裁量によるものであって、傍聴を許可されなかったことに対し不服を申し立てることはできません。また、裁判所は、いったん傍聴を許可した場合においても、いつでもその許可を取り消すことができます。なお、調停委員会が家事調停を行う場合には、傍聴

許可に関する裁判所の権限は，調停委員会が行使します（法260Ⅰ③）。

　傍聴を許可するか否かの判断にあたっては，期日の性質や期日において行われる手続の内容，傍聴の必要性や目的，傍聴を希望する者と当該手続との利害関係の程度，傍聴の当該手続に与える影響等が総合的に考慮されることになります（『逐条解説・家事法』106頁）。

　実際に傍聴が許可される例としては，司法修習生や新任の裁判所職員等の研修のための傍聴があります。

　なお，離婚事件に当事者の親が付き添い，遺産分割事件に当事者の配偶者や子が付き添って，当事者とともに出頭することが少なくありません。このような近親者は，調停の席に入ることはできませんので，控室で待機することになりますが，手続代理人の許可（法22）又は補佐人の許可（法27）を申し出る場合があり，許可があればそれぞれの立場で調停手続に関与することができます。

　中には，そのような手続代理人又は補佐人の許可を申し出るのではなく，当事者を精神的・心理的に支援したいので調停を傍聴したいと希望するものがいますが，当事者の精神的・心理的支援という理由だけで傍聴が許可されることはありません。しかし，当事者が精神的に不安定な状態にあるときに，近親者の同席により当事者に安心感を与え調停手続の円滑な進行をはかることができるような場合などには，例外的に傍聴が許可されることがあり得ます。

　傍聴が許された者は，あくまで傍聴人であって，調停手続中に自ら発言することはできませんが，調停委員あるいは裁判官からの質問に対して答えることはできます。

【吉葉　一浩】

Q29 調停期日とその指定等

調停期日とは何ですか。期日の指定や変更は，どのようになされますか。調停の場所は，どのように定められていますか。

〔1〕 調停期日

家事事件の手続の期日（家事審判の手続の期日及び家事調停の手続の期日）とは，裁判所又は裁判官と当事者その他の者が会して家事事件の手続に関する行為をするために定められた一定の時間をいいます。家事事件の手続の期日においては，審問，証拠調べ，調停手続において調停委員会が当事者等から事情を聴取すること等が想定されています。

家事事件手続法の条文には「証拠調べの期日」（法46）や「審問の期日」（法69）という文言が使われていますが，それぞれ，証拠調べをする場合の当該家事事件の手続の期日，審問をする場合の当該家事事件の手続の期日を意味します。すなわち，期日において証拠調べや審問が行われるのであり，期日に「証拠調べ期日」や「審問期日」といった種類があるわけではありません（『一問一答・家事法』16頁）。

調停手続において，当事者から事情を聴取したり，調停合意を形成するために開催される手続の「期日」のことを一般的に調停期日と呼んでいますが，法律上は，期日の種類として「調停期日」が存在するのではなく，家事調停の手続の「期日」が存在するだけです。

〔2〕 期日の指定

家事事件の手続の期日は，職権で，裁判長が指定します（法34Ⅰ）。民事訴訟の場合と異なり，当事者に期日指定についての申立権はありません。期日は，やむを得ない場合に限り，日曜日その他の一般の休日に指定することができますが（法34Ⅱ），家事調停においては，そのような緊急の必要性があるケースを想定することができませんので，通常は，平日（月曜日〜金曜日）の

執務時間内で指定されます。

　各裁判所によって運用が異なると考えられますが，東京家裁の場合，調停期日は，原則として月曜日から金曜日までの午前10時又は午後1時半に指定されます。事件によっては午後1時半に始まる調停手続が2時間以内に終了する場合があり，調停室に空きが出ることが想定されますから，それを見越して午後3時半に期日を指定することもあります。また，当事者や手続代理人等の都合により，指定時刻を上記以外の時刻に指定することもあります。

　なお，当事者の中には勤務の関係で平日の執務時間内の出頭が難しい場合があり，夜間調停や土曜調停を希望する場合もあります。裁判所が，「やむを得ない場合」（法34Ⅱ）と認めて夜間調停や土曜調停などを行うことは法律上可能ですが，裁判官，調停委員，書記官など裁判所職員の時間外勤務を伴うものとなりますから，その関係の調整なども必要となり，実際には難しいと考えられます。

　調停委員会による調停の場合は，期日の指定に関する裁判長の権限は当該調停委員会を組織する裁判官（又は家事調停官）が行います（法260Ⅱ）。最初の期日については，当該裁判官（又は家事調停官）の意を受けた裁判所書記官が，裁判官（又は家事調停官），調停委員，当事者及び手続代理人の都合並びに裁判所の調停室の利用状況等を調整しています。

　なお，家事事件においては，最初の期日に関して，「特別の事由がある場合を除き，訴えが提起された日から三十日以内の日に指定しなければならない。」（民訴規60Ⅱ）というような特別の規律は設けられていません。

　二回目以降の期日は，裁判官（又は家事調停官），調停委員，出頭した当事者及び手続代理人の都合並びに裁判所の調停室の利用状況等を調整して決めています。家事調停官は週一回しか勤務しないことになっている関係で，家事調停官が関与する調停事件は，通常の裁判官関与の場合に比べて期日が入りにくいという実情があるようです。

【3】 期日の変更

　期日の変更とは，期日の開始前に期日の指定を取り消し，別の新期日を指定することです。期日の延期（期日を開始したあとに当事者の不出頭などにより実

質的な手続行為がなされず，別の新期日を指定すること）や期日の続行（期日を開始し実質的な手続行為がなされたのち，別の新期日を指定すること）とは異なるものです。

期日の変更も期日の指定と同様に裁判所が職権で行うものであって，当事者に申立権はありません。しかし，職権発動を促す申出は可能です。

家事事件手続法は，「家事事件の手続の期日の変更は，顕著な事由がある場合に限り，することができる。」（法34Ⅲ）と規定しています。顕著な事由がある場合とは，やや理解しにくい文言ですが，口頭弁論及び弁論準備手続の期日の変更に関する民事訴訟法93条3項本文をならって採用されたものです。民事訴訟法に関しては，「顕著な事由は，『やむを得ない事由（民訴法93Ⅳ）』より広く，当事者又は代理人の病気，縁者の不幸などがこれに当たる。」（『民事実務講義案Ⅰ』88頁）と解されています。

なお，期日の変更は，やむを得ない事由があるときを除いて，①当事者又は利害関係参加人の1人につき手続代理人が数人ある場合において，その一部の代理人について変更の事由が生じたこと，②期日指定後にその期日と同じ日時が他の事件の期日に指定されたことを理由に行ってはならないとされています（規23）。

鑑定人の鑑定結果の提出が間に合わず期日が空転することが明らかな場合なども，顕著な事由がある場合として，期日の変更が認められると考えられます。

また，民事訴訟においては，最初の期日に関して当事者の合意による期日の変更が認められていますが（民訴法93Ⅲ但書），家事事件の手続においては認められていません。

【4】 調停の場所

家事調停手続は，裁判所の関与により行われる広義の司法権の行使ですから，原則として裁判所の庁舎内で行われなければならず，通常は，裁判所の庁舎内に調停を行うための部屋として準備された調停室あるいはこれに準ずる部屋で実施されています。

ただし，例外的な措置ですが，「現地調停」という制度が家事審判法時代から認められています。現地調停とは，調停委員会が，事件の実情を考慮し

て，裁判所外の適当な場所で行う調停です（法265）。現地調停も，家事調停の手続の期日であることに変わりはありません。

　家事審判法に関する文献には，「当事者が高齢または長期の疾病などによって，家庭裁判所に出頭することができない場合とか，当事者が多数で容易に全員が揃って出頭することができない場合とか，紛争の目的物の所在地でその目的物を実地に見分しながら調停をする必要がある場合などに行なわれ，実効を収めている。」（『家審法講座Ⅲ』185頁）とあります。

　家事事件手続法においては，電話会議システム等による調停手続が導入され，調停条項案の書面による受諾の制度の適用範囲が拡大されたこともあり，実地見分を目的とする場合を除いて，現地調停の必要性は相対的に低くなっていると考えられます。なお，現地調停は，裁判官のみで家事調停の手続を行う場合についても認められています（法267Ⅱ・265）。

【吉葉　一浩】

Q30 調停手続の併合・分離

家事調停手続の併合・分離は，どのような場合に行われますか。

[1] 概　　説

家事調停手続の併合とは，複数の別々の調停事件の手続を同一の手続に合体させて，それ以降は一つの手続で調停を行うものです。当事者が共通の場合（客観的併合）もあれば，異なる当事者の場合（主観的併合）もあります。

家事調停手続の分離とは，併合とは反対に，一個の手続で行われていた調停事件の一部を切り離して，それ以降は分離した事件と残りの事件を別々の手続で調停を行うものです。

[2] 手続の併合・分離

家事事件手続法35条1項は，「裁判所は，家事事件の手続を併合し，又は分離することができる。」と規定しています。家事審判法には存在しなかった規定で，申立ての併合の規定とともに家事事件手続法で新たに整備されたものです。

申立ての併合に関しては，二つ以上の事項について調停を求める場合において，これらの事項についての家事調停の手続が同種であり，これらの事項が同一の事実上及び法律上の原因に基づくときは，一つの申立てにより求めることができる（法255Ⅳ・49Ⅲ）と規定され，併合の要件が定められていますが，手続の併合に関して要件を定める規定はありません。

しかし，手続を併合すれば，申立ての併合の場合と同じ結果となりますので，実際には，複数の調停の手続が同種であり，これらの事項が同一の事実上及び法律上の原因に基づくときでなければ，手続の併合を行うことはできないと考えられます。ただし，家事調停においては，申立ての併合の要件は，家事審判よりゆるやかに運用されるものと解されており（『一問一答・家事法』232頁），調停手続の併合についても併合要件はあまり厳格には扱われないも

のと考えられます。

　手続の併合・分離は，裁判所が行う調停手続内の裁判であり，併合や分離の判断は裁判所の裁量にまかされています。手続の併合は，複数の調停手続が別々に進行することによる手続の無駄や重複をさけて，一括して調停手続を進めることにより，複数の事件を一挙に解決することを目的とする場合等に行われます。また，手続の分離は，複数の事項が一個の調停手続で扱われている場合に，一部の事項が他の事項と争点を異にする等同時解決の見込みがないようなときに，手続の複雑さを避けたり，手続の遅延を防止する場合等に行われます。裁判所は，いったん行った併合・分離の裁判を自由に取り消すことができます（法35Ⅱ）。

　手続の併合・分離やそれらの取消しは，裁判所が職権により行うものであり，当事者に申立権は認められておらず，申立てをしても職権発動を促すものに過ぎません。また，裁判所の併合・分離やそれらの取消しの裁判に対して，当事者は不服の申立てをすることはできません。

　なお，調停委員会が家事調停を行う場合には，手続の併合・分離の裁判は調停委員会が行います（法260Ⅰ④）。

【3】　必要的併合

　遺産分割調停事件と寄与分を定める処分調停事件が係属するときは，これらの手続は，併合してしなければなりません。数人からの寄与分を定める処分調停事件が係属するときも同様です（法245Ⅲ・192）。

【4】　尋問の機会の保障

　裁判所は，当事者を異にする家事事件について手続の併合を命じた場合において，その前に尋問をした証人について，尋問の機会がなかった当事者が尋問の申出をしたときは，その尋問をしなければなりません（法35Ⅲ）。

　併合前の手続において実施された証人尋問の結果は，併合後の手続の資料となりますので，当事者が異なる事件について手続の併合が行われた場合，一部の当事者は，証人に対する反対尋問の機会を与えられないまま証人尋問の結果を受け入れなければならないことになってしまいます。そこで，その

ような立場の当事者に，反対尋問による防御の機会を与える趣旨で，民事訴訟法152条2項にならって証人尋問の機会を保障したものです。

　もっとも，調停手続において証人尋問が実施されること自体が極めて稀ですから，調停事件における本項の意味はほとんどないといっても過言ではありません。

【吉葉　一浩】

Q31 申立ての変更

申立ての変更は，どのような場合に認められますか。

[1] 概　　説

　申立ての変更とは，申立人が，調停手続の中で，申立書に記載した申立ての趣旨又は申立ての理由を変更することです。申立てを追加的に変更する場合と交換的に変更する場合があります。
　家事事件手続法は，手続を明確にするために，申立ての併合，手続の併合・分離とともに，申立ての変更に関する明文規定を置きました。

[2] 申立ての変更

　申立人は，申立ての基礎に変更がない限り，申立ての趣旨又は理由を変更することができます（法255Ⅳ・50Ⅰ）。「申立ての基礎に変更がない限り」との文言は，民事訴訟における訴えの変更についての「請求の基礎に変更がない限り」（民訴法143Ⅰ）という文言と共通です。民事訴訟においては，裁判を求める事項にかかる権利関係の基礎となる事実が共通するかどうか，あるいは，変更後もそれまでの裁判資料を審理に利用することができるかどうかという観点から判断することになっていますが，家事事件においても基本的に同様の考え方が採用されていると考えられます。
　しかし，家事調停においては，手続の併合の要件の場合と同様に，「申立ての基礎に変更がない限り」という要件はあまり厳格には扱われないと考えられますので，一般調停事件と別表第二調停事件という同種の手続とはいえない手続の間の変更も認められると解されます。
　夫婦関係調停事件において，申立書では円満調整を求めていたものを手続の途中で申立ての趣旨を変更して離婚を求める場合，親族間の扶養請求調停事件において，申立書では扶養料の支払を求めていたものを手続の途中で申立ての趣旨を変更して申立人を引き取って扶養することも求める場合は，申

立ての基礎に変更がないと考えられます。

　なお，婚姻費用，離婚に伴う財産分与，慰謝料及び未成年の子の養育費等については，申立書の申立ての趣旨に具体的な請求金額が記載されていたとしても，裁判所がその金額に拘束されるわけではありませんので（そもそも申立書において「相当額を請求する」と記載することができます），これらの請求金額を変更することは，申立ての変更には該当しません。

【3】 申立ての変更の手続

　申立ての変更は，原則として書面でしなければなりませんが，手続の期日においては口頭によることもできます（法255Ⅳ・50Ⅱ）。裁判所は，申立ての変更が不適法であるときは，その変更を許さない旨の裁判をしなければならず，不適法でなくても手続が著しく遅滞することとなるときは，その変更を許さない旨の裁判をすることができます（法255Ⅳ・50Ⅲ・Ⅳ）。

　なお，調停委員会が家事調停を行う場合には，申立ての変更を許さない旨の裁判は調停委員会が行います（法260Ⅰ⑤）。

　申立人が申立てを変更した場合には，不許可の裁判があった場合を除き，裁判所書記官は，その旨を申立人以外の当事者及び利害関係参加人に通知しなければなりません（規41）。通知は相当の方法によることができますが（規5，民訴規4），手続保障の観点からは，変更申立書の写しを交付することになると考えられます。

【中谷　仁亮】

Q32 調停期日の進行方法
（双方立会いの手続説明，別席・同席調停）

調停期日はどのようにして始まりますか。期日に当事者は同席するのでしょうか。

【1】 調停期日の開始と双方当事者立会いでの手続説明

Ⅰ 当事者本人の出頭

調停期日には当事者本人が出頭することが基本です。調停委員会等は，調停期日に，事件の関係人を呼び出すことができることになっています（法258Ⅰによる法51Ⅰの準用，及び法26Ⅰ⑥）。調停を進める上で当事者本人から事情を聴取することが不可欠であったり，調停を成立させるについて本人自身の意思を確認する必要がある場合が多いことを考慮し，本人出頭主義をとっています。同法51条2項は，「呼出しを受けた事件の関係人は」手続の期日に出頭しなければならないとし，具体的な出頭義務は呼出しにより生ずることを明記しています。やむを得ない事由があるときは代理人を出頭させることができます。同条3項では正当な理由なく出頭しない場合の制裁も定めています。

当事者本人が出頭に消極的であったり，事案によって必ずしも本人が出頭することを要しないとして代理人のみ出頭することがありますが，手続代理人としては，調停は当事者双方の合意によって解決する手続であることを念頭において対応することが必要です。

Ⅱ 双方立会いで手続説明

調停の開始（多くは第1回調停期日）に際して，調停委員会は申立人と相手方双方本人を調停室に入室させて，双方本人立会いの場で，これから始まる調停手続の説明をし，またできる限り各調停期日終了時にも，当日又はこれまでの調停の経過の確認と次回期日に向けての準備や今後の予定，見通しなどを説明することになっています。法律の規定はありませんし，事例によって，また調停委員会によって対応が違うことはありますが，基本的には両当

事者立会いの上で，調停制度の目的や今後話合いをする上での共通のルール，成立した場合の調停調書の意義や効力，不成立の場合のその後の手続などを説明します。調停の進行について同じ説明をすることによって，両当事者が共通の認識をもち，また情報を共有化することで調停の進行が透明化され，当事者の調停手続への理解が深まり調停の効率的進行を図ることができると考えられているからです。家事調停におけるこの双方立会いでの手続説明の手法については，「当事者の手続保障の基本理念を具現化し，かつ，これを実践するものである」として高く評価され，運用への期待がされています（河野清孝「調停実務シリーズ113」ケース研究314号165頁）。

　家事調停の申立ては，申立書を家庭裁判所に提出して行うことになっており，その申立書には当事者の記載の他，申立ての趣旨及び理由を記載しなければなりませんし（法255Ⅰ・Ⅱ），裁判所は申立書の写しを相手方に送付しなければならないことになっています（法256）。申立人に調停で解決すべき事項とその理由を明確化させるとともに，相手方も早期に申立ての内容を知り，調停の課題を認識して調停手続に臨むことが充実した調停進行と早期解決の観点から合理的なことであると考えられるからで，調停期日における双方立会いでの手続説明も同様の趣旨です。

　第1回の調停期日開始時刻に，調停委員の案内で，双方の当事者本人と各代理人が入室して調停委員から手続説明がされ，調停が始まります。

Ⅲ　双方立会いでの説明が不適当な場合

　DV等の問題があり双方立会いが不適切と考えられる場合は，代理人のみが立ち会うか，個別に入室して説明を受ける旨を，予めないし当日調停委員会に申し出る必要があります。依頼人が精神的に不安定な場合など，双方立会いについて手続代理人として判断が難しいときもしばしばあります。依頼人が，相手の顔は見たくないということだけで双方立会いを拒むなど相当な理由がない場合は，依頼人の意思を理解して信頼関係を損なわないようにしつつ，調停制度の趣旨や双方立会いでの手続説明の意義を説明して適切な対応をする必要があります。

　双方立会いの説明はあくまで調停手続の説明に限ります。各当事者の言い分については，手続説明後，双方当事者が入れ替わって，後記の同席調停を

相当とする場合は別として，別席で行うのが一般的です。

【2】 同席調停について

I　期日の実際の進行は別席調停

　第1回期日の同席での手続説明のあとは，多くの場合調停委員会は申立人と相手方を交互に入室させて別席で面接する方法で進めます。別席のもとで当事者が実情や主張，意見などを十分述べ，相手方も交替して述べることを交互に行い，調停委員会が対当事者から聴取した事実や主張，意見などを伝え聞く中で，当事者双方が，認識を新たにしたり，必要な説明を加えるなどして，合意形成に向けて検討を重ねて，当事者自身で解決案を考えるよう調整することになります。

　ただし，解決に向けては，当事者双方における情報の透明化・共有化，対当事者の主張の把握，双方共通認識のもとでの合意形成への活動が重要な要素であり，調停の進行状況により，別席か同席かの検討を要するときがあります。手続代理人としては，事案の内容と進行状況，当事者の心情などを考慮して，同席での調停を調停委員会へ提案します。調停委員会は，事案により，また調停の進行状況により，同席調停の目的，課題事項，所要時間などを明確にして当事者に提示し，双方当事者の了解のもとで同席調停を行います。

II　同席調停の意義と積極論

　同席調停の意義や効用，実施の適否については意見が多々あります。

　かねてより自ら調停期日の当初から同席を実施してきた経験から，同席調停の活用を主張する見解があります（井垣康弘「夫婦同席調停の活用について」ケース研究236号70頁）。「当事者双方が同席して対立当事者の言い分を直接耳で聞くと，自分の言い分との開き・対立の深刻さ・紛争の重大性などを直ちに認識して，その認識の上に立って，自分としては，今後どういう主張をし，またはどこまで譲歩すべきか等々を嫌でも熟慮せざるを得ず，理性的な解決案を自らももとめるようになりやすい」という他者の意見を参考例として挙げ，かつ自己の多数の同席調停での解決例を挙げています。

　現行の家事事件手続法施行に際して，同席調停か別席調停かは，調停の中

身を対象とするもので、調停開始に際しての双方立会いによる手続説明とは趣旨や目的、調停の場面、役割及び状況が異なることを強調しつつ、対立当事者の心をつなぐ調停手法の一つとして同席調停の活用を進める見解もあります（河野・前掲160頁以下）。ここでは、同席調停の定義について、「調停委員会のコントロールのもとで双方当事者が直接的に対話や交渉を行う技法。双方当事者本人が協働して解決案を模索することができる、最低限の信頼を培うことが求められる」としています。

Ⅲ 調停の実際──同席調停が不適切な場合と適切な場合

　一方が同席して直接相手方と話し合いたいと希望しても、他方当事者が拒否することはしばしばあります。拒否する理由は様々で、それまでの双方間の経緯が背景にありますから、慎重に検討する必要があります。

　DV事案については同席による調停はすべきでないでしょう。また当事者が感情的であったり、心理的葛藤が強い場合は、同席調停の時期ではないでしょう。

　双方が離婚に向けて調停を進行させることで納得し、財産分与について客観的な資料を出して解決に向けて詰めを行う場合などは、同席を検討できるケースでしょう。

　離婚後の子育てとして、子どもの監護、面接交渉、養育費などはぜひ同席で、という意見もあります（梶村太市「家族再生法制定に向けて」書斎の窓2011年4月号7頁）。

【紙子 達子】

Q33 主張書面・証拠資料の提出

当事者の主張書面や証拠資料を提出する時はどのような注意が必要ですか。また調停ではどのような扱いになりますか。

〔1〕 主張書面や証拠資料の提出と反対当事者への交付について

　当事者が提出する書面のうち，調停申立書については，原則として相手方に裁判所からその写しが送付され（法256Ⅰ），相手方は申立人の求める調停の趣旨を知った上で，双方が期日に出席して調停が始まることになっています。

　しかし，申立書とちがい，相手方の答弁書その他当事者の主張書面や証拠資料については，規定上は提出するかしないかは自由です。当事者は，裁判所に提出した書面を反対当事者に直送する義務はありませんし，裁判所からも反対当事者に送付ないし交付しなければならないことになっていません。

　調停は基本的には当事者の自主的な話合いによる解決のための手続であることから，一方当事者の言い分について反対当事者に必ず反論の機会を作るなどの手続保障や手続の公正化，透明化などの要請については，事案に即し，臨機応変に，柔軟に対応することになっており，書面提出自体が当事者の意思や判断に任されていますし，提出された書面の扱いも基本的には調停委員会の判断によっているのが調停の実際です。

　しかし，調停は，当事者双方が申立ての趣旨とその理由を認識した上で，期日においてそれぞれが調停に至るこれまでの経緯や紛争の原因，実情について自己の言い分を口頭ないし書面で主張し，これに対する相手方の言い分を知り，時に双方が言い分を裏付ける資料を提出する中で，当該事案の争点や解決のための課題とみちすじを相互に理解して，調停委員会の調整のもとで当事者による合意を形成する手続です。したがって，当事者の主張と争点の明確化を図る観点から，事案に関わる重要な事項や経緯の説明や当事者の

主張を書面化し，その裏付けとなる証拠資料を準備して，調停の進行状況により適期にこれらを提出することが必要になります。反対当事者から提出された主張書面や証拠資料については，反論の要否と内容を検討することになります。

　手続代理人としては，期日に向けて主張書面や証拠資料を提出するに際しては，当事者と十分打ち合わせ，調停の進行状況の的確な判断の上で，主張書面や証拠資料それぞれについて，提出する目的や時期と，これらを反対当事者に開示，交付するか否か，などについても，当事者の意向や希望を尊重して対処すべきです。

　調停委員会は，初回調停期日に双方当事者立会いの上で手続説明をしますが，各調停期日終了時に，双方当事者立会いのもとでか，そうでないかは事案によりますが，当日の進行内容と次回期日に協議する事項を確認して，次回期日までに準備する事項や提出を促す主張書面や証拠資料を提示することがあります。手続代理人としては，調停委員会の提案に理解を示しつつ，実際の準備については当事者と十分打ち合わせの上で対処する必要があります。

〔2〕 提出書面についての非開示の申出

　当事者から提出された主張書面や証拠資料を反対当事者にどのような形で伝えるか，書面副本として交付するか，などについては，調停委員会が事案の内容や調停の進行状況，当事者の心情を含む状況などを踏まえて検討しますが，手続代理人としても，反対当事者への開示の方法，交付の可否や時期について調停委員会に意見を述べる必要があります。

　反対当事者に見られたくない書面や証拠資料については，各書面や資料毎に「非開示の希望に関する申出書」の書面を，非開示を希望する理由を記載した上で添付します。非開示の理由を調停委員会に口頭で述べるだけでは不十分です。また，提出資料中に知られたくない事項の記載があるときは，理由を記載してその部分をマスキングします。例えば，診断書の医療機関名，収入証明や源泉徴収票の勤務先名，年金分割にかかる情報通知書の住所氏名などです。

一般調停事件では以上のとおり当事者の意向により非開示希望の申出やマスキングが可能ですが，事案によって，例えば離婚調停事件に伴う養育費分担や財産分与請求の場合で，各判断に直接関係のあるもの，情報の共有化により話合いが促進される事項，他方当事者の主張や反論があるものなどについては，調停委員会から反対当事者への書面交付を求められます。手続代理人としては，依頼人に相互間での開示の必要性を説明し理解を得る必要があるでしょう。

　いわゆる別表第二事件（婚姻費用分担や養育費請求，遺産分割等をいいます）については，調停不成立後の審判移行の可能性があり，審判での事実調査の対象となることから，提出する書面に十分注意する必要があります。

【3】 記録の閲覧，謄写

　当事者の提出した書面や証拠資料を含む家事調停事件の記録の閲覧と謄写については，家事事件手続法254条に規定されています。当事者が非開示の申出をしていた書面や資料であっても，反対当事者や利害関係人の請求がある場合，家庭裁判所が相当と認めて許可すれば，閲覧や謄本の交付がされます。手続代理人としては，これらの書面提出に際し，閲覧・謄写の可能性を当事者に事前に説明しておく必要があります。婚姻費用，養育費，財産分与，扶養，遺産分割など別表第二事件のうちの経済事件では，書面や証拠資料は原則開示の扱いとなります。事件の種類（事件区分）により，書面交付と記録閲覧謄写についての裁判所の扱いが異なることに注意しましょう。

　なお，調停が当事者の自主的解決の手続であること，審判とは違い事案に即した柔軟な対応が必要であること，記録には家庭内の細部にわたる事柄や高度なプライバシーに関わる事項が記録化されていたり，他方当事者を感情的に非難する書面が含まれていることも少なくないことから，開示が当事者間の話合いを通じた自主的な紛争解決を損なう恐れがあることを指摘して，調停事件の場合には，審判事件と比べて記録の閲覧や謄写がより制限されることに合理的な理由があると考える見解もあります（『逐条解説・家事法』763頁）。

【紙子　達子】

Q34 当事者参加

当事者参加とは何ですか。どのような場合に，当事者参加が認められるのですか。

〔1〕 概　　説

　家事審判法下においても，調停手続への参加に関する規定がありましたが（家審法20・12，家審規131・14），参加人の立場について，当事者的な立場と利害関係人的な立場を区別するものではなく，参加する資格や参加人の権限等が不明確でした。

　家事事件手続法は，家事事件の手続（審判手続及び調停手続）への参加制度を当事者参加と利害関係参加の二つに分けて整備して規定しました。当事者参加は，調停手続に当事者として参加するものであり，利害関係参加は，調停手続に利害関係人として参加するものです。参加は，手続のどの段階においても認められ，高裁での参加もあり得ます。

〔2〕 当事者参加

　当事者参加は，「当事者となる資格を有する者」が，すでに係属中の家事調停手続について，自ら手続を追行するために当事者として参加するものです。自ら申出を行って参加する場合（任意参加）と他の当事者の申立て又は職権により裁判所が参加させる場合（強制参加）があります。

　当事者参加が想定されるのは，主として遺産分割調停であり，申立ての後に新たに別の相続人が存在することが判明した場合，調停手続の途中で相続分の譲渡により相続人の地位が移転した場合等が考えられます。

　また，扶養調停において当事者となっていない扶養義務者の当事者参加もあり得ます。

I　任意参加

　当事者となる資格を有する者は，当事者として家事調停手続に参加するこ

とを申し出ることができます（法258Ⅰ・41Ⅰ）。当事者参加の申出は，申出人が参加の趣旨及び理由を記載した書面でしなければならず（法258Ⅰ・41Ⅲ），また，当事者となる資格を有する者であることを明らかにする資料を添付しなければなりません（規27Ⅰ）。添付資料は，具体的には，相続人であることを証する戸籍謄本類や相続分譲渡があったことを証する相続分譲渡証書等です。

任意参加は，当事者の「申出」によるものであり，「申立て」とは異なります。「申出」は，裁判所がそれを認める場合には特段応答する義務がない場合に用い，これに対し，「申立て」は，これを認める場合にも裁判所に応答する義務が生じる場合に用いるとされています（『一問一答・家事法』20頁）。

したがって，裁判所は，任意参加の申出に対して，申出が不適法でない限り当事者参加を認めることになり，その場合に特段の裁判をする必要はありません。また，任意参加の申出があった場合には，裁判所書記官は，その旨を当事者及び利害関係参加人に通知しなければなりません（規128・27Ⅱ）。ただし，申出を却下する場合には，裁判所は，却下の裁判をしなければならず，申出人は却下の裁判に対して即時抗告をすることができます（法41Ⅳ）。なお，調停委員会が家事調停を行う場合，参加申出を却下する裁判は，調停委員会が行います（法260Ⅰ⑥）。

任意参加をした参加人の地位は，手続開始時からの当事者と同一であり，以後，当事者として手続を追行することになります。

Ⅱ　強制参加（手続への引込み）

「当事者となる資格を有する者」が任意参加の申出をしない場合，調停手続を進めることができないことがあります。例えば，相続人の一部の者が調停手続に参加しない場合に遺産分割調停を成立させることはできません。このような場合には，他の当事者の申立て又は職権により，裁判所が「当事者となる資格を有する者」を当事者として調停手続に参加させることができます（法258Ⅰ・41Ⅱ）。裁判所が，任意参加の申出をしない者を調停手続へ引き込むものであり「強制参加」とも呼ばれています。

扶養調停事件では，当事者となっていない扶養義務者が参加しないまま調停を成立させることは可能ですが，より根本的な解決を図るために他の扶養

義務者を強制参加させることもあり得ます。

　他の当事者が強制参加の申立てをするときは，任意参加の申出の場合と同様に，参加の趣旨及び理由を記載した書面でしなければならず（法258Ⅰ・41Ⅲ），また，当事者となる資格を有する者であることを明らかにする資料を添付しなければなりません（規128・27Ⅰ）。

　強制参加の「申立て」に対して，裁判所は，参加を認める場合も却下する場合も応答義務があり（『一問一答・家事法』20頁），どちらの場合も裁判をしなければなりません。ただし，これらの裁判は裁判所の裁量によるものであり，不服申立ては一切認められません。なお，調停委員会による調停の場合，これらの裁判は，調停委員会が行います（法260Ⅰ⑥）。参加を認める裁判があったときは，裁判所書記官は，その旨を当事者及び利害関係参加人に通知しなければなりません（規128・27Ⅲ）。

　強制参加を命じられた参加人の地位は，手続開始時からの当事者と同一であり，以後，当事者として手続を追行することになります。

【中 谷 仁 亮】

Q35 利害関係参加

利害関係参加とは何ですか。どのような場合に，利害関係参加が認められるのですか。

[1] 概　　説

　Q34でも述べましたが，家事事件手続への参加に関する旧法の規定（家審法20・12，家審規131・14）は，参加人の立場について，当事者的な立場と利害関係人的な立場を区別するものではなく，参加する資格や参加人の権限等が不明確でした。家事事件手続法は，当事者参加と利害関係参加の二つに分けて規定を整備しました。当事者参加は手続に当事者として参加するものであり，利害関係参加は手続に利害関係人として参加するものです。

　利害関係参加が想定されるのは，主として子どもに関する事件であり，両親が当事者となっている親権や監護をめぐる調停手続に，子が利害関係人として参加する場合が典型的です。この場合，子の手続代理人が独自の立場で活動することにより子の意思を手続に反映することが可能となります。そのために，子の手続代理人を裁判長が選任できる制度（法23）も新設されました。裁判長による手続代理人の選任については，Q20参照。

[2] 利害関係参加

　利害関係参加は，すでに係属中の家事調停手続について，自ら手続を追行するために当事者とは異なる利害関係人の立場として参加するものです。自ら裁判所に対し参加の許可の申立てを行って参加する場合（任意参加）と裁判所が職権により参加させる場合（強制参加）があります。

I　任意参加

　調停の結果により直接の影響を受ける者は，裁判所の許可を得て家事調停の手続に利害関係参加をすることができます（法258I・42II）。利害関係参加の許可の申立ては，参加の趣旨及び理由を記載した書面でしなければならず

（法258 I・42Ⅳ・41Ⅲ），また，調停の結果により直接の影響を受ける者であることを明らかにする資料を添付しなければなりません（規128・27Ⅳ・Ⅰ）。

調停の結果により直接の影響を受ける者とは，法的地位や権利関係に直接の影響を受ける者のほか事実上の影響を受ける者を含むと解釈することができれば，両親が当事者となっている親権者の指定・変更調停，監護者の指定・変更調停，養育費請求調停，面会交流調停，子の引渡し調停等の手続に，子が利害関係参加することができると考えられます。

利害関係参加の許可の申立てに対して，裁判所は，許可する場合も許可しない場合も応答義務があり，どちらの場合も裁判をしなければなりません。これらの裁判は裁判所の裁量によるものであり，不服申立ては一切認められません。

未成年者が申立人の場合，その者の年齢及び発達の程度その他一切の事情を考慮してその者が当該家事事件の手続に参加することがその者の利益を害すると認めるときは，裁判所は参加の許可の申立てを却下しなければなりません（法258 I・42Ⅴ）。

なお，調停委員会が家事調停を行う場合，これらの裁判は，調停委員会が行います（法260 I⑥）。参加の許可の裁判があったときは，裁判所書記官は，その旨を当事者及び利害関係参加人に通知しなければなりません（規27Ⅳ・Ⅲ）。

また，「審判を受ける者となるべき者」の申出による利害関係参加の規定（法42 I）が調停手続に準用されていますが，同項が想定しているのは別表第一の審判手続であり，調停手続において，同項による参加の申出が認められることはないと考えられます。

Ⅱ　強制参加（手続への引込み）

調停の結果により直接の影響を受ける者が，参加の許可の申立てをしない場合において，紛争の適切妥当な解決のために必要なときやその者を当事者に準ずる立場に置くことが手続保障の見地から必要であると考えられるときには，その者を調停手続に参加させることができます（法258 I・42Ⅲ）。裁判所が，自ら参加をしない者を調停手続へ引き込むものであり，「強制参加」とも呼ばれています。当事者参加の強制参加の場合と異なり，裁判所の職権

でのみ行われるもので，当事者に申立権は認められていません。ただし，職権発動を促すことは可能と考えられます。

【3】 利害関係参加人の地位

　利害関係参加人は，訴訟手続の場合における補助参加人とは立場が異なります。利害関係参加の制度は，調停の結果により直接の影響を受ける者が独自に（当事者の立場とは別に自らの立場から）手続に参加するものであるのに対し，補助参加の制度は，訴訟の結果について利害関係を有する者が当事者を補助し勝訴させるために手続に参加するものだからです。したがって，補助参加人は，被参加人の訴訟行為と抵触する訴訟行為はできませんが，利害関係参加人には被参加人という観念がなく，当事者の手続行為と抵触する主張を独自に行うことが可能とされています。

　利害関係参加人は，調停申立ての取下げや申立ての変更等，性質上，申し立てた者のみがなし得ると考えられる行為を除き，当事者がすることができる手続行為をすることができます（法258Ⅰ・42Ⅶ）。

　この点に関して，立法担当者は，家事事件手続法の条文における「当事者」は，当事者が自ら手続追行をする主体として表現されている場合には，利害関係参加人が含まれる趣旨であり，あえて条文上「当事者及び利害関係人」としなくても，法42条7項と併せることにより条文上の「当事者」には利害関係参加人が含まれることが明らかであるという前提に立っていると説明しています（『一問一答・家事法』14頁）。したがって，例えば，記録の閲覧謄写の場面では，利害関係参加人は「当事者」として閲覧謄写をすることができます（同書同頁）。

【中谷　仁亮】

Q36 調停手続からの排除

家事調停手続からの排除とは何ですか。従来行われていた家事調停手続からの脱退との違いは何ですか。

〔1〕 概　　説

　従来，遺産分割調停において，当事者の1人が自己の相続分全部を他の者に譲渡した場合は，譲渡人は当事者たる資格を失うこととし，譲渡人から相続分譲渡契約書と脱退届を提出させ，その後は事実上，裁判所が譲渡人を当事者として扱わないということが行われていました。

　しかし，脱退手続に関する条文上の根拠が存在せず，手続や効果があいまいであるという意見もありました。家事事件手続法は，その点を明確にするために「手続からの排除」という制度を新たに採用し，手続の当事者となる資格がない者や資格を失った者について「排除の裁判」を行い，進行中の家事審判又は家事調停の手続から排除することにしました。民事訴訟法にも非訟事件手続法にもない家事事件手続法独自の制度です。

〔2〕 手続からの排除

　裁判所は，当事者となる資格を有しない者及び当事者である資格を喪失した者を家事調停の手続から排除することができます（法258Ⅰ・43Ⅰ）。

　当事者となる資格を有しない者とは，例えば，遺産分割調停における当事者の1人がもともと相続人ではなかったという場合等であり，その者は調停手続の当事者となる資格を有しないことになります。

　当事者である資格を喪失した者とは，調停手続において後発的な事情から当事者資格を失った者であり，例えば，遺産分割調停において，当事者の1人が自己の相続分全部を他の者に譲渡し，あるいは自己の相続分全部を放棄した場合等が考えられます。ただし，相続分の譲渡人が登記移転義務等を負担する場合には，当事者である資格を喪失したとはいえないので，これを排

除することはできません（『一問一答・家事法』92頁（注1））。

　手続からの排除は裁判所の裁判によって行い，排除の裁判があったときは，裁判所書記官は，その旨を当事者及び利害関係参加人に通知しなければなりません（規128・28）。調停委員会が家事調停を行う場合，排除の裁判は，調停委員会が行います（法260Ⅰ⑥）。排除の裁判は裁判所の職権により行われるものであり，当事者に申立権は認められていません。ただし，裁判所に対して職権発動を促すことは可能です。

　排除の裁判を受けた当事者は，排除の裁判に対して即時抗告をすることができます（法258Ⅰ・43Ⅱ）。なお，この即時抗告の申立てについては執行停止の効力が認められていません（法101Ⅱ）。

　以上のとおり，家事事件手続法下においては，当事者の地位を失わせるためには，従来の脱退届の提出という方法によるのではなく，すべて排除の裁判が必要となります。

　排除の裁判を受けた者は，当該事件の当事者としての地位を奪われたことになり，それまで当事者として記録の閲覧等を行うことができた者も，以後は当事者として記録の閲覧等を行うことができなくなります。

【中谷　仁亮】

Q37 調停手続の受継

家事調停手続の受継とは何ですか。どのような場合に、受継が認められますか。

〔1〕 概　　説

　民事訴訟においては、当事者の死亡等の事由があるときは、訴訟手続は中断し、手続を進めることができなくなります。もっとも、訴訟代理人がある間は中断しません（民訴法124Ⅰ・Ⅱ）。他方、職権探知主義による家事事件の手続においては、いったん手続が開始した以上、当事者の死亡、資格の喪失等の事由が生じても、関係者から事情を聴取する等手続を進めることができ、手続が中断することはありません。

　しかし、一部の当事者不在のまま最終的な調停合意をすることはできませんので、法令により手続を続行すべき者が調停手続を受け継ぐことが必要となります。これが調停手続の受継です。

　なお、家事事件においては、手続の中断がないため、受継に中断状態を解消する効果があるわけではなく、法令により手続を続行する資格のある者を確認し、その者が当該手続を引き継ぐことを明確にする意味があるにすぎません（『条解家事規則』70頁）。

〔2〕 受継が必要となる場合

　当事者が死亡、資格の喪失その他の事由によって家事調停の手続を続行することができない場合には、法令により手続を続行する資格のある者は、その手続を受け継がなければなりません（法258Ⅰ・44Ⅰ）。このように条文は、受継が必要となる場合として、①当事者の死亡、②資格の喪失、③その他の事由をあげています。

Ⅰ　当事者の死亡

　家事調停の目的が一身専属の権利義務にかかわるとき、例えば離婚や離縁、

親権や子の監護に関する調停の場合等は，当事者が死亡すれば調停手続はその時点で当然に終了するものと考えられており（人訴法27参照），受継の問題は起こりません。

しかし，調停事項が一身専属の権利義務にかかわらないとき，例えば遺産分割調停事件が係属中に当事者である共同相続人の1人が死亡した場合は，その者に相続人がいれば，その相続人が当事者の地位を承継し，調停手続を受継することになります。

Ⅱ 資格の喪失

「資格の喪失」とは，遺言執行者，相続財産管理人，不在者管理人，破産管財人等一定の資格を有する者が自己の名をもって他人のため調停の当事者となっているときに，その者が死亡，解任，辞任等により退任してその資格を失う場合をさし，これらの場合に資格を喪失した者は当事者として調停手続を追行できなくなります。

Ⅲ その他の事由

「その他の事由」としては，遺産分割事件において当事者の1人が破産手続開始決定を受けた場合等が考えられます。破産手続開始決定があった場合には，破産財団に属する財産の管理及び処分をする権利は，破産管財人に専属することになりますので（破産法78Ⅰ），破産者たる相続人は当事者として調停手続を追行できなくなります。

【3】 受継の申立て

上記のとおり，当事者が死亡，資格の喪失その他の事由によって調停手続を続行することができない場合には，「法令により手続を続行する資格のある者」が受継することになります。

「法令により手続を続行する資格のある者」としては，①当事者死亡の場合は，当事者の相続人，受遺者又は相続財産管理人等，②資格の喪失の場合は，新たに選任された遺言執行者，相続財産管理人，不在者財産管理人，破産管財人等，③当事者の破産手続開始決定の場合は，選任された破産管財人が該当します。

受継の申立ては，書面でしなければならず，法令により手続を続行する資

格のある者であることを明らかにする資料を添付しなければなりません（規128Ⅰ・29Ⅰ・Ⅱ）。添付資料としては，相続関係を証する戸籍謄本類，遺言執行者，財産管理人等であることを証する書面等が考えられます。

受継の申立てが裁判所により認められ，受継があったときは，その者が当事者として手続に関与することにより，他の当事者及び利害関係参加人の手続行為に影響を及ぼし得ることから，裁判所書記官が，受継があったことを当事者及び利害関係参加人に通知することとされています（規128Ⅰ・29Ⅲ）。

なお，受継の申立てを却下する裁判に対しては，申立人は即時抗告をすることができます（法44Ⅱ）。また，調停委員会による調停の場合，受継の申立てについての裁判は調停委員会が行います（法260Ⅰ⑥）。

【4】 強制受継（手続への引込み）

当事者が死亡，資格の喪失その他の事由によって家事調停の手続を続行することができない場合に，「法令により手続を続行する資格のある者」が受継の申立てをしない場合，調停を成立させることができないことがあります。例えば，遺産分割調停において当事者の1人が死亡し，その相続人が受継の申立てをしない場合等です。このような場合には，他の当事者の申立て又は職権により，裁判所が「法令により手続を続行する資格のある者」に調停手続を受け継がせることができます（法258Ⅰ・44Ⅲ）。「強制参加」に準じて「強制受継」と呼んでも良いように思われます。

強制受継があったときも，裁判所書記官は，受継があったことを当事者及び利害関係参加人に通知することとされています（規128Ⅰ・29Ⅲ）。

【5】 他の申立権者による受継

家事審判手続においては，「法令により手続を続行する資格のある者」がないときにも，他の申立権者による受継が認められていますが（法45），家事調停手続においては，他の申立権者による受継が想定できないため，同条は調停手続に準用されていません。　　　　　　　　　　　　【中谷　仁亮】

Q38 電話会議システム等による調停手続

電話会議システムによる調停手続とは，どのようなものですか。また，テレビ会議システムによる調停手続とは，どのようなものですか。

【1】概　説

　電話やテレビ通話等を利用して，裁判所と遠隔地の当事者をつないで裁判手続を行う「音声の送受信による通話の方法による手続」は，平成10年に施行された民事訴訟法によって初めて日本の裁判制度に導入されました。この制度により遠隔地の裁判所へ出頭しなくても裁判手続を進めることが可能となり，裁判手続を利用する者にとっては極めて利便性の高いものと評価されています。

　家事事件手続法は，民事訴訟法にならって，家事事件についても「音声の送受信による通話の方法による手続」（法54）を新たに導入しました。この手続は，一般的には，「電話会議システム等による手続」といわれますが，①音声の送受信のみによる通話の方法による手続＝＜電話会議システムによる手続＞のほか，②音声に加えて映像を同時に送受信する方法による手続＝＜テレビ会議システムによる手続＞も含まれると解されています。すなわち，②のテレビ会議システムによる手続は，条文の「音声の送受信による通話の方法による手続」の必要条件を満たしていると考えられています。

【2】電話会議システム等による調停手続

　当事者が遠隔の地に居住しているときその他相当と認めるときは，当事者の意見を聴いて，裁判所及び当事者双方が音声の送受信により同時に通話をすることができる方法によって，調停手続を行うことができます。この場合，裁判所に出頭しないで手続に参加した者は，その期日に出頭したものとみなされます（法258Ⅰ・54）。

I 電話会議システム等による手続を行う要件
(1) 当事者が遠隔の地に居住しているときその他相当と認めるとき
「当事者が遠隔の地に居住しているとき」とは，当事者の現実の住居所が裁判所から遠隔の地にある場合であり，「その他相当と認めるとき」とは，当事者が病気，怪我又は交通手段の事情等により裁判所への出頭が困難な場合，利害関係参加人の住居所や手続代理人の事務所が遠隔の地にある場合等です。当事者の利便性に配慮した制度であるところから，この要件はあまり厳格に解さなくてもよいと考えられていますが，単に他方当事者に会いたくないとか，仕事が多忙で裁判所に出頭できない等の理由で本手続を利用することはできません。

(2) 当事者の意見聴取
裁判所が，本手続を行う場合，当事者の意見を聴く必要がありますが，これらの手続を行うかどうかは裁判所の裁量であり，手続の採否に関して当事者が不服を申し立てることはできません。調停委員会による調停の場合，採否に関する裁判所の権限は，調停委員会が行使します（法260Ⅰ⑥）。

Ⅱ 電話会議システム等による手続
前述のとおり，電話会議システム等による手続には，①電話会議システムによる手続と②テレビ会議システムによる手続の二種類が認められています。なお，家事事件手続法は，民事訴訟法のような「当事者の一方がその期日に出頭した場合に限る」（民訴法170Ⅲ）という条件を付していませんので，家事事件においては，当事者双方とも裁判所に出頭しない場合においてもこの手続を行うことができます。

(1) 電話会議システムによる調停手続
電話会議システムによる調停手続は，裁判所に設置してある三者通話が可能なスピーカーフォンを利用し，裁判所と当事者双方をつないで，裁判所及び当事者双方が同時に通話をする方法によって行われます。ただし，裁判所に設置されているスピーカーフォンは，現在のところ技術的理由から三者通話（裁判所と他の二箇所の間の同時通話が可能）に限られており，四者以上の同時通話はできないようです。通話先としては，固定電話が想定されており，携帯電話については，通話者や通話場所の特定が困難である等の事情から原則

として認められないものとされています。

　裁判所は，電話会議による調停手続を行うときは，通話者及び通話先の場所の確認をしなければなりません（規128・42Ⅰ）。また，電話会議による調停手続を行ったときは，その旨及び通話先の電話番号を調停事件の記録上，明らかにしなければならず，通話先の電話番号に加えてその場所を明らかにすることができます（規128・42Ⅱ）。

(2) 当事者本人の電話を通話先とする場合の留意点

　電話会議による調停手続は，通話者及び通話場所の確認，手続非公開原則の関係から，基本的には手続代理人事務所の電話に接続する方法に限定して運用されるものと考えられます。しかし，家事調停の場合は手続代理人を選任しない事件が少なくないことから，例外的に当事者本人の電話に接続する場合もあり得ると思われます。

　当事者本人の電話に接続して本手続を行う場合，当事者が，裁判所の許可なく第三者を同席させたり，無断で手続を録音する等，非公開原則（法33）を逸脱する行為に及ぶ可能性を否定できません。したがって，本手続の利用にあたっては，予め当事者に対し手続の趣旨や留意事項を説明して，当事者がこれを充分に理解したのちに実施すべきであると考えられています。

(3) テレビ会議システムによる調停手続

　テレビ会議システムによる調停手続は，全国の裁判所に設置してあるテレビ会議システムを利用し，事件が係属する裁判所と当事者等が出頭する最寄りの裁判所をつないで，裁判所，当事者，利害関係参加人，手続代理人等が音声と映像を同時に送受信する方法によって行われます。

　電話会議の場合と異なり，当事者等にとっては，テレビ会議システムの整備されている最寄りの裁判所まで出頭しなければならないという負担がありますが，テレビ会議の場合は，映像により本人確認が容易であることに加え，相互に表情や動作等を確認することも可能であり，より充実した調停手続が期待されています。

　なお，家事事件手続法上のみならず家事事件手続規則上の扱いも，テレビ会議による手続は，電話会議による手続と全く同一です。

　最近は，テレビ会議システムを整備している法律事務所が増えており，そ

のような事務所の弁護士が手続代理人の場合，裁判所及び法律事務所をテレビ会議システムで接続して調停手続を行うことも考えられます。また，Skypeに代表されるインターネットを利用する簡易なテレビ通話システムが普及しつつありますので，それらのインターネット・システムを利用して調停手続を実施することも考えられます。しかし，非公開原則やセキュリティの問題もあり，現時点では，そのような利用方法が直ちに採用される可能性はなさそうです。ただし，技術革新が進んでセキュリティの問題や非公開原則をクリアできるようになれば，新しい利用方法が本手続の一つとして認められる可能性もあり得ます。

Ⅲ 電話会議システム等を利用することができない手続

電話会議システム等による調停期日においては，行うことができない手続があります。具体的には，①証拠調べ，②離婚又は離縁の調停成立合意，③「合意に相当する審判」を受けることについての合意です。

(1) 証拠調べ (法258Ⅰ・54Ⅰ括弧書)

家事調停手続における資料収集の原則は事実の調査ですが，証拠調べを行うことも可能です (法258Ⅰ・56Ⅰ)。しかし，家事事件手続法54条1項は，括弧書で「証拠調べを除く。」と規定していますので，電話会議システム等を利用して証拠調べを行うことはできません。民事訴訟においても，証拠調べについて電話会議システム等の利用が認められていないことにならっています。

なお，民事訴訟法は，証人尋問，当事者本人尋問及び鑑定人の意見陳述に限ってテレビ会議システムの利用を認めており (民訴法204・210・215の3)，これらの規定は家事調停手続に準用されていますので (法258Ⅰ・64Ⅰ)，家事調停においても，テレビ会議システムによる証人尋問，当事者本人尋問及び鑑定人の意見陳述を行うことができます。ただし，民訴法の各条文は「映像と音声の送受信により相手の状態を相互に認識しながら通話をすることができる方法」と規定しており，これらの手続を音声の送受信のみによる電話会議システムによって行うことはできません。

(2) 離婚又は離縁の調停成立合意

離婚又は離縁の調停手続においても，本手続を利用することは可能ですが，

離婚又は離縁の調停合意を成立させることはできません(法268Ⅲ)。離婚又は離縁という重大な身分関係の変更を伴う合意については,本人の真意を慎重に確認する必要があるという趣旨から設けられた例外であり,人事訴訟法における電話会議システム等の利用についても同様の規定が設けられています(人訴法37Ⅲ)。本手続を利用できないのは成立合意のみであり,調停不成立,取下げ等により調停手続を終了させることはできます。

なお,家事事件手続法を審議した法制審議会においては,離婚・離縁だけではなく,親権者の指定・変更等についても例外とすべきではないかという意見もありましたが,一旦成立した後において親権者の変更等の申立てをすることも可能であることから,調停成立時に当事者の意思を常に直接面前で確認する必要があるとまではいえないとされ,例外とはされませんでした。

(3) 「合意に相当する審判」を受けることについての合意

婚姻・協議離婚の無効・取消しをはじめとする特定の身分行為の無効又は取消し等に関する特殊調停事件について,合意に相当する審判を受けることについての当事者の合意を電話会議システム等による手続で行うことはできません(法277Ⅱ)。

離婚又は離縁の成立合意の場合と同様に,本人の真意を慎重に確認する必要があるという趣旨から設けられた例外です。

【中 谷 仁 亮】

Q39 調停手続における事実の調査 (法56・58, 規44)

調停の手続の中で行われる事実の調査は，どのような場合にどのように行われるのですか。

[1] 家事事件における職権探知主義の原則と調停事件への準用

　家事審判手続では，家庭裁判所に，公益的・後見的見地からの裁量によるあるべき法律関係の形成を，審判として出すことが予定されています。そのため，手続においては職権探知主義が採用されており（法56Ⅰ），当事者主義，弁論主義，処分権主義が基本原則である訴訟手続と大きく異なります。裁判所の判断の基礎となる資料を収集することは裁判所の義務であり，裁判所は申立ての内容や当事者の陳述などを踏まえて，必要な事実の調査をし，証拠調べをしなければなりません。当事者が提出する申立書，答弁書，準備書面などの主張に拘束されず，当事者が主張しない事実を取り上げることができますし，事実認定の基礎となる資料についても，当事者が提出する資料に限らず，裁判所が必要とする対象から，必要と認める方法で収集します。したがって，例えば当事者の主張書面の記載内容も事実認定の基礎とすることができます。

　審判における事実の調査と証拠調べの方式については，家事事件手続法56条から64条まで，及び家事事件手続規則44条以下に規定されています。

　家事調停は，審判手続とは異なり，基本的には当事者の自主的な話合いによる解決を目指す手続ですが，話合いの基礎となる資料がなければ話合いを進めることは困難であり，身分関係に関わる手続では，調停の成立により身分事項を確定させることになり，また話合いの結果を踏まえて合意に相当する審判や調停に代わる審判をすることも想定されていることから，裁判所による事実の調査と証拠調べの必要性については，審判手続と変わらないといえます。そこで，家事事件手続法258条1，2項において，調停手続に56条

を準用するとしています。

【2】 裁判所の事実の調査と当事者の協力

I 裁判所の事実の調査の実際

　家事事件手続法56条1項は、「家庭裁判所は、職権で事実の調査をし、かつ、申立てにより又は職権で、必要と認める証拠調べをしなければならない。」と定め、同法2項で、「当事者は、適切かつ迅速な審理及び審判の実現のため、事実の調査及び証拠調べに協力するものとする。」と定めています。家事審判手続における裁判所の公益的・後見的対応に関する規定が調停手続にも準用され、事実の調査や証拠調べは裁判所が主体的に行うものであること、そして当事者は裁判所の事実の調査及び証拠調べに協力すること、とされています。

　事実の調査とは、裁判所が自由な方式で、かつ、強制力によらないで資料を収集することです。当事者や関係人から陳述を得たり、官公庁や私人の第三者に照会するなど、証拠調べの手続によらないで情報収集し、書類の調査をすることなどが含まれます。実際の調停では、当事者は調停委員会を介して相互に口頭や書面で事実経過や主張を述べて調停を進行させますが、当事者の提出した申立書及び主張書面その他資料もこの場合の事実の調査の対象となります。

　裁判所がみずから事実の調査の必要があると判断した場合、具体的な実施については、家庭裁判所調査官に事実の調査をさせることができます（法58Ⅰ）。この場合、家庭裁判所調査官は事実の調査の結果を口頭又は書面で裁判所に報告します（法58Ⅲ）。また、家庭裁判所が必要と認めるときは、期日に家庭裁判所調査官を立ち会わせることができ、裁判所が必要と認める場合は家庭裁判所調査官に意見を述べさせることができます（法59）。

　家庭裁判所調査官による事実の調査は、家庭裁判所に特有の手続です。実際の調停手続では、裁判所はまずは双方当事者からの情報や主張をもとに調停を進めます。家庭裁判所調査官に事実の調査を命ずることはそう頻繁にあることではありませんが、例えば子の監護に関して、監護者や親権者の指定、面会交流に関わる紛争事案の場合に、親である双方当事者の生活状況その他

諸事情，子の状況や心情，子の現監護者への聞き取り，などを調査・把握することなどでしょう。家庭をめぐる紛争は，複雑な人間関係や情緒的な葛藤など多くの事情が絡み合っていることが多いことから，事案の分析や処理に必要な資料の見極め，最適な資料の収集方法，収集の結果の解析について専門的な知見を有する家庭裁判所調査官による，心理的・社会的・福祉的・教育的な見地からの専門性を活かした事実の調査と調整が期待されています。家事事件手続規則44条には，事実の調査について，「必要に応じ，事件の関係人の性格，経歴，生活状況，財産状態及び家庭環境その他の環境等について，医学，心理学，社会学，経済学その他の専門的知識を活用して行うように努めなければならない。」との定めがあります。

II 調停手続のための規定

家事事件手続法は，調停における事実の調査と証拠調べに関し，審判手続の規定の準用の他に，調停手続のための独自の規定をおいています。すなわち，まず，同法261条1項では，「調停委員会を組織する裁判官は，当該調停委員会の決議により，事実の調査及び証拠調べをすることができる。」とし，調停委員会が調停を進めるにあたって必要な事実の調査及び証拠調べを，より機動的にするために，調停員会を組織する裁判官が単独ですることができるとしています。そして，この場合に，「裁判官は，家庭裁判所調査官に事実の調査をさせ，又は医師である裁判所技官に事件の関係人の心身の状況について診断をさせることができ」（法261II），その結果について意見をつけて裁判官に報告させることができます（法261III）。また裁判官は家庭裁判所調査官にさせるのが相当と認められる場合以外には，裁判所書記官にも事実の調査をさせることができるとしています（法261IV）。これらは，調停委員会の決議により事実の調査と証拠調べを委ねられた裁判官の権限を規定する趣旨であり，報告と意見を受けた裁判官がその結果を調停委員会に提出することになります。これらの規定は，調停委員会が家庭裁判所調査官や医務室技官に命じて直接事実の調査をさせたり，診断させたりする権限はなく，許されないことを前提としていると解されています（『逐条解説・家事法』791～792頁）。

さらに調停委員会を組織する裁判官は，当該調停委員会の決議により，事

件の関係人の家庭環境その他環境の調整を行うために必要があると認めるときは，家庭裁判所調査官をして，社会福祉機関との連絡その他の措置をとらせることができます（前記法261Ⅴ）。調停の場合には，裁判官が臨機応変に，弾力的に必要な対応ができることになっています。

　その他，家事事件手続法262条は，調停委員会を組織する家事調停委員が専門的知見を有する場合に，その知見を機動的に活用する趣旨で調停委員に事実の調査をさせることができることを，同法263条は，他の家庭裁判所や簡易裁判所に，事件関係人から紛争解決に関する意見を聴取することを嘱託することができることを，同法264条は，当該調停委員会を組織していない調停委員からも，その専門的知識経験に基づく意見を聴取できることを，それぞれ定め，調停手続をより柔軟・円滑・弾力的に進めるための規定をおいています。

Ⅲ　裁判所の事実の調査への当事者の協力

　裁判所は，みずから事実の調査により資料を収集し，公益的・後見的立場で調停を進行させ，当事者間の調整を試み，紛争が当事者間の合意により解決することを目指すのですが，事実を一番良く知っているのは当事者であることがほとんどであり，裁判所としても，実際には当事者の協力を待たなければ事実の解明ができず，また当事者による資料の収集や提出を期待する方が合理的な場合が多いといえます。そこで，家事事件手続法56条は2項において，当事者は裁判所の事実の調査や証拠調べに協力するものとする，との規定をおいています。これは，裁判所の職権探知主義に基づく職責と対をなす，「当事者の責務」を定めたものです。

　この規定は，直ちに当事者に具体的な裁判所への協力義務を課すものではありませんが，早期に円滑かつ合理的な解決を目指す家事調停の目的にそって，当事者の代理人としても，当事者の意思や事案によっては資料の非開示の要請を勘案しつつ，真実の解明と早期解決に資するような事実や資料の提出等に協力することが必要です。

【紙　子　達　子】

Q40 調停手続における証拠調べ（法56，規44）

調停の手続の中で証拠調べについては，どのような定めがあり，実際はどのような場合に実施されるのでしょうか。

【1】 家事審判手続における証拠調べの原則と調停手続への準用

　家事審判手続では，職権探知主義が採用されており，裁判所の資料収集の方法としては，Q39のとおり，職権による事実の調査による方法が具体的に規定されていますが，その他に申立て又は職権による証拠調べがあります（法56Ⅰ）。そして，証拠調べについては，原則として民事訴訟法の証拠調べに関する規定（民事訴訟法第2編「第一審の訴訟手続」の第4章「証拠」，第1節「総則」から第6節「検証」までの規定）を準用するとしています。準用する規定を具体的に規定しており（法64Ⅰ），民事訴訟法の規定のうちでも職権探知主義にそぐわないものについては準用を排除する旨規定しています。

　調停手続においても，証拠調べについては審判手続におけると同様の規定が準用されることになっています（法258Ⅰ・64Ⅰ，規46Ⅰ・128Ⅰ）。

【2】 証拠調べの内容

　家事事件において民事訴訟手続を準用する証拠調べとしては，書証の取調べ，証人尋問，当事者尋問，検証，鑑定などがあります。

　証拠調べの方法により証人尋問や当事者尋問が行われるときは，当事者には立会権，尋問権があります。この点は，準用されている民事訴訟法183条の趣旨から，そのように解釈されています。尋問の順序については民訴法の手続（民訴法202条）を準用して，当事者の申立てによってする場合には，申立てをした当事者から尋問をするのが原則です。鑑定人質問の場合は裁判所がまず質問します（民訴法215の2Ⅱ準用）。

　ただし，家事事件の手続は公開しないことが原則ですから（法33），証拠調

べの手続も非公開で行われます。

　書証についての取扱いも民事訴訟法と民事訴訟規則の規定が準用されています。すなわち，家事事件においても，文書を提出して書証の申出をするときは，その写しを2通（相手方の数が2以上のときはその数に1を加えた数）提出するとともに，文書の記載が明らかな場合を除き，文書の標目，作成者，立証趣旨を明らかにした証拠説明書を提出しなければならず，これらを相手方に直送することができることになっています（以上は，規46Ⅰ，民訴規137Ⅰ・Ⅱ）。

　一方，職権探知主義を採用する家事事件手続の趣旨や性質から，民事訴訟手続の準用を除外したり，家事事件手続法の規定があるため準用しないものがあります。

① 民事訴訟法179条　証明することを要しない事実　理由は，家事事件においては，基本的には当事者の自白や証明責任の概念はないからです。

② 民事訴訟法182条　集中証拠調べ　家事事件においては，民訴手続のような争点や証拠の整理手続の規定はなく，裁判所が必要に応じて適宜事実の調査や証拠調べをするとなっているからです。

③ 民事訴訟法187条　参考人等の審尋　家事事件手続では，裁判所が職権で事実の調査としてできるからです。

④ 民事訴訟法188条　疎明　家事事件手続法57条に規定があり，準用の必要がありません。

⑤ 民事訴訟法189条　過料の裁判の執行　家事事件手続法291条1項に規定があり，準用は不要です。

⑥ 民事訴訟法207条2項　証人と当事者本人の尋問の順序　家事事件では，当事者本人の尋問が最良の証拠方法であり，民事訴訟のような当事者尋問の補充性は認められないため，証人尋問を当事者尋問に先行させることを原則にするのは相当ではないからです。

⑦ 民事訴訟法208条，224条，229条2項，232条1項　これらは民訴手続における真実擬制に関する規定であり，家事事件においては，公益的・後見的見地から真実の発見が要請され，裁判所は職権で事実の確定

をする必要があるため、これらの規定の準用は相当ではないからです。

【3】 調停における証拠調べの実際

　家事調停は、基本的には当事者の話合いによる自主的な解決を目指す手続であり、証拠によって裁判所が事実を確定することを前提として進める手続ではなく、したがって調停で証拠調べが実施されることはまれです。調停では、当事者や当事者代理人は、口頭又は主張書面で双方の言い分を主張し、関係資料をそれぞれ提出し、調停委員会は、それらの主張や資料をもとに当事者の自主的な合意形成ができるように調整します。

　しかし、事実関係を一番良く知り得るのは当事者であり、事実に関する当事者の主張に相違があり、話合いを進める上で事実を確定することが必要で、そのために証拠調べの実施を必要とする事態もあり得ることです。そういう場合には、当事者代理人としては、積極的に必要な証拠調べを求めるべきでしょう。客観的な文書などの資料を得るために、文書提出命令を申し立てることなどが考えられます。遺産分割調停で、遺産の有無や内容を確定するために必要な場合、遺産の評価のために不動産鑑定をする場合などが考えられます。

　婚姻費用分担や、養育費、遺産分割等のいわゆる別表第二事件の場合に、調停において主張書面やそれらを裏付ける資料の提出をしていても、調停が不成立となり審判に移行する場合は、家事審判事件における立証方法として、あらためて文書については民訴手続に準じた書証の申出をすることになっています。

【紙子　達子】

Q41 調停手続における調査嘱託
（法62，規45，法64，民訴法186）

調停の手続における裁判所の調査嘱託とはどのようなことですか。

〔1〕 裁判所の事実の調査としての調査嘱託

　家事事件手続法62条は，「家庭裁判所は，必要な調査を官庁，公署その他適当と認める者に嘱託し，又は銀行，信託会社，関係人の使用者その他の者に対し関係人の預金，信託財産，収入その他の事項に関して必要な報告を求めることができる。」と定めています。

　本条は調停手続においても準用されています（法258Ⅰ）。

　家事審判手続では，公益的・後見的見地からの裁量による，あるべき法律関係の形成を，裁判所が審判として出すことが予定されている手続であることから，裁判所の職権による事実の調査が，方法及び対象において制限がなく，広く認められています（法58・59・60・61）。事実の調査は，裁判所が自由な方式で，かつ，あくまで強制力によらないで，必要な資料を収集することです。

　本条の調査嘱託等は，裁判所がこの事実の調査の一態様として行うものであり，民事訴訟法を準用して実施する証拠調べとしての調査嘱託（法64Ⅰ，民訴法186）とは区別されます。

　事実の調査を嘱託する嘱託先として，官庁等の団体の他に，「その他適当と認める者」として個人を挙げ，また，関係人の預金や財産状況に関して報告を求める者に「関係人の使用者その他の者」を定めている点に，家事事件手続の性格にもとづき裁判所に事実調査の広い権限を与えていることがわかります。

　婚姻費用分担や財産分与請求，養育費の決定，遺産分割事件などについて，団体以外に適当と認める個人に調査を嘱託し，銀行信託会社の他に，関係人の使用者その他の個人に対し，関係人の預貯金，有価証券，給与や賃料収入その他財産状況に関する事項について資料の提供を含む報告を求めることが

できます。調査は任意によるものではありますが，場合によっては重要な事実の調査ができることがあります。手続代理人としては念頭におくべき手続です。

なお，裁判所が事実の調査をした場合で，その結果が当事者による家事審判手続の追行に重要な変更を生じ得るものと裁判所が認める時は，これを当事者及び利害関係人に通知しなければならないとの定めがあります（法63条）。当事者及び利害関係人が事実の調査の結果を知らされないまま裁判所の審判がされれば当事者に不意打ち的な判断がされることもあり得，当事者の手続保障の見地から相当ではないことから，設けられています。家事審判におけるこの規定は，同法258条1項における，家事審判手続規定の調停手続での準用，がありません。なお，同法70条で，家事調停をすることができる事項についての審判事件（「別表第二に掲げる事項についての審判事件」における事実の調査の通知）について規定しています。

【2】 証拠調べとしての調査嘱託等

裁判所の事実調査としての調査嘱託は，嘱託先がみずから直接有している情報を提供，報告するものであり，嘱託先がその専門性を生かして本格的な実験や研究，調査をする場合は，事実の調査としてではなく，証拠調べとしての鑑定によることになります。これについては，家事事件手続法64条1項において準用している民事訴訟法186条により行われます。

【紙子 達子】

Q42 調停手続における子の意思の把握等（法65）

子の意思の把握とはどのようなことで，どのように規定されているのですか。

【1】 子の意思の把握の定めとその趣旨

　家事事件手続法65条は，「家庭裁判所は，親子，親権又は未成年後見に関する家事審判その他未成年者である子（未成年被後見人を含む。以下この条において同じ。）がその結果により影響を受ける家事審判の手続においては，子の陳述の聴取，家庭裁判所調査官による調査その他の適切な方法により，子の意思を把握するように努め，審判をするに当たり，子の年齢及び発達の程度に応じて，その意思を考慮しなければならない。」と定めています。

　家庭裁判所における家事事件のうちには，両親の離婚や別居に伴う親権者の指定や変更，子の監護に関する処分，また親権の停止や喪失など，その結果が子に影響を及ぼす事件が多くあります。そもそも親権や子の監護の法制度は，未成年者である子の保護を目的としており，従来から家事事件の実務として，家庭裁判所が子に関わる事件について判断するにあたっては，子の福祉を重要かつ必須の判断要素としており，子の意向を聴取することも行っています。本項でいう「子の意思の把握」の規定は，家庭裁判所が子の利益に沿った判断をするためには，事件の類型や子の年齢を限定せず，その結果により子が影響を受ける全ての事件において，その子の年齢や発達に応じた方法でその子自身の意思を十分に把握し，これを考慮に入れて判断することが必要であることを明記したものです。

　ここで，「子の意思」とは，必ずしも子の意思に従わなければならない，という意味ではなく，子の意思を把握してこれを考慮した判断をするということであると解されています。子の意思を考慮するとしても，子の判断能力が十分ではなく，その環境等が子の意思の形成に大きな影響を与えていることは実際よく見られることであり，子の年齢や発達の程度を考慮せずに子の

意思に従った判断をすることは，かえって子の利益に反する結果になることがあるためです。

　子の意思を考慮することについては，児童の権利に関する条約（平成6年条約2号）12条においても，「締約国は，自己の意見を形成する能力のある児童がその児童に影響を及ぼすすべての事項について自由に自己の意見を表明する権利を確保する。この場合において，児童の意見は，その児童の年齢及び成熟度に従って相応に考慮されるものとする。」とされており，子の意思を考慮することは国際的にも重要視されています。本条は，上記条約の趣旨も踏まえて，家庭裁判所は，未成年である子がその結果により影響を受ける家事審判の手続においては，子の陳述の聴取，家庭裁判所調査官による調査その他の適切な方法により子の意思を把握するように努め，審判をするにあたっては，子の年齢及び発達の程度に応じて，その意思を考慮しなければならないことを定めています。

　本条は，家庭裁判所は子の意思を把握するように努めなければならないものとしており，子の意思を把握することを義務づけてはいないが，これは，子の意思を把握することが困難な場合があることを考慮したものであると解されています（『逐条解説・家事法』223頁）。しかし，このことから家庭裁判所が子の意思を把握することを怠ってよいとする趣旨ではなく，「飽くまでも，家庭裁判所は適切な方法により子の意思を把握するように努める必要がある」（『逐条解説・家事法』同頁）と解すべきでしょう。

　子の意思を把握して考慮に入れて対応すべきこと，年齢，発達の程度に応じた方法により子の意思を把握すべきことは，子の保護の観点からして審判手続に限らず調停手続においても同様であり，家事事件手続法258条1項において，「家事調停の手続における子の意思の把握等について」準用することとしています。

【2】 対象となる事件

　子の利益を確保するために設けられた本条の趣旨からして，条文上明記されている親子，親権又は未成年後見に関する事件はもちろんのこと，その他の家事事件で未成年者の子がその結果により影響を受ける事件であれば，全

て本条の対象となるといえます。

調停手続においては，夫婦関係調整事件における離婚後の子の親権者や面会交流の調停で，また別居中の両親間での夫婦関係調整事件と併行して申し立てられた子の監護に関する処分の調停事件での監護者の指定と子の引渡しを求める場合で，子の福祉の観点から子の意思の把握が問題となるケースなどがあり得ます。

【3】 子の意思の把握の方法

子の意思を把握する方法として本条は，子の陳述の聴取，家庭裁判所調査官による調査，その他適切な方法，を挙げています。どのような方法をとるのが適切であるのかについては，家庭裁判所の判断に委ねられていますが，子の発達の程度には個人差があり，必ずしも年齢によって方法が決まるものではありません。子の認識や意向等を調査するに際しては，子の状況や心情等に配慮する必要があります。

子がみずからの意思を言語的に表現できる場合は，審問，書面照会，家庭裁判所調査官による陳述の聴取が考えられますが，子がそのような発達の程度に達していない場合は，子の日頃の生活状況や態度，表情などから意思を把握判断することになります。

「その他の適切な方法」としては，子のことをよく知る者，例えば，保育園，学校，医療機関など子が日頃関わっている施設や私人が考えられます。

【4】 子の陳述の聴取が必要な審判事件

一般の家事審判事件ではありますが，その判断の結果の重大性から，その結果により影響を受ける子に当該家事審判事件についての意向を述べる機会を保障するとともに，その陳述の聴取により得た子の意思を家庭裁判所の最終的な判断にあたって考慮するため，本条とは別途，個別に子の陳述を規定していますので，参考に述べておきます。なお，これらの場合はいずれも子が15歳以上の場合に限っています。

- 子の監護に関する処分の審判事件とその保全処分事件……152条2項，157条2項

- 未成年を養子とする養子縁組の許可審判事件……161条3項1号
- 特別養子縁組の離縁の許可審判事件……165条3項1号
- 親権喪失等の審判事件……169条，175条2項

【紙子　達子】

Q43 調停手続における中間合意（法253）

調停手続において中間合意がされるのはどのような場合ですか。

【1】 調停手続における中間合意

　調停手続の中での中間合意とは，当事者間で問題となっている諸事項について話合いを進める中で争点を整理し，最終的な合意に向けてその後の話合いを簡明・迅速に進めるために，争点となっている諸事項の中で一定の事項について，当事者で予め合意しておくことです。例えば争いの前提となる法律関係がある場合に，これについて当事者間で内容について中間合意し，この合意に基づいてその他の事項について協議し，最終的な合意形成を図り紛争を解決するわけです。遺産分割調停で遺産の範囲，遺産の評価，特別受益，寄与分などについて争いがある場合に，これらについて主張や資料を出し合った上で，当事者間で一定の合意をして，次の具体的な遺産分割の話合いに入る，ということが多々あります。

　この中間合意をどのような形で残すか，という点ですが，家事事件手続法253条には，「裁判所書記官は，家事調停の手続の期日について，調書を作成しなければならない。ただし，裁判長においてその必要がないと認めるときは，この限りでない。」との定めがあります。調停を進める中でこのような合意ができる場合は，手続代理人としては，調停委員会に中間合意の内容を中間調書として作成するよう申し出ます。例えば，合意の内容は，「申立人と相手方は，被相続人○○の遺産は別紙遺産目録のとおりであることを相互に確認する。」というようなものです。

【2】 家事審判手続における中間決定

　調停手続への準用規定は明記されていませんが，家事事件手続法80条は，「家庭裁判所は，審判の前提となる法律関係の争いその他中間の争いについて，裁判をするのに熟したときは，中間決定をすることができる。(2項) 中

間決定は，裁判書を作成してしなければならない。」との規定があります。

　これは，民事訴訟における終局判決前の中間判決と同趣旨で認められているものです。「家事審判事件においても，例えば，国際裁判管轄権の存否などの申立ての適法要件についての争い（中間の争い）がある場合や，遺産の分割の審判事件において遺産の範囲について争い（「前提となる法律関係の争い」）がある場合など，審判をする前提として当事者間で争点となった事項につきあらかじめ判断を与えることが相当である場合もあり得ることから」，民事訴訟法245条に倣い認めたものと解されています（『逐条解説・家事法』260頁）。

　調停手続においても，この規定の趣旨は参考になります。

【紙子　達子】

Q44 調停手続上の裁判に対する不服申立て

調停手続においてなされた裁判の不服申立てとしてはどのような方法がありますか。

〔1〕 調停手続における不服申立ての方法

　家事事件手続法第3編第4章288条は，「家事調停の手続においてされた裁判に対する不服申立て及び再審については，特別の定めのある場合を除き，それぞれ前編第一章第二節及び第三節の規定を準用する。」と定めています。
　家事事件においては，身分関係に関わる事項を取り扱う事件の性格上，法律関係の早期安定と簡易迅速な紛争解決が求められていますので，期間の制限がない不服申立てを認めることは相当ではないと考えられます。したがって，通常の不服申立ての方法として即時抗告のみを認め，かつ，特別の定めがある場合に限り不服の申立てをすることができるとしています（法85）。そして，即時抗告をすることができる審判及び審判以外の裁判，即時抗告ができる者についての規定は，規則等ではなく，法律で定める事項であるとされています。即時抗告期間は，特別の定めがある場合を除き，2週間の不変期間とされ，民事訴訟の場合の即時抗告期間1週間（民訴法332）とは異なる規定になっています。家族法に関する実体関係上の重要な事項が多く，実質的には判決事項にも比肩するものがあることを配慮した，と解されています（『一問一答・家事法』145頁）。即時抗告には執行停止の効力はないとされています。
　家事調停事件についての不服申立てについては，基本的には家事審判手続を準用することになります。

〔2〕 調停事件における不服申立てができる裁判

　調停事件においては，家事調停の申立書を却下する命令に対する即時抗告（法255Ⅳ・256Ⅱにおいて準用する法49Ⅴ），家事調停の申立てを却下する審判に

対する即時抗告（法255Ⅲ），合意に相当する審判又は調停に代わる審判に対する異議申立てを却下する審判に対する即時抗告（法280Ⅱ・286Ⅳ）があります。その他移送，除斥，忌避についての裁判（法9Ⅰ及びⅡ・10Ⅱ・12Ⅰ），調停調書の更正決定に対する即時抗告（法269Ⅲ）などがあります。

　再審の対象について，同法103条で，家事審判事件について，確定した審判その他の裁判に対しては再審の申立てができると定めています。家事調停事件についても同様に，確定した合意に相当する審判や調停にかわる審判は再審の対象になりますし，その他の審判や裁判で事件を終結させる性質をもつものについては，再審の対象になると解されています（『逐条解説・家事法』871頁）。

【紙子　達子】

Q45 高等裁判所における調停手続

養育費の審判の抗告審である高等裁判所で審理係属中ですが、当事者間で合意ができそうなので、諸条件をつめるため調停手続にしたいのですが、可能でしょうか。

〔1〕 人事訴訟又は家事審判事件継続中の付調停

I 訴え提起時における付調停制度の趣旨

　離婚、離縁、親子などの人事に関する訴訟事件、その他家庭に関する事件については、家事事件手続法の、いわゆる別表第一の事件を除いては、調停前置主義をとっています（法257 I）。これらの事件について家事調停を申し立てることなく訴えを提起した場合には、裁判所が事件を調停に付すことが相当でないと認める場合以外は、職権で事件を家事調停に付さなければならならず（法257 II）、受訴裁判所が事件を調停に付す場合には、管轄権を有する家庭裁判所において処理させなければならないと定めています（法257 III）。

　一方、同3項但書で、家事調停事件を処理するために特に必要があると認めるときは、事件を管轄権のない家庭裁判所に処理させることができると定めています。家事調停事件については、その事件の性格上、当該家庭裁判所の裁量による移送及び自庁での処理が認められていることから、管轄裁判所以外の家庭裁判所が事件を処理することができると家事審判法の解釈として認められてきたことを、家事事件手続法上で明文化したものです。

II 人事訴訟又は家事審判事件の係属中における付調停

　家事事件における調停前置主義は、家庭や親族間に関わる家事事件については、できる限り当事者間の話合いにより自主的・円満に解決することが望ましいという考えによるものです。

　そこで、家事事件手続法274条1項から5項では、調停を行うことができる事件について、訴訟手続又は家事審判手続が係属している場合でも、解決のためにその方がよいという場合には、事件を家事調停に付して、家事調停

の手続による解決を進めることを認めるとともに，その家事調停の手続と，付調停の前に継続していた訴訟又は家事審判の手続について，新たに手続の規律を定めています。

すなわち，家事調停を行うことができる事件については，家庭の平和と健全な家族・親族の共同生活の修復や維持を図るためには，できるだけ当事者間の話合いを通じた合意による自主的かつ円満な解決が望ましいことから，人事訴訟又は家事審判事件が係属している場合に，裁判所は，いつでも，何度でも，職権で（ただし，その場合には当事者の意見を聴いて），事件を家事調停に付することができることを定めています。

これは，家事審判法11条，19条の規定を維持した条項ですが，家事審判法では，調停に付された場合に，当該調停手続を処理する裁判所や調停機関についての規律に関する明文がなく，解釈によっていたため，家事事件手続法で調停を処理すべき裁判所の規律を明文化したものです。

Ⅲ 高等裁判所における調停手続

ところで，家事事件手続法274条では，新たにその3，4項において，高等裁判所における調停手続の規定が加わりました。

家事審判法では，家庭裁判所の機動性，専門性を考慮して，高等裁判所で家事調停事件を処理することを許しておらず，高等裁判所が調停に付する場合は，家庭裁判所の家事調停に付するしかなかったのですが，実際には，高等裁判所における訴訟手続又は家事審判手続の中で当事者の協議が調っていたり，事案を良く知る高等裁判所で自ら処理した方が適切かつ迅速に解決できることもあること，また，高等裁判所にも家庭裁判所調査官が配置されていること（裁判所法61の2Ⅰ）から，高等裁判所においても家事調停手続を処理できることが適当であるとして，高等裁判所における自庁処理を認めたものです（『逐条解説・家事法』827頁）。

実務上も，例えば，離婚訴訟の控訴審で調停手続として事件を進めていく方が相当な場合があります。控訴審で親権，面接交渉に関わる事項が実際の争点になってきた場合など，高等裁判所における調停手続に付すことが迅速解決に資することがあります。婚姻費用，養育費などいわゆる別表第二の事件についても同様な事案があり得るでしょう。手続代理人としては，当事者

の意向や事案の進行状況や変化などの諸事情を勘案し，高等裁判所における調停手続の可能性を新たに念頭におくことが必要です。

【2】 高等裁判所における家事調停機関と実務上考慮する事項

　高等裁判所が調停手続を行うについては，家事事件手続法244条以下の家事調停に関する各規定が適用になりますが（法274Ⅴ），調停機関としては，原則として当該高等裁判所の裁判官の中から指定された裁判官1人と，家事調停委員2人以上で組織する調停委員会が家事調停を行うことになります。当事者の申立てがある場合には，この調停委員会が家事調停を行いますが，合議体である当該裁判所が相当と認めるときは，調停委員会を組織せず，当該裁判所の合議体がみずから家事調停を行うことができ，また，その裁判所の裁判官の中から指定した受命裁判官に家事調停を行わせることもできます（法274Ⅴ・258Ⅰ・53）。

　なお，高等裁判所が家事調停事件をみずから処理する場合に，家事調停官が行うことは想定されておらず，また調停委員会を構成する裁判官は1人でなければならず（法248），高等裁判所の合議体を構成する3人の裁判官と調停委員が調停委員会を構成することも許されないと解されています（『一問一答・家事法』239頁，秋武憲一編著『概説家事事件手続法』326頁）。

　手続代理人としては，高等裁判所の段階で当事者間に合意形成が見られる場合には，進行状況により解決に必要な事項や当事者の意向等を確認しつつ，家庭裁判所調査官の調査の要否，どのような調停機関によるその後の進行が適切か，などを検討の上，調停手続に付するか否かの点について意見を述べ，あるいは付する旨の申出をすることになります。

【紙　子　達　子】

第3章

調停手続の終了

Q46 調停手続の終了事由

家事調停事件の終了事由にはどのようなものがありますか。
また、それぞれにつき、家事調停事件の終了時期はいつですか。

[1] 家事調停事件の終了事由と終了時期

　調停手続の終了事由は、調停の目的との関係で大きく2種類に分類されます。第1に調停申立ての目的を達成した場合と、第2に調停申立ての目的を達成できなかった場合の2種類に分かれます。終了事由を明確にしておかなければ、他の終了事由との関係で、どちらに効力があるのか紛らわしい事態に直面することになります。
　例えば、調停の申立ての取下げがあっても、それ以前に調停が不成立になっていれば、申立ての取下げは効力を発揮しないことになります。
　また、これらの終了時がいつの時点で終了するのか家事調停事件の終了時期を明らかにしておく必要性があります。
　なお、調停手続中の当事者の死亡が終了事由となる場合がありますが、これについては別掲Q53で説明します。

[2] 終了事由

調停の終了事由は、以下の通りです。
① 調停申立ての目的を達成した場合
  ・ 調停の成立（法268Ⅰ）
② 調停申立ての目的を達成できなかった場合
  ・ 調停をしない措置（法271）
  ・ 調停不成立（法272Ⅰ）
  ・ 調停申立ての取下げ（法273）
  ・ 合意に相当する審判（法281）
  ・ 調停に代わる審判（法286Ⅵ）

【3】 終了事由の意義

Ⅰ 調停成立
　当事者間に合意が成立し，調停調書に記載されたとき，調停は成立し家事調停事件は終了します。

Ⅱ 調停をしない措置
　調停委員会（裁判官のみで家事調停の手続を行う場合にあっては，裁判官）は，事件が性質上調停を行うのに適当でないと認めるとき，又は当事者が不当な目的でみだりに調停の申立てをしたと認めるときは，調停をしないものとして家事調停を終了させることができます。

Ⅲ 調停不成立
　調停委員会（裁判官のみで家事調停の手続を行う場合にあっては，裁判官）は，当事者間に合意成立の見込みがない場合，又は成立した合意が相当でないと認める場合には，調停が成立しないものとして終了させることができます。

Ⅳ 調停申立ての取下げ
　家事調停の申立ては，原則として家事調停事件が終了するまで，その全部又は一部を取り下げることができます。

Ⅴ 合意に相当する審判
　当事者間に事実関係について争いがなく，合意に相当する審判を受けることについて合意がある場合にかぎり，裁判所の非訟手続によって簡易迅速に処理することを認めた人事訴訟手続の代用手続です。当事者間の合意を正当と認めるとき，裁判所は合意に相当する審判をしなければなりません。正当と認められないときは，調停は不成立として事件は終了します。

Ⅵ 調停に代わる審判
　一定の要件のもと，当事者の異議申立ての機会を保障しつつ，裁判所がそれまでに現れた一切の諸事情を踏まえ，職権で合理的かつ具体的な解決策を調停に代わる審判として示すことにより紛争を解決する制度です。

【4】 調停事件の終了時期

Ⅰ 調停が成立した場合
当事者間に合意が成立し，これを調停調書に記載したときです（法268条Ⅰ）。

Ⅱ 調停をしない場合
調停委員会が調停をしないものとして家事調停事件を終了させたときです（法271）。

Ⅲ 調停が不成立の場合
調停委員会が調停が成立しないものとして家事調停事件を終了させたときです（法272Ⅰ）。

Ⅳ 調停の申立てが取り下げられた場合
家事調停の申立ての全部が有効に取り下げられた時に全て終了します（法37Ⅰ・Ⅱ）。

Ⅴ 合意に相当する審判がされた場合
合意に相当する審判がなされた場合は，当事者及び利害関係人から，異議の申立てがないとき，又は異議の申立てを却下する審判が確定した場合，合意に相当する審判は確定判決と同一の効力を有し，これにより家事審判手続は終了します（法281）。

利害関係人から適法な異議の申立てにより，合意に相当する審判が効力を失ったとき（法280Ⅳ）は，その時に家事調停事件は終了します。

なお，当事者からの適法な異議の申立てがあった場合は，家庭裁判所は合意に相当する審判を取り消さねばならず（法280Ⅲ），合意に相当する審判が取り消された場合は，家事調停の手続が改めて進行するので，家事調停事件は終了せず，家事調停事件の終了は，その後の手続の帰すうにゆだねられます。

Ⅵ 調停に代わる審判がされた場合
調停に代わる審判がされた場合，当事者からの異議の申立てがないとき，又は異議の申立てを却下する審判が確定したときは，これにより家事調停事件は終了します（法287）。

また、適法な異議の申立てがあったときは、調停に代わる審判はその効力を失い、これにより家事調停事件は終了します（法286Ⅴ）。

【久　保　　　貢】

Q47 調停合意の成立と効力（法268, 規130）

調停が成立するには何が必要ですか。また，成立した調停の効力はどのようなものがありますか。

〔1〕 調停の対象事件

家事事件手続法268条は調停の成立と効力について定めています。

調停成立のためにはその前提として，調停事件が，家事事件手続法244条の規定する「人事に関する訴訟事件その他家庭に関する事件」についての調停であることが必要です。ただし，家事事件手続法277条1項に規定する合意に相当する審判の対象となる調停事件については，合意によって調停を成立させことはできません（法268Ⅳ）。

〔2〕 調停成立の要件

まず，調停当事者間に調停に関する合意が成立していることです。

しかし，合意が成立しても，直ちに調停が成立するわけではありません。調停が成立するためには，当事者間に合意が成立しても，調停委員会がその合意が相当でないと判断した場合は，調停を成立させずに調停を終了させることができます（法272Ⅰ）。

また，合意に相当する審判の対象となる事項については，調停において合意が成立しても，その合意は合意に相当する審判をするための一要件であり，これらのことから合意のみでは調停は成立しません（法268Ⅳ・277Ⅰ）。

さらに，単に，当事者間で調停合意が成立していてもそれだけでは調停は成立しません。その合意の内容を調書に記載しなくてはなりません（法268Ⅰ）。このことを法律上明らかにした規定はありませんが，家事調停の手続の期日について調書を作成しなければならないとする家事事件手続法253条の規定と268条1項の規定から，合意の内容を調書に記載することを前提としていることは明らかです。

したがって，合意の成立，合意内容の相当性，調書へ記載が調停成立の３つの要件といえます。

【3】 調停期日における合意

　合意が調停の手続の期日以外においてされることについては，明文の規定はありませんが，裁判所外で調停の手続をする場合においても，裁判官，家事調停委員，当事者が出頭して行う場合は期日です。

　裁判所外においてされた期日において，電話会議システム・テレビ会議システムを活用する場合には出頭したものとみなされ，当事者が合意することで調停を成立させることができます。

　ただし，離婚又は離縁の調停は，この方法では調停を成立させることができません。

【4】 調停調書の効力

　合意した内容を記載した調停調書の効力は，記載内容によって異なり，別表第二の事項については，確定した家事審判と同一の効力を有し（法268Ⅰ），それ以外については，確定判決と同一の効力を有します（法268Ⅰ・39）。前者について，合意を給付条項の形式で調書に記載したときは，審判と同じ効力，執行力ある債務名義と同一の効力となります。執行力はあるが執行文の付与は不要となりますが，上記以外の給付条項については，確定した判決と同じ効力となるため，執行力はあるものの執行文の付与が必要になります。

【久　保　　貢】

Q48 調停調書の更正（法269）

離婚調停事件における慰謝料の分割払いの条項に計算違いがあり，調停調書が誤った記載になっています。どうすれば良いですか。

【1】 調停調書の更正決定の要件その①及びその②

調停調書に計算違い，誤記その他これらに類する明白な誤りがあるときは，家庭裁判所は，更正決定をすることができます（法269Ⅰ，実体的要件，その①）。

また，家庭裁判所は，1項において申立て又は職権でなすこととされています（法269Ⅰ，手続的要件，その②）。

もとより家事調停は，調停委員会によってなされるのですが，更正は，調停委員会ではなく家庭裁判所が更正決定をします。

【2】 裁判書の作成

家事事件手続法269条2項の更正決定は，当初の調停調書と一体となり，更正された内容で調停が成立したことになるため審判以外の裁判の特則として裁判書の作成を義務づけました。

【3】 更正決定に対する即時抗告

更正決定に対して，即時抗告をすることができます（法269Ⅲ）。

更正決定によって，更正された部分は調停調書と一体となり，更正された内容で調書が成立したことになります。そこで，更正決定により不利益となる当事者に不服申立てを認めました（法269Ⅲ）。

【4】 更正決定の申立ての却下決定に対する即時抗告（法269Ⅳ）

更正決定の申立てを不適法として却下する決定に対して，即時抗告ができます（法268Ⅳ）。更正決定の申立てを，理由なしとして却下した決定に対し

ては即時抗告できないと解されています。

【久保　貢】

Q49 調停条項案の書面による受諾（法270，規131）

調停の期日に遠方のため出頭するのが困難な当事者がいるのですが，調停を成立させることは可能ですか。

〔1〕 調停条項案の書面による受諾（法270）

　実質的には当事者間で合意しているものの，遠隔地に居住していて期日に出頭できないために調停を成立することができないのでは，不都合なので，家事審判法21条の2で遺産分割に関する事件調停で使われていた手法を家事事件全般に広げ書面による調停の成立を認めることになりました（法270Ⅰ）。書面による同意は，通常遠隔地の当事者には，その他の出頭した当事者の合意でできた調停案を（実際は遠隔地の当事者からも電話なりで意向を聞いていることが多いのですが）裁判所が郵送で，案に同意するか否かの回答書をつけて送ります。

　ただし，同法2項では，離婚又は離縁についての調停の合意は，書面による受託の方法によって成立させることはできない旨を定めています。

　その理由は，離婚又は離縁の調停の成立により身分関係が変動するという重大な効果が生ずるため，これらの事件については，調停成立時における当事者の離婚又は離縁の意思の確認を慎重に行う必要があるからです。

〔2〕 要　　件

　遠隔地に居住していることその他の事由により出頭困難と認められる当事者が調停委員会から提示された調停条項案を受諾する旨の書面を事前に提出し，他の当事者が家事調停の期日に出頭し，調停条項案を受諾することで成立します。なお，他の当事者の期日の出頭については，テレビ会議又は電話会議システムを活用した場合は，出頭したとみなされる場合が含まれます。

　ただし，離婚又は離縁の調停では，電話会議システム又はテレビ会議システムの方法では成立させることができません（法268Ⅲ）。　　【久　保　貢】

Q50 調停をしない措置（法271，規132 I）

離婚の調停を申し立てられたのですが，相手方は，手続を引き延ばしているとしか思えません。何か方法がありますか。

〔1〕 調停をしないことができる場合

調停をしないことができる場合とは，次のとおりです。

① 事件が性質上調停を行うことが適当ではないと認める場合。例えば，婚姻中の男性が妻以外の女性との同居を求める場合などです。

② 当事者が，不当な目的でみだりに調停の申立てをしたと認める場合。例えば，義務の回避，訴訟や家事審判の手続の引延ばしを目的に調停の申立てをしたような場合です。

以上①，②の場合には，調停委員会は調停をしないものとして，家事調停事件を終了させることができます（法271）。

〔2〕 不熱心な手続追行への対応の場合

自ら申立てをした申立人が調停手続の追行に不熱心である場合，調停をしないものとすることができます。

追行に不熱心な申立人への対応として，家事審判の申立てについては申立ての取下げの擬制の規律を設けました（法83）。しかしながら，家事調停の申立てについてはそのような規律を設けなかったのは，家事事件手続法271条により対応することを想定しているからです。

〔3〕 家事調停事件の終了

調停委員会又は裁判官が調停をしないものとした場合は，家事調停事件は終了します。

家事審判法下においては，必ずしもその点が条文上明確ではありませんでしたが，家事事件手続法271条においてはそのことを明確にする趣旨で，「調

停をしないものとして，家事調停事件を終了させることができる」と規定しました。

【4】 家事審判手続への移行はしない

　家事調停事件が調停をしないものとして終了した場合には，家事審判の手続に移行することはできません。家事審判の手続に移行するのは，調停不成立の場合に限られています（法272Ⅳ）。

　調停をしないものとして，家事調停事件を終了する場合において，家事審判の手続に移行させても適切な審判をすることができないものと考えられるからです。

　さらに，申立人は別途審判の申立てをすることを妨げられないこと等（再訴を禁じていないこと）を理由の一つにあげています。

　家事審判法時代には，別表第二の事項については，調停不成立と調停をしない場合の双方が含まれるとする学説が存在していました。それは「第9条第1項乙類に規定する審判事件について調停が成立しない場合には」とし（『逐条解説・家事法』812頁），あたかもしない場合も含む趣旨にも読めたからであります。しかし，上記の理由によりしない場合は，含む必要がないので，家事事件手続法では，明確に認めない（含まない）との趣旨が示されています。

【5】 当事者への通知 (規132)

　調停をしないものとして事件を終了させても，家事審判の手続に移行しないものと考えられていることから，家事事件手続法272条2項と異なり，法律上当事者等に通知を要する旨の規定は置いていません。もっとも，これにより調停事件が終了するのですから，裁判所書記官は当事者等に家事調停事件が終了したことを知らせることが相当です。

【久　保　貢】

Q51 調停の不成立（法272，規132Ⅱ）

調停の不成立はどのような場合におきますか。

[1] 調停の不成立と家事調停事件の終了

　調停委員会は，当事者間に合意が成立する見込みがない場合，又は，成立した合意が相当でないと認められる場合は，調停が成立しないものとして，家事調停事件を終了させることができます（法272Ⅰ）。ただし，調停に代わる審判をしたときには家事調停事件は終了させることができません。

Ⅰ　当事者間に合意が成立する見込みがない場合とは

　家事調停の手続は，当事者の合意の成立による解決が目的であることから，家事調停の手続の過程において，当事者間に合意が成立する見込みがないと認められた場合には，調停の不成立を理由として家事調停事件を終了させることができるものとしています。

　なお，合意に相当する審判をするための前提要件として，当事者間に合意が成立していることが必要でありますが，この合意が成立する見込みがない場合も家事調停の手続を進める意味はないことから，調停不成立とすることができることとしています。

　例えば，当事者の主張の隔たりが大きく話合いがつかない場合や，調停期日に当事者の一方，又は双方が出頭しない場合などがあります。

Ⅱ　成立した合意が相当でないと認められる場合とは

　当事者間の合意が成立しても，合意が相当でない場合には，調停を成立させるべきではないから，そのような場合には調停不成立として家事調停事件を終了させることができるものとされています。

　例えば，不貞関係の継続を前提とした合意や，子の養育費の請求を一切しない旨の合意，さらに法律上，扶養を受ける権利は処分することができない（民法881）と規定されているために，子の扶養料を親が放棄した合意等は，合意が相当でない場合に該当します。

Ⅲ 家事調停事件終了の例外

Ⅰ及びⅡの要件を満たしたことにより調停不成立とされた場合には，家事調停事件を終了させるのが原則です。

しかし，調停が不成立とされても調停に代わる審判（法284Ⅰ）をした場合には，家事調停事件は終了させることはできないものとされています（法284Ⅰ但書）。

逆に，調停の不成立を理由として家事調停事件を終了させた場合には，調停に代わる審判をすることができません。

【2】 家事調停事件が終了した旨の通知（法272Ⅱ）

調停不成立として家事調停事件を終了させた場合には，当該調停に関与していた者に通知しなければなりません。

また，通知の主体は裁判所書記官とされています（規132）。

【3】 訴え提起の擬制

家事事件手続法272条3項は，当事者が調停不成立として事件が終了した旨の通知を受けた日から2週間以内に家事調停の申立てがあった事件について訴えを提起したときは，家事調停の申立てのときに，その訴えがあったものとみなす旨の規定です。

これは，家事調停事件が係属している間に出訴期間（例えば，民法777の1年の出訴期間）を徒過することの不都合を解消するために，訴訟係属の効果を調停申立て時にさかのぼらせるものです。調停前置主義をとっているため，訴訟事項について調停をすることができる場合に，調停の申立てをしたことにより期間が経過するなどの不利益が生じないようにするものです。

【4】 家事審判の申立ての擬制

Ⅰ 家事調停不成立の場合の家事審判の申立て

家事事件手続法272条4項は，別表第二に掲げる事項についての調停事件が調停不成立によって終了した場合には，家事調停の申立てのときに，当該事項についての家事審判の申立てがあったものとみなす旨を定めています。

Ⅱ　家事審判への移行

　家事審判の手続に移行するのは，家事調停の申立てによってはじめられた調停事件です。家事審判の手続から調停に付された事件については，家事調停の不成立によって家事調停が終了した場合には，既に係属している家事審判の手続を進めることになるだけだからです。

【久　保　　貢】

Q52 調停申立ての取下げ（法273）

調停を申し立てたのですが，一向に進展がありません。取下げは可能でしょうか。

【1】 調停申立ての取下げ

　家事調停の申立ては，家事調停事件が終了するまで，その全部又は一部を取り下げることができ，家事調停の申立ての全部が有効に取り下げられたとき，家事調停事件は終了します（法273Ⅰ）。家事審判法では特に規定はなかったのですが，家事事件手続法では明文の規定が設けられました。

　なお，実務では，当事者双方の合意により紛争は実質的には解決することになったものの，調停調書の作成はせずに，申立てを取り下げることで終了させる場合があります。これについては**Q70**にて説明があります。

【2】 取り下げることのできる時期

　家事調停の申立てを取り下げることができるのは，家事調停事件が終了するまでです。したがって，家事調停事件の終了時期が問題になりますが，終了時期は終了事由ごとに次のとおりとなります。

① 合意が成立した場合には，これを調停調書に記載したとき（法268Ⅰ）。
② 調停不成立の場合，調停が成立しないものとして家事調停事件を終了させたとき（法272Ⅰ）。
③ 調停をしない場合は，調停をしないものとして，家事調停事件を終了させたとき（法271）。
④ 合意に相当する審判がされた場合は，当事者及び利害関係人から異議の申立てがないとき，又は異議の申立てを却下する審判が確定したときは，家事調停事件は終了します（法281）。
　利害関係人からの適法な異議の申立てにより，合意に相当する審判が効力を失ったときは，その時に家事調停事件は終了します。

この場合には，相手方の同意を得なければ，家事調停の申立てを取り下げることはできません（法278）。
⑤　調停に代わる審判がされた場合は，当事者からの異議の申立てがないとき，又は異議の申立てを却下する審判が確定したときは，家事調停事件は終了します（法287）。

また，適法な異議の申立てがあったときは，調停に代わる審判はその効力を失い，家事調停事件は終了します（法286Ⅴ）。

この場合には，家事調停の申立てを取り下げることができません（法285Ⅰ）。

【3】　家事調停の申立ての取下げの手続及び効果

家事調停の申立てが取り下げられた場合は，取下げがあった部分については，はじめから係属していなかったものとみなす（申立ての効果が遡及的に消滅すること）と定められています（民訴法261Ⅲ及び262Ⅰの準用）。

申立ての取下げは書面でしなければなりません（法273Ⅱ，民訴法261Ⅲ・262Ⅰ）ただし，調停期日において取り下げる場合は口頭ですることができます。

調停申立ての全部が有効に取り下げられたときは，調停事件は終了します。しかし，調停の申立てが取り下げられたとしても，調停事件の相手方が調停手続による解決を望むのであれば，自ら調停の申立手続をすることができます。

なお，家事調停の申立てが取り下げられた場合には，家事調停の申立ての効果が遡及的に消滅することになりますが，これにより調停前置主義の要請を満たさなくなるわけではありません。実務上も実質的に調停手続を経ていると認められる場合，例えば，離婚調停において期日を重ねたが双方の主張に隔たりがあり，そのうちに相手方が不出頭となり調停不成立とすることもできず申立てを取り下げる場合などは，調停前置の要請は満たされているとして離婚訴訟を提起します。

また，調停申立てが取り下げられた場合，裁判所書記官は当事者及び利害関係参加人に対し通知する必要があります（規132Ⅲ）。

【4】 取下げの要件

申立人が調停を取り下げるために相手方の同意は必要ありません。

これは，当事者が自主的に話し合って紛争を解決するという家事調停の本質から考えれば，調停を続けるか否かという申立人の意思は尊重すべきであり，取下げを制限して手続の続行を強要することは相当でないと思われるからです。また，相手方が調停も若しくは審判による解決を望む場合には相手方から改めて申し立てることができること，相手方が訴訟提起する場合であっても，申立人の申立てによる調停が取下げにより終了したことをもって調停前置の要件は満たされていると解されていることから，取下げに相手方の同意が不要としても相手方に不利益はないと考えられるからです。

【5】 例　　外

訴訟や審判係属後，調停に付された場合は，調停を取り下げることはできません。また，合意に相当する審判がなされた場合は，相手方の同意がなければ取下げをすることはできず（法278），調停に代わる審判がなされた場合は，一切取下げはできません（法285Ⅰ）。

【久　保　貢】

Q53 当事者の死亡

相手方から家事事件の調停を起こされましたが，相手方が死亡しました。どのように対応すればよいでしょうか。

【1】 当事者等の死亡による調停の終了

　離婚，離縁，婚姻費用分担，親権者の指定・変更など，当事者の一身専属権に関する調停事件で当事者が死亡した場合，調停は当然に終了します。また，親権者の指定・変更，子の監護に関する処分などの調停事件において，対象となっている子が死亡した場合も，家事調停の目的が消滅することから当該調停事件は終了すると解されています。
　人事訴訟法27条には，当事者の死亡による人事訴訟の終了の規定がありますが，家事調停についても例外を除いて類推摘用されると解されます。

【2】 当事者等の死亡による調停手続終了の例

　当事者等の死亡によって調停手続が終了する場合は，次のような例があります（『家審法実務講義案〔5訂版〕』230頁）。
① 離婚調停事件において，当事者である夫婦の一方が死亡した場合。
② 離縁調停事件において，当事者である養親又は養子が死亡した場合。
③ 親権者の指定又は変更調停事件において，当事者の一方又は未成年の子が死亡した場合。
④ 監護者の指定又は変更，その他監護に関する調停事件において，当事者の一方又は未成年の子が死亡した場合。
⑤ 同居，協力扶助，婚姻費用分担調停事件において，当事者である夫婦の一方が死亡した場合。
⑥ 扶養請求調停事件において，当事者である扶養権利者又は扶養義務者が死亡した場合。
⑦ 推定相続人廃除又はその取消調停事件において，相手方又は申立人で

ある相続人が死亡した場合（これに反し，申立人又は相手方である被相続人が死亡した場合には，事件は終了せず，遺産管理人か，遺産管理人がないときは，被廃除者以外の相続人が受継できると解されています）。

【3】 当事者等の死亡による調停手続終了の特則

申立人の死亡により調停手続が終了した場合の特則として，家事事件手続法では，夫が嫡出否認の調停を申し立てた後に死亡した場合，申立てにかかる子のために相続権を害される者その他夫の三親等内の血族は，夫の死亡から1年以内であれば嫡出否認の訴訟を提起することができ，その場合は，夫がした調停申立て時に訴え提起があったものとみなされます（法283）。

人事訴訟法においては，夫が子の出生前に死亡した場合，あるいは嫡出否認訴訟の出訴期間（子の出生を知ったときから1年。民法777）内に提訴しないで死亡した場合，申立てにかかる子のために相続権を害される者その他夫の三親等内の血族は，夫の死亡から1年以内であれば，自ら嫡出否認の訴えを提起することができ（人訴法41Ⅰ），また，夫が嫡出否認の訴えを提起した後に死亡した場合は，夫の死亡から6か月以内であれば夫が提起した訴訟手続を受け継ぐことができる（人訴法41Ⅱ）として，夫が死亡した場合に一定の手当てがなされている。

ここで，夫が嫡出否認の調停を申し立てた後に死亡し，その死亡が嫡出否認訴訟の出訴期間経過後だった場合，原則どおり，夫死亡時に調停が終了するとすれば，申立てにかかる子のために相続権を害される者その他夫の三親等内の血族は，もはや人事訴訟法41条1項による訴え提起は許されないことになります。そこで，家事事件手続法においても，人事訴訟法41条2項と同様の手当てとして，夫が嫡子否認の調停を申し立てた後に死亡して調停手続が終了する場合の特則として，その死亡から1年以内であれば嫡出否認の訴え提起ができるようにしました。

【4】 家事審判事件

Ⅰ 手続は中断しない

一般の民事訴訟においては，当事者の死亡により訴訟手続が中断します

（民訴法124）。人事訴訟においても人事訴訟法27条があります。

　しかし，家事事件の場合は，当事者の死亡によって手続を続行することができない場合であっても手続は中断しません。

　これは，家事事件は当事者が出頭しなくても，裁判所が職権で調査することから生じることです。

　仮に家事事件の全部に中断を認めるとすると，この裁判所の手続も中断してしまい，簡易・迅速であるべき家事事件の要請に反することになるからです。

　ただし，証人尋問等（法64），当事者が関与しなければ進めないものもあります。

　なお，これらの家事事件の手続が，中断しないといっても，法令により，手続を続行する資格のある者が，手続を受継しない限り進めることができないため，中断しないとしても手続に関与する機会を奪うことにはなりません。

Ⅱ　法令により手続を続行すべき者による受継

　家事事件の迅速処理，紛争の早期解決の観点からは，それまでの手続を利用することができれば，それにこしたことはありません。

　そこで，家事事件手続法では，当事者の死亡，資格喪失その他の事由によって家事事件の手続を続行することができない場合には，法令により手続を続行する資格のある者が，その手続を受け継ぐものとしています（法44）。

Ⅲ　他の申立権者による受継

　家事審判事件のうち，申立人が死亡によって手続を続行することができない場合には，法令により手続の続行資格を有する者が存しなければ，家事審判事件は当然に終了します。

　しかし，このような事件でも家事審判の申立てができる者がいる場合には，その者が受け継ぐことができるようになっています（法45Ⅰ）。

　この場合の受継の申立ては，申立人の死亡のときから1か月以内となっています（法45Ⅲ）。

Ⅳ　職権による受継

　職権で他の申立権者に手続を受け継がせる事をみとめている，家事審判事件において，家事審判の申立てができる者が受継の申立てをして，これまで

の手続を活用することを望んでいないにもかかわらず，裁判所が職権で，受け継がせ手続を続行することを認めています（法45Ⅱ）。

　しかし，申立人が死亡等により，家事審判の手続を続行することができない場合において，法令により手続を続行する資格を有する者がなく，かつ，他の申立てをすることができる者が受継の申立てをしないときであっても，裁判所が公益的性格を考慮する必要性がある場合があります。

　そのため，家事事件手続法においては，裁判所は職権で，家事審判の申立てができる他の者に手続を受け継がせ，家事審判の手続を続行することを認めています。

【5】 家事調停事件における受継

　上記【4】Ⅱで記載した法44条の規定は，家事調停の手続における受継について準用されています（法258Ⅰ）。

　したがって，当事者の死亡，資格喪失その他の事由によって家事事件の手続を続行することができない場合には，法令により手続を続行する資格のある者が，その手続を受け継ぐものとしています。

　Ⅲ，Ⅳについては，家事調停の手続における受継についての準用の規定はありません。

【久　保　貢】

第4章

合意に相当する審判

Q54 合意に相当する審判の手続

合意に相当する審判とはどのような手続ですか。その対象となる事件にはどのようなものがありますか。

〔1〕 合意に相当する審判とは

「合意に相当する審判」とは，人訴法2条に定める「人事に関する訴え」に関する家事調停手続において，当事者間に事実関係について争いがなく，合意に相当する審判を受けることについて合意がある場合に限り，裁判所の非訟手続によって簡易迅速に処理することを定めた人事訴訟手続の代用手続です（法277～283）。

人訴法2条に定める「人事に関する訴え」に関する事件は，特定の身分関係の無効若しくは取消し又は新たな形成をもたらすもので，本来当事者の任意処分が許されず，人事訴訟手続によって解決されるべき事件です。

しかし，当事者間に紛争性がない場合にまで常に訴訟提起を必要とすることは妥当ではありません。当事者間に事実関係について争いがなく，合意に相当する審判を受けることについて合意がある場合（紛争性がない場合）に限って，事実の調査により実体的な真実に合致していることを確保しつつ，家庭内の秘密を保持する観点から，非公開の手続により簡易迅速に処理することを認めた制度です。家審法23条にも同様の手続が規定されており（いわゆる23条審判），制度趣旨や構造については基本的に維持されています[*1]。

〔2〕 合意に相当する審判の対象事件

合意に相当する審判の対象事件は，人訴法2条に定める「人事に関する訴え」にかかる事件から離婚・離縁事件を除いたものです（法277Ⅰ）。

具体的には，①夫婦関係事件として婚姻無効（民法742）・婚姻取消し（民法743～747），協議離婚無効・協議離婚取消し（民法764），婚姻関係存否確認，②実親子関係事件として認知（民法787），認知無効（民法786），認知取消し，

嫡出否認（民法774～778），実親子関係存否確認，③養親関係事件として縁組無効（民法802）・縁組取消し（民法803～808），協議離縁無効・協議離縁取消し（民法812），養親子関係存否確認の各事件等です[*2]。

【3】 合意に相当する審判の手続の当事者

　合意に相当する審判の制度趣旨が，本来人事訴訟によってのみ解決し得る事件について一定の要件を満たす場合に限り簡易な手続によって処理することであることからすれば，合意に相当する審判の手続における当事者は，基本的には人事訴訟の手続における当事者と同様に考えるのが相当です。
　もっとも，人事訴訟において，検察官が手続の主体となる場合があります（人事に関する訴えの被告とすべき者が死亡した場合（人訴法12Ⅲ），不適法な婚姻の取消し（民法744Ⅱ）など）。この場合に，公益の代表者である検察官が審判を受けることの合意をしたり事実関係について争わないことの判断をすることはできないことから，人訴法において検察官が手続の当事者となる場合については，合意に相当する審判をすることはできないことを前提としています。
　また，原因関係について最もよく知る身分関係の当事者の一方が死亡した場合には，原則どおり人事訴訟の手続による慎重な事実認定を行うことが相当であるため，家事事件手続法277条1項但書では，合意に相当する審判の対象となる事項に係る身分関係の当事者の一方が死亡した後は，合意に相当する審判をすることができないものとしています。

【4】 合意に相当する審判をするための要件

Ⅰ　要　件

　合意に相当する審判をするための要件としては，①当事者間に申立ての趣旨のとおりの審判を受けることについての合意の成立，②当事者双方が申立てに係る無効若しくは取消しの原因又は身分関係の形成若しくは存否の原因について争わないこと，及び③家庭裁判所が必要な調査をした上で①の合意を正当と認めることが必要となります（法277Ⅰ）。また，家事調停の手続が調停委員会で行われている場合は，その調停委員会を組織する調停委員の意見を聴くことが必要となります（法277Ⅲ）。

Ⅱ 当事者の範囲（要件①②）

　要件①（法277Ⅰ①）の合意の当事者の範囲については，身分関係の当事者にとくに限定せず，合意に相当する審判の手続の当事者を示すものとされています。これは，上記【3】で述べたように，身分関係当事者の一方が死亡した場合や検察官を手続の当事者とする場合については合意に相当する審判を認めないことから，ほとんどの場合身分関係の当事者が手続の当事者となっていること，身分関係の当事者が手続の当事者とならない場合（父が子の母を相手に嫡出否認の申立てをする場合など）の身分関係の当事者はその原因事実を直接に知る者でなく，このような者まで合意の当事者に含める必要性までは認め難いこと等の理由によります（『逐条解説・家事法』839頁）。

　そのため，上記のように父が母に対して嫡出否認の申立てをする場合や，母の配偶者が母の前配偶者に対して父を定める申立てをする場合の「子」は「当事者」に入りません。逆に，身分関係の当事者以外の者が手続上の当事者である場合として，夫又は妻の親族が夫及び妻に対して婚姻無効の調停を提起した場合，夫又は妻の親族は「当事者」に入ります。

　要件②（法277Ⅰ②）の原因事実について争いがない当事者の範囲については，当事者の合意と原因について争いがないことの双方の要件を満たす場合に紛争性がないものとして簡易な手続で処理することを認めた法の趣旨からすると，要件①と②の当事者の範囲を異なるものとする合理的な理由はないため，要件①と同様，身分関係の当事者にとくに限定せず手続の当事者を示すとされています（『逐条解説・家事法』840頁）。

Ⅲ 合意の成立（要件①）

　合意に相当する審判においては，当事者の真意をより慎重に確認する必要があることから，電話会議システム等を用いた手続や書面による受諾の方法では当事者間に合意が成立したものとみなすことはできません（法277Ⅱにより法258Ⅰが準用する法54Ⅰ（音声の送受信による通話の方法による手続），法270Ⅰ（調停条項案の書面による受諾）の方法では合意成立できないことを規定）。

Ⅳ 必要な調査（要件③）

　調査の方法としては，家庭裁判所調査官の調査や裁判官の審問，DNA鑑定などにより行われます。

V　家事調停が調停委員会で行われている場合の特則

家事調停の手続が調停委員会で行われている場合において，調停に代わる審判をするときは，あらかじめ，その調停委員会を組織する調停委員の意見を聴かなくてはなりません（法277Ⅲ）[*3]。

VI　合意を正当と認めない場合の手続

当事者間の合意を正当と認める場合は，裁判所は合意に相当する審判をすることになります。

当事者間の合意を正当と認めない場合は，調停が成立しないものとして終了させ，当事者に対する通知を行います。当該当事者がその通知を受けた日から2週間以内に訴えを提起したときは家事調停の申立ての時に訴えの提起があったものとみなされます（法277Ⅳによる法272Ⅰ～Ⅲの準用）。

[5]　婚姻の取消しについての合意に相当する審判の特則

I　婚姻取消しの合意に相当する審判と親権者の指定（法282Ⅰ）

家事事件手続法282条1項は，婚姻取消しについての合意に相当する審判をする場合において，取消しの対象となる婚姻の当事者間に未成年の子があるときは，合意に相当する審判において当事者間の合意に基づいて子の親権者を指定しなければならない旨定めています。

家事審判法上は，この点につき解釈上必ずしも明らかではありませんでした。しかし，子の親権者について争いがある場合に婚姻を取り消す旨の合意に相当する審判をし，子の親権者指定については別途裁判所が職権で判断するという仕組みを取るならば，裁判所が親権者指定について相当程度の調査をする必要が生じること，他方，親権者指定に不服のある当事者には異議の申立てを認める必要があり，当事者の異議により家庭裁判所の調査結果が無駄になる可能性があります。これは訴訟事項について一定の要件の下で簡易迅速に処理することを認めた合意に相当する審判の制度趣旨に反することになります。

そのため，家事事件手続法では，婚姻の取消しについて合意に相当する審判をするときは，当事者の合意に基づき子の親権者を指定しなければならないものとしました。

Ⅱ　合意に基づく親権者の指定がない場合等（法282Ⅱ）

　家事事件手続法282条2項は，子の親権者について当事者間で合意が成立しないとき，又は成立した合意が相当でないと認めるときは，婚姻の取消しについての合意に相当する審判自体をすることができないことを規定しています。これは，同条1項の趣旨を合意に相当する審判の可否の点から規定したものです。

【三枝　恵真】

《注》
* 1　高等裁判所で調停に付された後に行うこともでき，「合意に相当する審判に代わる裁判」といいます（法274Ⅴ）。
* 2　家事審判法下では，人訴法2条柱書に定める「その他の身分関係の形成又は存否の確認を目的とする訴え」（例えば，夫婦の一方が死亡した場合における生存配偶者による姻族関係の終了の意思表示（民法728Ⅱ）の効力が問題となる場合の姻族関係の存否の確認を求める事件）についても合意に相当する審判の対象となるかにつき，規定上必ずしも明らかではありませんでした。しかし，合意に相当する審判の制度趣旨からすると，人訴法の手続と合意に相当する審判の手続とで，その対象を別にする合理的理由が見出しにくいといえます。そのため，家事事件手続法ではこの点を明確にするため，合意に相当する審判の対象事件を，「人訴法2条に定める人事に関する訴え（ただし，離婚の訴え及び離縁の訴えを除く）を提起することができる事項についての調停事件」と規定しました（『逐条解説・家事法』836頁）。
* 3　調停委員会による家事調停の場合以外にも裁判官のみで家事調停を進める場合がありますが，家事事件手続法277条3項の規定により，この場合にも合意に相当する審判をすることができることが明らかになりました。

Q55 合意に相当する審判に対する不服申立手続

合意に相当する審判に対する不服申立手続はどのようなものですか。

[1] 異議の申立手続

Ⅰ 手続概要

　合意に相当する審判に対する不服申立ての方法は、異議の申立てとなり、家事事件手続法279条に規定されています。なお、合意に相当する審判に対する即時抗告は認められていません。

　合意に相当する審判は本来訴訟事項であり、それを受け入れないとの意思表示がされないことを前提とした暫定的判断といえることや、利害関係人の手続保障を考慮し、不服申立ては異議の申立てにのみよることとし、適法な異議の申立てがあれば合意に相当する審判は効力を失うものとして、紛争の解決を訴訟手続に委ねる趣旨です。

Ⅱ 申立権者

(1) 当事者

　家事審判法では、合意に相当する審判の不服申立てとして、利害関係人の異議申立権のみを認め（家審法25、家審規139Ⅰ）、当事者の異議申立権を認めていませんでした。当事者については、合意に相当する審判についての合意とその原因事実について争いがないことが確認されているため、異議申立てを認める必要がないためでした。

　しかし、当事者間の合意が不存在又は無効である場合には当事者に異議の申立てを認める最高裁判例（最三小決昭44・11・11民集23巻11号2015頁）の趣旨等を踏まえ、家事事件手続法279条1項但書では、同法277条1項各号に定める要件を欠いていたことを理由とする場合に限り、当事者も異議申立てをすることができるものとしました。

(2) 利害関係人

　利害関係人については、家事審判法の規定と同様に、理由なく異議の申立

てができることとしています。

利害関係人の範囲については，法律上の利害関係人をいい，単なる事実上の利害関係を有する者は含まれないとされています。法律上の利害関係につき，東京高裁平成18年10月13日決定（家月59号3号69頁）は，「当該審判を前提に一定の身分関係の変動が生じる蓋然性が現実化している者」は含まれると判断し，子とその戸籍上の父との間に親子関係が存在しないことを確認する旨の23条審判に対し，子の実父とされる者からの異議申立てを認めました。

Ⅲ　異議申立期間と起算点

合意に相当する審判に対する異議申立期間は，2週間の不変期間と定められています（法279Ⅱ）。

異議申立期間の起算点について，①異議の申立てをする者が審判の告知を受ける場合には告知を受けた日から進行し，②異議の申立てをする者が審判の告知を受ける者でない場合には当事者が審判の告知を受けた日から，それぞれ進行するものとしています（法279Ⅲ）。

【2】　異議申立てに対する裁判とその後の手続

Ⅰ　異議の申立ての却下と即時抗告

当事者からの申立てが不適法若しくは理由がないとき，あるいは利害関係人の異議申立てが不適法なとき，異議申立ては却下されます（法280Ⅰ）。申立てを却下する審判に対しては即時抗告をすることができます（同条Ⅱ）。異議の申立てを却下する審判が確定したときは，合意に相当する審判は確定します。

Ⅱ　異議申立てがなされた場合の審判の効力

(1)　当事者からの異議申立ての場合

当事者からの異議申立てに理由があると認められた場合，合意に相当する審判は取り消されます（法280Ⅲ）。なお，取消しの審判に対する不服申立ては認められません。

合意に相当する審判が取り消された場合，調停手続は合意に相当する審判をする前の状態に戻り，裁判所は当事者に合意の成立等を改めて確認し，再度合意に相当する審判をするか，合意が成立する見込みがない（法272Ⅰ）と

して家事調停を終了させることになります。

(2) 利害関係人からの異議申立ての場合

利害関係人から適法に異議申立てがあったときは，合意に相当する審判は効力を失い，家事調停事件は終了します（法280Ⅳ）。当事者には合意に相当する審判が効力を失ったことが通知され（法280Ⅳ），通知を受けてから2週間以内に訴訟を提起したときは，調停申立時に訴え提起があったものとみなされます（法280Ⅴ）。

[3] 異議申立権の放棄

家事事件手続法279条4項では，合意に相当する審判に対する異議申立権の放棄について規定しています。この異議申立権の放棄については，民訴法上，第一審判決前に控訴権の放棄をすることはできないと解釈されていることに鑑み，合意に相当する審判がされた後に限りすることができるとされています（『逐条解説・家事法』848頁）。

【三枝　恵真】

Q56 合意に相当する審判の効力

合意に相当する審判の効力はどのようなものですか。

【1】 合意に相当する審判がなされた後の取下げの制限

合意に相当する審判は審判書を作成してなされ，当事者に告知されます（法258Ⅰが準用する法74・76）。

合意に相当する審判がなされた場合，相手方の同意がなければ取下げは効力を生じません（法278）。

一般に，家事調停の申立ては，家事調停事件が終了するまでの間，いつでも取り下げることができるものとされています（法273Ⅰ）。当事者間の自主的な話合いによる紛争解決という家事調停手続の趣旨からすれば，手続を続行するか否かについても，最初に申立てをした申立人の意思を尊重すべきであるからです。

もっとも，合意に相当する審判においては，当事者間に申立ての趣旨のとおりの審判を受けることについての合意成立を前提としていることや，対象事件は公益性が高く実体的真実に合致した審判がなされる要請が強いという性質等に鑑みれば，合意に相当する審判がなされた場合は，利害関係人からの異議がなければ審判が確定し内容どおりの身分関係が形成されると考える相手方の期待を保護する必要性があるといえます。さらに，当事者からの異議申立事由が限定されていることとの均衡から，合意に相当する審判がなされた後の取下げには相手方の同意を要する旨の規定が新設されました。

【2】 合意に相当する審判の効力

合意に相当する審判に対して異議申立てがないとき，又は異議の申立てを却下する審判が確定したとき，合意に相当する審判は確定します。確定した合意に相当する審判は，確定判決と同様の効力を有します（法281）。

この場合，裁判所書記官は遅滞なく，当該審判にかかる身分関係の当事者

の本籍地の戸籍事務を管掌する者へ通知する必要があります（規134）。

【3】 申立人の死亡により事件が終了した場合の特則

　家事事件手続法283条では，夫が嫡出否認の調停の申立てをした後に死亡した場合，子のために相続権を害される者その他夫の三親等内の血族は，夫の死から1年以内に嫡出否認の訴えを提起したときは，夫がした調停の申立ての時に，その訴えの提起があったものとみなすと規定しています。

　民法は，夫が嫡出否認の訴えを提起することができる期間（出訴期間）について，夫が子の出生を知ったときから1年以内に提起しなければならないとしています（民法777）。この点につき，人訴法41条1項は，夫が子の出生前に死亡した時又は嫡出否認の訴えを提起しないで民法777条に定める期間内に死亡したときは，その子のために相続権を害される者その他夫の三親等内の血族は，夫の死亡の日から1年以内に嫡出否認の訴えをすることが出来るものとしています。このように出訴期間との関係で不都合が生じないよう配慮すべき要請は，夫が嫡出否認の調停の申立てをした後に死亡した場合も同様であるため，子のために相続権を害される者及びその他夫の三親等内の血族について，人訴法41条1項と同様の手当をしたのが本規定です。

【三　枝　恵　真】

第 5 章
調停に代わる審判

Q57 調停に代わる審判の手続

調停に代わる審判とはどのような手続ですか。その対象となる事件にはどのようなものがありますか。

【1】 調停に代わる審判とは

Ⅰ 制度概要

「調停に代わる審判」とは，話合いにより解決可能な事項について合意に至らない場合に，ただちに家事調停手続を終了させてしまうのではなく，家庭裁判所が一切の事情を考慮して解決案を提示し，異議の申立てがなければその内容どおりの効力を生じさせる審判です（法284～287）。

家事調停手続は当事者双方の合意によって解決を図る手続であり，当事者が合意に至らない場合には成立せず，家事調停手続は終了するのが原則です。しかし，頑なな一方当事者の意向やわずかな意見の相違により，又は一方当事者が手続追行の意欲を失っているような場合にも不成立とすることは，それまでの手続を無駄にするだけでなく，当事者にとっても必ずしも有益ではありません。そこで，当事者に異議申立ての機会を保障しつつ，裁判所が調停手続に表れた一切の事情や資料に基づき，合理的かつ具体的な解決案を示して紛争の解決を図るのが本制度です。

家事審判法24条以下においても，同様の制度（いわゆる24条審判）がありましたが，下記【2】で述べるように対象事件が限定され，あまり活用されていなかったといわれています。家事事件手続法によって対象範囲が広がったことにより，今後の積極的な活用が期待される制度といえます。

Ⅱ 審判の主体

調停に代わる審判をすることができるのは，調停機関の調停委員会や裁判官のみで調停を行う場合における裁判官ではなく，調停裁判所です。高等裁判所において調停に付された後も行うことができ，「調停に代わる審判に代わる裁判」といいます。

当事者に申立権はなく，調停に代わる審判を行うか否かは調停裁判所の裁量により調停裁判所が職権で行います。

家事調停の具体的手続の中では，調停委員が当事者の合意が成立しないものの調停に代わる審判をすることが有効であると思われる場合には，評議において裁判官にその旨伝え，調停裁判所が調停に代わる審判をするか否かを判断します。

【2】 調停に代わる審判の対象

Ⅰ　従来の対象事件

家事審判法第24条2項では，調停に代わる審判の対象について，家事審判法9条1項乙類に規定する審判事項を対象外としており，対象事件の範囲も狭く，あまり活用されていなかったと言われています。実務上，調停に代わる審判の対象は，離婚又は離縁の調停の場合にほぼ限られてきたようです。

Ⅱ　対象事件の拡大

家事事件手続法では，合意に相当する審判の対象事件（本書**第1編第4章**参照）を除くすべての調停事件が対象となります（法284Ⅰ）。つまり，離婚又は離縁事件のほか別表第二に掲げる事項についての調停についても調停に代わる審判ができることになり，それに合わせて諸規定を整備しました。家事事件手続法では，婚姻費用分担，養育費や財産分与に関する事項においても，調停に代わる審判で解決を図ることができるようになりました。

これは，当事者のわずかな意思の不一致等により調停不成立とせず，それまで調停に表れた事情や資料に基づき，合理的な紛争の解決を促すという法の趣旨が，家事審判法9条1項乙類に規定する審判事項に該当する家事事件手続法別表第二についても当てはまるからです。また，調停が成立しない場合に，直ちに家事審判の手続に移行するのではなく，家庭裁判所が当事者の衡平や調停に表れた事情や資料をもとに合理的解決案を示すことは，紛争解決の選択肢を増やすものとして有用であると考えられることによります[*1]。

Ⅲ　運用の実例

実務的には，①頑なな一方当事者の意向により，あるいはわずかな点で合

意が形成できない場合や，②遺産分割調停事件など多数当事者が参加する事件において，合意が成立しているものの当事者の一方（一部）期日への出頭が困難な場合（遠隔地に居住，病気や服役中など）などに利用されることが多いようです。ほかに，渉外離婚事件において，調停期日における合意が成立しているが，準拠法となる国の法律が裁判離婚しか認めていない場合に，調停に代わる審判を行う例も見られるようです。

【3】 調停に代わる審判をするための要件

Ⅰ 要 件

調停に代わる審判は，「調停が成立しない場合」において「相当と認めるとき」に，「当事者双方のために衡平を考慮して」「家事調停の手続が調停委員会で行われている場合は調停委員の意見を聴いた上で」行う必要があります（法284ⅠⅡ）。

Ⅱ 相当性の判断基準

調停に代わる審判をすることが相当であるかの判断については，調停の経過，紛争の態様や実情，当事者双方の意向等が総合的に考慮されます。もっとも，調停に代わる審判が異議の申立てにより効力を失うことを踏まえれば，あまり限定的に解釈する必要はないとされています（『逐条解説・家事法』860頁）。

Ⅲ 考慮事項

調停に代わる審判を行うには，「当事者双方のために衡平に考慮し，一切の事情を考慮して」事件解決のために必要であること要します。

つまり，一方当事者の利益だけに偏ることなく，双方のために衡平に考慮し，また一切の事情をみることが求められます。もっとも，調停に代わる審判の内容が，一方当事者が求めている内容と同趣旨であってはならないということではなく，それまでの調停手続における経過からして，当事者が想定できないような内容の調停に代わる審判は許容されないという趣旨とされています（『逐条解説・家事法』860頁）。

Ⅳ 調停委員の意見の聴取

家事調停の手続が調停委員会で行われている場合において，調停に代わる

審判をするときは，あらかじめ，その調停委員会を組織する調停委員の意見を聴かなくてはなりません[*2]。

【4】 調停に代わる審判の今後の課題

　調停に代わる審判については，家事事件手続法によって別表第二の事項についても対象範囲が拡大されたことから，今後，婚姻費用や養育費，財産分与，年金分割の按分割合の決定などの事件についても，わずかな意見の相違により調停成立に至らなくとも，裁判所からの合理的な見解を示すことで迅速に解決できる場面が広がると考えられます[*3]。

　手続代理人においては，当事者の意思をよく確認し，形式的には調停成立に至っていない場合でも，調停に代わる審判の内容が当事者にとって迅速かつ相当な解決であるか考えた上で，臨むことが必要であると思われます。

【三　枝　恵　真】

《注》
* 1　家事審判法下では，合意に相当する審判の対象事件についても，調停に代わる審判をすることができるか争いがありましたが，家事事件手続法では対象外であることを明確にしました（法284Ⅰ但書）。
* 2　調停委員会による家事調停の場合以外にも裁判官のみで家事調停を進める場合がありますが，家事事件手続法284条2項の規定により，この場合にも調停に代わる審判をすることができることが明らかになりました。
* 3　なお，別表第二の事項について，調停に代わる審判がなされたものの，適法な異議の申立てにより効力を失った場合は，家事調停の申立ての時に家事審判の申立てがあったものとみなされる旨の規定がおかれています（法286Ⅶ。**Q58**参照）。

Q58 調停に代わる審判に対する不服申立手続

調停に代わる審判に対する不服申立手続はどのようなものですか。

【1】 異議の申立手続

　調停に代わる審判に対する不服申立ての方法は，異議の申立てとなり，家事事件手続法286条に規定されています。なお，調停に代わる審判に対する即時抗告は認められていません。

　申立権者は，当事者だけであり（法286Ⅰ），異議申立ての理由は限定されませんが，書面で申し立てる必要があります（規137Ⅰ）。

　異議申立ては，審判の告知を受けた日から2週間以内にする必要がありますが（法286Ⅱが準用する279ⅡⅢ），異議申立期間を待たずに早期に確定させるため，異議申立権は放棄することができます（法286Ⅱが準用する279Ⅳ）(*1)。

【2】 異議の申立てに対する裁判とその後の手続

Ⅰ 異議の申立ての却下と即時抗告

　当事者の異議申立が不適法なとき，異議申立ては却下されます（法286Ⅲ）。申立てを却下する審判に対しては，即時抗告をすることができます（法286Ⅳ）。

　異議の申立が不適法であることを理由に却下する審判が確定したときは，調停に代わる審判は確定します。

Ⅱ 異議申立てがなされた場合の審判の効力

　適法な異議の申立てがあったときは，調停に代わる審判はその効力を失い，当事者に調停に代わる審判が効力を失ったことが通知されます（法286Ⅴ）。

Ⅲ 訴え提起の擬制

　適法な異議の申立てにより調停に代わる審判の効力が失われた場合，当事者が家事事件手続法286条5項の通知（上記Ⅱ）を受けた日から2週間以内に訴えを提起したときは，家事調停の申立ての時に訴えの提起があったものと

みなされます（法286Ⅵ）。

なお，同規定は，家事調停の申立てによって家事調停手続が開始した場合を想定しています。訴訟係属中に事件が付調停とされたことにより家事調停手続が開始した場合において，調停に代わる審判が効力を失った場合は，従前の訴訟手続を進めることになります。

Ⅳ 審判手続への移行

別表第二の事項について，調停に代わる審判が効力を失った場合は，家事調停申立て時に家事審判の申立てがあったものとみなされ，当然に審判手続に移行します（法286Ⅶ）。

別表第二の事項についての調停事件の調停が成立せずに終了した場合には，家事調停の申立ての時に当該事項についての家事審判の申立てがあったものとみなされます（法272Ⅳ）。それとの均衡から，別表第二の事項についての調停に代わる審判が適法な異議の申立てにより効力を失った場合についても同様に，家事調停の申立ての時に家事審判の申立てがあったものとみなすものとしました。家事事件手続法において，別表第二の事項についても調停に代わる審判の対象事件としたことから，適法な異議の申立てがあった場合の取扱いについて新たに規定を設けたものです。

【3】 調停に代わる審判に服する旨の共同の申出

離婚及び離縁の調停事件を除き，当事者が調停に代わる審判に服する旨の共同の申出をしたときは，調停に代わる審判に対して異議を申し立てることができません（法286Ⅷ）。異議申立権を事前に放棄することによって，調停に代わる審判の早期確定を図ることで，当事者の便宜に資すると考えられるからです。

当事者の意思を明確にするため，この申出は書面により行う必要があります（法286Ⅸ）。他方，あくまで当事者の意思を優先させるべきであることから，当事者は調停に代わる審判が告知されるまでは，相手方の同意なくこの申出を撤回することができます（法286Ⅹ）。

離婚及び離縁の調停事件については，当事者の意思が合意成立時に明確でなければならず，人訴法が民訴法上の類似の制度（裁定和解）を除外してい

る（人訴法37Ⅱ及び同法44において民訴法265の規定の適用を除外）ことに照らし，この申出はできません。

【三枝　恵真】

《注》
*1　家事審判法においては，利害関係人の異議申立権が認められていましたが，当事者が異議申立てしないにもかかわらず，第三者からの申立てにより審判の効力が失われるのは相当でないことから，家事事件手続法では異議申立権を当事者のみに限りました。

Q59 調停に代わる審判の効力

調停に代わる審判の効力はどのようなものですか。

【1】 調停に代わる審判の告知

調停に代わる審判は審判書を作成してなされ，当事者に告知されます（法258Ⅰが準用する法74・76（1項但書を除く））。

もっとも，調停に代わる審判の告知は，公示送達の方法によることができず，告知ができない場合は調停に代わる審判を取り消すことになります（法285Ⅱ・Ⅲ）。告知ができない場合とは，例えば調停に代わる審判をした後に当事者が所在不明となった場合などが考えられます。家事審判法にはありませんでしたが，家事事件手続法で新たに設けられた規定で，その趣旨は異議申立権の実質的な保障にあります。

そして，家事事件手続法285条3項により調停に代わる審判を取り消した場合は，調停に代わる審判をする前の状態に戻ることになります。この場合には，「調停が成立する見込みがない」（法272Ⅰ）ものとして，家事調停事件を終了させることになると考えられます（『逐条解説・家事法』864頁）[*1]。

【2】 申立ての取下制限

調停に代わる審判がなされた後は，家事調停の申立ての取下げを一切することができません（法285Ⅰ）。家事事件手続法で新たに設けられた規定であり，家事調停の総則規定（法273Ⅰ）の特則です。

この趣旨は，申立人が裁判所から示された審判の内容を受け入れられない場合は，異議の申立てにより失効させればよく（法286Ⅰ及びⅤ前段），さらに取下げを認める必要性が乏しいからです。また，調停が成立しない場合に，調停に代わる審判がなされず不成立となった場合は，家事調停事件が終了し，もはや家事調停の申立てを取り下げることができないこととの均衡からも相当でないと考えられるからです。

【3】 調停に代わる審判の確定及びその効力

　調停に代わる審判は，異議の申立てがなく，あるいは異議の申立てを却下する審判が確定した場合に確定します。

　確定した審判は，別表第二に掲げる事項に対するものは確定審判と同一の効力を有し，その余の調停に代わる審判は確定判決と同一の効力を有します（法287）。

　審判が確定した場合は，裁判所書記官は，遅滞なく，当該審判にかかる身分関係の当事者の本籍地の戸籍事務を掌握する者へ通知します（規136）。別表第二に掲げる事項についてした調停に代わる審判は，確定すれば，家事事件手続法75条（審判の執行力）の規定により，金銭の支払，物の引渡し，登記義務の履行その他の給付を命ずる部分は，執行力のある債務名義と同一の効力を有することになります。

【三　枝　恵　真】

《注》
＊1　家事事件の送達については，民訴法第1編第5章第4節の規定が準用され（法36），一般的には公示送達による告知は可能です。

第6章

調停手続における保全手続

Q60 調停前の処分はどのような場合になされますか

調停の申立てをすると，調停前の処分ができるようになったと聞きましたが，どのような場合に利用できますか。調停前の処分は，当事者の申立てが必要ですか。

[1] 調停前の処分とは

調停前の処分とは，調停が係属し成立するまでの間に，執行力がないことを前提に当事者が任意に従うことを期待して，調停委員会が職権により，調停を円滑に進めるために必要な処分を命じるものです（法266Ⅰ）。

家事調停にはさまざまな種類があるため，調停前の処分もさまざまなものが考えられますが，家事事件手続法には事件の種類毎に具体的な規定があるわけではありません。そこで，民事調停法12条の調停前の仮の措置の規定を参考にすると，同法では「現状の変更又は物の処分の禁止その他調停の内容たる事項の実現を不能にし又は著しく困難ならしめる行為の排除を命じることができる」とありますので，以下のような場合が典型です。

Ⅰ 財産の処分禁止のための処分

財産分与調停では，義務者が婚姻中に形成された財産を処分してしまうと，調停が成立しても権利者が財産分与を受けられなくなる可能性があります。おなじく遺産分割調停でも，遺産の管理者や遺産の名義人に対してその処分を禁止しなければ，調停後の合意の実効性を確保することが難しくなります。そこで，それらの者が財産の処分や現状の変更をするおそれがあるような場合には，財産の処分や変更を禁じ，若しくは管理の方法を指定する処分を命じることなどが考えられます。この処分がなされることで，当事者が相互に信頼関係を築くことができ，紛争の円滑な解決が見込まれるからです。

Ⅱ 当事者や事件関係人の生活の安定のための処分

家事調停の典型である婚姻費用分担調停・子の監護に関する調停（養育費請求）では，権利者が婚姻費用や養育費の支払を受けられないとすると，時

には最低限の生活すら成り立たず，困窮してしまうことがあります。このような時，支払義務者に対して一定の金員を支払う旨の処分を命じることが考えられます。親族間の扶養調停でも，扶養権利者の生活が困難な場合に，義務者に対して一定額の金員の支払を命じることが考えられます。いずれも，権利者の生活が困窮している状態では，調停を穏やかに円滑に進行することはできないからです。

Ⅲ　その他

その他にも，調停の内容や当事者の状況，利害関係人との関係など，事案に応じてさまざまな処分が考えられます。さらに，調停前の処分は，調停当事者以外に対しても命じることができます（法266Ⅳ）から，金融機関や介護施設の管理者，不動産の地主や同居人などを対象とすることもできます。

〔2〕　調停前の処分の要件

Ⅰ　調停が係属していること

家事調停事件における調停前の処分は，「調停前」との文言がありますが，条文に「家事調停事件が係属している間」（法266Ⅰ）とあるとおり，調停を申し立てて，裁判所に調停が係属していることが必要です。

Ⅱ　調停のために必要があること（法266Ⅰ）

【1】にも記載しましたが，調停前の処分は調停を進めるにあたっての暫定的な裁判であることから，「調停のため」でなければなりません。とはいえ，調停の成立を容易にするためなのか，成立後の内容実現も含むのかについては明確にはなっていません。

〔3〕　調停前の処分の申立て

調停前の処分は職権によってなされます。したがって，当事者の申立ての有無にかかわらず調停委員会がその必要性を判断して処分を命じる点で，民事調停における調停前の措置（民調法12）とは異なっています。また，急迫の事情があるときには，調停委員会を組織する裁判官が，処分を命じることができます（法266Ⅱ）。

そのため，調停の当事者が調停前の処分を求める場合には，あくまでも職

権の発動を促すということになります。

【4】 調停前の処分の効力発生時期

調停前の処分は決定の方式でなされます（法81Ⅰ）ので，決定の告知によって効力が発生します（法258Ⅰ・74）。この告知の際には，違反に対する制裁も告知しなければなりません。

【5】 利用にあたって考慮すべきこと

調停前の処分の目的は，調停が円滑にすすみ，調停の合意成立に役立ち，調停成立後は調停の内容を容易に実現するためでもあるのですから，この処分をすることによって相手方が頑なになり，調停成立を阻害することが予想される場合には不適当といえます。また，執行力がありません（法266Ⅲ）ので，当事者が処分に従わないことが明らかな事案にはふさわしくありません。

このような制度の目的からすれば，誰に対してどのような内容の処分をするように裁判所に対して職権発動を促すのかについて，慎重に検討する必要があるでしょう。さらに，執行力がないことから，調停の開始前の交渉段階で，相手方が裁判所の判断であれば尊重する意向を示していることなど，任意の履行が期待できることに加え，処分が発令されることで解決に向けた話合いが促進されることなど，調停を解決するために必要である理由を具体的に裁判所に対して伝えることが求められます。

相手方の任意の履行が期待できない場合や，当事者間の紛争性が強い場合には，強制力のある審判前の保全処分を選択することが考えられます。

【金澄　道子】

Q61 調停前の処分の効力 (法266)

調停前の処分が出ると，強制執行ができるのでしょうか。調停前の処分に不服のときには，どのようなことができますか。

[1] 処分の効力

　調停前の処分は，執行力はありません（法266Ⅲ）。これは，調停前の処分の目的が，当事者間の信頼関係を醸成し，調停の円滑な進行を図り，合意成立に役立つためとされていますので，強制的に処分の内容の実現を図るのは望ましくないと考えられたからです。

　したがって，財産分与の対象となる不動産等の資産の処分を禁じても，目的物の処分を阻止することはできませんし，婚姻費用の仮払いを命じても，差押え等の強制執行ができるわけではありません。そのため，強制力を有する審判前の保全処分（法105）と調停前の処分のいずれの申立てをするべきかについては，事件の相手方との関係やこれまでの交渉経過等をふまえた見極めが必要になります。

[2] 処分の効力の消滅

　調停前の処分は，家事調停が継続している間にすることができるので，調停事件において合意が成立して終了したり，不成立や取下げで終了した場合には，その効力を失います。

　したがって，一般調停事件では，合意ができず調停が不成立になれば調停前の処分は効力を失います。また，調停が成立したものの，調停条項が守られない場合には調停条項に基づいた強制執行を行うことになります。

　さらに，別表第二に定める事件でも調停不成立により審判移行すれば，調停前の処分は効力を失うので，調停前の処分の継続を望む場合には，改めて審判前の保全処分を申し立てなければならなくなります。

【3】 処分の効力の発生時期

調停前の処分は，告知によって効力を発生します。口頭による場合には調停期日に当事者に告知し，書面による場合には当事者及び処分を受けるものに送達します。調停委員会若しくは裁判官がこの処分を命じる際には，違反に対する制裁について告知しなければなりません（規129）。

【4】 処分の取消し及び変更

調停前の処分は，調停委員会若しくは裁判官の裁量によって行われるものであるため，調停の進行や当事者の対応などによって，調停委員会若しくは裁判官は処分の取消しや変更を命じることができます（法258Ⅰ・81Ⅰ・78）。

【5】 処分の不服申立て

調停前の処分に対しては，不服申立ては認められていません。また，処分には執行力はないものの当事者又は利害関係参加人は処分に従う義務を負い，正当な事由なくしてこの処分に従わない場合には10万円以下の過料に処せられます（法266Ⅳ）。この過料についての裁判に対しては即時抗告をすることができます（法291Ⅱ・非訟事件手続法120Ⅲ）。

【金澄　道子】

Q62 審判前の保全処分とは（法105）

審判の申立てをしないと，審判前の保全処分の申立てはできないのでしょうか。できれば調停での話合いをじっくりやりたいと思っているのですが，調停中に不動産が処分されてしまうと困るのです。

〔1〕 審判前の保全処分とは

　民事事件における仮差押え・仮処分に相当する手続で，本案の家事審判事件の審判及び家事審判事件に先立ち家事調停の申立てがあった場合，将来の強制執行を保全し，若しくは事件関係者の危険を防止する緊急の必要性がある場合になされる審判で，基本的には当事者の申立てが必要ですが，一部には裁判所が職権で審判をすることができるものもあります。
　まず，審判前の保全処分の総論的な説明をします。
① 　調停又は審判の申立てがあること　　家事事件手続法制定以前には，審判前の保全処分は審判の申立てを本案として行う必要がありましたが，家事事件手続法では調停の申立てがあった場合も，審判前の保全処分を申し立てることができるようになりました（法105Ⅰ）。これは，審判前の保全処分の申立てができる事件では，家事調停事件が不成立になれば当然に審判事件に移行し，調停を申し立てた時点で審判の申出があったとみなされる（法272Ⅳ）一方，審判を申し立てても裁判所が職権で調停に付すこともある（法274）ように，調停と審判は緊密な関係にあることを踏まえて柔軟な制度が求められたことから，調停の申立てをしたときにも保全処分をすることを可能としたのです。
　　ただし，論理的には本案はあくまでも家事調停が審判に移行した後に想定される審判事件ですから，審判前の保全処分は，調停での合意内容の実現を確保するためではないといわれています。
② 　本案の審判後の強制執行を保全し，又は事件関係人の急迫の危険を防止するために必要があること

③　本案の当事者からの保全処分の申立てが必要な場合と，裁判所が職権で保全処分をすることができる場合とがありますが，申立人や相手方からの申立てを要することがほとんどです。裁判所が職権で保全処分をすることができるのは，遺産分割事件で財産の管理のために必要がある場合に，当事者の申立てを待たず職権で財産の管理者を選任する（法200）ときです。

④　審判前の保全処分については，家事事件手続法第2編第1章第4節の105条から115条までが保全処分の総則を定め，申立ての要件や具体的内容は，保全処分の各類型ごとの各則で定められています。以下，【2】において各類型で想定される保全処分について概観します。

【2】　審判前の保全処分の類型

家事調停の申立てをした場合にも審判前の保全処分の申立てができる事件は，家事事件手続法の各則において，8類型が規定されています。

①　夫婦間の協力扶助に関する処分（法157Ⅰ①）
②　婚姻費用の分担に関する処分（法157Ⅰ②）　一方配偶者から他方配偶者に対して生活費としての婚姻費用が支払われないため，他方配偶者が生活に困窮し，子や他方配偶者の生活に危険がある場合に，婚姻費用の仮払いを命じること，仮差押えをすることなどが想定されます。
③　子の監護に関する処分（法157Ⅰ③）　子を一方配偶者が正当な理由もなく連れ出して不適切な監護等により子の福祉を害する危険がある場合に，他方配偶者の申立てにより，一方配偶者に対して子の引渡しを命じることが考えられます。また，養育費の支払がないため，子の生活が困窮している場合の利用も考えられます。
④　財産の分与に関する処分（法157Ⅰ④）　一方配偶者が，離婚にあたり分与対象財産を処分するおそれがある場合に，処分禁止の仮処分や，仮差押えをすることが想定されます。
⑤　親権者の指定又は変更（法175Ⅰ）　子の引渡しや，子の連れ去り防止，子の日用品の引渡し等の仮の地位を定める仮処分の申立てをすることが想定されます。

⑥ 扶養の順序の決定及びその決定の変更又は取消し（法187①）　親や兄弟姉妹等の扶養の順位を巡って争いになり，被扶養者たる親や兄弟等が生活に困窮し，それらのものに危険がある場合に，扶養料の仮払いを命じることが考えられます。

⑦ 扶養の程度又は方法についての決定及びその決定の変更又は取消し（法187②）

⑧ 遺産の分割（法200Ⅰ・Ⅱ）　遺産を管理する必要がある場合に財産の管理者を選任することをや財産の管理に関する事項を指示すること（法200Ⅰ），一部の相続人により遺産が売却されそうな場合や預金の払戻しが行われる危険性が高い場合などに，将来の強制執行を保全するため処分禁止の仮処分や仮差押えをすることが想定できます。

【3】管　　　轄

　本案の家事審判事件若しくは調停事件が係属している裁判所の管轄に属します（法105Ⅰ）。審判事件が抗告され，高等裁判所に係属している場合には，当該高等裁判所が審判前の保全処分をすることになります（法105Ⅱ）ので，高等裁判所に申立てをします。

【金　澄　道　子】

Q63 審判前の保全処分の手続（法106，規75）

調停中に申し立てる審判前の保全処分では，どのような書類を作成し，どのような資料を提出すればよいのでしょうか。裁判所は当事者の提出した資料だけで判断をし，事実の調査は行われないのでしょうか。

〔1〕 本案の係属

保全処分は本案に付随してなされる手続ですから，民事事件において本案における被保全権利が認められる蓋然性が必要になるのと同様に，家事事件では一定の権利義務が形成される蓋然性が必要になります。そのため，相手方との間に一定の権利義務関係の形成を求めるための手続である家事審判・調停手続の係属があることが要件となるのです。

〔2〕 保全処分の申立て

審判前の保全処分のためには，保全処分を求めるものが申立てをしなければならないことが原則です。

しかし，裁判所が職権で審判前の保全処分の審判をすることがあります。具体的には，遺産分割を本案とする調停事件において，「財産の管理のため必要があるときは，申立てにより又は職権で，担保を立てさせないで，遺産の分割の申立てについての審判が効力を生ずるまでの間，財産の管理者を選任し，又は事件の関係人に対し，財産の管理に関する事項を指示する」保全処分（法200Ⅰ）をすることができる，と規定されているとおりです。

〔3〕 申立ての方式及び記載事項

Ⅰ 書面による申立て
審判前の保全処分の申立ては書面でしなければなりません（法49）。

Ⅱ 申立書の記載事項
申立てにあたっては，申立ての趣旨及び保全処分を求める事由を明らかに

しなければなりません（法106Ⅰ）。

① 申立ての趣旨　申立ての趣旨を明確にしなければならないのは，裁判所に対して審判の対象を明らかにし，迅速な判断を求める必要があるからです。また，相手方に対しては，反論の対象を明らかにさせる必要があります。

　具体的な記載としては，婚姻費用や養育費としていくらの仮払いを求めるのか，子どもの引渡し，不動産の処分の禁止，預金の仮差押え等，のように保全処分として申立人が求める内容を具体的に書くことになります。そして，これらはあくまでも保全処分ですので，求める趣旨は暫定的なものですから，「仮に」支払え，「仮に」引き渡せ，と記載します。

② 保全処分を求める事由　保全処分を求める事由とは，民事保全事件における申立ての理由に該当します。本案が認容される蓋然性が高いこと，及び保全処分が必要なほどの緊急性があること（保全の必要性）を明らかにする必要があります。事実に基づき，申立ての趣旨記載の請求等が認められる蓋然性を根拠づける事実，保全処分が必要なほど緊急性がある具体的な理由を記載します。

　保全の必要性については，例えば婚姻費用の分担や子の監護に関する処分であれば，子や配偶者の困窮の内容・程度，病気等の健康状態，稼働能力などを書くことになりますし，財産分与や遺産の分割であれば当該財産が処分されてしまう危険性を具体的に書くことになります。

[4] 疎明義務

　申立人は，保全処分を求める事由についての疎明が必要です（法106Ⅱ）。これは，当事者が自ら資料収集をして疎明することで，裁判所が迅速に判断できるようにするためであり，職権探知主義（法56）の例外です。

　疎明ですから証明のレベルまでは求められませんが，本案においても申立ての趣旨と同程度の権利義務関係が形成される蓋然性が高いこと及び保全の必要性があることを，資料により疎明する必要があります。提出する資料には，「疎甲○号証」と号証番号をつけ，証拠説明書を出すとわかりやすくなります。

類型によっても異なりますが、生活の困窮が著しいことや子・扶養権利者の状況等については、当事者等の陳述書、資産や収入の状況などを示す通帳・給与明細、第三者の報告書、診断書などの提出が考えられます。財産の処分の危険性については、契約書や不動産の広告、第三者の報告書、陳述書、保険の解約請求書など、財産の状況によって様々なものが考えられます。事案に応じて、創意工夫が必要になるところです。

【5】 職権調査

裁判所は、必要があると認めるときには、職権で事実の調査及び証拠調べをすることができます（法106Ⅲ）。本来保全処分は当事者が疎明義務を負っているのですが、疎明が不十分であることのみをもって申立てを却下した場合には、子の福祉や申立人の保護に欠ける場合があり、家庭裁判所の後見的機能が十分に発揮できないおそれもありますから、裁判所は必要に応じて補充的に事実の調査や証拠調べをすることができると定めたのです。なお、裁判所が職権で行う保全処分の場合には、職権で事実の調査等がなされることは当然です。

職権調査の例としては、子の監護に関する処分（子の引渡し）の場合に、家庭裁判所調査官による事実の調査としての子の意向調査・子の状況の調査・学校等への訪問などがあります。

【6】 陳述聴取

審判前の保全処分のうち、仮の地位を定める仮処分を命じる場合には、審判を受けるものの陳述を聞かなければならないことが原則です（法107本文）。しかし、陳述を聞く手続をすることで保全処分の目的を達することができない事情がある場合には、陳述聴取はしません（法107但書）。

Ⅰ 陳述聴取が必要な場合

仮の地位を定める仮処分とは、**Q62【2】**の類型のうち、婚姻費用の分担に関する処分（法157Ⅰ②）における婚姻費用の仮払いの仮処分、子の監護に関する処分（法157Ⅰ③）及び親権者の指定又は変更（法175Ⅰ）における子の引渡しの仮処分や監護者指定の仮処分、扶養の順位の決定及びその決定の変

更又は取消し（法187①）及び扶養の程度又は方法についての決定及びその決定の変更又は取消し（法187②）における扶養義務者に仮払いを命じる仮処分等です。これらは本案の執行を保全する目的とする仮処分ではなく，暫定的な法律関係を形成するものです。

この仮処分では，本案が調停事件か審判事件かを問わず，陳述聴取を必要的なものとし，当事者の手続保障をはかっているのです。

さらに，子の監護に関する処分（法157Ⅰ③）の仮処分をするにあたっては，子への影響が大きいため，審判を受けるものの陳述のみならず，15歳以上の子の陳述を聞かなければならないと定められています（法157Ⅱ）。法は15歳以上と定めていますが，実務では，子の引渡しの仮処分等においては，子が15歳未満であっても，多くの場合子の年齢や発達段階に応じて，子の陳述聴取又は子の意向調査，さらに子が幼い場合には子の監護状況等の調査が行われています。

なお，子の監護に関する処分であっても，養育費の仮払いなど，子の監護の費用にかかる仮処分については，子の陳述聴取が必要となることは考えられないため，除かれています（法157Ⅱ）。

Ⅱ 陳述聴取の例外

原則として審判を受けるものの陳述を聞かなければならないとしても，審判を受けるものについて陳述聴取をすると，かえって保全処分がなされることを察知して財産を処分したり，子を連れて行方不明になるなど，保全処分の目的を達成することができなくなる場合が考えられます。このように，保全処分には密行性が必要な場合もありますので，そのような事情がある場合は必要的な陳述聴取の例外となります（法107但書）。

同様に，15歳以上の子の陳述を聞かなければならない場合であっても，その手続によって保全の目的を達することができなくなる事情がある場合には，陳述聴取の手続を経ることなく，仮処分をすることができると規定されています（法175Ⅱ但書）。

Ⅲ 陳述聴取の方法

具体的な陳述聴取の方法には規定がありませんので，当事者双方若しくは子を呼び出して審問を開くことが多いでしょうが，事案に応じて書面による

照会手続をすることも考えられます。

【7】 記録の閲覧の例外 (法108)

　通常，当事者又は利害関係を疎明した第三者は，裁判所の許可を得れば，記録の閲覧謄写をすることができます（法47Ⅰ）。これは，当事者が主体的に手続に関与することによりその手続保障をはかるためですから，原則として記録の閲覧等を許可するものとしています（法47Ⅲ）。

　しかし，保全処分の場合には，事案によっては閲覧謄写等を認めてしまうとその目的が達成できなくなる場合があるので，例外を認め，裁判所が相当と認めるときに限り，閲覧謄写を許可することができるとしたのです。そして，相当と認めるときに限るとの制限の終期は，保全処分の審判を受けるものとなるべきものに対して，呼出状や書面照会書を送付するなどして審判前の保全処分の事件が係属したことを通知するまで，若しくは審判前の保全処分を告知するまでです。

【金澄　道子】

Q64 審判前の保全処分の効力

調停中に，審判前の保全処分の審判が出ましたが，強制執行はできますか。調停が不成立になり，審判移行したときには，効力を失いますか。

【1】 審判前の保全処分の形式

審判前の保全処分の申立てに対する裁判所の判断は，「審判」でなされます（法39）。裁判所は，疎明資料や職権調査に基づき，証明の程度に達しなくとも，疎明の程度の心証が得られれば，審判を出すことになります（法109Ⅰ）。審判前の保全処分は，迅速に判断しなければならないこと，また審判が暫定的なものであることから，証明の程度までは不要とされたのです。

【2】 効力の発生時期

審判前の保全処分は，審判を受けるものに告知することによって効力が発生します（法109Ⅱ）。通常，即時抗告ができる審判は確定するまでは効力が生じません（法74Ⅱ但書）が，審判前の保全処分は緊急性があることから例外とされ，告知によって効力を生じることになります。さらに，告知がなくとも効力が生じる場合もありますので，【3】で述べます。

【3】 効力発生時期の例外

執行及び効力については，「民事保全法（中略）その他の仮差押え及び仮処分の執行及び効力に関する法令の規定に従う」（法109Ⅲ）と規定されています。

したがって，即時抗告がなされても執行力は失われないことは【2】記載のとおりですが，審判を受ける当事者若しくは第三者が告知を受けることにより強制執行の目的を達することができない類型においては，それらの者への告知前であっても，執行することができます（民保法43Ⅲ）。例えば，財産分与に関する保全処分において，相手方若しくは第三者の預金の仮差押えや

不動産の処分禁止の仮処分，動産の引渡しは，事前に保全処分があったことが債務者（義務者）に知られると意味をなさなくなる可能性があるため，強制執行の目的達成のためには，これらについては告知前に仮差押えの執行や処分禁止の仮登記，動産引渡しの強制執行等をすることができるのです。

ただし，保全執行は債権者に対して保全処分の審判が送達された日から2週間以内にしなければなりません（民保法43Ⅱ）。ですから，審判が出ることが予想される場合には，執行についても申立書のみならず，委任状・不動産登記簿謄本・商業登記簿謄本・執行場所の地図等の準備をしておく必要があります。さらに，事案によっては，審判が出される日程について，裁判所と協議をしておく必要がある場合もあります。年末年始の休みの期間にかかる場合には，特に注意が必要です。

【4】 効力の終期

保全処分の効力がいつ失われるかという終期については規定がありませんが，本案についての審判が出され，その効力が発生し執行されるまでは，保全処分の効力が継続すると考えられます。本案において保全処分の内容と異なり却下の判断が出た場合であっても，即時抗告により結論が変わる可能性もありますから，当該本案の判断が確定するまでは，効力をもつと考えるべきでしょう。

【金澄　道子】

Q65 審判前の保全処分に対する不服申立て

審判前の保全処分に対し，審判が出ましたが，不服のときにはどのようにしたらよいのでしょうか。即時抗告をすれば，執行停止になりますか。

〔1〕 即時抗告の可否

　保全処分に対する判断は「審判」という形式でなされます（法39）ので，不服申立ては特別な規定があるときに限り，即時抗告の方式で行います（法85Ⅰ）。

Ⅰ　保全処分の申立てが却下された場合

　審判前の保全処分については家事事件手続法110条に定めがあり，申立人は保全処分の申立てを却下する審判に対しては，即時抗告をすることができると規定されています（法110Ⅰ本文）。

　しかし，遺産分割調停・審判事件における財産管理者の選任又は財産管理に関する指示の保全処分及び親権者の指定又は変更の調停・審判事件における親権者の職務代行者選任を命じる保全処分に対しては，即時抗告することはできません（法110Ⅰ①・②）。なぜなら，財産管理者の選任又は財産管理に関する指示の保全処分については，本来の財産管理者の財産管理権を奪うものではないため，即時抗告まで認めて争わせる必要はなく，職務代行者選任を命じる保全処分については，親権者の職務停止の審判に対して即時抗告をすれば足りるとされたからです。

Ⅱ　保全処分の申立てが認容された場合

　本案の家事審判の申立てについての審判に対し即時抗告をすることができる者は，保全処分の審判に対しても即時抗告ができます（法110Ⅱ）。したがって，審判前の保全処分を命ずる審判を受けた相手方は，この110条2項の規定により即時抗告をすることができます。具体的には，夫婦間の協力扶助に関する審判についての夫及び妻（法156①），婚姻費用の分担に関する処分

の審判についての夫及び妻（法156③），子の監護に関する処分の審判についての子の父母及び子の監護者（法156④），財産分与に関する処分の審判に関する夫又は妻であった者（法156⑤）が本案の家事審判についての即時抗告権者ですから，これらの者は保全処分についても即時抗告ができるのです。

【2】 即時抗告の手続

Ⅰ 即時抗告の期間

即時抗告は，2週間以内の不変期間内にしなければなりません（法86Ⅰ）。この2週間の起算点は，即時抗告をする者が審判の告知を受ける者である場合にはその者が審判の告知を受けたときから起算され，審判の告知を受ける者でない場合には，申立人が審判の告知を受けたときから進行します（法86Ⅱ）。

Ⅱ 提起の方式

即時抗告は，抗告状を提出して行います（法87Ⅰ）。抗告状の提出先は，原裁判所すなわち保全処分の審判を出した家庭裁判所となり（法87Ⅰ），抗告状には①当事者及び法定代理人，②原審判の表示及びその審判に対して即時抗告をする旨の記載が必要です（法87Ⅱ①・②）。

Ⅲ 即時抗告の理由を記載した書面等の提出

即時抗告の理由は，抗告状に記載することもできますが，準備ができなかった場合には，即時抗告の提起後14日以内に原審の取消し又は変更を求める事由を記載した書面を原裁判所に提出しなければなりません（規55）。期間が短いので注意が必要です。新たな疎明資料等があればそれを提出することもできますが，いずれも早めに準備をしておく必要があります。

Ⅳ 抗告裁判所での手続

原裁判所は，抗告事件についての意見をつけて抗告裁判所に事件を送付します（規57）。抗告裁判所である高等裁判所は，即時抗告が不適法であるとき又は即時抗告に理由がないことが明らかなときを除き，抗告状を抗告人以外の当事者及び利害関係人に送付します（法88Ⅰ）。さらに，原審判の取消事由等を記載した書面が提出されれば，それも同じく抗告人以外の当事者及び利害関係人に送付します（規58）。ただし，抗告状については抗告審における手

続の円滑な進行を妨げる場合には，抗告のあったことを通知するのみで足ります（法88Ⅰ）し，その理由を記載した書面については送付しないこともあります（規58但書）。

【3】 保全処分の執行停止（法111Ⅰ）

　審判前の保全処分に対する審判は，原則として審判を受ける者に対する告知によって効力を生じ（法109Ⅱ），即時抗告されたとしても執行停止の効力は生じません。

　しかし，事案によっては，審判の取消しの原因となることが明らかな事情がある場合や，審判を執行することによって償うことができない損害を生じるおそれがある場合もあります。そこで，即時抗告をした者がこれらの事情を疎明することで，抗告を受けた裁判所は即時抗告についての判断が出るまでの間，原審判の執行の停止を命じたり，執行処分の取消しを命じることができます（法111Ⅰ）。執行の停止・取消しは，当事者の申立てによってなされ，即時抗告の可否を判断する高等裁判所で行います。審判前の保全処分の記録が原裁判所である家庭裁判所にある場合には，原裁判所である家庭裁判所においても，これらの停止・取消しの審判をすることができます。

　さらに，原審判の執行の停止は，担保を立てさせて，若しくは担保を立てることを条件として，若しくは担保を立てさせないで命じ，原審判の執行処分の取消しは，担保を立てさせて，若しくは担保を立てることを条件に命じることができます（法111Ⅰ）。

　これらの手続については，保全処分の申立ての手続が準用されており（法111Ⅱ），必要に応じて裁判所は職権により事実の調査を行うことができます。

【4】 審判前の保全処分の取消し（法112）

　審判前の保全処分が確定した後に，保全処分を求める事由が消滅するなどの事情の変化が生じた場合には，本案の家事審判について即時抗告をすることができる者の申立て又は職権で，審判前の保全処分を取り消すことができます（法112Ⅰ）。例えば，婚姻費用の分担の調停事件を本案として義務者に対し一定の金額の支払を命じる審判前の保全処分が出ている場合，権利者が

就職して定期的な収入を得ることができるようになった際には，義務者の申立て若しくは職権で保全処分を取り消すことなどが考えられるでしょう。

　審判前の保全処分の取消しの審判の申立人は，申立てを却下する審判に対し，即時抗告をすることができます（法113Ⅰ）。

【金澄　道子】

Q66 民事保全法による保全手続

家事事件で保全処分をしたいのですが，家事事件手続法に定められた「調停前の処分」と「審判前の保全処分」しか利用できないのですか。

〔1〕 民事保全手続の活用

　民事保全法は，民事事件はもちろん家事事件においても利用することができます。

Ⅰ　仮差押命令の活用

　仮差押命令は，金銭の支払を目的とする債権者が，その債権の満足を得ることができなくなるおそれがあるとき又は強制執行することに著しい困難を生じるおそれがあるときに，特定の物について，現状を維持し処分できないようにする命令（民保法20Ⅰ・21）です。したがって，例えば離婚の際に相手方からの慰謝料や財産分与の支払を確保するため，相手方（債務者）の預金や不動産を仮に差し押さえることなどが考えられますので，家事事件においても活用することができます。

Ⅱ　仮処分命令の活用

　仮処分命令は，債務者が係争物の現状を変更して，債権者が権利を実行することができなくなるおそれがあるとき若しくは権利を実行するのに著しい困難を生じるおそれがあるとき係争物の現状を維持し処分できないようにする命令です（民保法23条1項）。ですから，離婚の際の財産分与の申立てによって特定物の引渡しを求める場合に，その処分を禁じておき，離婚調停・訴訟を起こしてその中で財産分与を申し立てる場合や，遺産分割にあたり，他の相続人が遺産の範囲に入るであろう不動産を売却しようとしている場合に当該不動産の処分を禁止する処分禁止の仮処分命令を発してもらうことで，不動産が名義変更されないようにしておき，その後ゆっくり遺産分割の調停・審判や遺産の範囲を確定する訴訟をするという場合に活用することができます。

Ⅲ 仮の地位を定める仮処分の活用

仮の地位を定める仮処分（民保法23Ⅱ）も利用できる可能性があります。仮の地位を定める仮処分は，将来の執行を保全するものではなく，争いのある法律関係について，債権者に生じる著しい損害や危険を避けるため，暫定的な措置を命じるものです。例えば，ドメスティック・バイオレンス（DV）の場合，配偶者からの暴力の防止及び被害者の保護に関する法律（いわゆる「DV法」）10条による保護命令のみならず，民事保全法による接近禁止の仮処分をすることも考えられます。

【2】 調停前の処分・審判前の保全処分と，民事保全法による保全の使分け

Ⅰ 時　期

調停前の処分・審判前の保全処分は，本案として調停若しくは審判が係属していることが必要ですが，民事保全法による保全では，それら本案が係属していることは必要ありません。したがって保全の申立てだけをすれば足りますので，迅速に申立てをする必要があるときには，民事保全法による保全を利用する方が簡易とも考えられます。また，調停等が係属していない段階でも申立てが可能ですから，密行性が確保できます（ただし，審判前の保全処分においても，法108で裁判所は「相当と認めるときに限り」記録の閲覧・謄写を許可することで，審判前の保全処分自体の密行性は確保しているといえます）。

Ⅱ 管　轄

調停前の処分・審判前の保全処分は，いずれも本案が係属している家庭裁判所に申し立てることになります。

一方，民事保全法による保全手続は，「保全命令事件は，本案の管轄裁判所または仮に差し押さえるべき物若しくは係争物の所在地を管轄する地方裁判所」（民保法12Ⅰ）が管轄とされていますが，本案が人事訴訟である場合には，人事訴訟法30条2項が「人事訴訟を本案とする保全命令事件は，民事保全法第十二条第一項の規定にかかわらず，本案の管轄裁判所又は仮に差し押さえるべき物若しくは係争物の所在地を管轄する家庭裁判所が管轄する」と規定していることから，管轄は家庭裁判所になります。そのため，離婚訴訟

等の人事訴訟に付帯する財産分与や離婚自体の慰謝料請求権を保全するために保全処分を申し立てる場合には，本案の係属している家庭裁判所のみならず，仮に差し押さえるべき物又は係争物の所在地を管轄する家庭裁判所に申立てをすることもできます（人訴法30Ⅲ）。

なお，本案が控訴審に係属しているときには，控訴審の裁判所で行います（民保法12Ⅲ）。

Ⅲ その他

調停前の処分・審判前の保全処分は，迅速処理の要請から，本案が係属している家庭裁判所（若しくは即時抗告による場合には高等裁判所）で判断されることになりますから，それまでの調停等の流れを前提とした判断が期待できます。

【金澄　道子】

第 7 章

履行確保

Q67 履行勧告

調停で養育費の支払の合意ができていたのに相手方が支払ってくれません。強制執行するしかないのでしょうか。家庭裁判所を利用してできることはありますか。

〔1〕 履行勧告とは

　家庭裁判所でまとまった調停や審判の内容のうち，当事者に一定の義務が課された場合，その義務の履行を確保するために，家庭裁判所による履行状況の調査と履行の勧告の制度が定められています。履行勧告は強制執行とは異なり，公権力により強制的に義務を履行させるのではなく，自主的な履行を促すための制度で，家事事件特有の制度です。

　家事事件では義務者と権利者の人間関係が近く強権的な手段の利用をためらう傾向があること，支払を求める金額も一般民事事件に比べ低額であることが多く，代理人を依頼することが費用的にも難しい場合もあることなどの理由から，当事者にとって簡易で利用しやすい権利実現の制度を設ける必要があったのです。

〔2〕 対象となる調停・審判

　家事事件手続法39条の審判に規定された義務が対象となります（法289Ⅰ）。また，調停や調停に代わる審判で定められた義務や，調停前の処分として命じられた事項の義務についても対象となります（法289Ⅶ）。これらの義務は，金銭の支払といった財産上の義務に限らず，面会交流や子の引渡しといった一定の行為をする義務も含まれます。

〔3〕 管轄と手続

Ⅰ 管　轄

　管轄は，義務を定める調停や審判をした家庭裁判所です（法289Ⅰ）が，抗

告審である高等裁判所で調停や調停に代わる審判で義務が定められた場合には当該高等裁判所ではなく第一審である家庭裁判所，同じく高等裁判所が審判前の保全処分により義務を定めた場合にも本案の家事審判・調停事件の第一審裁判所である家庭裁判所が管轄裁判所となります。

Ⅱ 手　　続

申出の方法に特に規定はありません。ですから，書面若しくは電話や口頭でもすることができますが，申出をしたことをきちんと残すためにも，「履行勧告の申出書」を作成して提出することが望まれます。申出にあたっては，申立人・相手方の氏名と住所や連絡先，対象となる調停や審判の事件番号，履行の状況について記載することが必要です。申出に費用はかかりません。

Ⅲ 不服申立て

申出は申立てではなく，あくまでも裁判所の職権発動を促すものですから，裁判所の行う履行勧告等の内容に対し，異議の申立てはできません。

【4】 申出を受けた裁判所の対応

Ⅰ 他の裁判所への嘱託（法289Ⅱ）

申出を受けた家庭裁判所は，迅速に履行状況の調査・勧告を行うために，相手方の住所地等の他の家庭裁判所に嘱託をすることができます。

Ⅱ 家庭裁判所調査官による調査・勧告（法289Ⅲ）

申出を受けた家庭裁判所では，家庭裁判所調査官が，義務者に書面で連絡を取ったり電話をかけたりして履行の状況を確認し，不履行であればその理由を聞きつつ，説得し，自主的な履行を促すことになります。裁判所としての判断を示すための調査ではなく，人間関係調整的な役割を負い，義務者に履行を働きかけることになります。

ここでの勧告とは，強制力をもつものではなく，あくまでも義務者を説得し履行を促すことです。

Ⅲ 環境調整及び調査嘱託（法289Ⅳ・Ⅴ）

調査・勧告に伴い，家庭裁判所は，当事者の家庭環境・経済状況・健康状態等の調整が必要な場合には，社会福祉機関との連絡等の措置をとることができます。具体的には，子どもの状況によっては福祉事務所や児童相談所へ

の連絡，健康状態や経済状況によっては生活保護等のために福祉事務所への連絡などが考えられます。

さらに，家庭裁判所は，必要な場合には，官庁・公署その他適当なものに必要な調査を嘱託したり，銀行・信託会社・当事者の使用者などに対し，関係人の預金・信託財産・収入その他の事項についての報告を求めることができます。具体的には，保育園や小学校等に子どもの状況の調査を依頼したり，養育費の支払に関し義務者の預金や給与額の調査をすることなどが考えられます。

家事事件手続法289条5項記載の調査嘱託や報告を求める事務は，書記官が行います（規139Ⅰ）。

【5】 履行勧告にかかる書類の閲覧

履行勧告の手続は審判・調停ではありませんので，家事事件手続法47条に定める記録の閲覧等の規定は適用にはなりません。しかし，当事者の申出によって裁判所が行う手続ですから，一定の範囲で記録の閲覧・謄写等を認めています。閲覧・謄写等の申出ができるのは事件の関係人であり，裁判所は相当と認める場合に許可をします（法289Ⅵ）。

【金澄　道子】

Q68 履行命令

家庭裁判所に履行勧告をしてもらったところ，半年位は養育費を支払ってくれていたのですが，また支払が止まってしまいました。もう少し強力な制度はないのでしょうか。

【1】 履行命令とは

　家庭裁判所若しくは高等裁判所でまとまった調停や審判で，当事者に一定の財産上の給付義務が課された場合，その義務の履行を確保するための制度です。しかし，調停や審判で定められた義務そのものを公権力により強制的に履行させるのではなく，当該義務の履行を命じる審判をし，その審判を守らなかったときに制裁として10万円以下の過料を科す制度です。
　履行命令は，調停・審判の義務自体の強制執行ではないこと，面会交流や子の引渡しといった財産上の給付以外の義務には適用がないことに注意が必要です。
　家事事件では，履行勧告と同様，金銭の支払などの財産給付であっても，事情によっては直接強制執行をすることがためらわれることもあるため，当事者にとって利用しやすい権利実現のための制度を設けているのです。

【2】 対象となる調停・審判

　家事事件手続法39条の審判及び金銭の支払その他の財産上の給付を目的とする義務が対象となります（法290Ⅰ）し，調停に代わる審判で定められた義務についても，金銭の支払その他の財産上の給付を目的とする義務については対象となります。これらは，いずれも，強制執行が可能な義務ですが，例えば，権利者が義務者の第三債務者に対する給与債権について強制執行をすると，第三債務者に義務者の不履行が知られ，義務者が就業先を辞めてしまうか若しくは解雇されるおそれがある場合など，強制執行をすることがためらわれる場合に利用されるでしょう。履行勧告とは異なり，面会交流や子の

引渡しなど，財産上の給付義務以外の義務は対象とはなりません。ちなみに，面会交流や子の引渡しのような義務の履行の強制は，一定の場合には間接強制によることが可能です。

【3】 管轄と手続

I 管　轄

　管轄は，義務を定める審判をした家庭裁判所ですが，抗告審である高等裁判所で調停や調停に代わる審判若しくは審判により義務が定められた場合は第一審裁判所である家庭裁判所，高等裁判所が審判前の保全処分により義務を定めた場合には本案の家事審判・調停事件の第一審裁判所である家庭裁判所が管轄裁判所となります。

II 手　続

① 申立て　　当事者の申立てが必要になります（法290 I）から，申立書を作成して，管轄のある裁判所に提出することになります。申立てにあたっては，申立人・相手方の氏名と住所や連絡先，対象となる調停や審判の事件番号，履行の状況について記載することが必要です。

② 家庭裁判所の審判　　申立てを受けた家庭裁判所は，必要な事項について調査及び審理をした上で，相当の期限を定めて義務の履行をすべきことを命じる審判をするか，申立てを却下する審判をすることになります（法290 I）。

③ 義務者の陳述の聴取　　家庭裁判所は，申立てを受けると義務者の陳述を聴取しなければなりません（法290 II）。義務者の手続保障の観点からの定めです。

III 不服申立て

　履行命令に対しては，即時抗告等の不服申立てはできません。不服申立てを認めると，紛争が拡大し，かえって本来の事件の収拾がつかなくなるおそれがあるからです。

【4】 履行命令の効力

　義務の履行を命じられたものが，正当な理由なくその命令に従わなかった

ときには，裁判所は10万円以下の過料に処することになります（法290Ⅴ）。

【金澄　道子】

Q69 強制執行

調停での合意若しくは確定した審判で定められた内容及び審判前の保全処分による内容を，強制的に履行させるためには，どうしたらいいですか。

〔1〕 民事執行法による強制執行

いずれの強制執行も民事執行法によることになります。家事調停事件で合意に至ったときに作成される調停調書は，確定判決と同一の効力を有します（法268Ⅰ）ので，民事執行法にいう債務名義となり（民執法22⑦），これに基づき強制執行をすることができます。

〔2〕 強制執行の種類

Ⅰ 直接強制

義務者の意思にかかわらず，調停条項や確定した審判で定められた義務を直接的かつ強制的に実現する制度です。家事事件では，離婚の際の慰謝料・財産分与や，婚姻費用・養育費の支払を確保するために利用され，義務者の不動産を強制的に売却（強制競売）をして売却代金から満足を得たり，預金や給与を差し押さえて支払を確保することなどが考えられます。また，子の引渡しにおいては，子の年齢によっては，執行官が子どもを直接連れ戻す直接強制をすることもあります。この直接強制の方法は，金銭や物の引渡しを目的とする債務（与える債務）についてだけ認められるものです。

Ⅱ 間接強制

義務者に対して，調停条項や審判によって定められた義務を時期を定めて履行することを命じ，履行しなかった場合には金銭の支払を命じることにより，義務者に心理的な強制を加えて義務を履行するように促す制度です（民執法172Ⅰ）。義務者の作為又は不作為を目的とする債務で，代替執行ができないときに用いられることが原則ですので，家事事件では子の引渡しや面会

交流の義務の履行に利用されます。強制することになじまない，夫婦の同居義務については，間接強制もできません。

　また，婚姻費用・養育費・親族の扶養料の支払などの扶養義務等にかかる金銭債権の支払を促すためにも用いられます（民執法167の15Ⅰ）。この場合の間接強制は，権利者が義務者の勤務先の給与の差押えや銀行預金の差押えという直接強制をすると，債務者が職を失ったり銀行取引が停止されるなどの影響が懸念される場合に，直接強制を避けつつ義務者に支払を促す方法として利用されます。

【3】 強制執行の準備

　強制執行のためには，調停調書・審判書の正本の交付を受け，義務者に対する正本の送達を申請し，送達証明書の交付を受けておきます。

　さらに，調停調書は確定判決と同じ効力がある債務名義ですから，執行文の付与が必要となります（民執法25）。ただし，別表第二に掲げる事項についての給付条項を定めた調停調書については，本案の審判と同一の効力を有するため執行力がある（法75）ので，執行文の付与は不要です。また，確定した審判書についても，別表第二に掲げる事項についての金銭の支払・物の引渡し・登記義務の履行その他の給付を命じる審判は，執行力のある債務名義と同一の効力を有しています（法75）ので執行文の付与は不要ですが，それ以外の事項についての給付条項については，確定判決と同じ効力となりますので，執行文の付与が必要になります。

　執行文の付与は，家庭裁判所に対して執行文付与の申立てをし，債務名義である調停調書・確定審判の末尾に家庭裁判所書記官が作成した執行文を付記することで付与します。

【4】 強制執行の管轄

　強制執行の申立ては，不動産に対する強制執行であればその所在地を管轄する地方裁判所（民執法43Ⅰ），給与の差押えや預金の差押えであれば債務者の住所地の地方裁判所（民執法144Ⅰ），子の引渡しは，子を動産と同視し子の住所地の地方裁判所に，面会交流の間接強制については債務者の住所地の地

方裁判所に申立てをすることになります。

【5】 手　　続

　間接強制をする場合には，申立ての相手方を審尋しなければなりません（民執法172Ⅲ）。なお，面会交流について間接強制が認められるためには，義務者の行うべき作為又は不作為が特定されている必要がありますので，調停条項の作成に細心の注意が必要となります。

　子の引渡しの直接強制の場合には，子の年齢・生活状況等を検討しなければなりませんので，強制執行の申立て後に，速やかに執行官との詳細な打ち合わせが必要となります。

【6】 定期金債権の特則

　婚姻費用や養育費等といった定期的に支払われるべき金銭債権の場合には，その一部に不履行がある場合には，未払いの部分のみならずまだ確定期限が来ていない将来債権部分についても，債権執行をすることができます（民執法151の2Ⅰ）。これは，比較的少額かつ定期的に支払われる必要がある債権は，未払いになる度に差押えをすることは非常に手間がかかる上，生活費として確実に回収する必要性が高いことから，一度の差押えで将来分についても定期的に回収できるように特則を定めたのです。

　さらに，通常の差押え禁止の部分は4分の3（民執法152Ⅰ）ですから債権差押えが可能な範囲は残りの4分の1のみとなりますが，定期金債権の場合には，差押えが可能な範囲は，債務者が定期的に受け取る給与・賃金・俸給などの2分の1までに拡大されました（民執法152Ⅲ）。

【7】 人身保護手続

Ⅰ　人身保護手続きの概要

　子の引渡しについては，民事執行法による強制執行以外に，人身保護法による手続が可能となる場合があります。人身保護法による人身保護請求は，正当な手続によらずに身体の自由が拘束されている場合に，被拘束者を拘束から救済するために利用される手続で，地方裁判所若しくは高等裁判所が管

轄となります。拘束が権限のない者によって行われている場合や，拘束に顕著な違法性がある場合に利用できますが，他の方法によっては救済の目的を達することができないことが明白であるという補充性を要しますので，注意が必要です。また，請求者は原則として弁護士を代理人としなければなりません。

Ⅱ 人身保護請求権の発生要件

家事事件手続法の手続により，子の引渡しの仮処分・本案の審判が出されているにもかかわらず，拘束者が審判に従わず子を拘束している場合には，拘束が顕著な違法性を有するものとして，人身保護請求を申し立てることができることになります（最判平6・4・26民集48巻3号992頁）。

Ⅲ 人身保護請求手続

管轄は，被拘束者・拘束者又は請求者の住所地の高等裁判所若しくは地方裁判所です（人保法4）。請求は書面若しくは口頭で行うと規定されています（人保法4）が，弁護士を代理人にしなければならない（人保法3）ので，当然書面による請求をするべきでしょう。

請求があると，裁判所の自由裁量ではありますが多くの場合準備調査（人保法9）が実施され，その後審問期日の指定とともに人身保護命令が出され（人保規2），拘束者に対し被拘束者を審問期日に出頭させることと，答弁書の提出が命じられます。この段階で，被拘束者に代理人が選任されていない場合には，裁判所が被拘束者の代理人として国選代理人を選任する（人保規31）ことになります。この場合，請求者は国選代理人の費用を予納する必要があります。拘束者が人身保護命令に従わない場合には，勾引又は勾留することなどができます（人保法12Ⅲ）。

請求から原則として1週間以内に審問期日が開かれ，請求者は拘束の事実と補充性を，拘束者は拘束の適法性を主張・立証し，審問が終結すると5日以内に判決がなされます（人保規36）。

被拘束者を移動させたり隠すなど，法による救済を妨げる行為をした者は，2年以下の懲役又は5万円以下の罰金に処されます（人保法26）。

【金 澄 道 子】

第2編

家事調停手続
各　　　論

第 1 章

夫婦関係事件

Q70 夫婦関係調整（円満）調停

ささいなことで夫婦喧嘩となり，その後夫が私と子どもをおいて出て行き，1人住まいをしています。私は夫と元の生活に戻りたいのですが。

【1】 はじめに

　夫婦喧嘩のすえに，夫が妻子を残して1人で夫婦親子が住んでいた住まいを出て行き別居となった表題のような場合，その夫婦の一方，又は双方は，今後に向けて夫婦関係をどのようにしたいのでしょうか。夫婦関係を修正してもとの結婚生活を回復したいのか，あるいは，離婚に向けた話合いでの解決を望むのか，事案によって様々です。

　夫婦関係調整の調停の申立てとしては，「円満調停」と「離婚調停」があります。家庭裁判所の「夫婦関係調停申立書」には，申立人と相手方の氏名・住所・連絡先などを記載しますが，2枚目の「申立ての趣旨」の欄には，この申立てで何を求めたいかを記載します。これについては左右2通りの記載欄があります。通常左が「円満調整」を求めるもので，婚姻関係を円満に調整することのほかに，夫婦関係を維持するための生活費の支払を求めるなどの事項を記載します。右側は「夫婦関係解消」を求めるもので，離婚することを求める以外に，未成年の子の親権者をどうするか，養育費をいくら支払うことを求めるか，その他財産分与，慰謝料，年金分割の要求などの記載をします。

　本項はこのうちまず円満調整の申立てについて述べ，次項Q71で離婚調停について述べます。

【2】 円満調整申立事件の意義，性格

　夫婦関係円満調整調停は，何らかの原因で夫婦関係が円満でなくなった場合に，元の円満な夫婦関係の回復を希望する一方の配偶者が，他方の配偶者と夫婦関係回復のための話合いをするために申し立てる事件で，家事事件の

区分としては一般調停事件になります。

　夫婦が相互の愛情と信頼にもとづく共同生活を営むことは結婚生活の基本です。民法752条は，「夫婦は同居し，互いに協力し扶助しなければならない。」と定めています。本条は，円満な相互の協力関係を回復して結婚生活を維持したいという円満調整調停申立ての法的根拠になっているといえましょう。本条は婚姻関係の基本を定めるもので，夫婦という身分から当然に生ずる規範であり，婚姻の成立から終了まで継続して夫婦間に効力をもつ強行規定といえますが，しかし夫婦生活そのものに関わる多分に人倫的，道徳的色彩を含んでおり，事柄の性質上必ずしも強制できるものばかりではありません。

　夫婦として共同生活を開始・継続するうちには，円満を欠く事態も出てきます。夫婦として同居はしているものの，飲酒・暴力・浪費，理不尽な理由で喧嘩が絶えない，子どもの養育を含め家庭生活を営む上での諸問題について夫婦間の会話ができない，性格が合わない，共同生活はご免だと一方が勝手に出ていってしまった，配偶者から離婚を持ち出されているが離婚はしたくない，など理由は種々ありますが，夫婦関係に支障がでているので円満な結婚生活を回復したい，という場合には，夫婦関係の円満調整調停を申し立てて，他方配偶者と話合いによって回復の道をさぐることになります。

　ただし，後に述べるように，調停の申立て・進行に伴って，相手方配偶者の対応により，婚姻費用の請求の申立てを要することになったり，相手方配偶者から離婚請求が出て円満の方向での調停継続が難しくなったり，同居・協力扶助の申立てや，子どもとの面会交流，監護者の指定の申立て（これらは家事事件の分類としては法39の別表第二の事件）などが新たに加わることも多々あり，夫婦円満調整事件だけで解決して終結するということの方がむしろ少ないといっても過言ではないでしょう。

【3】 円満調停の進行と留意点

I　申立てに際しての留意点
(1)　申立書について
　申立書の作成に際し，申立ての趣旨及び理由として記載する事実には，一

般の家事調停事件と同様に，例外（法256但書）を除き相手方に交付されることを認識して，できる限り事実を簡潔に綴り，感情的な表現は避けます。相手方が申立ての趣旨や理由を知って調停に出頭しやすくなるということを念頭におくことも事例によっては必要な配慮です。また，申立ての趣旨としては必ずしも書式にある所定の事項に限らず，当該夫婦の円満を期するに必要な具体的な事項がある場合はこれを記載します。

(2) **事情説明書での補充**

夫婦関係の実情や申立てまでの経緯，解決に関わる事実や解決に向けた具体的な方策の意見など，申立人としての主張については，あらかじめ書面を提出して調停委員会の理解を得ておく方が良いでしょう。期日における口頭の説明では伝えきれない事柄もあります。特に円満調停では，期日の経過の中で当事者双方の意向や感情などが揺れ動きやすく，新たに別の調停が申し立てられて，争点やポイントとなる事項が広がり，調停の方向が変わることがあり，その場合，調停委員会の，事案や当事者の人格の理解に基づいた関わり方が調停の進行と内容に重要な意味をもってくることになりますので，相手方に交付される申立書とは別に，別紙として申立ての実情について事情説明書を提出します。ただし，この場合も過度に偏り過ぎや主観的・感情的な内容になることは避けたいものです。

(3) **相手方の対応**

相手方としては，送付された申立書についてまず答弁書を提出します。答弁書も例外がありますが申立人に交付されますので，申立人と同様に，相手方として主張すべき夫婦関係のこれまでの経緯や主張を簡潔に記載します。相手方も事情説明書の提出が必要な場合があることは申立人と同様です。

(4) **資料や主張書面の開示について**

事案によっては，当事者本人が相手方にこちらの主張書面を交付したいと希望することもあり，お互いの主張を明確に伝えた方が相互理解ができて早期解決に資することもあります。手続代理人としては，依頼人の意向を踏まえる他に，当事者本人と相手方や調停委員会の様子も鑑みながら，慎重に対応することが求められます。

当事者としては，主張を裏付ける資料があれば提出します。情報の共有化

の観点からは資料を相手方にも交付するになりますが，夫婦関係円満調停のような一般調停では，当事者が交付を希望した書類のみ交付します。

なお，家事事件手続法254条１項により調停事件の記録の閲覧謄写などがされることも，書面や資料の提出に際しては念頭におくことが必要です。

(5) **調停委員会の調整**

裁判所の調停委員会としては，まず双方から婚姻生活のこれまでの経緯，状況，円満を欠くにいたった事情，紛争の実情と経過，当事者の性格や，心理的，社会的，経済的状況等当事者の背景事情を把握して，紛争の原因を明らかにします。その上で当該夫婦における問題の所在を当事者に示し，当事者が夫婦関係修復のための努力や協力をする姿勢や熱意があるか否かをさぐり，調停委員会として調整を試みることになります。

Ⅱ 円満調停の結末は多様

(1) **調停成立**

夫婦関係を修復するための種々の合意が当事者間でできた場合には，その合意内容をもとに調停条項化して調停成立となります。条項の内容が日常生活上の約束事で必ずしも強制執行になじまない道義的な事項であったり，今後に向けての努力目標といえる事項の場合もありますが，円満な夫婦関係の回復と維持に資する内容を条項化して解決できることは，結婚生活の修復を希望する当事者にとっては大きな成果となります。

(2) **解決による取下げ**

調停での話合いの結果，円満な結婚生活のために相互に努力することを合意したのでもはや条項化は不要，調停継続は必要がない，として調停を取り下げる，ということも解決の形としてあります。

(3) **調整不能の場合**

調停期日における話合いの状況や，夫婦の一方から離婚の申入れがあるなど，円満回復の方向での調整は不可能という場合，申立人が調停を取り下げて終わりとすることもあります。申立人が取下げを希望しない場合でも，当事者間に夫婦関係の回復の意向がないと判断できる状況ならば，円満調整は不可能として調停は不成立となり，事件としては終了し，一方の当事者が離婚を望めば離婚訴訟により解決することになります。

(4) 別居調停

　夫婦関係は継続するが，一方ないし双方の意向や事情から直ちに同居して円満回復を図る合意はできない場合に，熟慮期間として当面別居することとし，別居中の婚姻費用や子の監護に関する事項などについて合意して調停を成立させることも解決方法の一つです。ただし，早期に離婚を望む配偶者の場合，いったん別居調停を成立させると，相手方配偶者がその後離婚に同意しない限り，当面は離婚手続を進めることは難しくなりますので，手続代理人としては依頼人の意向に十分注意することが必要です。離婚を望む配偶者としては，調停前置の規定に則してあらためて離婚調停を申し立てることから始めることになります。

(5) 円満から離婚へ

　当事者の意向に変化があり，円満回復ではなく離婚の方向で調停が進むことがしばしばあります。手続代理人としては，調停を進行する中で依頼人が何を求め，今後に向けて何を中心に，何を大切に考えているかなど，法的問題に限らず本人の意向や心理状態を十分把握し，意向の変化の背景事情を確認し，離婚後の生活の予測と本人がそれを十分理解して生活する決意があるかについて本人の最終的な意思を確認して調停に臨むことが必要です。そして，離婚に関わる条件として，親権の帰属や養育費，非監護者の親と子の面会交流，財産分与，年金分割，慰謝料など，離婚に付随する事項について本人の意向に反しないように調整の上，条項を綿密に本人と協議して調停を成立させておくことが必要です。

Ⅲ　円満調停の実情と代理人の活動

　円満調停は相手方配偶者との夫婦関係の回復を求める調停ですが，実際は既に夫婦関係には破綻が生じていることが多く，相手方配偶者から離婚を求められている状況で，いずれは離婚もやむを得ないがすぐには離婚に応じられない種々の理由があって申し立てる場合があります。特に妻側にとっては経済的な不安が大きいケースが多いといえます。その場合は，円満調整調停と同時に婚姻費用分担を求める調停を同時ないし追って申し立てて，まず生活費の確保を主にして調停を進行させます。直ちに生活費に窮するも夫からの支払が全くないか不足が明らかな場合などは，保全手続の提起も必要にな

ります。婚姻費用が確保できれば，その後の夫婦関係調整については，手続代理人としては本人の意向を確認しながら，その後の展開に必要な範囲と限度を十分認識・判断して，婚姻の経緯や夫婦関係の実情，破綻事由の有無などについて主張することとします。円満は不調となり離婚訴訟が提起された段階で，離婚事由などの主張を整えることにして，破綻事由や責任についての主張は控えることも一つの方法です。

夫婦関係の破綻の度合いが大きく修復が困難と考えられる場合でも，なお当事者本人は離婚を望まず，円満調整を申し立てるケースもあります。相手方からは離婚調停の申立てがされることになります。相手方配偶者の意向や対応，子どもの実際の養育，面会交流，親権のゆくえ，養育費算定額，財産分与の内容，慰謝料・解決金の有無や内容などを鑑みて，離婚の方向で進行させて良いか，訴訟で解決することを選択するか，が手続代理人の弁護活動の重要な場面になります。

【4】 円満調整調停と同居，協力，扶助義務について

I　同居，協力，扶助の義務の意義

婚姻が成立したときからその継続中，夫婦が相互の愛情と信頼に基づく共同生活を営むべきことは結婚生活の基本です。憲法は，「婚姻は，両性の合意のみに基いて成立し，夫婦が同等の権利を有することを基本として，相互の協力により，維持されなければならない」(憲法24)と定め，家族生活における個人の尊厳と両性の平等をうたっています。

民法は，「婚姻の効力」として，750条以下に夫婦間の一般的な権利，義務を定めていますが，その752条は，夫婦の同居，協力，扶助義務を定めています。婚姻生活の独立，夫婦の平等，協力，扶助という婚姻関係の基本を示す規定です。夫婦は精神的，肉体的，経済的な終生にわたる共同体であり，これが欠ける場合は，相手方配偶者に対して同居，協力，扶助を求めることができます。

しかし，夫婦の同居の時期，場所，その態様，共同生活における協力，扶助の内容など具体的な事項は，夫婦の協議によって決めることになり，夫婦はその協議によって決めた共同生活の内容の同居，協力，扶助義務を負うこ

とになります。

　夫婦円満調整調停は夫婦が別居していたり，同居していても生活における協力や扶助の関係に支障が出ている場合になります。しかし，夫婦関係の状況としては同じ場面ではありますが，円満調整事件は一般家事事件で，同居，協力扶助義務に関わる申立ては，家事事件手続法でいう別表第二事件になり，調停不調の場合に審判に移行する事件です。

　同居とは夫婦として生活をともにすること，結婚生活は夫婦の協力と相互の扶助に成り立っているという意味では，協力とは夫婦それぞれの職業その他の事情に応じて結婚生活の維持に協力すること，扶助は夫婦がその資産状況に応じて一体となって未成熟子を含む共同生活に必要な衣食住・教育等に必要な費用を供与しあうことで，その衣食住も「生活保持義務」という相互に同程度のものと考えられています。夫婦は，民法760条の「婚姻から生ずる費用」を相互の資産状況に応じて助け合うということですから，協力・扶助義務は結局は同じ意味になります。夫婦として独立，平等の関係にあり，別居していても婚姻費用としては同等の程度の生活をする費用ということになります。これについては，後記 **Q80** にあるとおり，婚姻費用の分担請求調停として夫婦間において重要な申立てになります。

II　同居を求める申立て

　夫婦における同居の義務については，協力・扶助義務とともに夫婦関係の本質的義務であって強行規定と解されていますが，この場合の同居とは，夫婦として生活をともにすることで，したがって同一の建物内に住んでいても部屋の出入りが相互間で不可能で寝食を別々にするなど，いわゆる障壁を設けて夫婦が日常の生活を別にすることは「夫婦の同居」には該当しません。反対に，場所が離れた所に夫婦が別々に住んでいても，夫婦としての生活を営んでいれば「夫婦の同居」になります。

　また，「夫婦の同居」は夫婦の協議によって決めた住居において行われることを要しますので，夫婦の一方が一方的に決定したり変更したりした場所に他の一方が従う義務はないことになり，同居の場所について夫婦の協議が成立しない場合や，別居に至っている場合は，一方の配偶者から他方の配偶者に対して同居を求める申立てをすることになります。円満調整申立てと同

時に申立てすることもあります。離婚を主張する配偶者が追出しを図り，そのため急きょ同居を求める審判を申し立てることもあります。円満調整と併行して話合いが進行することもありますが，しかし，既に夫婦関係の破綻が明らかな場合に同居を請求することはできないとする審判例があり，円満調整とは性格を異にする面があることに注意が必要です。

【紙子　達子】

Q71 離婚調停

家業に協力しない妻と夫婦喧嘩ばかりしているので離婚したいのですが，妻と離婚についての話合いができません。

【1】 離婚制度と離婚調停の意義

　離婚には，協議離婚，調停離婚，審判離婚，裁判離婚（判決離婚），和解離婚，認諾離婚があります。夫婦間の協議で離婚の合意ができない場合には，夫婦関係調整（離婚）調停を申し立てることになります。離婚の訴えは人事訴訟法2条に定められている人事に関する訴訟事件ですが，当事者間の自主的任意的な処分を許すものとして家事調停の対象となり（法244），調停前置主義（法257Ⅰ）の適用を受けます。ただし，相手方が行方不明の場合など，裁判所が事件を調停に付することが相当でないと認める場合は，調停を経ずに訴訟提起できます（法257Ⅱ）。離婚調停は事件の区分としては一般調停事件で，調停が不成立の場合に，実務上まれなケースですが裁判所の職権による調停に変わる審判となります。一般的には離婚調停不成立の場合，当事者の訴えにより離婚訴訟となります。

　以下，調停離婚以外の離婚について若干述べておきます。

Ⅰ　協議離婚
(1)　協議離婚の方法

　夫婦間の協議で離婚する合意が成立した場合の離婚（民法763）で，日本の離婚の9割近くを占めているといわれています。

　協議離婚は，市町村役場（区役所を含む）に離婚届が受理されたときに成立します。役場に備付けの離婚届用紙の各欄に必要事項を記載して，当事者夫婦双方及び証人2人が署名押印して，市町村役場に届けます。

　未成年の子どもがいる場合には，必ず子の父母の一方を親権者と決めて，離婚届用紙に記載しなければ離婚届は受理されません（民法819Ⅰ）。協議で親権者が決まらなければ，離婚自体は合意できる場合でも，離婚調停におい

て話合いをすることになります。

(2) 子の監護に関する事項の記載

民法766条1項は，「父母が協議上の離婚をするときは，子の監護をすべき者，父又は母と子の面会及びその他の交流，この監護に要する費用の分担その他の子の監護について必要な事項は，その協議で定める。この場合においては，子の利益を最も優先して考慮しなければならない。」と定めています（平成23年改正，同24年4月1日施行）。父母の離婚による子の監護状況の変化への配慮から改正された規定です。子の福祉のために協議離婚に際して決めておくことが望ましい事項ですが，親権者の決定と違い，子の監護に関する事項を決めなければ協議離婚届が受理されないわけではありません。父母の協議が調わないときや，協議ができないときは，調停ないし審判にて家庭裁判所が定めることになります（民法766Ⅱ）。

この規定との関係で，離婚届用紙に子の面会交流と養育費について「取り決めをしている」か，「まだ決めていない」か，を記載する欄が設けられています。

(3) 不受理申出制度

協議離婚届出について，本人の意思に基づかない届出が受理されることを防ぐためにもうけられています。申出をした者を本人とする協議離婚の届出がされた場合に，その本人がみずから市町村役場に出頭して届出をしたことが確認されない限り，その届出を受理しないように，予め市町村長に申出をしておく制度です（戸籍法27の2）。申出に際しては身分証明書が必要です。平成20年5月1日以降になされた不受理届には有効期限はありませんが，これ以前の申出については6か月の有効期間があります。また申出は取り下げることもできますが，申出時と同様に身分証明書が必要です。なお，この規定は，認知，縁組，婚姻等の届出についても同じ扱いになっています。

Ⅱ 審判離婚

調停が成立しない場合，家庭裁判所が相当と認めるときに行う調停に代わる審判による離婚です。裁判所は，当事者双方の衡平と一切の事情を考慮して，職権で事件解決のために必要な，離婚その他の審判をすることができます（法284Ⅰ）。審判告知の日から2週間以内に当事者は異議の申立てができ

ます。

　調停に代わる審判の制度の趣旨は，主として当事者の一方の頑迷な意向により，又はわずかな意見の相違により調停が成立しないような場合や，一方の当事者が手続追行の意欲を失っている場合に，当事者の異議の申立ての機会を保障しつつ，裁判所が合理的かつ具体的な解決案を示して紛争の解決を促すことにあると考えられています（『逐条解説・家事法』858頁以下）。

Ⅲ　訴訟手続による離婚——判決離婚，和解離婚，認諾離婚

　日本では協議離婚を認めているので，離婚原因の有無や内容いかんにかかわらず，夫婦が合意すれば離婚することができますが，離婚の協議ができず，また離婚調停でも合意できない場合，民法770条が規定する離婚原因・事由があれば，夫婦の一方はそれぞれ相手方に対し，離婚の訴えを提起することができます。民法は裁判上の離婚原因として，①配偶者に不貞な行為があったとき，②配偶者から悪意で遺棄されたとき，③配偶者の生死が3年以上明らかでないとき，④配偶者が強度の精神病にかかり，回復の見込みがないとき，⑤その他婚姻を継続し難い重大な事由があるとき，の5項目を規定しています。

　判決離婚は，民法の定める離婚原因に基づいて家庭裁判所の判決で離婚が認められた場合で，判決の確定によって離婚が成立します。

　和解離婚は，離婚訴訟手続中に，判決には至らずに裁判所を介した双方の協議で離婚する旨の合意ができて離婚する場合で，和解調書に離婚する旨記載することによって成立します。

　認諾離婚は，離婚訴訟の被告が原告の離婚請求を認めた場合で，認諾調書に離婚請求を認諾した旨が記載されることによって成立します。ただし，親権者の指定や，離婚に伴う財産分与等の附帯処分成立についての裁判が必要ではない場合に限られます。

【2】　離婚調停の申立て

Ⅰ　申立てについて

　協議離婚の合意ができない場合，また双方に離婚の意思はあるが，親権者の指定や養育費，財産分与など離婚に関わるその他の条件について協議が成

立しない場合に，離婚を望む夫婦の一方又は双方は，家庭裁判所にそれぞれを相手方として，夫婦関係調整（離婚）調停を申し立てることになります。

調停申立ての定型書式は，円満にも離婚にも（内縁の場合にも）使える同一の書式の「夫婦関係等調整調停申立書」となっており，事件名として円満調停か離婚調停かを記載するようになっています。

裁判所の管轄は，相手方の住所地，又は双方が合意で定める家庭裁判所です（法245Ⅰ）。

申立ての趣旨としては，離婚すること，及び未成年の子がいる夫婦については，親権者を誰にするか，面会交流の時期，方法の定めについてや，子の養育費の支払者と金額について申立人の要求を記載することになります。また，夫婦財産の分与請求や離婚時年金分割の請求をします。不貞や暴力・遺棄など一方の配偶者の責任による離婚だとして慰謝料の支払を求めることもあります。

申立ての理由としては，所定の書式には同居・別居の時期と申立ての動機の記載欄があり，性格が合わない，異性関係，暴力など13項目に○や◎をつける形式になっています。

申立書は相手方に送付ないし交付されますので，相手方には申立人の主張の概要は伝えられることになります。その他に申立書を補充するものとして，別紙で所定の事情説明書があり，夫婦間に未成年の子がいる場合は，子についての事情説明書を提出することになります。これらの事情説明書は相手方には送付はしないが相手方の申請があれば閲覧やコピーが許可されて開示されることがあるとの注意書きがあります。

所定の補充書に限らず，結婚生活の経緯や夫婦関係に生じた事情，離婚申立てに至った経過や理由，解決案の意見など，調停の進行や調停委員会の理解に資するために，申立時ないし予め期日前に書面を提出しておくことも検討しましょう。

Ⅱ 申立てにおける離婚事由

離婚調停は訴訟と違って相手方との話合いの場であり，離婚を強制するものではありませんから，申立てに際しては，必ずしも法律上の離婚原因は必要ではありません。離婚調停において離婚を求める理由は多種多様です。

しかし，調停のその後の成行きによっては，離婚訴訟の提起なくして紛争の解決はできない場合もありますので，申立てにあたって手続代理人としては，法律上の離婚原因を常に念頭に，当事者から事実を聴取して問題点を把握しておく対応が必要です。

また，相手方にとっては意に反する離婚の請求であったり，離婚の意向は双方当事者にあるとしても，紛争の争点が離婚に伴う子の親権や養育に関わる事項，養育費，財産分与，年金分割などの諸条件であることがあります。経済的な問題，すなわち結婚生活に関わる当面の費用（婚姻費用）や婚姻中に形成された夫婦財産の分け方などが紛争の重要な背景であることもあります。離婚理由の検討とともに，何が実際当該ケースの争点になるか，に注意することが必要です。

Ⅲ 併行する婚姻費用分担請求調停の申立て

離婚調停の申立てに際し，相手方配偶者から生活費の支払がないなどの場合には，離婚調停の申立てと同時に，あるいはその後調停進行中に，離婚成立時までの生活費の支払を求めて，別途婚姻費用分担請求の調停を提起する必要があります。これは家事事件の分類でいう別表第二事件（法別表第二2項）であり，離婚調停事件とは区別され事件名としては二つになりますが，同じ担当部で併行して同時に進められることがほとんどです。婚姻費用分担について調停で合意できない場合は，調停不成立後は審判手続に移行します。離婚事件において実際のところ婚姻費用分担の申立ては特に経済的に劣勢にある妻側にとっては必須，重要であり，婚姻費用の支払が調停ないし審判によって確保されることが離婚調停や離婚訴訟の当事者の対応に相当程度関わりをもつことがあります。

Ⅳ 調停進行上の留意点

離婚調停事件は，夫婦間の様々な問題を背景に多くの争点が錯綜しがちであり，また感情的になる当事者も少なくなく，子の監護養育に関わり子を巻き込んだ争いになるケースも多々あることから，手続代理人としては，申立て後の調停の進行にあたっては，依頼人当事者の主張のみならず相手方の事実主張にも耳を傾けながら，婚姻生活の実情を把握して依頼人の意向をもとに解決に向けて方針をたて，調停委員会に提示していくことになります。

離婚意思が双方にあるか，離婚の方向でその他の事項や条件を協議することとして調停を進行できるかがまず問題となり，離婚の意思が一方にない場合は，調停は不成立となり，訴訟を検討することになります。

　離婚の意思がある場合，又は離婚意思は明確ではないとしても不成立とはしない場合，併行して親権や面会交流，養育費，財産分与，慰謝料，年金分割等の事項や条件を協議していきます。依頼者との十分な打ち合わせに基づいて，解決に向けた争点整理をします。

　離婚の方向で一致しない場合に，当面別居することとして婚姻費用や子の監護に関する条件を合意して調停を成立させることもあります。この場合は調停前置として離婚訴訟へ，ということにはならないことを当事者に説明し，離婚を望んで申し立てた当事者の意思を十分確認することが必要です。

　離婚理由が配偶者の暴力にある（DV事案）の場合は，手続代理人としてはもちろんのこと，調停委員会の，当事者に対する事情聴取の対応に二次被害などの問題がないようにする配慮が必要です。申立書の住所の記載方法の検討，期日の出席・退席の際の心情と安全への配慮，提出書類のマスキングや非開示請求，などに注意します。

【紙子　達子】

Q72 離婚原因

離婚調停を申し立てることができるのはどのような場合でしょうか。

〔1〕 離婚の種類と離婚原因

Ⅰ 離婚の種類

夫婦は協議により離婚できます（民法763）。この場合，特に理由は求められておらず，双方で離婚を合意して，離婚の届出をすれば離婚の効力が生じます。日本では離婚の9割近くが協議離婚です。

協議で離婚できない場合の離婚の方法として，調停離婚，審判離婚，裁判離婚，和解離婚，認諾離婚があります。

調停離婚は，家庭裁判所の調停手続で当事者同士で話し合い，離婚調停が成立した場合の離婚です。話合いによって離婚に至るわけですから，必ずしも離婚原因はなくてもかまいません。しかし，調停が不調となり，それでも離婚を求める場合には，離婚の訴えを提起することが多いわけですから，多くの場合は離婚原因が存在しているのが実情でしょう。

審判離婚は，調停が成立しない場合で，家庭裁判所が相当と認めるときに調停に代わる審判によって成立する離婚です（法284Ⅰ）。ただその数は多くはありません。

裁判離婚は，判決による離婚で，家庭裁判所が民法に定められた離婚原因の有無を判断して，離婚を認めるか認めないかを決めるものです。離婚原因があるときに限って離婚の訴えをすることができるとされています（民法770Ⅰ）。

和解離婚は，訴訟手続において離婚の合意ができ，和解により離婚する場合です。

認諾離婚は，離婚訴訟において被告が離婚を認めた場合に成立します（人訴法37Ⅰ，民訴法267）。

Ⅱ　裁判離婚の離婚原因

話合離婚の合意に達することができないとき，離婚の訴えにより判決で離婚が認められるには，離婚原因が必要です。

わが国の民法で定められている離婚原因は次の5つです（民法770Ⅰ①～⑤）。

① 配偶者に不貞な行為があったとき。
② 配偶者から悪意で遺棄されたとき。
③ 配偶者の生死が3年以上明らかでないとき。
④ 配偶者が強度の精神病にかかり，回復の見込みがないとき。
⑤ その他婚姻を継続し難い重大な事由があるとき。

なお，裁判所は，①から④までに掲げる事由がある場合であっても，一切の事情を考慮して婚姻の継続を相当と認めるときは，離婚の請求を棄却することができるとされています（民法770Ⅱ）。婚姻関係に回復の可能性がある場合は，必ずしも離婚を認めることばかりが当事者にとって妥当な解決ではなく，請求を棄却することによりやり直しを促すことがあります。

【2】　有責主義と破綻主義

どのような場合に離婚を認めるかということについては，大きく二つの考え方があります。破綻主義と有責主義です。

破綻主義とは，婚姻関係が破綻していると認められれば離婚を認めるもので，そこでは，どちらのせいで婚姻関係が破綻したかということは問われません。

有責主義は，夫婦の一方の有責行為を離婚の原因として認めるものです。

民法の離婚原因のうち，①不貞行為と②悪意の遺棄は有責主義，③3年以上の行方不明と④回復しがたい強度の精神病，⑤婚姻を継続しがたい重大な事由は破綻主義を採用したとされています。

このように民法の規定は，有責主義と破綻主義のミックスですが，近年の傾向は破綻主義を徹底する方向に向かっているといわれています。これは，人々の婚姻観の変化に沿うものと考えられますが，わが国が一部の国で行われている徹底した破綻主義に踏み出すのはまだ先のことのように思われます。

I　不貞行為（民法770Ⅰ①）

不貞行為というのは，簡単にいうと相手の浮気です。実際には，婚姻関係にない他の者との肉体的交渉をいうものと扱われています。継続的，一時的を問わず，買春，非買春を問わないとされています。

一回限り又はごく短期間の不貞行為については，婚姻関係が破綻に至ったかどうかで判断することが多いようです。

不貞行為の立証は困難を伴いますが，相手との外泊が立証されれば性的関係があると推認されているようです。

もっとも，不貞行為が認められても離婚の請求が棄却される場合があります（民法770Ⅱ）。有責配偶者からの離婚請求，婚姻破綻後の不貞行為，婚姻の破綻が認められない場合，やり直しが相当と認められる場合，原告の宥恕，などです。これらの場合には，不貞行為があったとしても，離婚を認めるまではなく，婚姻の継続が相当とされるわけです。

II　悪意の遺棄（民法770Ⅰ②）

悪意の遺棄とは，婚姻継続に対する意思をもたず，破綻を容認して，同居・協力扶助義務を怠っている場合をいいます。

典型的なのは，出ていったまま帰ってこないとか，生活費を全く負担しない，配偶者として扱わず，別居せざるを得ないように仕向けるなどして別居に至らせる，などの場合です。悪意が必要ですが，行為から悪意が推認される場合には黙示でも認められます。

それほどひんぱんに見られる離婚原因ではありませんが，独立した離婚原因となります。

III　生死が3年以上明らかでないとき（民法770Ⅰ③）

生死不明とは，生存も死亡も確認できない状態です。めったにない類型ですが，これも離婚原因となります。

IV　強度の精神病で回復の見込みがないとき（民法770Ⅰ④）

強度の精神病とは，夫婦の協力・扶助義務を果たすことができないような状態に達したものをいうとされています。

回復の見込みがあれば認められません。

この類型の離婚は簡単には認められておらず，強度の精神病で回復の見込

みがない場合であっても，病気の方の今後の療養，生活等についてできる限りの具体的方策を講じ，ある程度その人の生活のめどがつかなければ離婚は許されないという判決（最判昭33・7・25民集12巻12号1823頁）があり，この考え方は基本的に維持されています。精神病の妻の実家に経済力があり，夫が裕福でないという理由で離婚を認めた判決（最判昭45・11・24民集24巻12号1943頁）もありますが，これも同様の枠組みを維持しています。

もっとも実際問題として，精神病の夫や妻を誰がみるべきなのかというのは困難な問題であり，離婚を求める人にあまりに過大な要求をするかのような考え方には批判もあるところでしょう。

V 婚姻を継続しがたい重大な事由があるとき（民法770 I ⑤）

(1) 意　義

5号の婚姻を継続しがたい重大な事由については，破綻主義の一種であると考えられています。すなわち，夫婦関係が破綻して回復の見込みがない場合です。

なお5号には民法770条2項の適用がありません。そもそも婚姻を継続しがたい重大な事由の判断にあたっては，一切の事情を考慮しているため，5号自体が2項の趣旨を包含しているからです。

(2) 類　型

婚姻を継続しがたい重大な事由にあたるものとしては判例上，次のようなものが認められています。

① 性格の不一致
② 配偶者の特異な性格
③ 愛情の喪失
④ 暴行・虐待
⑤ 配偶者に対する重大な侮辱
⑥ モラルハラスメント
⑦ 扶助協力義務の不履行
⑧ 3年以下の所在不明
⑨ 性的不能
⑩ 性生活の異常

⑪　セックスレス
⑫　配偶者の受刑
⑬　疾病・身体障害
⑭　宗教上の問題
⑮　配偶者の父母や親族との不和　　等

　いずれも，夫婦関係においては重大な対立を招く事項であり，それによって婚姻関係が破綻したときには離婚が認められています。特に一方に責任が大きいときには，慰謝料請求が認められることがあります。

(3) 長期間の別居

　長期間の別居が5号の離婚原因にあたるかということは長年議論されてきました。別居が5年に及べば，その理由のいかんを問わず離婚を認める方向に民法を改正しようという案が何度も提案されていますが，実現していません。これは身勝手な理由で結婚生活にピリオドを打とうとする者の主張を認めれば，別居されてしまった方はなすすべがなく，そんな身勝手を許すべきではない，という反対が根強いからです。

　しかし，近年は，長期間の別居を，婚姻を継続しがたい重大な事由に加味して考えているのが実情といえます。別居も3年に及べば，性格の不一致や愛情の喪失等とあいまって婚姻を継続しがたい重大な事由があるとみる余地もあると思われます。

(4) 有責配偶者からの離婚請求

　5号は破綻主義に立脚する規定ですが，夫婦関係が破綻していても，その破綻を招いた本人（有責配偶者といいます）からの離婚請求は容易には認められません。これは有責配偶者からの離婚請求として，別の配慮が必要です（Q73参照）。

【兼川　真紀】

Q73 有責配偶者からの離婚請求

有責配偶者からの離婚が認められるのはどのような場合でしょうか。

【1】 離婚原因

　夫婦は協議により離婚できます（民法763）。この場合，特に理由は求められておらず，双方で離婚を合意して，離婚の届出をすれば離婚の効力が生じます。日本では離婚の9割近くが協議離婚です。
　離婚を求めて調停を申し立てたとき，相手方がこれに応じてくれれば離婚が成立します。しかし，調停によっても離婚の合意ができなかったとき，離婚を希望する一方の配偶者は，離婚訴訟を提起して離婚を求めることになります。
　民法は，離婚原因を法定しており，離婚原因がある場合に限って判決により離婚が可能です。わが国の民法で定められている離婚原因は次の5つです（民法770Ⅰ①～⑤）。

① 配偶者に不貞な行為があったとき（民法770Ⅰ①）。
② 配偶者から悪意で遺棄されたとき（民法770Ⅰ②）。
③ 配偶者の生死が3年以上明らかでないとき（民法770Ⅰ③）。
④ 配偶者が強度の精神病にかかり，回復の見込みがないとき（民法770Ⅰ④）。
⑤ その他婚姻を継続し難い重大な事由があるとき（民法770Ⅰ⑤）。

【2】 有責配偶者からの離婚請求

　民法770条1項5号の「婚姻を継続し難い重大な事由」は，離婚原因としては抽象的で，夫婦関係の破綻により，離婚を認める破綻主義の考えを採用したものといわれています。
　しかし，自らの行為により，夫婦関係を破綻させた本人が，婚姻生活の破綻を主張しても，なかなか離婚は認められていません。

これが，有責配偶者からの離婚請求の問題です。

I 有責配偶者とは

破綻に責任のある配偶者を「有責配偶者」といっています。典型的なのは有責の原因が不貞行為の場合です。一方の配偶者が不貞行為をしていたりとか，ほかに好きな人ができて別居してしまったりして，配偶者との婚姻関係が破綻してしまったとき，不貞行為をした方は有責配偶者です。

II 消極的破綻主義

裁判所は，長く，有責配偶者からの離婚請求を認めませんでした。昭和27年の古い判決（最大判昭27・2・19民集6巻2号110頁）では，愛人を作ってしまった夫からの離婚請求は許されないとしました。これは，自ら夫婦関係を破綻させておきながら離婚の主張が認められれば，いわゆる「追い出し離婚」を肯定することになり，クリーンハンドの原則に反するということが根拠となっています。

このように，夫婦関係が破綻していても，有責配偶者からの離婚請求を認めない立場を消極的破綻主義とか相対的破綻主義といいます。

III 消極的破綻主義の変容

しかし，近年は，いくら有責配偶者といっても，夫婦が互いへの愛を基礎として形成されるべきものとすれば，実質の失われた夫婦関係から一切の離脱を許さないというのは行きすぎであるとして，破綻主義を徹底する考え方も受け入れられるようになってきました。

このような社会の変化も背景に，最高裁は昭和62年に有責配偶者からの離婚請求を認容しました（最大判昭62・9・2民集41巻6号1423頁）。もっとも，何の留保もつけずに有責配偶者からの離婚請求を認容したわけではなく，離婚請求は，信義誠実の原則による制限を受けることを前提としつつ，5号は，有責配偶者からの離婚請求を一切否定するものではないことを明らかにしたのです。

この裁判は，同居期間13年に対し，別居期間が36年に及ぶ夫婦につき，①相当長期間別居し，②夫婦間に未成熟子がおらず，③相手方が離婚により，精神的・社会的・経済的に極めて過酷な状況におかれるなど離婚請求を許容することが著しく社会正義に反するといえるような特段の事情がないような

場合には，有責配偶者からの離婚請求を認容することができるとしました。

Ⅳ 判例の発展

さらに平成2年には，別居期間が8年のケースで，離婚を認め（最判平2・11・8裁判集民161号203頁），平成6年には4人の子どもの末子がまもなく高校を卒業する年齢に達している事案でも，離婚を認めました（最判平6・2・8裁判集民171号417頁）。

これらの判例は，個別の事件に対する判断であり，必ずしもすぐに一般化できるものではありませんが，一般的に①別居期間・同居期間の対比，②未成熟の子の存否とその福祉，③離婚により配偶者にとってより過酷な状況が生じるか——等を総合的に考慮して，信義則に照らしつつ，離婚を許容すべきかどうかを具体的に判断するようになっています。

また，別居期間中誠実に婚姻費用を負担してきたか，一定程度の金銭的な補償等がなされているか，なども判断材料とされています。

【3】 調停申立てにあたっての留意点

有責配偶者からの離婚請求は，訴訟においては容易に認められるわけではありませんが，有責配偶者にもまた人生がある以上，調停の申立てをためらうべきだとまではいえないように思われます。

有責であったとしても，子どもが大きくなり，その養育費支払なども誠実にして，配偶者の生活にも配慮しているような実態があれば，調停の申立てにより離婚の道を探るのもあながち無理なこととは思われません。

有責配偶者であったとしても，離婚請求が認められるための条件をクリアしながら，一方当事者の生活と，自らの生活のバランスを考えて離婚調停をすすめるべきでしょう。

【兼 川 真 紀】

Q74 内縁関係調整調停

婚姻の届出をしないまま長年夫婦として暮らしてきたけれども，その関係を解消したいとき，調停を利用できるでしょうか。手続を教えてください。

〔１〕 内縁関係調整調停とは

Ⅰ　内縁関係とは

事実上の夫婦関係を内縁関係といいます。

婚姻の意思があり，実質的に夫婦として共同生活をしているが，婚姻の届出をしていない場合に内縁関係と認められます。

内縁関係には，婚姻の届出をしていないだけで全く普通の夫婦と同じ生活をしている場合もあれば，双方あるいは片方に法律上の配偶者がある重婚的内縁関係といわれる場合もあり，その関係はさまざまです。

Ⅱ　内縁関係調整調停事件の性質

内縁関係に関する事件は，家庭に関する事件として家事調停の対象となります（法244）。内縁関係について解消したり，調整したりするために，内縁関係調整調停を利用できます。もちろん円満調整を求めることもあります。内縁関係調整調停では，内縁関係の解消・円満調整をはじめ，関係解消に際しての財産分与や慰謝料についても話し合うことができます。

内縁関係調整調停は，人事訴訟の対象にはならず，最終的には訴訟で決着をつける一般調停事件として取り扱われます。調停前置主義の適用を受けるので，訴訟提起前に家事調停を申し立てることが必要です（法257Ⅰ）。

調停の申立てをせずに訴えを提起した場合，受訴裁判所は，原則としてその訴訟事件を家庭裁判所の調停に付すことになります（法257Ⅱ）。

【2】 内縁関係の法律関係

Ⅰ 内縁関係の法的効果
(1) 準婚関係の保護
　内縁関係は，実質上の夫婦関係ですから，「準婚関係」として，できる限り法律上の婚姻と同じ効果が認められ，同居・協力扶助義務（民法752），婚姻費用分担の義務（民法760），日常家事債務の連帯責任（民法761）等が生じます。しかし，氏の変更（民法750）や未成年者の婚姻擬制（民法753），配偶者としての相続権（民法890）など，内縁関係の当事者内での権利義務にとどまらない規定については効力が生じません。
　内縁の夫婦間の子は嫡出子とはならず，父子関係は認知によってしか生じませんし，その場合でも父母の共同親権は生じないなど，法律婚と同じ効果が付与されるわけではありません。

(2) 社会立法上の保護
　内縁関係は，従前より社会立法上の保護は受けています。労働基準法施行規則における婚姻の届出をしていなくても事実上婚姻と同様にある者を法律上の配偶者とみなす規定をはじめ，健康保険法，失業保険法，国家公務員共済組合法等の社会立法において保護されています。

Ⅱ 内縁関係の解消とその保護
　内縁関係は，一方の死亡，当事者双方の合意によって解消しますが，法律婚と異なり，一方当事者の意思表示や同居拒否などの事実行為によっても解消します。
　内縁関係はその成立において，一定の効果を付与されますが，内縁関係解消においても当事者の保護が図られています。内縁関係解消に伴い，さまざまな紛争が生じますが，これらの紛争は，いずれも調停における話合いのテーマとなります。

(1) 損害賠償
　内縁関係の解消に対し，一方当事者に帰責事由があって損害が生じた場合，離婚と同様に，損害賠償を請求できます。当事者に帰責事由がある場合として，不貞行為，同居・協力義務違反，婚姻費用分担義務違反等があります。

損害としては，財産上の損害，精神的損害のいずれも考えられます。
(2) 財産分与
　内縁関係の解消においては，財産分与の規定（民法768）が類推適用されます。財産分与の請求は，家事事件手続法39条の別表第二に掲げる事項として第二事件ですので，家事審判の対象となり，調停不成立の場合は審判手続に移行します。
　なお，一方当事者の死亡によって内縁関係が解消に至ったとき，死亡した当事者の相続人に財産分与を求め得るかということが問題になりましたが，平成12年に最高裁によって否定されています（最判平12・3・10民集54巻3号1040頁）。
(3) 年金分割
　年金分割は，内縁関係にも適用があります（Q78参照）。
　(a) 3号分割　3号分割は，平成20年4月1日以降に事実婚の関係が解消された場合にも適用されます。
　(b) 合意分割　合意分割は，法律婚の関係だけでなく，事実婚が解消された場合にもできます。この場合，次の要件が必要です。
① 当事者の一方が，他方の被扶養配偶者として国民年金の第3号被保険者である期間があること。
② 当該当事者が第3号被保険者の資格を喪失し，かつ，事実婚関係が解消したと認められる場合であること（及びこの事実が平成19年4月1日以降生じたこと）。
Ⅲ　重婚的内縁関係
　重婚的内縁関係とは，内縁関係にある当事者の一方又は双方に配偶者がある場合をいいます。この場合，内縁関係といい得るには，重婚的状態にあるだけではなく当事者が法律婚にある配偶者との婚姻関係が事実上の離婚状態にあることが必要とされています。
(1) 重婚的内縁関係の効力
　重婚は禁止されているので（民法732），その趣旨を踏まえて，重婚的内縁関係を準婚として保護するのかが問題となります。実際には，競合する法律婚とのバランスの上で解決を目指しているといえるでしょう。

(2) 重婚的内縁関係における当事者保護

重婚的内縁関係調整調停として争点となるのは，重婚的内縁関係の解消に伴う財産分与，慰謝料請求が中心です。競合している法律婚の配偶者から婚姻費用分担請求を受けた場合，内縁関係の配偶者の生活費等を控除できるか，重婚的内縁関係の当事者の一方が死亡したときの他方当事者の居住問題，重婚的内縁関係の一方当事者が事故死した場合の他方の損害賠償請求なども問題となり得ますが，内縁関係調整調停において争点となることは少ないでしょう。

(3) 慰謝料請求

重婚的内縁関係の解消の際の慰謝料請求は，内縁関係の当事者同士の問題として，内縁関係の解消の際の慰謝料請求と同様に考えることができます。

(4) 財産分与

重婚的内縁関係の解消に伴う財産分与も，これを実質的共有財産の清算であるととらえると，重婚的内縁関係を準婚とみて，これを肯定することになります。したがって，調停としては，内縁関係における財産分与と同様になります。

(5) 離婚時年金分割

離婚時の年金分割は，事実婚にも適用されますので，重婚的内縁関係の場合でも，被扶養者であった期間については一方の当事者が年金分割を請求することができます。

なおこの場合，法律婚をしている当事者が離婚する場合には，重婚的内縁関係にある当事者が被扶養者として第3号被保険者であった期間又は法律婚の配偶者が第三者の被扶養者として第3号被保険者であった期間は，合意分割の対象期間から除くこととされています（厚生年金規78の2Ⅰ但書）。

【3】 調停の手続

内縁関係を解消する場合，法律婚の関係にある夫婦と同じように考えられる場合も，民法の離婚の規定がそのまま適用されるわけではありません。また，重婚的内縁関係では法律婚の関係にある配偶者との間で紛争を生じている場合も多く，解決は困難になりがちです。実際の調停では，円満調整調停

の申立てよりも解消に伴う慰謝料請求や財産分与の調停が多くなっています。

Ⅰ　申立て
(1)　申立書
申立ては書面により行います（法255Ⅰ）。

申立人は，申立書及び事情説明書を提出します。財産分与の申立ても含まれれば，財産に関する資料（不動産登記事項証明書，固定資産評価証明書，預貯金の通帳や残高証明書等）を提出します。

年金分割の申立てもするのであれば，年金制度ごとの年金分割のための情報通知書が必要になります。

申立書には，申立ての趣旨，申立ての理由を記載し，財産分与を求める場合には財産目録（不動産の所在，現預金，株式等を目録にしたもの）を添付します。これは，相手方にも送付され（法256Ⅰ），調停申立ての概要は，調停が始まる前に相手方に明らかになります。

調停の申立てにあたっては，事情を調停委員会に理解してもらうことも必要なので，事情説明書に申立ての動機，予想される対立点，申立てに至った事情等を記載します。事情説明書は，相手方には送付されませんが，場合によっては閲覧・謄写の対象となりますので配慮が必要です。

(2)　管　轄
管轄は，相手方の住所地の家庭裁判所又は当事者が合意した家庭裁判所になります（法245Ⅰ）。

Ⅱ　相手方の対応
相手方は，答弁書，必要資料を提出します。

Ⅲ　書類の非開示
当事者が提出する書面の非開示を希望する場合には，書類ごとに非開示の希望に関する申出書を作成して添付します。

Ⅳ　調停進行上の留意点
内縁関係に関する事件においては，第一に，当事者の関係が内縁関係と認められるかどうかが重要です。いわゆる愛人関係では内縁関係とはいえず，社会的に夫婦としての生活の実態がある場合に内縁関係と認められます。また，重婚的内縁関係と認められるためには，法律婚が実質的に破綻している

必要があり，そうでない場合には内縁関係として保護されるのは難しいといえます。内縁関係に至った経緯等については，十分な主張が必要でしょう。

　実際の事件としては，内縁関係調整調停事件では，円満調整よりは解消に伴う調整の申立ての方が多くなっているようです。

　内縁関係の解消については，婚姻届を出していないという点のみで法律婚と異なる場合は通常の離婚と同様に考えることができることもありますが，一方又は双方に配偶者がおり，離婚ができないなどの事情で内縁関係を継続しているような場合には，法律婚の配偶者の利害が関係してきたり，子どもをめぐる問題が生じているなど，関係が複雑となって，精神的な葛藤を抱えていることも多く，調整も困難になりがちです。通常の離婚以上に，広い視野をもって，関係を調整する努力が必要となるといえるでしょう。

Ⅴ　調停手続の終了

　調停は，他の家事調停と同様，①調停成立，②調停不成立，③取下げ，④調停をしない措置，⑤当然終了，⑥調停に代わる審判，で終了します。

　調停が不調になった場合，慰謝料請求の場合は，民事訴訟手続で解決することになります。財産分与の請求については，⑥調停に代わる審判がなされたが異議が出て認められた場合や④調停に代わる審判がなされず，調停をしない措置がとられた場合，審判に移行し（調停に代わる審判がなされた場合（法286Ⅶ），調停に代わる審判がなされなかった場合（法272Ⅳ）），財産分与の審判により解決することになります。

Ⅵ　記録の閲覧・謄写

　内縁関係調整調停事件は原則として一般調停事件なので，調停手続においては当事者の閲覧謄写は相当と認める場合に許可されます（法254Ⅲ）。

　調停のうち財産分与の部分は，第二事件なので，審判移行した後，当事者が閲覧・謄写の請求をした場合には，手続追行の機会保障のために，例外的に不許可とする事由にあたらない限り，原則として許可されます（法47Ⅲ・Ⅳ）。

【兼川　真紀】

Q75 離婚調停に伴う付随調停事項

離婚調停を申し立てるつもりですが，子どもの今後のことなども一緒に決めたいと思います。そのような調停ができるでしょうか。

〔1〕 離婚とともに解決すべき課題

離婚にあたっては，いろいろな決めごとが必要となります。例えば，未成年の子どもがいれば，どちらが育てるか，その費用負担はどうするか，離婚後子どもが一緒に暮らさない親とどのように会うことにするか，財産をどう分けるのか，慰謝料はどうするか，などです。

単に離婚について合意しただけでは，これらのことは決まりませんので，話し合う必要が生じます。調停でも，離婚だけでなくこれらのことについて話し合うよう求めることができ，これを付随調停事項といいます。

〔2〕 付随調停事項の種類

付随調停事項には，次のようなものがあります。
① 未成年の子の親権者指定（民法819）
② 子の養育費（民法766）
③ 面会交流（民法766）
④ 財産分与（民法768）
⑤ 慰謝料（民法709）
⑥ 年金分割（厚生年金保険法等）

〔3〕 付随調停事項

付随調停事項は一般に，離婚にともなって決めておいた方がよい事項ですが，なぜこれらの事項が付随調停事項なのでしょうか。この点を考えるために，前提として，家庭に関する事件の種類を見てみます。

I　家庭に関する事件の種類
(1)　一般調停事件
　家庭裁判所における一般調停事件は，最終的に訴訟で解決すべき事件に関して提起された調停事件です。
　具体的には，
①　人事に関する訴訟事件（例えば離婚，離縁等）（人訴法2条）
②　その他一般に家庭に関する事件のうち民事訴訟を提起することができる事件で家事事件手続法39条別表第一に掲げる事項についての事件（第一事件）を除く事件（例えば離婚慰謝料請求や親族間の金銭貸借等）（法244）

であり，これらには調停前置主義の適用があります（法257）。
(2)　第一事件
　第一事件とは家事事件手続法39条別表第二に掲げる事項についての事件ですが，後見，遺言の検認，氏の変更等，対立当事者がなく，当事者の合意による任意処分は考えられず，国家の後見的作用として行われているものをいいます。当事者の処分が考えられていませんので調停の対象とはなりません。
(3)　第二事件
　第二事件とは家事事件手続法39条別表第二に掲げる事項についての事件，例えば婚姻費用分担，財産分与，年金分割，子の監護に関する処分等は，最終的には家事審判によって判断されます。原則として，家族の間で解決することが望ましい事件であり，調停に適しており，やはり調停の対象となります（法244）。
　第二事件は，民事訴訟の提起ではなく，審判で解決することが予定されていますから，調停を経ずに家事審判の申立ても可能です。もっとも第二事件も調停で解決されることが多いといえます。
(4)　その他の事件
　一般調停事件でもなく，第二事件でもなく，調停が観念できない第一事件でもない家庭の問題というものも存在します。これは，例えば，離婚後の当事者間での荷物の引渡し，離婚後の当事者の関係調整等，こまごまとしているものの，当事者同士ではなかなか処理できないといった類いの事件です。当事者では解決できないとしても，本来は当事者間で処理すべき事件ですか

ら，調停の対象となります。

Ⅱ 付随調停事項の性質

このように見てみると，付随調停事項は，上記の家庭に関する事件の種類の中では，第二事件であることがわかります。第二事件としていきなり審判の申立てをすることもできます。しかし，離婚だけ成立しても子どものことや財産分与が決まらないと困るように，子どものことや財産分与だけ審判をもらっても，離婚ができなければ困るわけで，第二事件はできるだけ，離婚と一緒に解決するのが望ましい事項です。

したがって，多くの場合，離婚調停と同時に調停が申し立てられ，離婚の話合いと一緒に解決が図られていきます。

【4】 調停の手続

Ⅰ 申立て

(1) 申立書

申立ては書面により行います（法255Ⅰ）。

裁判所の申立用紙では，これらの付随調停事項は，離婚の調停申立用紙の「申立の趣旨」の欄に，書き込めるようになっています。例えば養育費，財産分与，慰謝料等については，具体的な金額を書くこともあれば，相当額と書くこともあります。

付随調停事項は，そもそも第二事件が主体なので，審判になれば裁判官が金額を決めることになります。慰謝料は，第二事件ではありませんが，訴訟になれば当事者の求めた範囲内で裁判官が判断することになります。

そのことが，「相当額」という一般的な記載方法も可能にしているといえるでしょう。

事情説明書や，添付書類は，それぞれの調停を申し立てるときと同様です。戸籍謄本や年金分割のための情報通知書を添付します。

付随事項によって，夫婦の財産に関する資料（不動産登記事項証明書，固定資産評価証明書，預貯金の通帳や残高証明書等）等を，提出します。

(2) 管 轄

調停の管轄は，離婚の申立てと同様です。

Ⅱ　相手方の対応

相手方は，答弁書，必要資料を提出します。

Ⅲ　調停進行上の留意点

付随調停事項の条件があわずに離婚の合意が成立しないということはよくあることです。付随調停事項は，付随とはいうものの，離婚の重要な要素だからです。

離婚調停が成立せず，離婚訴訟に移行することとなれば，付随調停事項は慰謝料を除き，子の監護者の指定その他の子の監護に関する処分，財産分与，年金分割は，申立てにより付帯処分として裁判所の判断に委ねられます（人訴法32Ⅰ）。

慰謝料は，不法行為に基づく損害賠償請求（民法709）ですが，関連請求として人事訴訟と同時に訴えを提起することができます（人訴法17）。

このように付随調停事項は，離婚訴訟における付帯処分，関連請求として訴訟の対象となります。

【兼川　真紀】

Q76 離婚後の紛争調停

私たち夫婦は離婚しました。引越し先で落ち着くまで，荷物をそのままにさせておいてもらいたい，後日引き取らせてもらいたいといわれ，了解しましたが，離婚後１年が経過して，何度連絡しても荷物を引き取ってくれません。そろそろ気持ちの整理をつけて再出発したいと思いますが，話し合う方法はあるでしょうか。

〔１〕 離婚後の紛争調停とは

Ⅰ 離婚後の紛争

　離婚の際には，あわせて財産分与，慰謝料，親権者の指定，養育費，面会交流，年金分割の合意などをすることが多いと思います。
　未成年の子どもがいて，親権者が決まらない場合，離婚届が受理されませんから，調停等をして子の監護をどうするかを決めることになりますが，その他については，離婚時に決まっていなくても離婚はでき，財産分与，慰謝料，年金分割については，期間の制限はありますが，離婚後請求することができます。これらは，離婚に伴う付随調停事項として，離婚とあわせて話し合われますが，調停で合意できなければ慰謝料については不法行為に基づく損害賠償として民事訴訟で，その他のものについては審判手続で決着することになります。
　しかし，離婚は，夫婦や家族の歴史を解消するわけですから，このような付随調停事項以外にもこまごまとした調整が必要なこともたくさん生じます。また，夫婦のどちらかがほんとうは別れたくなかったというような場合には，ひんぱんに連絡を求めたり，復縁を迫ったりするということもあります。
　離婚後の紛争は，このような，どちらかといえば，細かい，夫婦が関係を解消するときに生じる紛争のことをいいます。
　現実のケースとしては，次のようなものが考えられます。
　① 離婚後の生活に必要な衣類や日用品を引き渡してほしいが応じてもら

えない
② 荷物を引き取ってもらいたいが引き取ってくれない
③ 面会交流で子どもを迎えにきたり送ってきたりするときに，当然のように家にあがりこんでくるのをやめてもらいたい
④ 学校行事の予定を子どもから聞き出して勝手に参加するのをやめてもらいたい
⑤ 子どもの通学路で待伏せをして，食事に連れ出すのをやめてもらいたい
⑥ 復縁を迫られて困っている
⑦ メールを頻繁に送られて困っている
などです。

Ⅱ 離婚後の紛争調停

　離婚後の生活に必要な衣類その他の荷物の引渡しを求める場合や，前の夫が復縁をせまって前の妻の住居を訪問することから紛争が生じている場合など，離婚後の紛争について当事者間の話合いがまとまらない場合や話合いができない場合には，家庭裁判所の調停手続を利用することができます。

　離婚後の紛争が生じている場合，当事者を裁判所が呼び出して，問題点を話し合うことになります。当事者同士ではうまく話ができなかったという場合など，第三者が入るだけで比較的スムーズに話がまとまるということもあります。

　また，復縁を迫られている場合などは，相手方に拒絶の意思を明確に伝えることで，問題が解決することもあります。

　もっとも，訴訟手続や審判手続が背後に控えているというタイプの事件ではありませんので，調停が成立しても努力義務が定められるだけということもあり得ます。それでも，何らかの取決めがなされることには意味があるといえます。

〔2〕 調停の手続

Ⅰ 申立て

(1) 申立書

申立ては書面により行います（法255Ⅰ）。

申立ての趣旨，理由を記載します。

添付書類は特にありません。

(2) 管轄

調停の管轄は，相手方の住所地を管轄する家庭裁判所又は当事者が合意したところとなります。

Ⅱ 相手方の対応

相手方は，答弁書等を提出します。

Ⅲ 調停進行上の留意点

次のステップが明確でない手続だけに難しさもあります。

申立てにあたっては，どういうことで困っているかということを丁寧に説明し，問題解決を目指しましょう。

【兼川　真紀】

Q77 財産分与調停

離婚の届出はしたけれども，財産分与が終わっていないというような場合で，調停を利用したいと思います。財産分与調停とはどのようなものでしょうか。

【1】 財産分与調停とは

Ⅰ 財産分与請求権

　協議離婚した者の一方は，相手方に対して財産の分与を請求することができます（民法768Ⅰ）。当事者間で，協議が整わないときや協議ができないときは，家庭裁判所に対し，協議に代わる処分を請求することができます（民法768Ⅱ）。

　この財産分与請求権は，離婚の時から2年で消滅します（民法768Ⅱ）。

Ⅱ 財産分与の協議に代わる処分の性質

　財産分与の協議に代わる処分は，家事事件手続法39条の別表第二に掲げる事項（以下「第二事件」といいます）であって，家事審判の対象となる事件です。第二事件は，最終的に審判で決着をつけることが予定されている事件であり，人事訴訟法2条の人事訴訟をすることができる事項ではないので，調停前置主義（法257）の適用を受けません。

　しかし，当事者の協議によって解決することが期待されることから，家庭に関する事件として家事調停の対象となっています（法244）。

　したがって，財産分与に関しては，家事調停の申立てが可能です。また家事調停を申し立てず，直接家事審判の申立てがなされた場合や，家事調停が不調となって審判手続に移行した場合でも，家庭裁判所は当該家事審判事件が係属している間，いつでも職権で事件を家事調停に付すことができます（法274Ⅰ）。

【2】 財産分与の性質

財産分与には3つの要素があるとされています。①清算的財産分与，②扶養的財産分与，③慰謝料的財産分与です。さらに，④未払婚姻費用の精算も財産分与の中で考慮されることがあります。

I 清算的財産分与

これは，婚姻中に形成した財産（夫婦共有財産）の清算としての財産分与です。

(1) 夫婦共有財産

(a) 積極財産 夫婦の協力によって得た財産は，夫婦共有財産であり（民法762Ⅱ），清算的財産分与においては，財産形成の寄与の程度に応じて清算されることになります。

夫婦が協力して得ていれば夫名義でも妻名義でも名義にかかわらず夫婦共有財産であり，子どもの名義のものも同じです。

対象となる財産の主たるものは次のようなものです。

① 現金
② 預貯金
③ 株式等金融資産
④ 不動産
⑤ 保険解約返戻金
⑥ 動産

将来の退職金については，その実現可能性から争いはありますが，近い将来支給される蓋然性が高いときは財産分与の対象とするのが一般的であり，支給時期が近い将来ではなくても退職金規程が整っている場合には，婚姻期間に相応する分は財産分与の対象となるという考えも有力です。

(b) 消極財産 夫婦の債務も，財産分与の請求にあたっては考慮されます。住宅ローンがその典型です。

これに対し，個人的な債務は考慮されないのが一般的であり，むしろ夫婦の一方がもう一方に無断でその収入を債務の返済にあてていた場合などは，婚姻費用の負担の問題として清算の対象となる可能性があります。

(2) 対象財産の確定・評価の基準時

　対象財産を確定する時期は、原則として別居時とされています。もっとも基準時を合意することは可能です。

　これに対し、対象財産の評価の基準時は、原則として調停成立時（審判であれば審判時、離婚裁判であれば口頭弁論終結時）となります。

(3) 特有財産

　婚姻前に得ていた財産や、婚姻後でも相続・贈与など夫婦の協力と無関係に得た財産は、特有財産であり（民法762Ⅰ）、夫婦共有財産とはなりません。

　もっとも、例えば特有財産の維持増加について寄与があれば、その維持増加部分について分与の対象とすることができる場合があります。

(4) 清算の割合

　(a)　割　合　　分与の額や方法はさまざまです。各当事者の寄与の程度、婚姻期間、子の数、双方の働き方についての合意の内容、地位、職業、収入、生活水準、婚姻中の相互の協力と扶助の状況等、いろいろな要素を考慮して決まります。

　(b)　2分の1ルール　　もっとも、事情はどうあれ、原則として、夫婦共有財産は夫婦が共有して築いたものと考えるのが原則ですので、夫婦の一方が特別の才能で財産を得たとか財産を維持増加させたなどの特別の事情がない限りは、寄与は平等とするのが一般的です。

　(c)　2分の1ルールが適用されない場合　　これは個別具体的に考えるしかありませんが、夫婦の他方が、自分自身の才覚と努力で夫婦の財産の形成に多大に貢献しているような場合、寄与度が異なることは考えられます。

　また、財産を維持増殖させるにあたって、利殖の才能があったなど、特別の能力を発揮した場合も寄与度に反映することがあります。

Ⅱ　扶養的財産分与

　扶養的財産分与は、離婚にあたって、夫婦の一方があまりに苛酷な状況におかれないように、離婚後の一定期間、援助のようなかたちで、財産を分与するというものです。特に分与すべき財産が見あたらないような場合に考えられることが多いといえます。

　経済的に弱い方に対する一種の援助ですから、金額も多額にはならないし、

給料の一部を渡すような約束をする場合には，期間もそう長くはならないようです。

請求者に特有財産があったり，近い将来就業して収入が見込めるときや，有責配偶者からの請求については認められないことが多いようです。

Ⅲ 慰謝料的財産分与

財産分与の目的は，本来的には夫婦共有財産の清算と離婚後の扶養ですが，財産分与の制度には慰謝料的な請求についても考慮することが含まれていると考えられています。

その結果，財産分与に慰謝料請求が含まれていなかったときには，別個に慰謝料請求ができるし，慰謝料請求を別に求めることが明らかでないときには，財産分与において慰謝料を考慮すべきとされています。

Ⅳ 未払婚姻費用の清算

未払の婚姻費用がある場合には，財産分与においてその清算も考慮されます。

【3】 問題になりやすい事例

財産分与において，財産の確定及び評価は紛争となりやすいところです。

Ⅰ 財産価値に変動がある場合

財産価値に変動がある場合，財産分与は難しくなります。これに債務が加わるとさらに複雑になります。

(1) 不動産購入と住宅ローン

(a) 基本的な考え方 典型的なのは住宅ローンを組んで新築マンションを購入したというような場合です。新築マンションは，購入したとたんに中古となり，マンション自体の評価が下がってしまいます。一方，ローンはしばらくは金利の支払ですので，マンションの価値は下がっているがローンはほとんど残っているというようなことが起こります。

分与の手順としては，次のようになります。
① 不動産の現在価値を査定する。
② 財産分与時の住宅ローンを計算する。
③ 現在価値が住宅ローンを上回っていれば，その差額が分与対象となる。

財産分与は積極財産についてのみ考えれば足りることから、住宅ローンが現在価値を上まわる場合、結局この不動産は無価値であって財産分与の対象とはならないという理解が一般的です。この場合は、差額のローンの負担だけが問題となります。

　(b)　特有財産からの支出がある場合　不動産取得にあたって独身時代の貯金を頭金にした、親に頭金を出してもらった、相続財産で繰上返済をしたなどの事情がある場合はどうなるでしょうか。この場合、人事訴訟の審理などにおいては、頭金の問題は、寄与度として考慮すべきであるというのが一般的なようです。

　しかし、不動産に積極的な価値がある場合には寄与度としての処理で足りるかもしれませんが、オーバーローンで財産分与の対象から外されるような場合には問題を生じるといえます。不動産に関し、何らかの公平な負担を考えないと、不動産については双方が同等の権利をもっているものとして、かつ、財産分与は不要なものとして処理されてしまい、特有財産で当該不動産の取得に貢献した者の負担において、他方が利益を得ることになるからです。これを財産分与というか離婚に伴う利益調整というかはともかく、調整が必要な場面であるといえます。

　その方法としては、例えば、特有財産による負担の全体に対する割合を特有財産による負担をした方の持ち分とした上で残余を共有とすることが考えられるでしょう。細かく考えていけば、維持管理や利用利益の問題などがあり、必ずしもこの考え方だけで処理できるわけではなく、それぞれの事情を加味しなければならないようにも思えますが（さまざまな事情を考慮すればするほどこの場合も寄与分で考える方法に近づくともいえます）、このように割り切って割合的に考える方法もあります。

　このほかにも、親の土地に家を建てたなどいろいろな事情も考えられます。実際の解決方法としては、当該不動産を売却して清算するよりも、どちらかが不動産を引き受ける方が経済的に有利なことも多く、一筋縄ではいきません。このように不動産に関する清算は、複雑化することが多いといえます。

(2)　利殖目的のマンション購入

　利殖目的のマンション購入が流行った時期があります。実際に利殖目的で

マンションを購入したけれども，マンションの価値が下がり，債務超過となった場合はどうでしょうか。これも原則としては，不動産は無価値で，残ローンを2人で負担することになるといえます。利殖目的とはいえ，夫婦で決断したことであり，その結果も引き受けざるを得ないからです。

もっとも，夫が妻に内緒でマンションを買い，名義も自分にしていたときなどはどうでしょうか。夫婦の関係や，財産分与における協議によりますが，マンションもローンも夫のものとするという余地があるようにも思われます。その場合，利殖用マンションですから，家賃収入などはあるでしょうが，収入がローン支払を下回っていたような場合などは，家計からどの程度ローン支払にまわっていたかが問題となる余地があるでしょう。

趣味でヨットを購入したが，価値がなくなってしまった，などという場合も同様の問題が起こり得ます。この場合も，家族でどれだけヨットを楽しんでいたかというようなことも加味して考える以外ないのではないでしょうか。財物購入で得た無形の価値を無視して，財産的価値の低下だけを問題にするのはフェアではないように思われます。もっとも，これが単なる夫の浪費であった場合は，清算の問題が出てくる可能性があります。

II 浪　費

財産分与をしようとすると，夫婦のどちらかに多額の債務があったというようなことはないではありません。どちらかが，消費者金融やクレジットカードでキャッシングを繰り返していたような場合です。

この場合も，その債務の理由が問題になるように思われます。

生活費のために借入れをした場合と，遊興費や浪費のために借入れをした場合では異なるからです。生活費のための借入れは，日常家事債務（民法761）として連帯債務となると考えられます。

もっとも，どこからが生活のためで，どこからが浪費なのかはなかなか線引きが難しく，結局は，その夫婦の生活水準，収入金額等から考えるほかはありません。

【4】 調停の手続

Ⅰ 申立て
(1) 申立書
申立ては書面により行います（法255Ⅰ）。

申立人は，申立書及び事情説明書，離婚時の夫婦の戸籍謄本，夫婦の財産に関する資料（不動産登記事項証明書，固定資産評価証明書，預貯金の通帳や残高証明書等）を提出します。

申立書には，申立ての趣旨，申立ての理由を記載し，財産目録（不動産の所在，現預金，株式等を目録にしたもの）を添付します。これは，相手方にも送付され（法256Ⅰ），調停申立ての概要は，調停が始まる前に相手方に明らかになります。

調停の申立てにあたっては，事情を調停委員会に理解してもらうことも必要なので，事情説明書に申立ての動機，予想される対立点，申立てに至った事情等を記載します。事情説明書は，相手方には送付されませんが，場合によっては閲覧・謄写の対象となりますので配慮が必要です。

(2) 管　轄
管轄は，相手方の住所地の家庭裁判所又は当事者が合意した家庭裁判所になります（法245Ⅰ）。

Ⅱ 相手方の対応
相手方は，答弁書，必要資料を提出します。

Ⅲ 書類の非開示
当事者が提出する書面の非開示を希望する場合には，書類ごとに非開示の希望に関する申出書を作成して添付します。

Ⅳ 調停進行上の留意点
財産分与調停は，次のように進行するのが一般的です。代理人としては，それぞれの段階で，適切に主張・立証することが必要です。

(1) 財産分与の基準時の確定
財産分与の基準時は原則として別居時になります。別居時点について争いがある場合には，必要な資料を提出して，別居時について主張・立証するこ

とになります。

(2) 財産の開示

双方の名義，子ども名義の財産について，必要な資料を提出し，財産分与の対象財産を確定します。

相手方が対象財産を開示しない場合には，弁護士法23条の2の照会を利用したり，銀行・証券会社等に調査嘱託をするよう申し立てることもあります。

(3) 財産の評価

預貯金等は，通帳の記載や残高証明などで証明することになります。生命保険の解約返戻金は，保険会社の証明書などで明らかにします。株式等の評価の時点は調停成立時になります。

不動産については，固定資産評価証明書，路線価，不動産の査定書等で確定しますが，場合によっては鑑定を行うこともあります。

(4) 財産の確定

特有財産については，それが特有財産であることについて主張し，資料等で証明することになります。

将来の退職金等は争いの生じやすいところですが，支給の蓋然性の有無については説明が必要ですし，勤務先の退職金規程等は資料として提出することになるでしょう。

その上で，財産目録を作成することになります。原則として申立人が作成します。

(5) 寄与度や特別の事情

分与額と分与方法の決定にあたって，寄与度は重要になります。2分の1ルールが原則としても，一方が特別な能力をもっている場合は寄与度が変わることもありますし，相手方の特有財産の維持・増加に特別の寄与をした場合などは，そもそも本来ならば財産分与の対象とならないものも，分与対象になるといえます。

したがって，寄与度や，財産形成にあたっての特別の事情については，十分に主張・立証する必要があります。

(6) 分与額と分与方法の決定

対象財産が確定したら，分与額と分与方法を決定します。

分与額も分与方法も，夫婦によって異なります。一方が他方に金銭を支払って解決する場合，一方が不動産を取得して，相手方に対価を支払う場合，預金や生命保険の名義を書き換える場合等，さまざまな方法が考えられます。

あまり硬直的にならずに柔軟に検討することが必要でしょう。

V 調停手続の終了

調停は，他の家事調停と同様，①調停成立，②調停不成立，③取下げ，④調停をしない措置，⑤当然終了，⑥調停に代わる審判，で終了します。

②調停不成立の場合で，⑥調停に代わる審判がなされたが異議が出て認められた場合や④調停に代わる審判がなされず，調停をしない措置がとられた場合，審判に移行します（調停に代わる審判がなされた場合（法286Ⅶ），調停に代わる審判がなされなかった場合（法272Ⅳ））。

Ⅵ 記録の閲覧・謄写

財産分与調停は，第二事件なので，審判移行した後，当事者が閲覧・謄写の請求をした場合には，手続追行の機会保障のために，例外的に不許可とする事由にあたらない限り，原則として許可されます（法47Ⅲ・Ⅳ）。

【兼川　真紀】

Q78 年金分割調停

離婚の届出をしました。年金分割の合意もしたいと考えていますが話合いがうまく進みません。年金分割調停申立てとはどのようなものでしょうか。

〔1〕 年金分割調停とは

Ⅰ 離婚時年金分割制度

離婚した場合，年金分割の制度があります。

(1) 年金の仕組み

年金には，①国民年金，②厚生年金，③共済年金の3種類があります。

日本国内に住む20歳以上60歳未満の全ての人は国民年金に加入しており，老齢・障がい・死亡により「基礎年金」を受けることができます。

厚生年金は，厚生年金保険の適用を受ける会社に勤務する全ての人が加入しています。共済年金には国家公務員，地方公務員，私立学校職員などが加入しています。厚生年金，共済年金に加入している人は，国民年金の給付である基礎年金に加え，厚生年金，共済年金を受け取ることができます。これらの厚生年金，共済年金は基礎年金への上乗せ部分で，2階建て部分とか報酬比例部分と呼ばれています。

これ以外にさらに3階建て部分として，企業年金等の自主的年金があります。

(2) 年金分割の仕組み

年金分割は，当事者の一方からの請求により，婚姻期間中の厚生年金や共済年金の報酬比例部分（2階建部分）の年金額を算定する基礎となる婚姻期間中の標準報酬月額・標準賞与額について，夫婦間で按分割合を定めて保険料納付を分割して，報酬比例部分の年金額の算定の基礎金額を変更し，年金を分割する制度です。

例えば，夫婦の働き方として一方が家事に専従したり，フルタイムではな

い働き方を選んだ場合，年金は家事に専従したりフルタイムで働かなかった方は少なく，もう一方の方が多く受領することになります。夫婦の収入を一体としてとらえられればいいですが，離婚すると，年金の少ない方が生活に窮することになります。これが問題となって年金分割の制度ができました。

(3) 按分割合の決定

按分割合の決定については，合意分割制度と３号分割の制度の二つがあります。なお，以下は便宜上，厚生年金について説明しています。

(a) 合意分割制度　当事者双方の合意又は裁判手続により定めるものです。

年金の分割割合は当事者で定めることができます（厚生年金保険法78の２）。対象となるのは後述の３号分割の対象とならない期間で，具体的には３号被保険者ではない期間と平成20年４月１日より前の３号被保険者であった期間です。

もっとも，年金分割によって分割前に対象期間標準報酬総額が少なかった者の標準報酬総額をさらに減少させるような分割はできず，分割割合が２分の１を超えることはできません（厚生年金保険法78の３Ⅰ）。

当事者間で合意できない場合には，裁判手続により定めることができます。

なお，合意分割の請求がなされた場合，婚姻期間中に３号分割の対象となる期間が含まれるときは，合意分割と同時に３号分割の請求があったとみなされ，３号分割による標準報酬の分割に加え，合意分割による標準報酬の分割もなされます。

(b) ３号分割制度　３号被保険者とは，２号被保険者（厚生年金保険の適用を受けている事務所に勤務する者）の配偶者で，健康保険の扶養となる人です。

３号分割制度は，３号被保険者について，平成20年４月１日以降，被扶養配偶者として３号被保険者であった期間に当該機関の被扶養配偶者を有する被保険者すなわち３号被保険者の配偶者が負担した保険料は，夫婦が共同して負担したものであると認識し，この期間の分割割合は常に２分の１とするというものです。当事者間の合意や，裁判手続は不要です。

もっとも，婚姻期間に３号分割制度の対象期間と合意分割の対象期間が含まれる場合は，特定期間についてのみ３号分割による年金分割を行うことも

全期間を通じて合意分割を行うことも可能です。

(c) 分割割合の基準　分割割合は，対象期間における保険料納付に対する当事者の寄与の程度その他一切の事情を考慮することになっています（厚生年金保険法78の2Ⅱ）。財産分与が婚姻期間中に形成した財産の分与であるのに対し，年金分割は将来の財産の分与の性質をもっています。したがって，分割割合の決定に関しては，清算的要素を重視するべきです。しかし，それだけでは妥当な解決が図れない場合，慰謝料的要素や扶養的要素も考慮することは否定されていないといわれています。

現実の分割割合は，基本的に0.5と考えられています。これは，婚姻期間中の保険料納付が，夫婦がお互いに協力し合って将来の財産を形成していくものであることから，その寄与度は同等であると考えられることによります。

もっとも，このように寄与度が同等とみられない場合もあるかもしれません。例えば離婚しないまま長く別居して，それぞれが別々の職業をもって働いているような場合，協力し合って保険料納付をしていた期間についてのみ考慮すればいいといえるかもしれません。同じように離婚しないまま長く別居しているケースでも，妻が3号被保険者としてひとりで子育てをしたような場合には，保険料納付への寄与度については別の配慮が必要でしょう。

わが国では，夫が外で働き，妻が専業主婦（3号被保険者）となるというモデルが長く一般的だったこともあって，年金分割は多くの場合，夫の年金額が減少し，妻の年金額が増えるというケースが多いですが，共働きや夫が主夫となる場合などは逆になることも生じます。

また特殊な事例ですが，夫婦で事業を営んでいるような場合で，夫は自営業者として国民年金しか負担しておらず，妻だけが給与所得を得ていた場合，年金分割をすると，妻から夫に年金を分割することになります。この場合，夫婦の働き方，将来の所得保障のあり方について，お互いがどう考えていたかということによって分割割合が決まってくるのではないかと思います。婚姻中の保険料納付に関し，離婚時のことを考えて検討することなどはあまりないでしょうが，離婚時には問題となってくるといえます。

(4) 年金分割に必要な手続

実際に年金分割がなされるには，社会保険庁長官に対する標準報酬改定請

求が必要です（厚生年金保険法78の6）。

　この請求手続は，離婚の日の翌日から2年を経過するとできなくなります（厚生年金保険法78の2Ⅰ）。したがって，この期限を過ぎると，裁判所に対して年金分割調停や審判を申し立てることはできません。

(5) 事実婚の場合

　(a) 3号分割　　3号分割は，平成20年4月1日以降に事実婚の関係が解消された場合にも適用されます。

　(b) 合意分割　　合意分割は，法律婚の関係だけでなく，事実婚が解消された場合にもできます。この場合，次の要件が必要です。

① 当事者の一方が，他方の被扶養配偶者として国民年金の第3号被保険者であった期間があること

② 当該当事者が第3号被保険者の資格を喪失し，かつ，事実婚関係が解消したと認められる場合であること（及びこの事実が平成19年4月1日以降生じたこと）

Ⅱ　年金の分割割合に関する事件の性質

　年金の分割割合に関する事件は，家事事件手続法39条の別表第二に掲げる事項（以下「第二事件」といいます）であって，家事審判の対象となる事件です。第二事件は，最終的に審判で決着をつけることが予定されている事件であり，人事訴訟法2条の人事訴訟をすることができる事項ではないので，調停前置主義（法257）の適用を受けません。

　しかし，当事者の協議によって解決することが期待されることから，家庭に関する事件として家事調停の対象となっています（法244）。

　したがって，年金分割に関しては，家事調停の申立てが可能です。また家事調停を申し立てず，直接家事審判の申立てがなされた場合や，家事調停が不調となって審判手続に移行した場合でも，家庭裁判所は当該家事審判事件が係属している間，いつでも職権で事件を家事調停に付すことができます（法274Ⅰ）。

〔2〕 調停の手続

Ⅰ 申立て

(1) 申立書

申立ては書面により行います（法255Ⅰ）。

申立人は，申立書及び年金分割のための情報通知書（以下「情報通知書」という）の原本を提出します（規120）。

情報通知書は，合意分割を行うために必要な情報（対象期間，対象期間における離婚当事者双方の標準報酬総額，按分割合の範囲，分割をされる者（第1号改定者）と分割を受ける者（第2号改定者）の氏名，事実婚解消の場合について，事実婚が解消したと認められる日等）が記載されたもので，厚生年金の場合には年金事務所，共済年金の場合は，各共済年金制度の窓口で交付を受けます。

事情説明書，離婚時の夫婦の戸籍謄本，夫婦の財産に関する資料（不動産登記事項証明書，固定資産評価証明書，預貯金の通帳や残高証明書等）を提出します。

申立書には，申立ての趣旨，申立ての理由を記載します。

申立ての趣旨としては，求める按分割合を記載し，申立ての理由として，離婚や事実婚関係の解消の事実とその日，年金分割制度に関し，第1号改定者及び第2号改定者の別，対象期間及び按分割合の範囲を記載します。

申立書の記載事項は定型的なので，一般的に事情説明書は必要ないことが多いでしょう。

(2) 管　轄

調停の管轄は，相手方の住所地の家庭裁判所又は当事者が合意した家庭裁判所になります（法245Ⅰ）。審判の場合は，申立人又は相手方の住所地の家庭裁判所又は当事者が合意した家庭裁判所になります。

Ⅱ 相手方の対応

相手方は，答弁書，必要資料を提出します。

Ⅲ 調停進行上の留意点

年金分割調停では，次のような点が問題となると考えられます。

(1) 複数の年金制度への加入

年金制度は相当程度複雑であり，特に転職を繰り返したような場合には，

複数の年金に加入していることもあり，それぞれの制度において年金分割のために必要な情報の提供を受ける必要があります。

(2) **考慮事項**

厚生年金保険法は，「当該対象期間における保険料納付に対する当事者の寄与の程度その他一切の事情を考慮して，請求すべき按分割合を定めることができる」としています（厚生年金保険法78の2Ⅱ）。年金分割について，清算的側面を重視する旨の規定ですが，そのほかに慰謝料的要素や扶養的要素を考慮することも否定されていないとされています。

保険料納付に関しては，夫婦で協力した老後の準備のためのものであることをふまえ，当事者の寄与は，特別の事情がない限りは同等とみるのが相当と考えられています。

したがって，年金分割について請求すべき按分割合は0.5とされているのが一般的です。

(3) **財産分与との関係**

財産分与は，夫婦で協力して築いた夫婦共有財産の清算であり，年金分割は，夫婦で協力して築いた老後の準備の清算であるということができます。したがって，いずれも離婚に伴う財産の清算的要素があるといえます。

とはいえ，財産分与が財産の確定，消極財産の考慮等をはじめとして多岐にわたり複雑になりがちであるのに対し，年金分割は比較的シンプルです。

財産分与と年金分割は，一緒に話し合われることが多いですが，別の事件類型として，別個に分割の可否及びその具体的内容を定めるべきものとされているわけですから，場合によっては，同時の解決にこだわらず，年金分割についての按分割合の合意を先行させることも必要でしょう。

【兼川　真紀】

Q79 離婚慰謝料請求調停

夫の浮気が原因で協議離婚しました。夫に慰謝料を請求したいのですが，どうすればよいでしょうか。

〔1〕 離婚慰謝料とは

Ⅰ 離婚慰謝料の意義，性質

相手方配偶者の有責行為が原因となって離婚のやむなきに至った場合，これにより被った精神的苦痛を慰謝するための損害賠償として離婚慰謝料を請求することができます（民法709・710）。

離婚慰謝料の性質については，不法行為による損害賠償請求権と解する説，婚姻関係から生じる義務の違反（債務不履行）による損害賠償請求権と解する説，その他諸説ありますが，判例は「夫婦がその一方配偶者の有責行為によって離婚のやむなきに至ったときは，その行為が必ずしも相手方配偶者の身体，自由，名誉等に対する重大な侵害行為に当たらない場合でも，相手方配偶者は，その離婚のやむなきに至ったことについての損害の賠償として，一方配偶者に対し慰謝料を請求できる」として，離婚慰謝料が不法行為に基づく損害賠償であると解しています（最判昭31・2・21民集10巻2号124頁）。

Ⅱ 慰謝料の内容

慰謝料には，離婚原因となった個別の有責行為（暴力，不貞など）から生ずる精神的苦痛の慰謝料（離婚原因に基づく慰謝料）と，離婚それ自体による精神的苦痛の慰謝料（離婚自体の慰謝料）とがあるとされています。理論的には区別できるとしても，実際問題として，個別の（又は複数の）有責行為が原因となって離婚を決意するに至った当事者の心情（精神的苦痛）を明確に区別することは極めて困難です。裁判実務においても，両者を明確に区別することなく，離婚慰謝料を認めているように思われます。

Ⅲ 離婚慰謝料の算定基準

離婚慰謝料の額を算定する客観的な基準はありません。裁判では，離婚に

至らしめた配偶者の有責性の程度，婚姻期間，未成年の子の有無，双方の年齢，職業，経済状態，離婚に至る経緯等を考慮して判断されています。離婚慰謝料を算定する基準時は，離婚時と解されます。

Ⅳ 離婚慰謝料請求権の消滅時効

離婚慰謝料請求権は，不法行為に基づく請求権ですので，その消滅時効は3年（民法724）ですが，起算点は離婚成立時からであり（後掲最判昭46・7・23），個々の不法行為時からではありません。

Ⅴ 離婚慰謝料の遅延損害金の起算日

離婚慰謝料は，離婚に至ったことによる精神的苦痛に対する損害賠償ですから，遅延損害金の起算日は，離婚成立時（調停離婚の場合は調停成立日，判決離婚の場合は判決確定日）と解されます。

Ⅵ 財産分与と離婚慰謝料の関係

財産分与には，①婚姻中の夫婦の財産の清算，②離婚後の扶養，③離婚による精神的苦痛に対する慰謝料の3つの要素があると解されています。かつては③の慰謝料を含むかについて争いがありましたが，最高裁が「財産分与の制度は，夫婦が婚姻中に有していた実質上共同の財産を清算分配し，かつ，離婚後における一方の当事者の生計の維持をはかることを目的とするものであって，分与を請求するにあたりその相手方たる当事者が離婚につき有責の者であることを必要としないから……慰藉料の請求権とは，その性質を必ずしも同じくするものではない。したがって，すでに財産分与がなされたからといって……別途慰謝料の請求をすることは妨げられない」が，「（相手方の有責行為により離婚に至らしめたことにつき請求者の被った精神的）損害賠償のための給付をも含めて財産分与の額および方法を定めることもできる」（最判昭46・7・23民集25巻5号805頁）と判示したので，現在の実務では，財産分与の額及び方法を定めるにあたり，③の慰謝料的要素が排除されることはありません。

もっとも，夫婦の一方に婚姻破綻についての有責性が認められる場合には，財産分与とは別に不法行為に基づく慰謝料を請求するのがふつうです。この場合に重ねて慰謝料的財産分与を求めることはできません。

【2】 離婚慰謝料調停の意義，性質

　離婚慰謝料調停は，離婚後に離婚慰謝料の支払についての話合いをするために申し立てる調停です。離婚慰謝料請求は，本来，訴訟事項ですが，調停前置の対象となります（法257・244）。家事調停の区分としては一般調停事項です。

　ところで，当事者が離婚する前であれば，離婚の調停（夫婦関係調整調停）手続の中で，離婚とともに離婚慰謝料についても話し合うことができます。また，調停が不成立となり，訴訟を提起するにあたっては，離婚請求とともに不法行為に基づく離婚慰謝料を併合して請求することができます（人訴法17）。

　当事者が既に離婚している場合は，直ちに慰謝料請求訴訟を提起することもできますが，まず話合いによる解決を模索したいときには，家庭裁判所における調停手続を利用することができます。なお，協議離婚の際に，財産分与や養育費などの取決めをしていない場合（離婚判決の確定により離婚した場合であっても，離婚のみを争い，財産分与等の附帯処分の申立てをしなかった場合には同様の問題が生じます）であれば，財産分与や養育費請求の調停を申し立てるとともに離婚慰謝料請求調停を申し立てることにより，同じ期日に話合いをすることが可能となります。

【3】 離婚慰謝料請求調停の手続

Ⅰ　申立て

　離婚慰謝料調停の申立ては，離婚した元夫又は元妻が申立人となり，他方を相手方として，相手方の住所地又は当事者が合意で定める家庭裁判所に申立書を提出して行います（法245・255Ⅰ）。

　申立ての理由には，離婚慰謝料を請求する根拠となる事実関係を記載します。原則として，申立書の写しの送付がなされますので，そのことを念頭に置いて記載すべきでしょう。

　また，申立人及び相手方の戸籍謄本（記載事項証明書）とともに，必要に応じて証拠資料を提出します。

Ⅱ　調停期日において

　調停委員会は，当事者それぞれから主張を聴くとともに，職権で事実の調査をします。事実の調査といっても，証拠調べと異なり，強制力を伴うものではなく，当事者双方から事情を聴き，証拠資料の提出を求めることが中心となります。相手方が離婚に至った責任が自分にあることを争っているような場合には，有責性を立証する証拠の有無が調停の成否の鍵となることもあります。申立ての段階で証拠資料を提出しなかった場合においても，調停の進行状況や相手方の出方などをみて証拠資料の提出を検討すべきでしょう。

Ⅲ　調停不成立の場合

　離婚慰謝料請求は，一般調停事項ですから，当事者間に合意が成立しなかった場合，調停は不成立により終了します。この場合は，訴訟を提起して解決するしかありません。

【澄川　洋子】

Q80 婚姻費用分担請求調停

小学生の息子を連れて家を出ました。夫は，私が勝手に出て行ったのだから生活費を渡す必要はないと言います。夫に生活費の請求をしたいのですが。

【1】 婚姻費用分担調停とは

Ⅰ 婚姻費用の意義

婚姻費用とは，その資産，収入，社会的地位などに応じた通常の生活を維持するために必要な費用であり，夫婦が互いに分担するものをいいます（民法760）。この分担義務は，生活保持義務（扶養義務者が扶養権利者に自己と同程度の生活をさせる必要のある扶養義務）であると解されています。

Ⅱ 婚姻費用分担調停の意義，性質

婚姻費用は，各家庭で夫婦が話し合ってどのように分担するかを決めるものですが，婚姻費用の分担についての話合いがまとまらない場合や話合いができない場合，配偶者の一方（権利者）は，他方配偶者（義務者）に対して，婚姻費用の分担を求める調停を申し立てることができます。夫婦が別居中の場合に申し立てることが一般的ですが，同居中であっても，生活費を渡してもらえない等の事情がある場合には申し立てることができます。また，過去に婚姻費用についての調停が成立したものの，その後の事情の変更を理由として，婚姻費用の増額又は減額を求めて申し立てることもできます。

婚姻費用分担調停事件は，家事事件手続法の別表第二事件（別表第二2項）ですので，不成立のときには審判手続に移行します。

Ⅲ 夫婦関係調整（離婚）調停との関係

婚姻費用分担調停は，夫婦関係調整（離婚）調停と同時に又は前後して申し立てることがあります。婚姻費用分担調停は婚姻継続を前提とするものであり，夫婦関係調整（離婚）調停は，婚姻関係の終了を目指すものですから，一方配偶者に対して離婚を求めながら婚姻費用の請求をするということは矛

盾するようにもみえます。しかし，実際，離婚成立までにはかなり時間を要することも少なくありません。離婚が成立するまでの間，婚姻費用について取決めをしておく必要がある場合には，婚姻費用分担調停の申立てをします。

【2】 婚姻費用分担調停の手続

Ⅰ 申立て

婚姻費用分担調停の申立ては，一方配偶者（通常は妻）が他方配偶者を相手方として，相手方の住所地又は当事者が合意で定める家庭裁判所に申立書を提出して行います（法245・255Ⅰ）。添付資料として夫婦の戸籍謄本（記載事項証明書）を提出します。

Ⅱ 申立書の記載内容，資料の提出

婚姻費用分担調停では，原則として，双方の収入を基準として婚姻費用の分担についての合意を目指します。そこで，まず，申立人の収入と相手方の収入をわかる範囲で申立書に記載します。可能であれば，夫婦の直近の収入を証明する資料（源泉徴収票，給与明細書，確定申告書，課税（非課税）証明書等）を提出します。

次に，未成熟の子がいる場合には，子の数，年齢，どちらが子を監護しているかについても記載します。婚姻費用には，子の監護に要する費用も含まれているからです。子が私立学校に通学しているとか，病気のために高額の医療費がかかるなどの特別の事情がある場合には，そのような特別な事情についても具体的に記載し，それにかかる費用を裏付ける資料を提出します。

また，いつから婚姻費用の全部又は一部の支払がなされなくなったのか，別居の有無及びその時期について記載します。もし義務者が婚姻費用の一部を負担している等の事情があれば（例えば，権利者が居住する住居の住宅ローンを義務者が支払っている，権利者が使用している電話代を義務者が負担している等），そうした事情についてもできる限り具体的に記載します。

Ⅲ 申立て時期についての留意点

婚姻費用分担調停において，過去の未払い婚姻費用について遡って支払うことを求めることもできます。ただし，調停が不成立となって審判に移行した場合，調停申立て前の未払い婚姻費用について，その支払を命じる審判は

なされないのが実情です。過去の未払い婚姻費用は，その性質上不当利得であって訴訟事項であるからです。婚姻費用の支払がない場合には，可及的速やかに婚姻費用分担調停を申し立てることが大切です。

Ⅳ　相手方の対応

相手方は，申立書に対して，答弁書を提出します。申立人が相手方の収入を証明する資料を有していた場合は別ですが，相手方の正確な収入がわからないという場合も多く，相手方の収入として，おおよその推定額や見込み違いの額が記載されている場合もあります。相手方としては，答弁書に，自分の収入を正確に記載し，それを証明する資料を添えて提出します。例えば，確定申告前であって，3月末には前年度の年収を証明する申告書の写しを提出することができるという場合には，その旨記載しておくとよいでしょう。

また，申立人の分担請求が信義則に反するといえる場合，例えば，申立人の不貞が原因で別居に至った等の事情がある場合には，答弁書において，申立人の有責性について主張し，必要に応じてその立証をする必要があります。

Ⅴ　資料の開示について

DVの事案など，妻が勤務先を夫に知られたくない場合には，源泉徴収票や給与明細などに記載された勤務先の住所，勤務先名などは黒塗りして提出します。

Ⅵ　調停委員会の調整

調停委員会は，当事者双方から，夫婦の資産，収入，支出など一切の事情を聴くとともに，それぞれの希望を聴いた上で，合意に向けた調整を行います。必要に応じて未提出の資料や追加の資料を提出してもらい，調停委員会において，分担すべき婚姻費用の額を計算し，その金額を提示して，一方又は双方を説得することもあります。この場合，後掲**Q81**及び巻末資料の婚姻費用算定表が1つの資料として使われています。いずれの手続代理人も，分担すべき婚姻費用の額を計算し，その根拠を説明する必要があります。複雑な事情がある事案においては，口頭で説明するだけでなく，予め主張書面を用意します。審判で争うべき事案であるか，調停でまとめるべき事案であるかの見極めも大切です。

Ⅶ 調停が成立するまでの暫定的な婚姻費用

どの調停でもそうですが，第1回調停期日に調停が成立することはまれであり，調停が成立するまでに何回かの期日を重ねることが通常です。しかし，婚姻費用は毎日の生活にかかる費用ですから，調停が成立するまで支払われないということでは経済的に困窮してしまう場合も少なくありません。そこで，申立人の手続代理人としては，調停が成立するまでの暫定的な金額を（過不足は調停成立時に清算することを前提とするなどして）直ちに支払うように相手方に求めることが大切です。相手方の手続代理人としても，婚姻費用の分担義務を免れることはできないこと，調停成立時に過不足を清算すれば不利益を被るおそれもないことなどを相手方によく説明する必要があります。

【澄川　洋子】

Q81 婚姻費用算定表

婚姻費用算定表とはどういうものですか。どのように利用するのですか。

〔1〕 婚姻費用算定表とは

　婚姻費用算定表は，標準的な婚姻費用を簡易・迅速に算定することを目的として作成，提案されたものであり，家庭裁判所の実務において，その合理性が一般的に認められており，広く利用されています（判タ1111号285頁以下。ほか，裁判所ホームページにも掲載）。

　婚姻費用算定表は，夫婦が別居していることを前提に，簡易な算定式（後述【3】参照）に基づいて算定された婚姻費用の分担額を2万円の幅をもたせて整理し，子の人数（0～3人）と年齢（0～14歳と15～19歳の二区分）に応じて作成されています（前掲判タ1111号293頁）。また，婚姻費用算定表は，権利者が子を監護養育していることを前提として作成されています。

〔2〕 婚姻費用算定表の利用方法

　まず，子の人数と年齢に応じて，どの婚姻費用算定表を使うかを確認します。例えば，別居中の妻（給与収入300万円，8歳の子を監護）が，夫（給与収入600万円）に対して婚姻費用を請求する場合には，本書末の算定表11を使います。

　算定表は，縦軸に義務者の年収欄が，横軸に権利者の年収欄が記載されています。それぞれ給与所得者の年収額と自営業者の年収額が記載されています。給与取得者の年収は，税引き前の総収入すなわち源泉徴収票の「支払金額」であり，自営業者の年収は，確定申告書の「課税される所得金額」です。

　それぞれの年収の位置（金額）を確認したら，義務者の年収欄を右に伸ばし，権利者の年収欄を上に伸ばし，その交差するところの欄に記載された金額が標準的な婚姻費用の額となります。

前記事例の場合，権利者（妻）の年収（給与）300万円の欄と義務者（夫）の年収（給与）600万円の欄とが交差する金額，6～8万円が標準的な婚姻費用の額となります。その他の事例については，本書末の算定表をご参照ください。

【3】 婚姻費用算定表にない事案の場合

Ⅰ 婚姻費用算定表の限界

　婚姻費用算定表は，簡易・迅速な婚姻費用の算定を目的として作成されたものですから，一般的な子の数（子の数が3人まで）と一般的な年収（義務者の年収の上限が給与所得者は2000万円，自営業者は1409万円まで）となっています。そのため，子が4人以上いる場合，権利者と義務者がそれぞれ子を監護養育している場合，義務者の年収が上記金額よりも多い場合などの事情があるときには，婚姻費用算定表を使うことができません。

　このように婚姻費用算定表にない事案の場合には，次の計算式で婚姻費用を算定します。

Ⅱ 婚姻費用の算定式

(1) 基礎収入の算定

　まず，基礎収入を次の計算式で計算します。基礎収入は，総収入（税込みの年収）から公租公課，職業費及び特別経費を控除した金額となります。総収入に乗ずる係数は，高所得者の方が割合が小さくなります。

　給与取得者の基礎収入（X）＝総収入×0.34～0.42

　自営業者の基礎収入（Y）＝総収入×0.47～0.52

(2) 権利者世帯に割り振られる婚姻費用（Z）の算定

　権利者と義務者の指数を100，15歳未満の子の指数を55，15歳以上の子の指数を90として計算します。分母には権利者と義務者と子の各指数を，分子には権利者と権利者が監護している子の指数が入ります。子の人数が増えたときには，子の年齢によって指数を加えます。

　【例1】権利者が10歳の子と15歳の子を監護している場合の計算式は，次のようになります。

　　Z＝（X＋Y）×100＋55＋90／100＋100＋55＋90

【例2】権利者が10歳の子を，義務者が15歳の子を監護している場合の計算式は，次のようになります。

　　Z＝（X＋Y）×100＋55／100＋100＋55＋90

(3) **義務者から権利者に支払うべき婚姻費用の分担額**

婚姻費用の分担額＝Z－Y

Ⅲ　子が私立学校に通学している場合

　婚姻費用算定表では，0歳から14歳までについては公立中学校の子がいる世帯の年間平均収入に対する公立中学校の学校教育費相当額，15歳から19歳までについては公立高等学校の子がいる世帯の年間平均収入に対する公立高等学校の学校教育費相当額が考慮されていますが（判タ1111号290頁），私立学校や塾にかかる費用については考慮されていません。そこで，子の私立学校や塾にかかる教育費をどのように扱うかが問題となります。

　基本的には，義務者が承諾した教育費，義務者の収入・学歴・社会的地位などからその負担が不合理でない教育費について加算します。加算の方法としては，私立学校の授業料等から公立学校の学校教育費（判タ1111号295頁の資料4）を控除した差額分について，双方の収入に応じて案分した額を加算するなどの方法が考えられます。

Ⅳ　権利者が居住する住居の住宅ローンを義務者が支払っている場合

　婚姻費用算定表により求められる婚姻費用の中には，当然，権利者の住居関係費も含まれています。そこで，権利者が居住する住居の住宅ローンを義務者が支払っている場合が問題となります。

　住宅ローンの支払は，夫婦が居住する住居を確保する費用という側面と夫婦の資産形成のための費用という側面がありますが，夫婦が別居している場合は，基本的に資産形成のための費用となります。資産形成のための費用を生活保持義務に優先させることは妥当でないので，住宅ローンの支払については，離婚に伴う財産分与において考慮すべきです。とはいえ，住宅ローンが多額でその負担が重いとか，今後も義務者に住宅ローンの支払を継続させる等の場合には，その控除を認めることが公平かつ必要であるといえます（松本哲泓「婚姻費用分担事件の審理――手続と裁判例の検討」家月62巻11号61頁）。考え方としては，①権利者の収入に対応する統計上の住居関係費（判タ1111号

294頁の家計調査年報第4表の住居関係費）を控除する方法，②住宅ローンの支払額の一定割合（例えば2割とか3分の1）を控除する方法，③総収入から住宅ローンの年額を控除した額を義務者の収入とみて算定表を適用する方法などがあります（岡健太郎「養育費・婚姻費用算定表の運用上の諸問題」判タ1209号9頁）。

V 給与収入と事業収入がある場合

算定表において，給与所得者か自営業者かによって収入欄が区別されているのは，それぞれの基礎収入の割合が異なっているからです。そこで，給与収入と事業収入がある場合には，算定表の収入欄に記載されたそれぞれの金額を見比べて，一方の収入（例えば事業収入）を他方の収入（給与収入）に換算し，合算した額（給与収入の額＋給与収入として換算された額）について算定表を利用する方法が簡便です（岡・前掲判タ1209号6頁）。

VI 熟年夫婦における年金収入の場合

別居中の熟年夫婦の事案では，配偶者の一方ないし双方が既に退職して収入は年金のみであったり，年金の他に嘱託やアルバイト，パートの給与収入，請負の形での事業収入がある場合が考えられますが，この場合の婚姻費用の算定は次のとおりです。

すなわち，年金収入の場合は，職業費がかかっていないので，基礎収入の割合が異なります。年金収入については，事業収入か給与収入に換算して算定表を利用するのが簡便です。年金収入を事業収入に換算するには，社会保険料を控除します。給与収入に換算するには，「1－（給与収入における職業費の割合）」で除した額とします。

年金収入と事業収入（又は給与収入）がある場合には，事業収入（又は年金収入）に換算した年金収入を事業収入（又は年金収入）と合算した額について算定表を利用します（松本・前掲家月62巻11号60頁）。

【澄川　洋子】

Q82 婚姻無効・取消調停（法282）

彼から，結婚しなければ私の過去をネットに公表すると脅され，婚姻届にサインしてしまいました。婚姻を取り消すにはどうしたらいいですか。

［１］ 婚姻の無効・取消し

Ⅰ　婚姻の無効・取消しの意義

　婚姻も当事者の意思に基づく法律行為であり，その無効・取消しが問題となります。しかし，婚姻の効力の否定は，当事者のみならず，子をはじめとする親族，その他の第三者にも重大な影響が及びます。そこで，婚姻の無効・取消しについては，民法総則の適用が排除されて，民法742条（婚姻の無効）と同743条以下（婚姻の取消し）が規定する場合に限定されます。

Ⅱ　婚姻の無効原因

　婚姻の無効は，当事者間に婚姻をする意思がないときに認められます（民法742①）。なお，同条２号の届出のない婚姻は不成立であり，その有効無効を争う余地がないので，同号は，但書に意味があると解されています。

Ⅲ　婚姻無効の性質

　婚姻の無効は，当然に無効なのか，無効判決又は審判が確定してはじめて遡及的に無効になるのか争いがあります。いずれの立場でも，婚姻に伴う効力ははじめから生じなかったことになりますが，判例は前者の立場です（最判昭34・７・３民集13巻７号905頁）。婚姻無効は当然に無効であると解する立場においては，婚姻無効の訴えを確認の訴えと解します。

　また，婚姻の届出当時は婚姻意思がなかったものの，その後婚姻意思を有するに至った場合に追認が認められるのか争いがあります。判例は，追認により届出時に遡って婚姻が有効になると解しています（最判昭47・７・25民集26巻６号1263頁）。

Ⅳ 婚姻の取消原因

婚姻の取消しは，民法744条から747条までの規定によらなければなりません（民法743）。すなわち公益的な見地から認められる不適法な婚姻（不適齢婚，重婚，再婚禁止期間の婚姻，近親婚，直系姻族間の婚姻，養親子間の婚姻）の場合と私益的な見地から認められる詐欺・強迫を原因とする取消しの場合に限られます。

【2】 婚姻無効・婚姻取消しの調停事件

Ⅰ 婚姻無効・婚姻取消調停の意義，性質

いったん届出がなされた婚姻が無効である，あるいは法定の取消原因があると主張して戸籍の訂正を求めるには，まず家庭裁判所に婚姻無効確認の調停あるいは婚姻取消しの調停を申し立てる必要があります。

婚姻無効確認事件は，当事者が婚姻の意思がないことを理由に婚姻が無効であることの確認を求めるものであり，婚姻取消事件は，当事者が法定の婚姻取消原因があることを主張してその取消しを求めるものです。本来，いずれも人事訴訟事項ですが（人訴法2①），調停前置主義により，まず調停の申立てをする必要があります（法257）。家事調停の手続において，当事者間に合意が成立し，原因事実の有無について争いがない場合には，家庭裁判所は，事実の調査を行った上で，調停委員の意見を聴取し，それが正当と認められた場合には，合意に相当する審判をすることができます（法277）。

Ⅱ 調停の申立手続

(1) 婚姻無効調停の申立手続

(a) 当事者 申立人は，婚姻無効の確認の利益を有する①婚姻の当事者，②親族その他の第三者です。

相手方は，①夫婦の一方が申立人のときは他の一方，②当事者以外の者が申し立てるときは夫婦（夫婦の一方が死亡しているときは他の一方）となります。

(b) 申立て 申立人が相手方の住所地又は当事者が合意で定める家庭裁判所に申立書を提出して行います（法245・255Ⅰ）。申立ての趣旨は，「平成○年○月○日○○市長に対する届出によってなされた申立人と相手方との婚姻は無効であることを確認する調停を求めます。」（当事者が(a)①の場合）等と記

載します。

(2) 婚姻取消調停の申立手続

(a) 当事者　公益的要件を欠く場合の申立人は，①婚姻の当事者，②親族ですが，③重婚禁止及び再婚禁止期間内の婚姻については，さらに当事者の配偶者及び前婚の配偶者となります。相手方は，①夫婦の一方が申し立てるときは他方配偶者，②当事者以外の者が申し立てるときは夫婦（夫婦の一方が死亡しているときは他の一方）となります。

私益的要件を欠く場合の申立人は婚姻の当事者のみであり，相手方も他方配偶者のみとなります。

(b) 申立て　申立人が相手方の住所地又は当事者が合意で定める家庭裁判所に申立書を提出して行います（法245・255Ⅰ）。申立ての趣旨は，「平成○年○月○日○○市長に対する届出によってなされた申立人と相手方との婚姻を取り消す調停を求めます」（当事者が(a)①の場合）等と記載します。

Ⅲ　合意に相当する審判の当事者の死亡

合意に相当する審判の対象となる事項に係る身分関係の当事者の一方が死亡した場合は，合意に相当する審判をすることができません（法277Ⅰ）。この場合は，調停を経ることなく，検察官を被告として訴訟を提起します。

Ⅳ　合意に相当する審判の要件

合意に相当する審判がなされるための要件は，**Q54**のとおりです。

Ⅴ　婚姻の取消しについての合意に相当する審判の特則

婚姻の取消しについて合意に相当する審判をするときは，当事者間の合意に基づき，子の親権者を指定しなければなりません（法282Ⅰ）。また，子の親権者の指定につき当事者間で合意が成立しないとき，又は成立した合意が相当でないと認めるときは，審判をすることができません（法282Ⅱ）。

Ⅵ　合意に相当する審判の効力

合意に相当する審判の効力は，**Q56**のとおりです。

Ⅶ　異議の申立て

異議の申立てについては，**Q55**のとおりです。

Ⅷ　調停の不成立

当事者間に合意が成立しても，合意に相当する審判をすることができない

場合は，調停は不成立となって終了します。

【3】 婚姻無効調停の留意点

　申立人の手続代理人は，婚姻届がなされた事情や経緯，その後の経緯等について詳しく聴取して，申立書に事実関係を詳細に記載します。当事者が納得して合意さえすれば成立する通常の家事調停事件とは異なり，合意に相当する審判を得られるだけの事実関係の主張及びその立証を心がけるべきでしょう。

【4】 婚姻取消調停の留意点

　婚姻不適齢婚を理由とする場合，不適齢者が適齢に達したときは，その取消しを請求できませんので，申立ての期限を徒過しないよう注意が必要です。不適齢者自身は，適齢に達した後3か月は取消しを請求できますが，適齢に達した後追認したときには取消請求ができませんので，手続代理人としては，申立ての追認とみられるような事実がないかについてもよく聴取しておくことが必要です。

　詐欺又は強迫に基づく取消しの調停を申し立てる際には，婚姻届がなされた経緯や事情，婚姻後の経緯等を詳しく聴取して，申立書に事実関係を詳細に記載します。婚姻無効の調停と同様，合意に相当する審判を念頭に入れた主張，立証を心がけるべきでしょう。

【澄川　洋子】

Q83 協議離婚無効・取消調停

半年前に夫が私に無断で離婚届を出していたことを知りました。私は夫と離婚するつもりはないのですが、どうしたらよいでしょうか。

［1］ 協議離婚の無効・取消し

Ⅰ 協議離婚の無効の意義

協議離婚の無効について、民法上明文の規定はありませんが、これを認めることについての異論はなく、婚姻無効を規定する民法742条1号を類推適用し、当事者の一方又は双方に離婚をする意思がない場合、協議離婚は無効となると解されています。具体的には、当事者の一方又は双方の知らないうちに他方又は第三者により離婚届が出された場合、当事者の一方がいったん離婚に合意して届出書に署名押印したものの届出前に離婚の意思を撤回した場合や届出書の提出を依頼した者にその依頼を撤回した場合などです。いわゆる仮装離婚について、判例は、方便のための離婚の届出であっても、当事者が法律上の婚姻関係を解消する意思の合致に基づいてしたものである以上、離婚は無効とはいえないと解しています（最判昭38・11・28民集17巻11号1469頁）。

Ⅱ 無効な協議離婚の追認

無効な協議離婚の追認が認められるかが問題となりますが、これを認めるのが判例です。夫が無断で協議離婚の届出をしたことを知った妻が申し立てた家事調停において、妻が協議離婚に基づく慰謝料の支払を受ける旨の調停が成立したという事案において、判例は、夫婦が全くの別居状態であったこと、妻が無効の協議離婚を認めることを前提にして慰謝料の支払を受ける旨の合意をしたことを理由に、妻が家事調停の際に無効の協議離婚を追認したというべきであるとしました（最判昭42・12・8家月20巻3号55頁）。

このように家事調停においては、協議離婚が無効であることを主張しつつ、これを追認して、戸籍の訂正や届出のやり直しをせず、財産分与や慰謝料などの離婚給付について協議をすることがあります。また、無効な協議離婚そ

のものは追認するものの，親権者の指定について争うという場合もあります。

Ⅲ 協議離婚の取消し

詐欺・強迫によって協議離婚をした者は，その離婚の取消しを家庭裁判所に請求することができます（民法764・747）。民法総則の規定が適用されないことは，婚姻の取消しの場合と同様です（Q82参照）。離婚が取り消された場合，取消しの効力は遡及し，はじめから離婚がなかったこと，つまり婚姻関係が継続していることになります。

【2】 協議離婚無効・取消しの調停事件

Ⅰ 協議離婚無効・取消しの調停の意義，性質

協議離婚が無効であること，あるいは詐欺・強迫による協議離婚の取消しを主張して，協議離婚の記載のある戸籍を訂正するためには，他方を相手方として，まず家事調停（協議離婚無効確認の調停あるいは協議離婚取消しの調停）を申し立てる必要があります。これらの事件は，本来，人事訴訟事項（人訴法2①）ですが，調停前置主義により，まず調停の申立てをする必要があります（法257）。家事調停の手続において，当事者間に合意が成立し，原因事実の有無について争いがない場合，家庭裁判所は，事実の調査を行った上で，調停委員の意見を聴取し，それが正当と認められた場合には，合意に相当する審判をすることができます（法277）。

Ⅱ 調停の申立手続

(1) 協議離婚無効調停の申立手続

(a) 当事者　申立人は，離婚無効の確認の利益を有する①離婚の当事者，②親族その他の第三者です。相手方は，①夫婦の一方が申立人のときは他の一方，②当事者以外の者が申し立てるときは夫婦（夫婦の一方が死亡しているときは他の一方）となります。

(b) 申立て　申立人が相手方の住所地又は当事者が合意で定める家庭裁判所に申立書を提出して行います（法245・255Ⅰ）。申立ての趣旨は，「平成○年○月○日○○市長に対する届出によってなされた申立人と相手方との協議離婚は無効であることを確認する調停を求めます。」（当事者が(a)①の場合）等と記載します。

(2) **協議離婚取消調停の申立手続**

(a) 当事者　　詐欺又は強迫された協議離婚の各当事者です。なお，第三者が夫婦両名に対して詐欺又は強迫をしたときは，夫婦ともに申立権を有しますが，申立ての形式としては夫婦の一方が申立人となります。相手方は，離婚した夫婦の他の一方です。

(b) 申立て　　申立人が相手方の住所地又は当事者が合意で定める家庭裁判所に申立書を提出して行います（法245・255Ⅰ）。申立ての趣旨は，「平成○年○月○日○○市長に対する届出によってなされた申立人と相手方との協議離婚を取り消す調停を求めます」等と記載します。

Ⅲ　合意に相当する審判の当事者の死亡

合意に相当する審判の対象となる事項に係る身分関係の当事者の一方が死亡した場合は，合意に相当する審判をすることができません（法277Ⅰ）。この場合は，調停を経ることなく，検察官を被告として訴訟を提起します。

Ⅳ　合意に相当する審判の要件

合意に相当する審判がなされるための要件は，**Q54**のとおりです。

Ⅴ　合意に相当する審判の効力

合意に相当する審判の効力は，**Q56**のとおりです。

Ⅵ　異議の申立て

異議の申立てについては，**Q55**のとおりです。

Ⅶ　調停の不成立

当事者間に合意が成立しても，合意に相当する審判をすることができない場合は，調停は不成立となって終了します。

【3】　協議離婚無効の調停における留意点

申立人の知らないうちに離婚届が出された事案においては，まず役所から提出された離婚届の写しを取り寄せて，記載内容や筆跡などを確認する必要があります。申立人がいったん離婚に合意して離婚届を作成した後翻意した事案においては，離婚届がどのような事情や経緯により作成されたのか，翻意したことをいつ，どのように伝えたのか，離婚届が無断で提出されていたことをどのように知ったのか，現在の生活状況等について詳しく聴取します。

合意に相当する審判を得られるだけの事実関係の主張及びその立証を心がけるべきでしょう。

　また，申立人がどのような希望や考えをもっているのか，すなわち夫婦関係を回復したいのか，離婚そのものではなく子の親権の指定について争いたいのか，あるいは離婚を追認して離婚給付についての協議を主眼にするか等について，申立て時に限らず，その後も考えの変更がないか，随時確認をしながら調停を進めていくべきでしょう。

【4】　協議離婚取消しの調停の留意点

　詐欺・強迫に基づく取消しの調停を申し立てる際には，離婚届がなされた経緯や事情，離婚届出後の生活状況等について，詳しく聴取する必要があります。離婚無効の調停と同様，合意に相当する審判を念頭に入れた主張，立証を心がけるべきでしょう。

　また，申立人が将来の生活について具体的にどのような希望をもっているのか，つまり夫婦関係の回復を希望しているのか，婚姻関係の継続を求める主眼が婚姻費用の分担を求めることにあるのか，いったん協議離婚を取り消した上で，改めて離婚請求をするつもりであるのか等について，確認をしながら調停を進めていくべきでしょう。

【澄川　洋子】

Q84 婚姻関係存否確認調停

別居中の夫と離婚することが決まり，夫から署名済みの離婚届が送られてきたので，私が離婚届を提出しました。ところが，離婚届が受理された前日に夫が自殺していました。この場合，離婚は成立しているのでしょうか。

〔1〕 婚姻関係存否確認事件の意義，要件

Ⅰ 意 義

婚姻関係存否確認事件は，婚姻の無効・取消し，協議離婚の無効・取消しなどに該当する事由以外の事由によって，特定人間に法律上の夫婦という身分関係の存在・不存在を確定することを求めるものです。外形上成立している離婚が不成立であることを求める婚姻関係存在確認事件と，外形上成立している婚姻が不成立であることを求める婚姻関係不存在確認事件があります。

Ⅱ 婚姻関係存在確認事件の要件

特定人間において婚姻が成立していることを前提として，それが離婚届によって外形的に婚姻解消の状態になっていること，協議離婚の無効・取消しに該当する事由以外の事由により婚姻解消の状態となったことが必要です。具体的には，①当事者が離婚の届出をしない，②離婚届受理当時に当事者が死亡していた，③渉外離婚が準拠法に従っていなかった，④離婚の外国判決が外国判決承認の要件を欠くなどの場合があります（梶村太市『新版 実務講座家事事件法』337頁）。

Ⅲ 婚姻関係不存在確認事件の要件

特定人間において，婚姻届によって外形的に婚姻が成立した状態になっていること，婚姻無効・取消しに該当する事由以外の事由により婚姻が成立した状態になったことが必要です。具体的には，①当事者が婚姻の届出をしない，②婚姻届受理当時に当事者が死亡していた，③渉外婚姻が準拠法に従っていなかったなどの場合があります（梶村・前掲338頁）。

【2】 婚姻関係存否確認の調停

Ⅰ 婚姻関係存否確認の調停の意義，性質

婚姻関係存否確認事件は，人事訴訟事項ですが（人訴法2①），調停前置主義により，まず調停の申立てをする必要があります（法257）。この家事調停の手続において，当事者間に合意が成立し，原因事実の有無について争いがない場合には，家庭裁判所は，事実の調査を行った上で，調停委員の意見を聴取し，それが正当と認められた場合には，合意に相当する審判をすることができます（法277）。

Ⅱ 調停の申立手続

(1) 当事者

申立人は，婚姻関係存在又は不存在につき確認の利益を有する①当事者の一方，②利害関係のある第三者です。相手方は，①夫婦の一方が申立人のときは他の一方，②当事者以外の第三者が申し立てるときは夫婦となります。

(2) 申立手続

申立人が相手方の住所地又は当事者が合意で定める家庭裁判所に申立書を提出して行います（法245・255Ⅰ）。当事者の一方が申立人の場合，申立ての趣旨は「申立人と相手方との婚姻関係が存在すること（不存在であること）を確認する調停を求めます。」等と記載します。

Ⅲ 合意に相当する審判の当事者の死亡

合意に相当する審判の対象となる事項に係る身分関係の当事者の一方が死亡した場合は，合意に相当する審判をすることができません（法277Ⅰ）。この場合は，調停を経ることなく，検察官を被告として訴訟を提起します。

Ⅳ 合意に相当する審判の要件

合意に相当する審判がなされるための要件は，**Q54**のとおりです。

Ⅴ 合意に相当する審判の効力

合意に相当する審判の効力は，**Q56**のとおりです。

Ⅵ 異議の申立て

異議の申立てについては，**Q55**のとおりです。

Ⅶ 調停の不成立

当事者間に合意が成立しても，合意に相当する審判をすることができない場合は，調停は不成立となって終了します。

【澄川　洋子】

Q85 婚姻関係事件の戸籍手続

夫と調停離婚しました。子どもの親権者は私です。この後，戸籍の手続はどうすればよいのでしょうか。

〔1〕 戸籍制度の意義

　戸籍制度は，身分関係の公証制度であるので，戸籍簿上に真実の身分関係が表示される必要があります。そこで，戸籍法は，身分関係の発生・変更・消滅について，それぞれ届出義務者や届出期間を規定し，届出を怠った者に対しては過料の制裁を課しています。

　婚姻関係の事件においては，その調停の成立や審判の確定により，婚姻に関する身分関係に変動が生じますので，申立人は，その旨の届出をしなければなりません。

　また，届出については，書面による要式の届出が要求されており，真実性を担保するために証明書等の添付が要求されています。調停の成立や審判の確定による身分関係の変動の場合には，調停調書の謄本，審判書の謄本及び確定証明書等の添付が必要となります。

〔2〕 調停離婚成立後の戸籍の手続

I　離婚の届出

　調停離婚が成立した場合，申立人は，調停成立後10日以内に離婚の届出をしなければなりません（戸籍法77・63Ⅰ）。相手方が離婚の届出を希望する場合，調停条項に「相手方の申し出により，調停離婚する」と記載してもらいます。申立人が10日以内に届出をしない場合には，相手方が届け出ることができます（戸籍法77・63Ⅱ）。

　離婚の効果は，調停離婚の成立により既に生じていますので，この届出は報告的届出と解されます。

　申立人が離婚届の用紙に必要事項を記入して，「届出人の署名押印」欄の

夫又は妻の欄に署名押印します。相手方の署名押印や証人2名の署名押印は必要ありません。

離婚の届出は，申立人の本籍地又は所在地の市区町村役場に調停調書の省略謄本を添付して行います（戸籍法77・63Ⅰ・25）。本籍地以外で届出をする場合は，戸籍の記載事項証明書（戸籍謄本）を添付する必要があります。なお，書き間違いがあった場合など，役所の窓口で訂正を求められることがありますので，署名押印欄に押印した印鑑を持参します。身分証の提示を求められる場合がありますので，公的身分証を持参するとよいでしょう。

Ⅱ 婚姻時の氏を続称したい場合

婚姻により氏を改めた者は，離婚により婚姻前の氏に復するものとされています（民法767Ⅰ）。婚姻前の氏とは，婚姻によって氏を改めたその直前の氏と解されています。例えば，婚姻によって氏をBと改めた者が配偶者の死亡後に実家の氏Aに復することなく，さらに再婚によって氏をCと改めた後に離婚する場合，その復すべき氏は，実家の氏Aではなく，最初の婚姻の氏Bとなります（昭和58年4月1日民二2285号通達一の2，木村三男編著『事例解説 戸籍実務の知識(上)〔初版〕』271頁，日本加除出版）。

ところで，離婚後も婚姻時の氏を名乗り続けたい場合には，戸籍法77条の2の届出（婚氏続称の届出）をすることにより，婚姻時の氏を続称することができます。

この届出は，離婚の届出と同時にすることができますが，いったん婚姻前の氏に復した後であっても，離婚後3か月以内であれば，届出をすることができます（民法767Ⅱ・771）。

Ⅲ 子の氏の変更

(1) 子の氏の変更が必要な場合

子の両親が離婚し，父と母のどちらが親権者になった場合であっても，子の戸籍の変動はありません。もちろん子の戸籍をそのままにしておいてもよいですが，例えば，母が子の親権者となって子を監護養育していく場合，母と子の氏が異なっていたり，子を離婚した元夫の戸籍に入れたままにしておいたりすると，何かと不自由，不便を感じることがあるでしょう。

子を親権者母の戸籍に入れるためには，まず，家庭裁判所に子の氏の変更

許可審判を申し立て，子の氏を母の氏に変更することについて裁判所の許可（審判）を得る必要があります（法160）。例えば，母が婚姻時の氏（甲川）を続称する届出をしている場合であっても，子の氏（甲川）を母の氏（甲川）に変更することを許可する審判を得る必要があります。文字も読み方も同じであっても，子の氏（甲川）と婚氏続称の届出によって認められた母の氏（甲川）は，前者が民法上の氏，後者が呼称上の氏と異なるものとされているからです。

(2) 手　　続

子が15歳未満の場合は，親権者が子の住所地を管轄する家庭裁判所に申し立てます（法160Ⅰ）。子が15歳以上の場合は，子が申立人となります（法160Ⅱ）。

氏を変更することを許可する審判が出されたら，許可審判書の謄本を添付して入籍届をします（戸籍法98）。入籍届が受理されると氏変更の効力が生じて，子は，父又は母の戸籍に入るか，父又は母の氏を称する新戸籍が編成されます。

なお，入籍届によって氏を改めた未成年の子は，成年に達した時から１年以内に入籍届をすることによって従前の氏に復することができます（民法791Ⅳ）。

【３】 婚姻無効の審判確定後の戸籍の手続

申立人は，婚姻無効について合意に相当する審判確定後１か月以内に，審判書謄本及び確定証明書を添付して，申立人の本籍地又は所在地の市区町村役場に戸籍訂正申請の届出をしなければなりません（戸籍法116・117・25）。２か所以上の市区町村役場で戸籍の訂正をしなければならない場合には，その市区町村役場の数と同数，本籍地以外で届け出る場合には，さらに１通の届書を提出しなければなりません（同法117・36Ⅰ・Ⅱ）。

【４】 婚姻取消しの審判確定後の戸籍の手続

申立人は，婚姻取消しについて合意に相当する審判確定後10日以内に，審判書の謄本及び確定証明書を添付して，申立人の本籍地又は所在地の市区町

村役場に婚姻取消しの届出をしなければなりません（戸籍法75Ⅰ・63Ⅰ・25）。申立人が10日以内に届出をしない場合は，相手方が届け出ることができます（同法75Ⅰ・63Ⅱ）。

婚姻取消しの際の氏を称しようとする場合は，前述【2】Ⅱと同様の届出をすることができます（同法75の2・77の2）。

【5】 協議離婚無効の審判確定後の戸籍の手続

協議離婚無効の審判確定後の戸籍の手続は，前述【3】の婚姻無効の場合の手続と同様の手続となります。

【6】 協議離婚取消しの審判確定後の戸籍の手続

申立人は，協議離婚取消しについて合意に相当する審判確定後10日以内に，審判書の謄本及び確定証明書を添付して，申立人の本籍地又は所在地の市区町村役場に協議離婚取消しの届出をしなければなりません（戸籍法77Ⅰ・63Ⅰ・25）。申立人が10日以内に届出をしない場合は，相手方が届け出ることができます（同法77Ⅰ・63Ⅱ）。

【7】 婚姻関係存否確認の審判確定後の戸籍の手続

婚姻関係存否確認について合意に相当する審判の確定により戸籍の届出が必要な場合は，前述【4】（又は【6】）と同様の手続となります（戸籍法77Ⅰ又は75Ⅰ・63）。

審判の確定により戸籍の訂正が必要な場合は，前述【3】の婚姻無効の場合と同様の手続となります（同法117・116・63）。

【澄川　洋子】

第 2 章
婚外男女関係事件

Q86 婚約不履行による損害賠償請求調停

結婚する約束をして交際していましたが，突然，結婚しない，別れようといわれました。相手にはどんな請求ができますか。

［１］ 婚姻予約（婚約）の趣旨とその効力

　婚姻予約（婚約）とは，将来適法な婚姻をすることを目的とする男女間の契約であり，当事者間の確定した合意により成立します。父母の同意その他の形式は要件ではありません。しかし，結納を交わしたり，親族や知人に何らかの方法で婚約披露をするなど，公然性があると，当事者間の合意の存在を立証しやすいといえます。婚約不履行に関わる紛争としては，婚姻予約の合意の存在自体を争うケースがあり，公然性ある事項の存在は，合意を裏付ける一つの有力な証拠です。

　婚約は一種の「予約」ですが，事柄の性質上，一方当事者が予約完結権を有するものではなく，婚姻するにはあらためて両当事者の婚姻の意思表示を要します。そして一方当事者が約束どおり婚姻を履行しない場合，婚約の法的効果として婚姻の履行を求める権利（婚姻履行請求権）が発生すると考えられますが，一方，婚姻は当事者の自由な意思の合致によって成立するものですから，相手方の意思に反して履行を求めることはできず，この履行請求権を訴訟で強制的に実現することもできません。しかし，婚約をした以上は，正当な理由のない不履行や破棄に対しては，これと相当因果関係のある財産的，精神的損害に対する損害賠償請求ができます。受領した結納金返還等の問題もこれに含まれます。

［２］ 婚約破棄の正当な理由

　婚約をしている場合でも，相手方の有責行為，すなわち，他の異性との性的関係や，暴力，重大な侮辱行為，精神病，経済的破綻や多額の借金など婚姻生活の開始や維持が困難な事情があることなどが考えられます。

当事者の性格の不一致や，婚姻生活の考え方の相違，不一致などは，これにより婚姻生活を維持できないほど深刻なものであれば正当な理由となりますが，そもそも婚約は，当事者双方が婚姻に向けて誠実に努力していく義務を負うものであることから，正当な理由があるとして不履行の違法性を阻却する理由になるかどうかは難しいと考えられます。不履行の損害賠償額との相関関係にある事項として，話合いでの解決が望まれます。

【3】 有責行為による損害賠償の範囲

　財産的損害としては，婚約披露の費用，結婚式・結婚披露宴・新婚旅行の準備にかかった費用，仲人への謝礼，無駄になった結婚の支度の費用などがあります。結婚準備のために勤務先を辞めた場合などは，相当因果関係の損害としてどの程度評価するかについて主張の相違があり，大きな争点になることもあります。

　精神的損害（慰謝料）については，婚約解消に至った両当事者の責任の有無と度合い，解消行為のやり方，交際期間とその内容，双方の年齢，経歴，収入等諸事情を考慮します。妊娠している場合などは，精神的，身体的，経済的な面からの考慮が必要になります。

【4】 婚約不履行による損害賠償請求の手続

　婚約不履行による損害賠償請求調停は一般調停であり，調停不成立の場合は訴訟を提起することになります。

【紙子　達子】

Q87 不倫相手に対する慰謝料請求調停

夫の不倫相手に慰謝料を請求したいのですが，どのような方法がありますか。調停でできますか。

〔1〕 不倫相手に対する慰謝料請求の法的根拠

配偶者の一方が他の異性と不倫関係をもった場合，他方の配偶者はその不倫の相手（第三者）に対し，不法行為（民法719・710）による損害賠償として慰謝料を請求することができます。「夫婦の一方の配偶者と肉体関係を持った第三者は，故意又は過失がある限り，（略）他方の配偶者の夫又は妻としての権利を侵害し，その行為は違法性を帯び，右他方の配偶者の被った精神上の苦痛を慰謝すべき義務がある」（最判昭54・3・30民集33巻2号303頁）として，従来から，不倫をした配偶者のみならず，不倫の相手の責任についても肯定されています。不倫をした配偶者とその相手については，共同不法行為が成立し，2人は連帯して他方の配偶者に対し損害を賠償する義務を負います（民法719）。

ただし，当該不倫行為の不法行為としての成否，不倫相手への慰謝料請求の可否，損害賠償の金額の相当性などについては，配偶者と第三者の不倫という不法行為の内容，経緯などの実情によること，そもそも不倫による損害の中身をどうとらえるか，保護法益は何か（例えば，配偶者の夫又は妻としての権利か，貞操権か，婚姻共同生活の平和の維持か），などについて多様な議論があること，などの諸問題点があり，事案によって多種多様です。

〔2〕 不倫相手に対する慰謝料請求の検討における注意

実際，配偶者の不倫が直ちに夫婦関係の破綻や，夫婦関係の解消・離婚に直結するものでなく，不倫の相手への慰謝料請求と夫婦関係の行方は別物となる場合があることは，現実の社会における夫婦関係の複雑な実態が物語っているところです。申立てをする場合でも，手続代理人としては，当事者で

ある夫婦のその時の状況，申立人の真意，申立ての目的等について依頼人と十分打合わせの上，綿密・慎重にこれらに配慮して，適切な手続を選択することが必要です。

　婚姻関係を維持したままで不倫の相手に慰謝料を請求する場合には，特に慎重な検討が必要です。夫婦関係の修復と権利の回復や今後の不法行為の予防が目的か，また，手続を取ることにより今後生ずる事態や結果の予測等について検討し，当事者に可能な限り説明をしましょう。

　不倫の相手方に対する慰謝料請求の調停は，いわゆる一般調停事件になりますので，調停が不成立の場合に引続き請求を続ける場合は，訴訟を提起することになります。

【3】 不倫相手に対する慰謝料請求の手続

　配偶者の不倫によって夫婦関係が破綻し離婚を余儀なくされた場合，不倫の相手に対する慰謝料請求の手続として，実務上は，家庭裁判所に，不倫をした配偶者に対する夫婦関係（離婚）調整事件の申立て（配偶者に対する慰謝料請求を含む）をし，これに付随して，不倫の相手に対しての慰謝料請求を申し立てることが多いでしょう。この場合，一つの申立事件として同じ調停手続で進行します。ただし，相手方としては別人になりますので，調停進行中に，申立人と一方の相手方については合意が成立したが，もう一方の相手方とは話合いがつかず不成立となる場合もあります。

　そして，離婚について調停が不成立となった場合には，配偶者に対する離婚及び慰謝料請求訴訟を家庭裁判所に提起しますが，不倫の相手とも不成立の場合，不倫の相手に対する慰謝料請求についても，家庭裁判所に訴訟提起することができます（人訴法17Ⅰ）。

　なお，配偶者に対する離婚及び慰謝料を請求する訴訟を家庭裁判所に提起した後でも，不倫の相手に慰謝料を請求する訴訟を家庭裁判所に提起し，離婚訴訟と併合させることもできます（人訴法17Ⅱ）。

　夫婦関係とは切り離して，独立して不倫の相手に慰謝料請求の調停を家庭裁判所に申し立てることができます。

　不倫をした配偶者とともに不倫の相手の双方を相手方として，家庭裁判所

に慰謝料請求の調停を申し立てることもできます。

　いずれの場合も，不倫の慰謝料請求調停は一般調停事件ですから，不成立となった場合には，その後の手続としては訴訟になります。

　夫婦関係と切り離して，不倫の相手に調停を申し立てることができることは前述のとおりですが，慰謝料請求は調停前置主義の適用はないので，いきなり被告として簡易裁判所ないし地方裁判所に，慰謝料請求訴訟を提起することができます。

　既に離婚が成立した場合，消滅時効が成立していない限り，配偶者と不倫の相手双方に対する慰謝料請求の訴訟を提起することができます。離婚が成立している以上，この訴訟は家庭裁判所ではなく，簡易裁判所ないし地方裁判所に提起することになります。

【4】　不倫相手に対する慰謝料額

　不倫の相手に対する慰謝料は，不法行為の損害の一種ですが，違法性や損害の程度によって異なります。相手の年齢，職業，資力，不倫関係の発生や継続についての主導性（どちらがどの程度主導的であったか）や両者の年齢差，不倫行為の態様，期間，不倫により夫婦関係が破綻に至ったか，その程度，夫婦間に未成熟子がいるか，配偶者と相手の関係が存続しているか，解消しているか，などの諸事情によります。

　夫婦関係破綻後の不倫については（この場合，どのような状況を破綻とみるかが問題ですが），法的保護に値する権利や利益がないとして請求を否定された裁判例があります。

　実務の実情としては，慰謝料額は50万円から300万円のものが多く，不倫の相手が女性の場合より男性の場合の方が額は大きいといえましょう。

【紙子　達子】

第 3 章
実親子関係事件

Q88 親権者の指定・変更調停

親権に争いがある場合，親権者指定はどのような基準でなされますか。いったん決まった親権者を変更する場合はどうでしょうか。

【1】 親権とは何か

I　親権の内容

親権は，子を健全な社会人に成育させるべく哺育，監護，教育する親の義務，責任であり，内容は，身上監護，財産管理，身分上の行為の代理権が主なものです。身上監護には，監護・教育の権利義務（民法820），居所指定権（民法821），懲戒権（民法822），職業許可権（民法823）等があり，財産管理には，未成年の子の財産の管理権及び代理権（民法824），身分上の行為には認知の訴え（民法787），相続の承認・放棄（民法917）等があります。

II　親権者になる者

上記の内容の親権を行う者を親権者といい，嫡出子の場合には，父母が共同で親権者となるのが原則です。実子は実父母が親権者であり（民法818 I），未成年の子が養子縁組をすれば養親が親権者となりますが（民法818 II），離縁すれば再び実親の親権が復活します。これは，特別養子の場合も同様です。非嫡出子の場合は，原則として母が親権者となりますが，認知後に，父母間の協議によって，父を親権者と定めることもできます（民法819 IV・V）。

【2】 親権者の指定・変更に関する調停事件の申立て

I　法的性質

親権者の指定・変更に関する調停事件は，家事事件手続法39条の別表第二の8項であり，調停不成立となった場合は，審判手続に移行するのが通常です（法272 IV）。

II　どのような場合に申立てをするか

親権者の指定の調停の申立ては，①離婚の際に父母間で親権者の指定の協

議が調わない場合，②離婚後に出生した嫡出子の親権者指定につき協議が調わない場合，③認知された子につき父母間の協議が調わない場合，④離縁後の子について実父母が離婚していて親権者指定について協議が調わない場合が考えられます。申立権者は，子の父又は母，若しくは養親です。ただし，①の場合は，通常の夫婦関係調整調停の中で扱われることが多く，その中で協議をし，もし協議が調わない場合には，訴訟に移行するのが一般的です。②，③，④がプロパーな形です。

親権者変更の調停の申立ては，いったん親権者を定めたものの，後に事情が変わり，親権者を変更したい場合にされます。申立権者は，子の父母に限らず親族一般でもよいとされています。父母が生存している場合は，民法819条1項から5項の適用によって，たとえ一方が単独親権者となった場合でも，子の利益のために必要がある場合は，家庭裁判所は子の親族の請求によって親権者を他方に変更することができます（民法819Ⅵ，法39・別表第二8項）。離婚の際に単独親権者と定められた者が死亡した場合は，生存する実親の親権は復活せずに後見が開始するというのが通説ですが，実親が親権者変更の申立てをすることそのものは認められています。

親権者の変更は，義務の放棄も含むため，父母間の協議のみで行うことはできず，必ず家庭裁判所の調停又は審判で決めなくてはなりません。また，本件申立てには，並行して親権者の職務執行停止又は職務代行者の選任・改任などの保全処分（法174）がされ，申立ての趣旨に子の引渡しや扶養料請求が加えられる場合もあります。

Ⅲ 調査官の関与

親権の争いに関し，審判の申立てがなされた場合や訴訟で親権が争われている場合は，当初から調査官が関与し，調査官調査が行われることが前提で手続が進行します。調査官は，裁判官の調査命令に従い，子の現在の状況や親の監護態勢・生活状況，子の意思や親の意向等を調査します（法58）。調査官調査で得られた調査報告書をもとに，最終的には裁判官が，誰が親権者として適しているのかを決定することとなります。これに対し，親権の争いを含む調停の申立てがなされた場合，当初から調査官も手続に参加し，当事者の聴取を行いますが，調査官調査は行われない場合もあります。これは，調

停段階で調査をしても，当事者がこれに従わないことが明白な場合，すなわち対立が激しく，裁判所の裁定によらなければ合意が不可能な場合です。そのような場合は，合意が難しいことが明らかになれば，調停を不成立にして訴訟や審判に進むことが多いです。

Ⅳ 調停成立後の手続

調停が成立した場合は，調停成立後10日以内に調停調書の謄本を添付し，前記Ⅱの①及び④の場合には申立人が，②及び③の場合には親権者と定められた者が親権者指定又は変更の届出をしなくてはなりません（戸籍法77・79・63）。この届出は報告的届出です。親権者の変更が認められた場合も，前記Ⅱの②及び③の場合と同様です。

【3】 親権者の指定の基準

Ⅰ 諸事情からの総合判断

親権者の決定は，子の利益や子の福祉を基準にして行いますが，父母若しくは親族が，それぞれ子に対する強い愛情を有していることはむしろ当然であり，何が子の利益となるかの判断は容易ではありません。そこで，様々な事情の総合的な判断によって決定されることになります（野田愛子「子の監護に関する処分の基準について」同『家族法実務研究』186頁ほか）。

具体的には，父及び母側の事情としては，双方の監護能力，性格，年齢，教養，健康状態，子に対する愛情の程度，経済的能力，居住状態，生活環境，親権者となる動機，目的，子と接することのできる時間，父・母に代わって子を監護することができる者（監護補助者）の有無，親族の援助協力の可能性，子に他の兄弟姉妹がある場合はこれらの者とともに生活できるかなどが，従来から検討されています。最近では，奪取の違法性（無断で連れ去るなど），面会交流の許容性（別居親と子の面会に協力的であるか）などの事情も考慮されるようになりました。一般的な母性優先論を強調する判例は後退しつつあるように思われます（二宮周平＝榊原富士子『離婚判例ガイド〔2版〕』198頁など）。

一方，子の側の事情としては，子の意思，父母への思慕，愛情の程度，子の年齢，心身の状況，現状における適応状況，新しい養育環境への適応能力などが具体的に検討されることになります。なお，子が15歳以上の場合は，

家庭裁判所は事件本人である子の陳述を聴かなくてはなりません（法152Ⅱ・169Ⅱ）。

Ⅱ　監護の実績・継続性の尊重

親権者を決定する重要な要素の一つとして，それまでの監護の実績があります。主たる監護者として，より多く監護にあたってきた当事者の監護状況が安定していれば，子の福祉の観点から，主たる監護者と子の継続的な心理的結びつきを尊重しようというものです。乳幼児については，これまで母親優先の基準が中心でしたが，絶対的なものではなくなりつつあり，子の年齢が上がるにつれ，監護の実績や子の意思が尊重される傾向にあります。例えば，男子（8歳）を父が監護していた事案で，母を親権者として指定した原判決を取り消し，現状を尊重して父を親権者として指定した事案があります（東京高判昭56・5・26判時1009号67頁）。

Ⅲ　子の意思の尊重

子が15歳以上の場合は，子の陳述を聴かなくてはなりません（人訴法32Ⅳ，法152Ⅱ・169Ⅱ）。この意見表明権は，子の最善の利益を保障するための中核的権利とされています。子の年齢が15歳以下の場合でも，10歳前後以上であれば，概ね意思を表明する能力に問題はないとされ（若林昌子「家事事件における子の意思」石川稔ほか編『家族法改正への課題』295頁など），判例もそのように考えていると思われます（佐賀家審昭55・9・13家月34巻3号56頁）。

Ⅳ　乳幼児と母性優先の原則

従来，過去の判例を踏襲して，子が乳幼児である場合は，母が監護養育するのが不適当である特段の事情がない限り，母を親権者と定めるべきとの原則が採用されることが多くありました（母親優先の原則）。ところが，この基準は絶対的なものではなくなってきており，母親も，必ずしも生物学的な母親をさすものではなく，母性的な関わりをもつようになった養育者と理解されるようになってきました（静岡家長岡支審平10・3・30家月51巻3号179頁）。

Ⅴ　面会交流の許容性

昨今，徐々にこの条件が取り上げられることが増えてきています。これは，離婚後に，感情的にならず，子の利益を第一に考えて，親子の交流を認めることができるか否かを見ています。別居親の存在を知ることや，別居親と良

好な関係を形成できることは，子の人格形成にとって極めて重要と考えられているからです。

Ⅵ 兄弟の不分離

子の年齢が上がるとあまり問題にされませんが，幼児期においては，他の兄弟と一緒に過ごすことが，得難い経験であり，人格形成に非常に重要であると考えられています。1歳と3歳の子両名について母を親権者とした例（仙台家審昭45・12・25家月23巻8号45頁）などがあります。

Ⅶ 経済的能力

経済的能力も監護能力の一つではあるが，あまり重視されておらず，母に収入がなく，生活保護に頼るような状況であっても，なお母親に親権が認められる場合が多くあります。経済的条件は，他の事情に劣後するものであり，総合的には母が監護する方が子に利益をもたらし，経済的条件は父親が相応の養育費を負担し支払うことである程度解決できると考えられています（東京高判昭53・11・2判タ380号150頁など）。

【4】 親権者の変更の基準

いかなる場合に親権者の変更が認められるかは，裁判官の自由裁量に委ねられていますが，そもそも，親権者を指定する時に，ある程度将来の事情も斟酌しながら判断がなされており，その指定に基づき，安定した人間関係や生活環境で継続的に養育されるのがその子の福祉に沿うと考えられています。したがって，そのような親権者の指定を覆すには，相当厳しい条件が必要とされていて，親権者指定後の「事情の変更」，つまり著しい事情の変更が認められない限りは，申立ては却下されます（東京高決昭31・9・21家月8巻11号37頁）。親権者変更の場合には，子の意思，現状の尊重などが，重要な基準となります。

【広瀬　めぐみ】

Q89 　監護者の指定・変更調停

　夫婦が別居する際に，どちらが子と一緒に暮らすか，子の取合いになっています。どのような法的手続が考えられますか。また，親権者でない者が子の世話をしたい場合にどのような申立てが考えられますか。

〔1〕　監護権とは何か

　設問は，どちらも子の監護権の指定の問題になります。子の監護とは，未成年者の子の養育，身上保護に必要な行為をすることで，養育，学校教育，居所指定，懲戒，職業選択許可，不法に子が拘束された場合の子の引渡請求等があり，このような監護を行う者を，監護者ないし監護権者と呼びます。

　平成23年法律第61号で民法766条が改正され，同24年4月1日に施行になりましたが，父母が協議で離婚をする時に定めなくてはならない「子の監護について必要な事項」の具体例として，「父又は母と子との面会及びその他の交流」（面会交流）及び「子の監護に要する費用の分担」（養育費）を明示すると同時に，子の監護に必要な事項を定めるにあたっては，子の利益を優先しなくてはならないと定めました。

〔2〕　監護者の指定・変更に関する調停事件の申立て

Ⅰ　監護者の指定・変更に関する調停事件の法的性質

　監護者の指定・変更に関する調停事件は，別居中に共同親権をもつ両親間で監護者を決めるべき場合，あるいは離婚後に，非親権者を監護者とすべき場合に申し立てられます。この調停事件は，家事事件手続法の別表第二の3項に基づいて申立てされるものであり，調停不成立の場合には審判手続に移行します（法39・別表第二3項・272Ⅳ）。

Ⅱ　調査官の関与

　監護権の争いに関し，調停ないし審判の申立てがなされた場合は，当初から調査官が関与し，調査官調査が行われることが前提で手続が進行します。

調査官は、裁判官の調査命令に従い、子の現在の状況や親の監護態勢・生活状況、子の意思や親の意向等を調査します（法58）。調停の段階であっても、調査官調査で得られた調査報告書をもとに、裁判所の意向が明らかにされることはあり、当事者は審判や訴訟になった場合の結論を早いうちから想起することが可能となります。

【3】 監護者の指定の基準

親権者の指定の基準については先にQ88で述べたとおりですが、子について日常の現実の監護をする者の適格性も、子の利益や福祉に適うか否かを基準としますので、親権者の指定の基準と同様な内容になります。

Ⅰ 諸事情からの総合判断

監護者の決定は、子の利益や子の福祉を基準にして行いますが、父母若しくは親族が、それぞれ子に対する強い愛情を有していることはむしろ当然であり、何が子の利益となるかの判断は容易ではありません。そこで、様々な事情の総合的な判断によって決定されることになります（野田愛子「子の監護に関する処分の基準について」同『家族法実務研究』186頁ほか）。

具体的には、父及び母側の事情としては、双方の監護能力、性格、年齢、教養、健康状態、子に対する愛情の程度、経済的能力、居住状態、生活環境、親権者となる動機、目的、子と接することのできる時間、父・母に代わって子を監護することができる者（監護補助者）の有無、親族の援助協力の可能性、子に他の兄弟姉妹がある場合はこれらの者とともに生活できるかなどが、従来から検討されています。最近では、奪取の違法性（無断で連れ去るなど）、面会交流の許容性（別居親と子の面会に協力的であるか）などの事情も考慮されるようになりました。一般的な母性優先論を強調する判例は後退しつつあるように思われます（二宮周平＝榊原富士子『離婚判例ガイド〔2版〕』198頁など）。

一方、子の側の事情としては、子の意思、父母への思慕、愛情の程度、子の年齢、心身の状況、現状における適応状況、新しい養育環境への適応能力などが具体的に検討されることになります。なお、子が15歳以上の場合は、家庭裁判所は事件本人である子の陳述を聴かなくてはなりません（法152Ⅱ・169Ⅱ）。

II　監護の実績・継続性の尊重

　監護者を決定する重要な要素の一つとして，それまでの監護の実績があります。主たる監護者として，より多く監護にあたってきた当事者の監護状況が安定していれば，子の福祉の観点から，主たる監護者と子の継続的な心理的結びつきを尊重しようというものです。乳幼児については，これまで母親優先の基準が中心でしたが，絶対的なものではなくなりつつあり，子の年齢が上がるにつれ，監護の実績や子の意思が尊重される傾向にあります。例えば，親権者の指定についての事件で，男子（8歳）を父が監護していた事案で，母を親権者として指定した原判決を取り消し，現状を尊重して父を親権者として指定した事案（東京高判昭56・5・26判時1009号67頁）や，男子（5歳）について，親権者の適格性については父母双方に大きな差異はないとしながら，実際の監護実績を追認して監護中の父を親権者とした事案などがあります（千葉地佐倉支判平12・6・29平10(タ)11号判例集未登載）。しかしながら，判例は，監護実績を得るために実力行使に走りがちな当事者に自制を求めるかのように，女子（6歳）について，監護を継続していた父に監護権を認めた原審を取り消し，差戻しをした事案も存在します（東京高決平11・9・20月52巻2号163頁）。監護実績が非常に重要であり，裁判所は現状の監護を追認しがちであるといわれますが，監護実績のみが絶対の基準ではなく，やはり全ての事情を総合的に判断し，監護者を決定しています。

III　子の意思の尊重

　子が15歳以上の場合は，子の陳述を聴かなくてはなりません（人訴法32IV，法152II・169II）。この意見表明権は，子の最善の利益を保障するための中核的権利とされています。子の年齢が15歳以下の場合でも，10歳前後以上であれば，概ね意思を表明する能力に問題はないとされ（若林昌子「家事事件における子の意思」石川稔ほか編『家族法改正への課題』295頁など），判例もそのように考えていると思われます（佐賀家審昭55・9・13家月34巻3号56頁）。困難なのは，小学校低学年や就学前の子が，明示的に意思表明している場合の扱いですが，少なくとも小学校に入学していれば，その意思能力を認める場合があります。7歳4か月の子に意思能力を認めた事案も存在します（仙台地判平15・12・2平15(ハ)3号判例集未登載）。それに対し，就学前の子に関しては，IIに記載した

ように，女子（6歳）の母親に対する拒否的反応が非常に強いことを認めながら，父の監護の現状を追認しなかった場合（前掲東京高判平11・9・20）も存在し，子の意思の捉え方は一様ではありません。

Ⅳ 乳幼児と母性優先の原則

従来，過去の判例を踏襲して，子が乳幼児である場合は，母が監護養育するのが不適当である特段の事情がない限り，母を親権者と定めるべきとの原則が採用されることが多くありました（母親優先の原則）。ところが，この基準は絶対的なものではなくなってきており，母親も，必ずしも生物学的な母親をさすものではなく，母性的な関わりをもつようになった養育者と理解されるようになってきました（静岡家長岡支審平10・3・30家月51巻3号179頁）。ただ，現在でも，この基準を採用する場合があり，別居中の事案で，父が監護する女子（6歳）と男子（4歳）について，母性の欠如の点以外は養育環境に何らの問題はないと認めながら，子の最善の利益は，母性に日常的に接することであるとして，母を監護者に指定した例（東京高決平15・7・15判タ1131号228頁）も存在します。もっとも，この決定に対しては，子の監護について安定した現状を変更するに足るだけの緊急性がないのにもかかわらず，母親優先というジェンダーバイアス的な先入観に基づいて判断がなされたとして批判がなされています。

Ⅴ 兄弟の不分離

子の年齢が上がるとあまり問題にされませんが，幼児期においては，他の兄弟と一緒に過ごすことが，得難い経験であり，人格形成に非常に重要であると考えられています。1歳と3歳の子両名について母を親権者とした例（仙台家審昭45・12・25家月23巻8号45頁）などがあります。監護を争う事案でも問題になることがあります。

Ⅵ 奪取の違法性

現状，子を監護している親であっても，子を監護するようになった経過が違法である場合，例えば面会交流の最中に子を連れ去ったとか，同居親に暴力を振るって実力で子を奪うなど，その態様に違法性が認められる場合は，監護者としての適格性に疑問があるとされる場合があり，子が奪取された状態で安定的な生活を送っていても，それは奪取の結果として追認されない場

合があります。子の引渡仮処分の事案で，離婚調停中，勝手に連れ去らないとの約束に反し，夫が妻の元から女子（3歳）を連れ去り，2か月後の母親との試行面接で，大泣きするなど子の母親を拒否する態度が明示的であったにもかかわらず，子の奪取の違法性を咎め，父親に引渡しの仮処分を命じた事案があります（横浜家審平14・10・28平14(ロ)2049号判例集未登載）。

Ⅶ 監護能力

　監護能力については，双方に差異はないとする場合が多く見られますが，逆に，監護能力について明らかな優劣を論じる場合もあります。父には借金，破産宣告，うつ病等の事情があり，母も養育能力が十分ではなく一時的にパチンコ，浪費などを行い，里親が監護中であるという事案で，監護能力の対比では父親が劣ることは明白であるとして，母親が児童相談所の指導を受けることを前提として母親を監護者とした事案があります（新潟家審平14・7・23家月55巻3号88頁）。

Ⅷ 経済的能力

　経済的能力も監護能力の一つではあるが，あまり重視されておらず，母に収入がなく，生活保護に頼るような状況であっても，なお母親に監護権が認められる場合が多くあります。経済的条件は，他の事情に劣後するものであり，総合的には母が監護する方が子に利益をもたらし，経済的条件は父親が相応の養育費を負担し支払うことである程度解決できると考えられています（東京高判昭53・11・2判タ380号150頁など）。

【4】 監護者の変更の基準

　いかなる場合に監護者の変更が認められるかは，裁判官の自由裁量に委ねられていますが，そもそも，監護者を指定する時に，ある程度将来の事情も斟酌しながら判断がなされており，その指定に基づき，安定した人間関係や生活環境で継続的に養育されるのがその子の福祉に沿うと考えられています。したがって，そのような監護者の指定を覆すには，相当の厳しい条件が必要とされていて，監護者指定後の「事情の変更」，つまり著しい事情の変更が認められない限りは，申立ては却下されると考えられます。監護者変更の場合には，子の意思，現状の尊重などが，重要な基準となります。

【広瀬　めぐみ】

Q90 養育費調停

養育費は子どもがいくつになるまで請求できますか。その法的な根拠は何でしょうか。養育費の金額を変更したい時にはどうしたらよいですか。

[1] 養育費とは何か

I 養育費の根拠

養育費とは，子どもが独立した社会人として成長自立するまでに要する費用，すなわち，食費，衣料費，住居費，教育費，医療費などのことをいいます。子どもの親は，子どもを監護養育する義務があり（民法820），親権者ではない親であっても，未成年の子ども（未成熟子）に対する扶養義務があります（民法877Ⅰ）。したがって親権の有無にかかわらず，親は，未成熟子の監護養育に必要な養育費を分担する義務を負います。

父母が離婚した場合は，子どもの親権者となった親は，他方の親に対して，子どもの監護養育に必要な費用を請求することができ，これを養育費の分担請求といいます。

養育費は，その性質上，子どもが親と同程度の生活水準を保持していくのに必要な費用を分担すべきであると解されています。これを生活保持義務といい，義務者の生活を犠牲にすることなく支払うことができる費用を支払えばよいという生活扶助義務と区別されます。

養育費を請求する方法としては，二つが考えられ，一つは，子自身が別居親に扶養料を請求する方法（民法877ないし880，法39・別表第二10項）であり，もう一つは，監護親が子の監護に関する処分として，別居親に監護費用を請求する方法（民法766，法39・別表第二3項）です。後者が通常の養育費請求と考えられており，いわゆる養育費調停です。家庭裁判所は，養育費調停の申立てがあれば，調停の場で実情の把握や確認を行い，分担義務に関する当事者の理解を求めた上で，収入資料等の提出を促し，これらに基づいて収入の認

定や算定表の導入を行い，試算の結果を当事者に示した上で，合意を促します。当事者が合意せず，調停が不成立となった場合は，調停は審判に移行します（法272Ⅳ）。

Ⅱ　扶養義務の根拠について

では，養育費の法的根拠は何でしょうか。それは，民法に定められた父母の子に対する扶養義務にあります（民法877）。この扶養義務は，親と子という身分関係に基づいて生じる義務であり，親権の有無や同居の有無に関わりません。したがって，監護親から別居親に対する養育費の請求が一般的に行われています。ただし，監護親が再婚し，再婚相手と未成熟子との間で養子縁組がなされた場合，養親に一次的な扶養義務が発生するため，別居親の扶養義務に優先するようになります。もっとも，別居親の養育費支払義務は消滅するわけではないので，もし別居親が養育費の減額・消滅を争うならば，調停ないし審判の申立てをする必要があります。なお，扶養義務の順位については，親権者と非親権者との間に差異はないと考えられています（福岡高決昭47・2・10家月25巻2号79頁）。

【2】　養育費と扶養義務の関係

Ⅰ　扶養義務の発生の要件

養育費請求という方法を用いる場合であっても，その根拠は民法上の扶養義務にあることは述べました。では，どのような場合に扶養義務が認められるのでしょうか。この判断基準としては，①子の要扶養状態，②義務者の扶養能力，③権利者の収入の認定等が主なものとしてあります。

子の要扶養状態とは，子が扶養を要している場合であるということです。扶養の対象となるのは，「未成熟子」ですが，これは，「未成年者」とは区別され，年齢や年齢に基づく行為能力の有無だけで判断するものではなく，20歳を過ぎていても，身体的・精神的・経済的に未成熟であり，就労が期待できず，第三者による扶養を受ける必要のある場合は「未成熟子」となります（中川善之助＝青山道夫編『実用法律事典(2)親子』278頁）。例えば，子が中学卒業後に就労している場合は未成熟子とはなりませんが，子が大学生の場合は20歳を過ぎていても，親の収入の程度や学歴いかんでは，未成熟子として扶養が

認められる場合があります。

　次に義務者の扶養能力ですが，以前は，義務者の収入が最低生活費を下回る場合には，負担額がないとする考え方が一般的でした。扶養義務者自身が私的あるいは公的扶養に依存せざる得ないことになると，扶養制度の目的と調和しないからです。近年，算定表が利用されるようになり，表利用の安定性が重視されると，最低生活費を割り込んでも扶養義務が認められる可能性が出てきました。算定表は，「少ないパンでも分かち合うべき」という考え方に依拠するからです。しかし，算定表の説明自体が，「義務者の収入が義務者の最低生活費を下回っている場合には，義務者に養育費の分担能力がないものとされ，養育費分担義務はないとされる場合がある。」としており（判タ1111号287頁），事案ごとに慎重な検討が必要となると思われます。なお，義務者が稼働できるのに稼働していない場合は，収入を推計するのが一般的です。定職に就くことが可能な場合は全労働者の賃金センサスから，すぐには定職に就けない状態であれば，パートタイム労働者の賃金センサスによって推計するのが一般的でしょう。以前の判例は，義務者母が就労しないことには寛容で（大阪家審昭57・5・29家月35巻10号85頁等），義務者父が就労しないことには厳しい傾向がありましたが（大阪高決平6・4・19家月47巻3号69頁），今後は中性的に変化していくものと思われます。義務者の収入が不明の場合は，やはり賃金センサス等により，業種・年齢に応じた収入を推計して算定することになります。義務者が無収入の再婚相手と再婚し，扶養家族が拡大した場合，再婚相手は14歳以下の子として算定表を利用します。

　権利者の収入の認定については，権利者が働いていない場合であっても，義務者の場合と同様，賃金センサスによって収入を推計して算定する場合がほとんどであり，子どもが小さいから働けないという抗弁は通らなくなってきました。なお，児童扶養手当や児童手当，実家からの援助などは，権利者の収入には加算しません。子に対する第一順位の扶養義務は父母にあるからです。

Ⅱ　扶養義務の始期と終期

　過去の養育費の請求をできるか，できるとすればいつからできるかについては，判例も判断が分かれています。権利者が，扶養が必要な状態にあり，

義務者が，扶養が可能な状態であれば，扶養請求権及び扶養義務が発生し，養育費請求の時から養育費が発生することは間違いありません。過去に遡って多額の請求を認めると，公平に反する場合もあるので，判例は，これを相当な範囲に限定する，あるいは，今後の養育費を定める一切の事情の中に過去の養育費の不払いの事情も含めるとするのが一般的なようですが，中には，別居時（宮崎家審平4・9・1家月45巻8号53頁）あるいは送金しなくなった時まで遡り養育費の支払を認めた事案もあり（福岡高決昭47・2・10判時666号60頁），一様ではありません。

養育費の終期については，現在の家庭裁判所の実務では，原則，成年に到達するまでとされています（大阪高決昭57・5・14家月35巻10号62頁等）。問題は，短大・大学・専門学校など，高校卒業後も高等教育を受けている場合ですが，一般的には就労は期待できないのであるから，扶養を必要とする状態にあり，判例は，扶養義務者の資力や学歴などを考慮し，生活環境として，大学進学が通常のことと考えられる場合は大学卒業時までの扶養義務を認めるのが一般です。例えば，判例は，義務者父が医者である事案（福岡高決昭47・2・10判時666号60頁）あるいは小学校教師である事案（東京家審昭50・7・15家月28巻8号62頁）で，いずれも子が大学卒業までの支払義務を認めています。

【3】 養育費の変更

I 養育費の増額・減額請求

養育費は，権利者及び義務者の事情一切を考慮して定められるもので（民法879），いったん取決めがあっても，その後に失業・病気・事故などによって父母の経済状態に変動があったり，教育費や医療費等が増加するなど，変更が生じる場合があります。そのような場合は，家庭裁判所は，決まった養育費の変更あるいは取消しをすることができます（民法880，東京高決平10・4・6家月50巻10号130頁）。実際には，事情に応じて，権利者からは増額請求が，義務者からは消滅ないし減額請求がなされ，以前の合意当時，予想しあるいは前提となし得なかった事情が生じ，増額ないし減額の必要があると判断されれば認められる場合があります。

増額が認められた事情の変更としては，物価の著しい上昇（東京家審昭49・

3・5家月27巻1号125頁），教育費の増額（東京家審昭54・11・8家月32巻6号60頁），子の病気（仙台高決昭56・8・24家月35巻2号145頁）等があります。

　減額が認められた事情の変更としては，調停成立時に比較し，義務者父の収入が3分の1に減じてしまった場合（山口家審平4・12・16家月46巻4号60頁），義務者父及び権利者母ともに再婚し，母の再婚相手と子ら3人が全て養子縁組を結んだ場合（東京家審平2・3・6家月42巻9号51頁）等があります。

Ⅱ　養育費を請求しない旨の合意

　実務上，養育費の請求をしない旨の合意がなされることは少なくありません。しかし，そもそも養育費は，子の監護のためのものであり，子が自ら扶養料を請求することも可能です。とすれば，親が子に不利益な取決めをなした場合は，子が自ら扶養料を請求することを妨げるものではないと考えられ（札幌高決昭43・12・19家月21巻4号139頁），また，そもそも，不請求の合意は法律上有効ではないという判例もあります（名古屋家審昭47・3・9家月25巻4号59頁）。

［4］　養育費の取立方法

Ⅰ　履行勧告及び履行命令

　調停調書あるいは審判で定められた養育費の支払義務については，申立てによって，家庭裁判所の調査官が履行状況を調査し，義務者に対して履行勧告をし（法289Ⅰ），義務者に対して相当の期限を定めて履行を命令することができます（法290Ⅰ）。これらは，執行力はありませんが，履行命令に従わない時には，10万円以下の科料の制裁に処されます（法290Ⅴ）。

Ⅱ　審判前の保全処分

　養育費あるいは扶養料について審判の申立てをした時は，強制執行を保全し，また事件関係人への急迫の危険を防止する必要がある場合は，家庭裁判所は，仮差押え，仮処分その他必要な保全処分を命じることができます（法105Ⅰ）。判例には，子の授業料分にあたる扶養料の仮払いを命じた例（大阪家審昭57・10・15判例集未登載），養育費の仮払いを命じた例（長崎家審昭57・11・4判例集未登載）等があります。

Ⅲ　強制執行

　養育費は定期債権ですので，その一部に不履行がある場合は，確定期限が到来していない将来の給付についても，給与その他継続的給付債権の差押えをすることができます（民執法151の2）。給与の他，役員報酬や賃料債権なども継続的給付債権にあたるので，差押えの対象となります。義務者が医師などの場合は，診療報酬債権は，確定期限未到来債権の1年分まで差押えを認めるなど，特別の取扱いもなされています。

【広瀬　めぐみ】

Q91 養育費算定表

養育費はどの程度の金額を払うのか決まっていますか。養育費算定表で決まる金額よりも少なかったり多かったりするのはどのような場合ですか。

[1] 養育費とは何か

Ⅰ 養育費の根拠

養育費とは，子どもが独立した社会人として成長自立するまでに要する費用，すなわち，食費，衣料費，住居費，教育費，医療費などのことをいいます。子どもの親は，子どもを監護養育する義務があり（民法820），親権者ではない親であっても，未成年の子ども（未成熟子）に対する扶養義務があります（民法877Ⅰ）。したがって親権の有無にかかわらず，親は，未成熟子の監護養育に必要な養育費を分担する義務を負います。

父母が離婚した場合は，子どもの親権者となった親は，他方の親に対して，子どもの監護養育に必要な費用を請求することができ，これを養育費の分担請求といいます。

Ⅱ 養育費の負担義務の程度

養育費は，その性質上，子どもが親と同程度の生活水準を保持していくのに必要な費用を分担すべきであると解されています。これを生活保持義務といい，義務者の生活を犠牲にすることなく支払うことができる費用を支払えばよいという生活扶助義務と区別されます。

Ⅲ 養育費の請求方法

養育費を請求する方法としては，二つが考えられ，一つは，子自身が別居親に扶養料を請求する方法（民法877ないし880，法39・別表第二10項）であり，もう一つは，監護親が子の監護に関する処分として，別居親に監護費用を請求する方法（民法766，法39・別表第二3項）です。後者が通常の養育費請求と考えられています。申立ては，調停又は審判の申立てをすることになりますが，

家庭裁判所は，調停の場で実情の把握や確認を行い，分担義務に関する当事者の理解を求めた上で，収入資料等の提出を促し，これらに基づいて収入の認定や算定表の導入を行い，試算の結果を当事者に示した上で，合意を促します。当事者が合意せず，調停が不成立となった場合は，調停は審判に移行します（法272Ⅳ）。

【2】 算定表について

Ⅰ 算定表の趣旨

平成15年4月，東京・大阪の有志の裁判官によって，養育費・婚姻費用の算定表が発表されました（判タ1111号285頁以下。ほか，裁判所ホームページにも掲載）。それまでは，婚姻費用や養育費の請求があると，家庭裁判所の調査官が詳細な計算をし，金額を算定していました。その算定方法は，裁判所によってまちまちであり，条件が同程度の事例でも金額にばらつきが見られた上，計算に時間がかかるため，婚姻費用や養育費を簡単に得ることができず，権利者の速やかな生活安定に資することができませんでした。

そこで，先の東京・大阪の裁判官が，標準的な養育費を簡易迅速に算出することを目的に算定表を作成し，利用を始めたところ，それが全国の裁判所に広がり，現在では算定表利用が定着しています。当初，利用がはじまった段階では，算定表はあくまで簡易迅速を旨とするものであり，最終的な養育費の金額は，各事案の個別の要素を考慮して定まるものであるとされていました。

ところが，現在では，算定表の幅を超えるような額の算定を要するのは，この算定表によることが著しく不公平となるような特別な事情がある場合に限られるといわれており（判タ1111号292頁），極めて例外的な場合にしか，個別具体的な判断はなし得ないことになっています。今後は算定表による算定額が「著しく不公平となる特別の事情」の認定，算定表が直接適用できない場合（子が4人以上，親権を分け合い義務者も子を監護している場合など）の算定などが課題とされるものと思われます（二宮周平＝榊原富士子『離婚判例ガイド〔2版〕』263頁）。

Ⅱ 算定表の算定方法

　算定表の利用方法は非常に簡単です。義務者の総収入が縦軸，権利者の総収入が横軸で表されていますので，利用する場合は，実際の義務者の総収入額の点から右に線を引き，続いて権利者の総収入額の点から上に向かって線を引き，二本の線が交わる一点が，いくらの帯の所にくるかで判断します。帯は，2万円ごとで区切られており，通常，その2万円の幅で，個別具体的な事情を考慮することとされています。

　例えば，離婚後5歳と10歳の子どもを養育している給与収入300万円の元妻が，離婚後は1人で生活して自営の年収650万円を得ている元夫に養育費を請求する場合は，表3を使います。表3によるとこの場合月額10万円から12万円ということになり，仮に元夫が給与生活者であると6万円から8万円になります。詳しくは，本書末の算定表をご参照ください。

　算定表の考え方は，基本的には，従来の家庭裁判所の実務で採用されてきた考え方を踏襲しており，以下のような方法で計算をしています。

　まず，第一に，権利者と義務者それぞれの基礎収入を認定します。この基礎収入とは，税法等で理論的に算出された標準的な公租公課の割合や，統計資料に基づいて推計された職業費割合（職業費とは，給与所得者として就労するために必要な出費のことで，被服費・交通費・交際費等がこれにあたり，総収入の10％から20％とされます），特別経費割合（特別経費とは，家計費の中でも弾力性，伸縮性に乏しく，自己の意思で変更することが容易ではなく，生活様式を相当変更しなければその額を変えることができないもので，住居費・医療費等がこれにあたり，総収入の概ね16％から26％とされます。なお，負債は特別経費にはあたりません）をもって推計していて，給与所得者であれば，総収入に0.34～0.42を乗じた金額，自営業者であれば，総収入に0.47～0.52を乗じた金額が基礎収入となります。

　次に，父母には子に対する生活保持義務があるという前提で，子が義務者と同居したと仮定すれば，子のために費消されるはずの生活費がいくらであるかを算定します。この生活費は，生活保護基準及び教育費に関する統計から導かれる「標準的な生活指数」によって計算し，子の標準的な生活費指数を，親を100とした場合，0歳から14歳以下の子についてはこれを55，15歳以上19歳以下の子については90として算定します。

最後に，子の生活費は父母それぞれが負担能力に応じて負担すべきなので，算出された子の生活費を，父母の基礎収入に応じて按分します。

【3】 算定表の修正について

　養育費で特に問題となるのが，教育費のことで，私立学校の学費の負担をどうするかは多くの場面で争いとなります。

　算定表では，既に公立学校の費用負担は考慮された上で養育費が算定されています。すなわち，14歳以下の子どもについては，公立中学校に通う子どもがいる世帯の年間平均収入に対する公立中学校の学校教育費相当額を，15歳以上の子どもについては，公立高校に通う子どもがいる世帯の年間平均収入に対する公立高校の学校教育費相当額を考慮することによって，子にあてられるべき生活費指数を定めているからです。したがって，算定表では，私立学校に通う場合の学校教育費相当額は考慮されず，これを巡って争いが生じることになるのです。この点，裁判所は，算定表で得られる教育費の金額に，私学分の相当額を加えて合意することが多いと思われます。合意のポイントは，義務者が私学への進学に賛成していたかどうかです。義務者に相当の余力がある場合は，合意も困難ではないでしょう。しかし，余力がない場合は，簡単には認められません。例えば，父親は公立高校への進学を主張していたのに，子が私立高校に進学してしまい，母親から父親に対し，私学の入学金を基礎に養育費を請求した事案では，反対していた父親が当然に負担するものではないが，父親の資力や社会的地位からみて，父親において，未成年者のために義務教育を越える教育費を負担することが相当と認められる場合にのみ，親権者である母親はその費用を父親に対して請求し得るとし，私学の入学金の負担を認めなかった判例が存在します（神戸家審平1・11・14家月42巻3号94頁）。

【広瀬　めぐみ】

Q92 面会交流調停

面会交流調停はどのように進みますか。面会交流が認められるための要件は何ですか。面会交流を支援する第三者機関などはありますか。

〔1〕 面会交流調停について

Ⅰ 面会交流調停とは何か

　面会交流調停とは，離婚又は別居により，子どもと離れて暮らすことになった別居親が，同居親に対し，子どもとの面会（直接会うこと）及び交流（電話による会話や手紙，メールによる意思疎通などを含むもの）を求める申立てです。面会交流事件は，従前から子の監護に関する処分として扱われていましたが（改正前の民法766Ⅰ），条文上に明記されず，後で問題となるケースが多く，平成24年（2012年）の民法改正で，子の監護についての必要な事項の具体例として，監護費用の分担とともに明示されました（民法766Ⅰ）。また，「児童に関する権利条約」（批准発効平成6年（1994年）5月22日）9条3項は，子どもの側からの面会交流権を認めています。

　面会交流の取決めは，父母の間で合意するのが原則ですが，協議が整わない場合には，審判又は調停の申立てをすることができ，調停が成立しなかった場合には審判手続に移行します（法39・別表第二3項）。

Ⅱ 面会交流権の法的性質について

　面会交流権の法的性質については，親の自然権又は固有の権利とする見解，別居親も潜在的に親権を有し，そのような親権の一権能としてとらえる見解，監護に関連する権利とする見解，子には親との交流を通じて成長・発達する権利があるとして，面会交流権を子の権利とする見解，親の子に対する監護教育義務を履行するために親に認められる権利とする見解など，種々の学説があります。今日の学説では，子育てに関わる親の権利及び義務であると同時に，親の教育を受ける子の権利であること，そして両者の利益が対立する場合には，子の利益を第一に考えること（石川稔「離婚による非監護親の面接交

渉権」別冊判タ8号『家族法の理論と実務』286頁）で合致しています。面会交流は子の監護の一内容であると認めた最高裁平成12年5月1日決定（家月52巻12号31頁）について，杉原則彦最高裁調査官は，面会交流の内容は「監護者の監護教育内容と調和する方法と形式において決定されるべきものであり，面接交渉権といわれているものは，面接交渉を求める請求権というよりも，子の監護のために適正な措置を求める権利であるというのが相当である」と解説しています。

Ⅲ　面会交流調停の進め方について

　近年，裁判所は面会交流に積極的な立場を採用し，面会交流を禁止・制限すべき具体的な事情がない限りは面会交流を実施する方向で調停を進めます。調停において，調停委員は，まず面会交流の実情（身分関係，子の状況，合意の有無，実施状況など）を聴取します。その上で，面会交流を禁止・制限すべき具体的な事情がある場合は（例えば別居親による連去り，子の虐待の恐れ，同居親に対する暴力の恐れなど），その事情を具体的な裏付け資料とともに主張してもらいます。その後，面会交流を求める側からの反論を聴取し，裁判官との評議の上，調査官調査を活用するなどして，面会交流を禁止・制限すべき具体的事情の有無，双方の意向，子の状況ないし意向等について検討し，面会交流の実施を妨げる事情がない場合は，実施のための環境整備に向けた調整を行うことになります。この経過の中で，裁判所での試行面接が行われる場合もあります。

【2】　面会交流の認容の基準について

　では，どのような場合に面会交流を禁止・制限すべき具体的事情があると認定されるのでしょうか。裁判所が面会交流に積極的な立場を採用しているとはいえ，全ての場合に面会交流が認められるわけではなく，子の心身の状況，監護状況，父母の葛藤の強さなどから，面会交流を控えた方がよい場合も認められます。

Ⅰ　子の意思・年齢

　乳幼児の場合は，子の状況を全体的に見て，後見的に判断されるため，事案毎に異なります。学齢期の場合は，10歳前後になると子の意思が尊重され

るようになり，子の意思が面会に積極的であれば面会を認容するということで大きな問題は生じません。しかし，子の意思が面会に消極的である場合，同居親や祖父母の影響や，同居親に対する忠誠葛藤が原因である場合があり，判断が困難になります。判例にも，子（兄9歳，妹8歳）が母親との面会を拒否しているのにもかかわらず，子らの人格形成のためには母親との面会が必要として，学校が長期の休みの際，宿泊を伴う面会を認めたものがあります（岡山家審平2・12・3家月43巻10号38頁）。

Ⅱ 親の過去の言動等

婚姻中から，親として不適格な言動がある場合や，面会交流を求める態度に粗暴性があると，面会交流が認められなくなる場合があります。例えば，薬物乱用の過去があるとか，酒乱であるとか，親としての態度に問題がある場合です。それが原因で，面会後に子どもの情緒が不安定になるなど，子の日常生活に支障が出るような場合は，やはり面会交流の実施が困難になります。裁判例には，父が同居中から酒乱で乱暴な振舞いをしていたため，子（6歳8か月，4歳6か月）は父への畏怖感が消えず，父を嫌悪しており，もし面会を認めると子の情緒に悪影響があるとして，父からの申立を棄却したものがあります（大阪高決昭55・9・10家月33巻6号21頁）。これは，同居中にドメスティックバイオレンス（以下，「DV」といいます）があった場合も同様です。以前は，父母の間でDVがあっても，子に暴力が振るわれていなければ，加害者である一方の親と子の面会交流を阻む要因にはなりませんでした。ところが，DV防止法が成立した平成13年（2001年）以降，DV加害者がDV被害者に与える肉体的・精神的ダメージの深さや，それを見ていた子に対する悪影響が重視されるようになり，加害者である父親が面会交流を求めても，これを却下する事案が増えました。加害者の暴力的傾向が継続していれば当然ですが，暴力的傾向が消失しても加害者に反省がないとか，仮に反省があっても，母子の恐怖感が消えない場合にはやはり認められません。ただ，DVのあった事案でも，時間が経過し，子の成長段階や加害者の反省の程度によっては，再度の調停申立てを経て，面会が可能になる場合もあります。

Ⅲ 父母の感情的な葛藤

父母の対立が深く，感情的葛藤が激しい場合，面会交流を認めると，親の

葛藤が子に反映し，子の精神的安定を害し子の福祉を害する場合は面会交流が認められないことがある一方で，親の葛藤が激しくても，子の将来の利益を考えて面会を認めることもあり，裁判所はそれぞれのケースで個別具体的な対応をしているといえます。いずれにせよ，裁判所は後見的な立場から，子の利益を最優先して調整を図っています。

Ⅳ 新しい家庭生活での安定

従前は，監護親が再婚し，新しい家庭を築いている場合，平穏な生活に水を差してはいけないという考え方で，面会交流を認めないこともありました。しかし，最近では面会交流の障害事由にはあたらないとして，頻回ではないにしても面会を認めるようになってきました。

【3】 その他の場合

Ⅰ 子からの面会交流の請求

面会交流が子の権利であるとすれば，子からの申立ても可能なはずですが，手続的には子の同居親が別居親に対し，子との面会交流を求めることになります。

Ⅱ 祖父母，兄弟姉妹からの面会交流の請求

同居家族以外の親族との交流も，子の人格形成に非常に有益なものであり，かかる交流の保障は，監護教育の内容と考えることもでき，そのような意味で，諸外国（ドイツ，フランス，イギリス，アメリカ等）では，父母以外の者との交流が一定の条件のもとで保障されています（棚村政行「祖父母の面接交渉」判タ1100号192頁等）。日本でも，非常に稀な事案ですが，亡くなった母方の祖父母から親権者父への子ら（11歳，9歳）の引渡しを円滑に行うため，引渡し前に父と月1回，引渡し後は祖父母との宿泊面会を2か月内に1度以上の割合で命じた裁判例が存在します（東京高決昭52・12・9家月30巻8号42頁，判時885号127頁）。

【4】 面会交流の方法

面会交流の方法については，面会の頻度，宿泊の有無，第三者の立会い，費用負担，間接的な面会交流など，事案に応じ，種々の形の命令がなされて

います。時には，第三者機関を通じた面会交流が認められることもあります。主要な第三者機関として，NPO団体や宗教法人などがあります。元家庭裁判所の調査官や調停委員などが構成員のエフピックはその代表的なもので，事前に当事者双方と面会し，交流の仕方を定めると同時に，面会交流に必要な心構えなどの指導を行うこともあります。実際の面会では，子の引渡しや，立会いなど，様々な役割を果たしてくれますが，一回の面会で2，3万円程度の費用がかかり，この費用をどちらが払うかなどで争いになることもあります。

　面会交流が決められたのにもかかわらず，不履行になった場合，申立てによって，家庭裁判所による履行勧告（法39・289Ⅰ）が可能です。それでも履行がされない場合，間接強制も考えられます。ただし，間接強制は，面会交流の条項が相当具体的でないと認められません。「月2回の面接する事を認め，その方法，場所等については相手方が良識にかなった面接方法を選択することができることとし」とした事案について，原審は間接強制を認めたのに，抗告審は「認め」との文言が給付条項ではないとして，否定した裁判例が存在します（高松高決平14・6・25家月55巻4号66頁）。

　前掲高松高裁の事案は，母親が申立人（債権者）で，子は3歳児，父親が月2回の面接を不履行にした事案で，高松家裁は1回につき5万円の支払を認めました（高松家審平14・6・25家月55巻4号69頁）。これは高裁で否決されたのですが，不履行について月8万円を求めた事案（甲府家審平23・10・19家月64巻8号67頁）や，調停条項に違反して父子面接を拒否した母親に70万円の損害賠償を認めた判決があります（横浜地判平21・7・8家月63巻3号95頁）。また，最高裁の決定で，月5万円の原審の判断を肯定した事案があります（最決平25・3・28裁時1577号6頁）。

　なお，間接強制の裁判例については，梶村太市『裁判例から見た面会交流調停・審判の実務』300頁以下が詳しいです。

【広瀬　めぐみ】

Q93 認知・嫡出否認調停（法283）

婚姻をしていない男女間に生まれた子について，実父がこれを認める場合の手続及びこれを認めない場合にとるべき手続にはどのようなものがありますか。

[1] 認知についての基礎知識

Ⅰ 認知の意味

　生まれてくる子について，実父が自分の子であると認める場合，法的な手続としては「認知」があります。「認知」とは，婚姻外で生まれた子を，事実上の父又は母が自分の子と認め，法律上の親子関係を形成する行為です。認知には，任意認知（民法779）と強制認知（民法787）とがあり，強制認知はさらに判決による認知と審判による認知とがあります。認知調停の申立てをした後に，協議で任意に認知する場合もありますし，審判に移行して認知をする場合もあります。

Ⅱ 認知能力・認知権

　父又は母が未成年者又は成年被後見人であっても，認知をするのにその法定代理人の同意は不要です（民法780）。また認知することは権利であって義務ではなく，形成権かつ一身専属権なので，非嫡出子の父のみが行使可能であり，父の死亡後に相続人が行使することはできません。子が成年すれば子の承諾を得て認知ができますが（民法782），胎児認知の場合は母の承諾が必要です（民法783Ⅰ）。死亡した子に対する認知は，その子に直系卑属がいる場合に限られ，その直系卑属が成年に達している時はその承諾が必要になります（民法783Ⅱ）。

[2] 認知調停事件

Ⅰ 調停前置主義

　認知について任意の協議ができない場合は，原則的には調停前置主義ゆえ

（父の死亡後は調停前置主義の適用はなく，検察官を被告に訴訟提起をします），調停の申立てをしなくてはなりません。調停で概ね合意ができれば，合意に基づく審判が行われます（法277）。合意に基づく審判ができない場合には，訴訟に移行することになります。申立書の申立ての趣旨は，「相手方は申立人を認知するとの調停・審判を求める」となります。

II 申立権者

申立権者は，子，その直系卑属又はこれらの法定代理人です（民法787）。胎児は申立人になれませんが，子は無能力者であっても意思能力があれば自ら申立てができます（人訴法13・14）。母親が胎児を代理して訴え提起することはできないと考えられています。民法772条の推定を受ける嫡出子は，他に実父がいても嫡出否認の訴え（民法774ないし778，人訴法41）により推定が破られない限り認知の訴えはできません。一方，民法772条の推定を受けない嫡出子（父親が受刑中などで母親が懐胎できないことが客観的に明白である時など）は，実父に対して認知の訴えを提起できます。

III 調停申立時の留意点

調停申立ての相手方は，父です。父死亡後は，死亡の日から3年以内に検察官を被告として訴え提起をします（民法787但書）。従来，要証事実として，①申立人の母が申立人を懐胎することが可能な時期に相手方と性交渉があったこと，②申立人と相手方との間に血液上の背馳がないこと，③相手方に父親としての言動があること等が必要とされていましたが，現在は，どの裁判所においても，必ずDNA鑑定を実施するため，その結果をもって父子関係が確認できれば，ほとんどの場合は合意の審判により認知がなされることになります。これは，内縁の子であっても同様で，DNA鑑定が必要です。

IV 審判確定後の手続

認知の審判が確定した場合，確定判決と同一の効力を有します（法75）ので，子と父の間に，子の出生に遡って法律上の父子関係が形成され（民法784），その効力は第三者に及びますが（人訴法24 I），第三者が既に取得した権利を害することはできません（民法784但書）。

認知の審判が確定した時は，申立人は，審判確定の日から10日以内に審判の謄本を添付して戸籍の届出をしなくてはなりません（戸籍法63）。

【3】 嫡出子についての基礎知識

Ⅰ 嫡出子とは何か

　嫡出子とは婚姻によって生まれた子をさします。したがって、婚姻届出後200日以内に生まれた子であっても、父母が婚姻関係にある子は嫡出子であり、他方、夫婦の子であっても婚姻届出前に出生した子や内縁中に懐胎し内縁中に出生した子は嫡出子ではありません。また、嫡出子には、嫡出推定を受ける嫡出子（夫の子と推定される）とこの推定を受けない嫡出子があります。

　民法は懐胎主義をとっており、同法772条1項は、「妻が婚姻中に懐胎した子は、夫の子と推定する。」と定め、同条2項で、「婚姻の成立の日から二百日を経過した後又は婚姻の解消若しくは取消しの日から三百日以内に生まれた子は、婚姻中に懐胎したものと推定する。」と定めています。しかし、一方で戸籍の扱いとしては、婚姻届がでていると、婚姻の翌日でも嫡出子として受けつけます。そこで、嫡出子といっても、民法772条2項の推定を受ける嫡出子と、この推定を受けない嫡出子があるということです。推定を受けない嫡出子とは、婚姻後200日以内に生まれた子や、婚姻中に懐胎したが夫の服役や別居等のため夫による懐胎ではあり得ない場合の妻の分娩により出生した子等です。

　この推定を受けるか受けないかで、親子関係を争うときの手続に違いが出てきます。推定を受ける子の場合、この推定を覆す方法としては嫡出否認の訴えによらなければなりません（これについては後記【4】）。推定されない子について父子関係を争う場合は、実際は嫡出子の出生届がされていても嫡出推定が働かないので、父子関係の不存在、つまり親子関係不存在確認の裁判の手続によることになります。

Ⅱ 300日問題の実際上の解決

　なお、平成19年（2007年）5月21日以降、出生届がされた婚姻の解消又は取消し後300日以内に生まれた子について、「懐胎時期に関する証明書」（例えば妊娠出産を扱う医師の証明書）が添付され、当該証明書の記載から、推定される懐胎の時期の最も早い日が婚姻の解消又は取消し後より後の日である場合に限り、婚姻の解消又は取消し後に懐胎したと認められ、民法772条の推

定が及ばないものとして，母の嫡出でない子又は後婚の夫を父とする嫡出子出生届出が可能となっており，実際的な解決が図られています。

Ⅲ 非嫡出子の相続分についての最新の判断

民法は，兄弟の相続分は均等とする一方で，非嫡出子の相続分は嫡出子の2分の1と定めており（民法900④），従来，この条項が憲法14条の法の下の平等に反するとして争われてきました。最高裁大法廷は，平成7年（1995年）7月の時点では，本条項は法律婚主義に基づいた合理的理由のある差別として合憲としていました（最大判平7・7・5民集49巻7号1789頁）。しかし，平成25年（2013年）9月4日の最高裁決定は，家族の多様化が進む中で，このような差別は合理的理由がないとして，違憲判断を下しました（最判平25・9・4民集67巻6号1320頁）。その後，自民党内の反対派からの反発が大きかったものの，平成25年11月12日の閣議決定で，婚外子の相続分を平等にする民法改正案が決定され，規定は削除されることとなりました。

【4】 嫡出否認の訴え

Ⅰ 申立権者

嫡出否認の訴えの申立権者は，原則は夫のみです（民法774）。ただし，夫が成年被後見人である場合と死亡した場合には特則があり，前者については夫の後見監督人が否認権行使のための訴えを提起し得るということ（人訴法14Ⅱ），後者については，夫が子の出生前に死亡した場合又は子の出生後に嫡出否認の訴えを提起することなく法定の否認権行使期間中に死亡した場合は，その子のために相続権を害せられるべき者その他夫の3親等内の血族に限って否認権を与えられ，夫の死亡の日から1年以内に提起することができるとされています。また，夫が否認の訴えを提起した後に死亡した場合には，上記の者らが夫死亡の日から6か月以内に訴訟手続を受継することができます（人訴法41Ⅰ・Ⅱ）。

なお，推定されない嫡出子については，嫡出否認の訴えではなく，親子関係不存在確認の訴えとなります。

Ⅱ 相 手 方

子は，意思能力があれば，自分自身が相手方となることが出来ます（人訴

法13)。しかし，出訴期間が短く，訴え当時に子が意思能力をもつ場合は稀であるから，ほとんどの場合，親権者母が代理して相手方となります。

Ⅲ　要証事実

基本的には，父子の血液型，懐胎期間中における同棲の内情，妻の不貞の有無など，一切の事情が明らかにされる必要があります。夫は，その子の父ではないことを証明すれば足りるため，父子の血液型の背馳があれば否認が認められることになると思われます。ただ，現在の実務は，ほとんどの場合にDNA鑑定を必要としています。

【広瀬　めぐみ】

Q94 認知無効・取消調停

迫られて認知をしてしまいましたが，実際の父子関係がない場合に，認知の無効を調停で主張することはできますか。取消しはどうでしょうか。

〔1〕 認知無効確認調停事件

Ⅰ 申立ての趣旨

認知無効の調停申立ては，任意認知がなされた場合に，それが認知者の意思によらないこと，あるいは認知者と被認知者との間に血縁上の父子関係がないことなどを理由として，当初から法律上の認知として効力がないことを主張するもので，一般的な調停として申立てをし，無効で双方が合意すれば，合意にかわる審判をすることができます（法277Ⅰ）。

法が認知制度を採用した目的の前提は，認知が真実に合致していることを要請しています。ですから，認知が真実に反してなされた場合，認知された子その他利害関係を有する者が，反対の事実すなわち認知が真実に反しているという事実を主張し，認知の効力である法的父子関係の成立を否認するのを認めたのが民法786条です。すなわち任意認知によって生じた法律上の父子関係を出生の時に遡及して消滅させることを目的としています。

Ⅱ 申立ての要件

認知無効確認の対象となるのは，任意認知だけであり，判決又は審判手続を経た認知が正当な当事者間に確定している場合は，第三者にもその効力が及んでいるので，たとえそれが真実に反していても認知無効確認の訴えは提起できません（人訴法25Ⅰ・Ⅱ）。なお，認知者が認知の時に意思能力を欠いていた場合や，父以外の者が父の名を冒用して認知の届出をした場合には，認知は当然に無効です。

申立書の趣旨には，「平成○○年○月○日東京都○○区長受付にかかる申立人の相手方に対する認知は無効であることを確認することの調停・審判を

求める」とするのが一般的です。

Ⅲ　申立権者

申立権者は子及び利害関係人です（民法786）。子が無能力者であっても，意思能力さえあれば法定代理人の同意を要しません。「利害関係人」とは，真実に反する認知が形式上存在するため，身分上不利益を蒙る者ですが，子の母，認知者の妻，認知者の妹，認知によって相続権を害される者，改めて子を認知しようとする者が判例上認められています。認知者自身が申立権者になれるかは，無効原因との関係で争いがあります。

Ⅳ　認知無効確認の効果について

認知無効確認の審判が確定すると，審判は確定判決と同一の効力をもちますので（法75），認知は遡って無効となり，認知者と被認知者との間の父子関係の不存在が確定し，その効力は第三者にも及びます（人訴法24Ⅰ）。

【2】　認知取消調停事件

Ⅰ　申立ての趣旨

認知取消しの調停申立ては，認知に民法96条の取消原因が該当する事由が存在することを主張して，一般調停として申立てをします。その上で，当事者双方の合意があれば，合意にかわる審判をすることができ（法277Ⅰ），任意認知の取消しを認めることができます。

この申立書に記載する申立ての趣旨は，「平成○○年○月○日東京都○○区長受付にかかる申立人の相手方に対する認知は取り消すとの調停・審判を求める」となるのが一般的です。

このような訴えが可能か否かは，民法785条が，任意に認知をした父又は母がその認知を取り消すことができないと規定しているので問題となります。民法785条の解釈については，その立法趣旨や認知無効の訴えを認めた786条との関連で，「取消し」の文言の意義をどのように考えるかが議論となっており，「取消し」を「撤回」と解する立場と，「原則的取消し」と解する立場に分かれています。「取消し」と解する立場は，認知をもって法的親子関係を成立させる目的の意思表示であり，瑕疵ある意思表示は取り消し得るとする見解です。「撤回」と解する立場は，認知をもって血縁的親子関係の存在

を承認する観念通知であると理解し，事実に反する認知は無効であるとする見解です。したがって，前者の立場に立てば，詐欺・強迫によってなされた認知は，原則的に取消しが可能となりますが，後者の立場に立てば，認知によって発生した親子関係が真実に合致する以上は，たとえ認知が詐欺・強迫によってなされた場合でも，取り消すことはできないとします。近時は，後者の立場が有力です。

Ⅱ 申立権者及び申立ての要件

申立権者は，取消原因事実をどのように理解するかにより異なってきます。第一の立場は，認知が詐欺・強迫による場合のように瑕疵ある意思表示によってなされた場合には，民法総則の規定によって取り消すことができるとし，第二の立場は，前記の他，事実に反する認知は認知者自身その無効を主張できるとするものです。さらに，第三の立場として，親子関係があって認知された以上は，たとえ認知が詐欺・強迫によるものであっても取り消すことができないとし，したがって，認知の取消しはあり得ないけれど，認知に承諾を要する場合のこの承諾を欠いた時には承諾権者からの取消しを認めるとするものです。以上は，認知に関する法が，意思主義から事実主義へと変遷したことによる理論構成の変遷といえます。結局，認知の取消原因として現在考えられるのは，認知に承諾を要する場合（民法782（成年の子の認知）・783（胎児又は死亡の子の認知））に承諾がない認知届出が誤って受理されたとき，又は承諾が詐欺・強迫によるときとなり，申立権者は，当該承諾権者であることになります。

なお，取消権の行使期間についても諸説があり，民法総則の規定するところによるとする見解や，詐欺・強迫による縁組取消しに関する規定（民法806の2・806の3・808等）を類推し，詐欺を発見し，強迫を免れたときから6か月，承諾のない届出が受理された場合はそれを発見したときから6か月とするなどの見解があります。

Ⅲ 認知取消しの効果について

認知取消しの審判が確定したときの，申立人の戸籍訂正申請及び裁判所書記官からの戸籍事務管掌者に対する通知については，婚姻無効の場合と同様になります。

【3】 子の地位に関する最高裁判決

　平成26年（2014年）1月14日，最高裁の第三小法廷は，自分の子ではないと分かっていながら認知をした男性が，後からその無効を主張した件につき，認知無効を認める判断を下しました（最判平26・1・14裁時1595号1頁）。認知を有効と主張する側は，子の地位の安定を害するとの反対意見を述べましたが，受け容れられませんでした。この点，認知と直接の関係はありませんが，従来，非嫡出子の相続分につき，嫡出子の2分の1と定める民法900条4号の合憲性が争われてきました。憲法14条の法の下の平等に抵触するか否かの争いです。平成25年（2012年）9月4日，最高裁は，違憲判断を下し，嫡出子も非嫡出子も，同じ相続分が認められるところとなりました（最判平25・9・4民集67巻6号1320頁）。上記の二つの最高裁判断は，どちらも法律婚における子の地位をどう考えるかと関係するものでしたが，相次ぐ最高裁判断は，「家」よりも「個人」を重んじる時代を反映させるものになっていると思われます。

【広瀬　めぐみ】

Q95　実親子関係存否確認調停

夫婦が結婚している間に生まれた子に，実の父子関係がない場合，これを確認するための申立ては嫡出否認の訴えだけでしょうか。親子関係不存在確認の訴えで対応すべきなのはどのような場合でしょうか。

【1】　実親子関係の存否確認の申立て

Ⅰ　申立ての趣旨

　夫婦関係や親子関係に関する申立てで多いのは，夫婦，養親子，実親子関係の存在又は不存在を審判により確定させることを求めるものです。このうち，夫婦及び養親子については，そもそも血縁関係にない者同士が婚姻手続，養子縁組手続という法定の手続を経て身分関係を形成するものですから，その存否の確定は比較的容易です。しかし，実の親子かどうか，その存在若しくは不存在を確認することは，血縁関係の存否を確認するもので容易ではありません。そのような時の申立てとして，嫡出否認の訴え，親子関係存否の確認のための訴えがあります。前者は，家事事件手続法39条により別表第一の事件の59項として扱われ，調停が成立しなければ審判に移行しますが，後者は一般調停事件として扱われます。ただ，二つとも，申立人と相手方との合意があれば，合意による審判が可能です（法277）。

　夫婦が結婚している間に生まれた子は嫡出子ですが，これにも推定される嫡出子と推定されない嫡出子があり，婚姻後200日以内に出生した子や，婚姻中に出生した子であっても，夫が刑務所に収監されていたとか別居していたなどの事情があり，夫の子でないことが明らかである場合は，推定されない嫡出子となります。このような場合は，嫡出否認の訴えではなく，一般調停事件として親子関係不存在確認の申立てを行います。

　一方，婚姻の取消しや離婚後300日以内に出生した子は，推定される嫡出子ですので，通常の嫡出否認の訴えとなります。

　親子関係不存在確認調停の申立ての趣旨の記載は，「申立人と相手方間に

は親子関係が存在しないことを確認するとの調停・審判を求める。」とするのが一般的です。また，身分関係の存在又は不存在の確認の調停の申立てをすることができるのは，戸籍法の記載等によって，外見上身分関係の存在又は不存在がある場合に，それが真実に反している場合です。

Ⅱ 申立権者

申立権者は，当該身分関係の主体となる者，その法定代理人又は法律上の利害関係人です。ただ，審判によって身分関係の存否が確定されるためには，当該身分関係の主体者本人が本調停手続に加わって当該事件関係者全員の間で合意が成立する必要があります。

【2】 親子関係不存在の確認の訴えについて

Ⅰ 訴えの法的性質について

平成15年の人事訴訟法制定前は，親子関係存否確認の訴えについては，家事審判法23条2項に身分関係存否確認の訴えの存在を前提とする規定が存在するだけで，民法や民事訴訟法，さらには人事訴訟手続法も存在しませんでした。そのため，そもそも親子関係不存在確認の訴えが認められるのかどうか争いがありました。これに関し，判例は，もともと親子関係存否確認の訴えを人事訴訟と解していましたが，新しい人事訴訟法2条2号に明文を置き，親子関係は嫡出であろうとあるまいと，父子関係と母子関係は個別的な別個の法律関係であるから，父母の一方と子との間に親子関係が存在しない場合は，当該親子関係の存在のみを確定すれば足りるとしました（人訴法12Ⅰ・Ⅱ）。

Ⅱ 訴えの利益について

親子関係存否確認の調停・審判を起こすには，申立人に当該親子関係存否を審判で確定してもらうことについての実質的な利益が存在しなくてはなりません。この場合の利益とは，当該親子家計の存在又は不存在を，相手方が争っている場合ないしは戸籍を訂正して身分関係を明確にする必要がある場合です。

そして，第三者であっても，この確認の利益を有する場合には，他人間の親子関係について，その存否確認の訴えを起こすことができるとされていま

す。例えば，第三者としての実父母が，その子と戸籍上の父母との間に親子関係が存在しないことの確認を求める場合においては，「子の実父母であること」に確認の利益があるとしています。

また，親族が他人間の親子関係について存否確認の訴えを提起する場合の確認の利益とは，単に親族であるだけでは足りず，「他人間の親子関係の存否が確認されることによって，その第三者が直接に特定の利益を得または特定の義務を免れるに至るという利害関係のあること」とするのが判例の傾向です。これには学説も賛成しており，有力説は，親子関係の確定を図ることが親族の身分関係の不安除去のために必要という関係があることが確認の利益であると考えています。

Ⅲ 審判の効果

本件の身分関係存否確認の審判が確定した場合は，その審判は確定判決と同一の効力を有する（法75，人訴法24）ので，その結果，その審判の内容に従って当該身分関係の存在又は不存在が確定されることになり，この審判の効力は第三者にも及びます。

Ⅳ 調停時に留意すべき点

申立てをする際，以下の点を注意すべきです。①懐胎日の確定，出産の場所と時間，分娩費用の支払をした者，子の命名者等を調査しておく，②戸籍上の父母の関係，関係者の血液型，懐胎前後の母の父以外の男性との性交渉の有無と状況の確認をしておく，③出生届人氏名，出生届と母子手帳記載との相違の有無，養育費の負担者氏名を確認しておく，④確認の利益があるかどうかの確認をする，⑤推定されない嫡出子が争いの対象となっている父子関係を否定するためには，親子関係不存在確認の手続によることになる，また，推定の及ばない嫡出子が，前夫との父子関係を否定して，前夫を父としない戸籍の届出をするためには，前夫を相手方とする親子関係不存在確認の手続又は実父を相手方とする強制認知の手続によることになる，などがあります。

【広瀬　めぐみ】

Q96 実親子関係事件の戸籍手続

子どもが生まれたらどのように戸籍を提出するのでしょうか。認知をした場合はどうでしょうか。

〔1〕 子が出生した場合

I 入籍手続

子が出生した場合，戸籍に入れる必要がありますので，通常は，法定の届出義務者が出生届を提出します（戸籍法52）。例外的に，航海中に出生した場合，刑事施設などで出生した場合などは，船ないし施設の長がこれを届出し（戸籍法55Ⅱ・Ⅲ・56），棄児の場合は警察署等からの申出に基づいて市町村長が調書を提出します（戸籍法57）。

上記の届出は，基本的には子が出生した日から14日以内に行いますが，国外で生まれた日本国民である子の出生届は，出生の日から3か月以内にしなくてはなりません（戸籍法49Ⅰ・43）。なお，この子が出生によって外国籍も取得した場合は，国籍を留保する旨の届出を出生届とともにしないと，出生の時に遡って日本国籍を失いますので，注意が必要です（国籍法12，戸籍法104Ⅰ・Ⅱ）。正当な理由なくして所定の期間内に届出をしないと，過料に問われることもあります（戸籍法135）。

Ⅱ 届出地・届出義務者・添付書類等

届出は，本籍地で届出することもできますし（戸籍法25），出生地（戸籍法51Ⅰ）で行うこともできます。国外で出生した子については，子の本籍地の市町村長に郵送で届出るか，その国に駐在する日本の大使，公使又は領事に届出する事もできます（戸籍法40）。

届出義務者は，嫡出子の場合は，父又は母で，子の出生前に父母が離婚した場合は，母です（戸籍法52）。嫡出でない場合や，父が未定の場合も，やはり母が届出を行います（戸籍法52Ⅱ・54Ⅰ）。届出義務を負う者が届出できない場合は，同居者，出産に立ち会った医師，助産師又はその他の者が，その

順序で届出義務を負います（戸籍法52Ⅲ）が，それでも届出できない場合は，その法定代理人が届出することができます（戸籍法52Ⅳ・54Ⅳ）。

出生届書には，出生証明書を添付する必要があり，外国語で作成されている場合は，さらに翻訳者を明らかにして訳文をつけなくてはなりません（戸籍法49Ⅲ，戸籍法施行規則63の2）。

Ⅲ 戸籍の処理

嫡出子は，父母の氏を称して，父母の戸籍に入籍します（民法790Ⅰ，戸籍法18Ⅰ）。出生前に離婚した場合でも，子は父母が婚姻中の氏を称して，父母の離婚当時の戸籍に入籍します。父母の一方が外国人である嫡出子は，日本人である父又は母の氏を称して，その戸籍に入ります。

父母の婚姻前に出生した子で，父母の婚姻後，父から嫡出子出生届がされた場合は，その出生届は認知の届出の効力を有するので，子は父母の氏を称して父母の戸籍に入籍します（昭和23・1・29民事甲136号通達(2)）。

準正により嫡出子の身分を取得した子は，当然に父母の戸籍に入籍するわけではありませんが，父母が婚姻中の場合は，家庭裁判所の許可を得る必要なく，入籍届によることができます（戸籍法98，昭和62・10・1民二第5000号通達第5）。

嫡出ではない子については，母の氏を称して母の戸籍に入籍します（民法790Ⅱ。戸籍法18Ⅱ）。母が戸籍の筆頭者でなかったり，戸籍の筆頭者の配偶者でない場合には，母について新戸籍を作り，子はそれに入籍します（戸籍法17）。

［2］ 認知をした場合

Ⅰ 嫡出でない子の父母との親子関係

子が父の嫡出ではない場合，法律上の親子関係は，実の父子関係を前提として，認知によって成立します。また，子が母と嫡出でない場合は，原則として母の認知を待つ必要なく，分娩の事実によって法律上の親子関係は発生します（最判昭和37・4・27民集16巻7号1247頁）。嫡出でない子は，母の氏を称し（民法790Ⅱ），その親権に服します（民法818Ⅰ）。

Ⅱ 認　　知

認知には，任意認知と強制認知があります。

任意認知は，父が自分の嫡出ではない子を自分の子として認める意思表示をいい，届出又は遺言によってします（民法781Ⅰ・Ⅱ，戸籍法60・64）。なお，父母の婚姻前に出生した子について，父母の婚姻後，父から嫡出子出生の届出がされた場合は，その出生届は認知届の効力を有するとされています（戸籍法62）。

強制認知は，父が任意に認知をしない場合に，嫡出でない子，その直系卑属又はこれらの法定代理人が，父を相手として認知の裁判を求めます（民法787，人訴法2・42）。父が死亡した場合は，検察官を相手に認知の裁判を求めることができます（民法787，人訴法42）。

Ⅲ 任意認知の要件及び届出

任意に認知する際には，実質的な要件をクリアしなくてはならず，成年の子を認知する場合はその子の承諾，胎児を認知する場合はその母の承諾，死亡した子を認知する場合は，その子に直系卑属がいなくてはならず，さらにその直系卑属が成年である時はその承諾（民法782・783Ⅰ・Ⅱ）が必要です。そして，これらの場合，子が，他の男性の嫡出子たる推定を受けず，また認知を受けていないことが必要です。

要件を満たしたら，届出をしますが，戸籍法の定めに従って届け出ます（民法781Ⅰ）。この届出は創設的届出です。任意認知の届出人は，認知者です（戸籍法60）。遺言による認知の場合は，遺言執行者で，遺言の謄本が必要です（戸籍法64）。

任意認知の届出がされた場合，市町村長は，窓口に出頭した者を特定するため，運転免許証その他の資料の提供を求めることとされ，届出事件の本人（認知をする者）のうち，届書を窓口に持参したことが確認できなかった者がある場合は，届出を受理した上で，遅滞なく，法務省令の方式により，届出を受理したことを通知しなくてはなりません。こうして，誤った認知を防ぎ，戸籍関係を明瞭にすることを担保しています。

Ⅳ 強制認知の届出

強制認知の届出人は，審判の申立人又は訴えの提起者（戸籍法63Ⅰ）で，こ

れらの者が，裁判が確定した日から10日以内に，審判又は判決の謄本及び確定証明書を添付して届出をします。これがなされない場合は，相手方が届け出ることもできます（戸籍法63Ⅱ）。

Ⅴ 認知の効果と戸籍の処理

認知によって，嫡出でない子とその父との間に法律上の親子関係が生じて，それは出生の時に遡ります（民法784）。嫡出でない子の氏は，認知によって当然に変更するわけではなく，認知された嫡出でない子が，父の氏を称したい場合は，家庭裁判所の許可を得て，入籍する必要があります（民法791Ⅰ，戸籍法98）。

なお，嫡出でない子の親権者は，認知によって当然に変更されるわけではなく，認知をした父が親権者となるには，母と協議し，父を親権者と定めるか，家庭裁判所の協議に代わる審判により，父を親権者と定めなくてはなりません（民法819Ⅳ・Ⅴ）。

認知がなされると，認知者である父と認知をされた子のそれぞれの戸籍の身分事項欄に，認知に関する事項の記載がのります（戸籍法施行規則35Ⅱ）。また，子の父欄には，父の氏名を記載します（戸籍法13④）。認知によっては，子の氏は当然には変更しないので，子の戸籍に変動は生じません。

【広瀬　めぐみ】

第4章

養親子関係事件

Q97 離縁調停

養子縁組を解消したいのですが，当事者間で話合いができません。離縁するには，どのような手続をしたらよいのでしょうか。

[1] はじめに

養親子関係には，特別養子縁組によるものと普通養子縁組によるものがあります。

特別養子縁組は，当事者間の任意の処分は許されず，養子の利益のため特に必要があると認められる場合に限り，家庭裁判所の審判により離縁すべきものとされており（民法817の10 I，法別表第一64項の事件），調停をすることができません（法244括弧書）。

養子，実父母又は検察官が，養親の住所地を管轄する家庭裁判所に特別養子縁組の離縁審判を申し立て，裁判所が民法817条の10第1項に基づき離縁の可否を判断します（法165参照）。

したがって離縁に関する調停事件は，普通養子縁組の場合に限られますので，家事調停実務を対象とする本章では，普通養子縁組の離縁について説明します。

[2] 離縁制度

（普通）養子縁組の当事者は，その協議で離縁をすることができ（民法811 I），当事者間で離縁を合意できない場合は，家庭裁判所に離縁の訴えを提起して離縁の原因の存否を争うことになります（民814，人訴法2③）。

普通養子の離縁は家事調停の対象事件であり（法244），調停前置主義（法257 I）の適用を受けます。ただし，相手方が行方不明の場合など，裁判所が事件を調停に付することが相当でないと認めるときは，調停を経ずに訴えを提起することができます（法257 II 参照）。

以下に調停離縁以外の離縁手続について，その概要を記します。

I 協議離縁 (民法811)

縁組の当事者は，その協議で離縁をすることができます (民法811 I)。養子が15歳未満であるときは，養親と養子の離縁後にその法定代理人となるべき者 (通常は実父母。民法811ⅢからⅤ参照。) との協議でこれを行います (民法811Ⅱ)。

協議離縁は，離縁届用紙の各欄に必要事項を記載して，養親と養子 (養子が15歳未満であるときは離縁後にその法定代理人となるべき者) 双方及び証人2人が署名押印して，市区町村役場に離縁届を提出します。これが受理されることにより離縁が成立します。

Ⅱ 審判離縁——調停に代わる審判 (法284)

調停が成立しない場合，家庭裁判所が相当と認めるときに行う調停に代わる審判による離縁です。当事者間で合意することには抵抗があるが，審判の告知が確実に行われ，且つ異議申立てが行われないことが予想されるような事案については，有効な手続です。

詳しくは，**第1編第5章**の解説を参照してください。

Ⅲ 訴訟手続による離縁——判決離縁・和解離縁・認諾離縁

離縁調停が不成立の場合は，不成立調書を添付して，離縁の訴えを提起することになります。

① 判決離縁 (民法814, 人訴法2)　判決離縁は，民法が定める離縁原因に基づいて判決で離縁が認められた場合で，判決の確定によって離縁が成立します。離縁原因は，(i)他の一方から悪意の遺棄，(ii)他の一方の生死が3年以上明らかでないこと，(iii)その他縁組を継続し難い重大な事由があることです (民法814)。

② 和解離縁 (人訴法44・37)　和解離縁は，訴訟手続中に，裁判上の和解により当事者間に離縁する旨の合意ができて離縁する場合で，和解調書に離縁する旨記載されることによって離縁が成立します。

③ 認諾離縁 (人訴法44・37)　認諾離縁は，離縁訴訟の被告が原告の離縁請求を認めた場合で，認諾調書に被告が離縁請求を認諾した旨記載されることによって離縁が成立します。

Ⅳ 死後離縁

養子縁組の当事者の一方が死亡した後に生存する当事者が離縁をしようとするときは，家庭裁判所に死後離縁の許可を申し立てます（民法811Ⅵ，法別表第一62項）。

家庭裁判所の許可書を添付して市区町村役場に死後離縁届出をすることにより離縁することができます（戸籍法72・38Ⅱ）。この届出は，創設的届出であり，受理されることにより死後離縁が成立します。

〔3〕 離 縁 調 停

先に述べたとおり，普通養子縁組の離縁は，調停前置の対象事件ですので，相手方の生死不明などの特別の事情がない限り，家庭裁判所に離縁調停を申し立てることになります。

Ⅰ 申立てについて

家事調停の申立ては，申立書を家庭裁判所に提出して行います（法255）。裁判所に用意されている調停申立書の定型書式に，事件名を「離縁」とし，当事者及び法定代理人と「申立人と相手方は離縁するとの調停を求める」との申立ての趣旨及び申立ての理由を記載します。

裁判所の管轄は，相手方の住所地，又は双方が合意で定める家庭裁判所です（法245Ⅰ）。

申立人・相手方は，養親と養子で，養子が15際未満のときは離縁後の法定代理人となるべき者（民法811）です。

「申立ての理由」には，養子縁組をした事実，養子縁組を解消したい動機に関する事実，協議による合意ができない事実等を簡潔に記載します。

養親・養子・養子が未成年の場合は離縁後に親権者となる者それぞれの戸籍謄本（全部事項証明書）を添付します。

Ⅱ 申立ての理由の記載についての留意点

手続代理人としては，調停が不調となり訴訟提起が必要となる流れも念頭におきながら，民法814条に該当する離縁事由の有無や争点を把握しておく必要があります。

その上で，調停申立書が相手方に送付されることから，合意の形成に向け

て充実した調停期日がもてるよう，また，冷静な話合いができるよう，養親子関係の解消を求める動機や事情を記載し，いたずらに感情的・攻撃的な記載は避けるよう配慮することが肝要です。

Ⅲ 手続代理人の留意事項

我が国の養子縁組の実態は，その多くが，養子が成年者であるか，又は配偶者の連れ子ないし自己の孫を養子とするケースであるとみられています。

連れ子養子の場合は，実親と養親の離婚紛争にともなって離縁が求められる事案がほとんどであり，父母間の離婚調停事件の関連事件として紛争解決を図るのが適当です。

未成熟子の養育目的での養子縁組の場合は，非行や感情的対立が原因となる事案があり，子の福祉の観点から関係改善の可能性の有無や離縁後の監護体制が確保できるか等慎重な取組みが必要です。

成年者養子の場合は，家や事業の承継者としての期待が目的であった縁組のケースも少なくなく，その離縁紛争は離婚調停事件同様，多くの争点が錯綜しがちです。同族会社の経営権や財産の帰属を巡る争いなど経済的問題を包含するケースもあり，家事調停でどこまで解決が図れるか解決すべき課題を相手方の主張にも耳を傾けて把握しながら，当事者間の対立構造をいたずらに激化・拡大させず合理的な解決を目指して冷静な話合いができるよう依頼当事者に寄り添い手続代理を務めていくことが依頼当事者の利益と考えます。

【4】 調停条項と離縁届出

調停で当事者間に離縁の合意ができて「申立人と相手方は，本日，調停離縁する」旨，調停調書に記載されることにより離縁が成立します。

離縁を申し出た者が，10日以内に調停調書謄本をもって戸籍届出をする義務を有し，通常は申立人がこれを行います。Q101を参照して下さい。相手方が新戸籍の編製が必要な場合や，縁氏続称届けを提出する者が相手方である場合は，「相手方の申出により　調停離縁する」との条項記載を求めて相手方が戸籍届出をすることを手当てできます。

【山田　攝子】

Q98 縁組無効・取消調停

戸籍全部事項証明書を取り寄せたところ、甥が養子として私の戸籍に入っていました。無理やり養子縁組届を作成させられた記憶はありますが、届出を承知した事実はありません。

〔1〕 縁組無効と縁組取消しの要件・効果

Ⅰ 縁組無効

民法は「人違いその他の事由によって当事者間に縁組をする意思がないとき」及び「当事者が縁組の届出をしないとき」に限り、縁組は無効とするとしています（民法802）。縁組の意思がない養子縁組は無効であるとする規定です。高齢者が養親である養子縁組届に届時の意思能力の衰弱を理由に縁組意思の存否が争われる事例が増えています。

「縁組意思の存否」が直接争われる類型のほかに、縁組無効の類型として、①適法な代諾を欠く縁組、②夫婦共同縁組に違反した縁組があります。

無効な縁組は当然無効と解するのが判例であり、多数説です。

Ⅱ 縁組取消し

一方、縁組の取消しは、民法804条から808条の規定によらなければ取り消すことができません（民法803）。

① 養親が未成年者である縁組（民法804）
② 養子が尊属又は年長者である縁組（民法805）
③ 後見人と被後見人との間の無許可縁組（民法806）
④ 配偶者の同意のない縁組等（民法806の2）
⑤ 子の監護をすべき者の同意のない縁組等（民法806の3）
⑥ 養子が未成年者である場合の無許可縁組（民法807）
⑦ 詐欺又は強迫による縁組（民法808・747・748）

取消権の行使は、②を除いて消滅期間の経過や追認によって制限されます。

取消しの効果は、縁組時に遡及しない点、民法769条（復氏の際の権利の承

継）及び同846条（離縁による復氏・縁氏続称）の規定が準用される点で縁組無効と異なります。

Ⅲ 「縁組意思」

「縁組意思」とは何であるか，縁組無効事件にあってはその存否が，詐欺・強迫に基づく縁組取消事件にあってはその対象が問われることから前提問題です。

養子縁組制度がもつ法律上の効果を得ることを意図していれば「縁組意思あり」とする立場が近時の有力説と説明されています（能見善久＝加藤新太郎編『論点体系判例民法(9)〔2版〕』325頁〔鈴木博人〕）。養子縁組が，様々な動機・目的・意図をもって行なわれている実情にあって，具体的なケースへのあてはめは困難な問題です。仮装・方便のための縁組であるとし縁組意思を欠き無効とした判例等に照らして十分な検討が必要な事案が多いと思われます。

【2】 縁組無効・取消調停

Ⅰ 調停の申立て——調停前置主義

養子縁組の無効及び取消しの訴えは，人事に関する訴訟事件（人訴法2③）ですから，調停前置主義の適用を受け（法257），相手方が行方不明であるなど特別の事情がない限り，まずは家事調停を申し立てなければなりません。

申立権者は，縁組無効については，縁組の当事者のほか，縁組無効を確認する法律上の利益を有する第三者です（人訴法12）。縁組取消しの申立権者は，その取消原因によって異なります。

Ⅱ 調停手続と合意に相当する審判

縁組無効事件も縁組取消事件も，当事者らの意思による自由な処分が許されない性質の事件ですから，当事者間に合意が成立しても調停事件として処理することは許されません。

① 当事者間に申立ての趣旨のとおりの審判を受けることの合意が成立し，かつ，

② 申立てに係る無効・取消原因に争いがない

場合には，家庭裁判所は，必要な事実調査をし，調停委員会を組織する家事調停委員の意見を聴いて，正当と認めるときは合意に相当する審判をします

（法277）。

合意に相当する審判手続の詳細については，**Q54**を参照してください。

確定した審判は，判決と同一の効力を有します。

Ⅲ　縁組無効の訴え・縁組取消しの訴え

調停手続で合意ができず，合意ができても審判がなされない場合，合意に相当する審判が効力を失った場合は，人事訴訟を提起し，無効原因・取消し原因の存否を争うことになります。

調停不成立の通知を受けた日から2週間以内，審判が失効した旨の通知を受けた日から2週間以内に訴えを提起すれば，調停申立て時に訴訟提起があったものとみなされます（法272Ⅲ・280Ⅴ）。

【山田　攝子】

Q99 協議離縁無効・取消調停

養親である私の知らない間に，協議離縁届が提出され受理されたことを知りました。どのような手続を踏まなければならないでしょうか。

〔1〕 協議離縁無効・協議離縁取消しの要件・効果

Ⅰ 協議離縁の無効

養親・養子の双方又は一方に協議離縁の実質的要件である「離縁意思及び離縁届出意思」を欠く協議離縁は無効であり，当初から離縁がなかったことになり，養親子関係は引続き存在することになります。協議離縁の無効原因について，民法の規定はありませんが，縁組の無効や婚姻の無効に準じて「離縁意思の不存在」が無効原因であると解されています（民法802・742参照）。

代諾権のない者の代諾による協議離縁も無効です。

Ⅱ 協議離縁の取消し

協議離縁の取消し原因は，婚姻の取消しに関する民法747条を協議離縁に準用する形で法定されています（民法812）。即ち，「詐欺又は強迫による協議離縁」です。詐欺又は強迫によって協議離縁をした者は，離縁を取り消すことができます。取消しの効力は遡及し，養親子関係は縁組時から継続することになります。当事者が，詐欺を発見し，若しくは強迫を免れた後6か月を経過又は追認したときは，協議離縁の取消しを請求することができなくなることに留意してください（民法812後段・747Ⅱ）。

〔2〕 協議離縁無効・取消事件の性質と手続

Ⅰ 調停前置

協議離縁無効・取消事件は，いずれも人事訴訟法2条3号に定める人事訴訟事件です。調停前置主義の適用を受け（法257），原則として，まずは家事調停を申し立てなければなりません。しかし，協議離縁の無効・取消しは当事者間での任意の処分になじまない類型の事件ですから，当事者間の合意の

みで解決することは許されず，調停を成立させることはできません。

Ⅱ 調停手続と合意に相当する審判

調停手続において，当事者が離縁の無効原因・取消原因の存在について，実質的に争わず，調停申立ての趣旨のとおりの審判を受けることについて合意が成立した場合は，家庭裁判所が必要な事実を調査し，調停委員会を組織する家事調停委員の意見を聴いた上で，合意が正当であると認められる場合には，合意に相当する審判がなされます（法277）。この審判に対し，異議申立てがないとき，及び異議の申立てが却下されたときは，合意に相当する審判は確定判決と同一の効力を生じます（法281）。

合意に相当する審判に対して利害関係人から適法な異議申立てがあった場合（法280Ⅳ），及び当事者から異議申立てがあって家庭裁判所がその異議理由について理由ありと認めて審判を取り消した場合（法280Ⅲ）は，合意に相当する審判は効力を失います。

Ⅲ 人事訴訟

合意に相当する審判がなされずに調停が終了した場合，及び合意に相当する審判が効力を失った場合は，人事訴訟を提起して協議離縁の無効・取消原因の存否を争うことになります。調停不成立の通知を受けた日から2週間以内，審判が失効した旨の通知を受けた日から2週間以内に訴えを提起すれば，調停申立て時に訴訟提起があったものとみなされます（法272Ⅲ・280Ⅴ）。

【3】 調停申立て

Ⅰ 当事者

協議離縁無効事件の申立権者は，縁組の当事者の他，協議離縁無効を確認する法律上の利益を有する第三者です（人訴法12）。第三者が申し立てる場合，養親と養子の双方を相手方とし，その一方が死亡している場合は生存当事者を相手方として申し立てます。

協議離縁取消事件の申立権者は，養親又は養子であった者です。

養子が15歳未満の未成年者である場合は，その代諾権者が当事者となります。

II 管　轄
相手方の住所地又は合意で定める地の家庭裁判所に申し立てます。

III 申立ての趣旨・理由

(1) 協議離縁無効調停
協議離縁無効調停事件の申立ての趣旨は，「平成○年○月○日○○県○○市長受付にかかる申立人と相手方との協議離縁は無効である旨（又は，無効であることを確認する旨）の調停・審判を求めます。」と記載し，申立ての理由には，養親・養子（15歳未満である場合は，その代諾権者）の双方又は一方に，協議離縁届けが受理された時点で，離縁意思・離縁届出意思のないことを記載します。第三者が申し立てる場合は，協議離縁の無効を主張する法律上の利益がある身分関係・事実関係を記載します。

(2) 協議離縁取消調停
協議離縁取消調停事件の申立ての趣旨は，「平成○年○月○日○○県○○市長受付にかかる申立人と相手方との協議離縁を取り消すとの調停・審判を求めます。」と記載し，申立ての理由には，協議離縁が詐欺又は強迫によってなされた事実・事情を記載します。詐欺・強迫は，縁組の当事者・代諾権者によるものに限らず，第三者による詐欺・強迫も取消原因です。

【1】IIで述べた取消権の消滅事由の存否に留意してください。

【4】　調停進行上の留意点

無効・取消原因の存否，取消権の消滅事由の存否，第三者申立てによる無効事件については申立ての利益の存否について，調停当事者間で争いがあるか否か，争いがない場合に，合意に相当する審判を受けることに同意できるか否かが話し合われます。

合意に相当する審判による解決は，訴えによる場合に比べて身分関係の早期の安定が図られ当事者の手続的負担も軽減されます。合理的な紛争解決の道筋を検討しながら調停の席に臨んでください。

【5】　そ の 他

協議離縁無効の審判又は判決が確定したときは，申立人又は原告から戸籍

訂正の申請が必要です。
　協議離縁取消しの審判又は判決が確定したときは，申立人又は原告から離縁取消しの届出が必要です。
　申請又は届出の期限，届出地等について，**Q101**を参照してください。

【山　田　攝　子】

Q100 養親子関係存否確認調停

離縁の届出をしたにもかかわらず養親子関係の実態のない養子が戸籍に記載されています。相続に備えて戸籍を訂正して身分関係を明確にしたいのですが、どのような手続が必要でしょうか。

【1】 養親子関係存否確認事件と調停手続

人事訴訟法は，養親子関係存否確認の訴えを「人事訴訟」と明記しています（人訴法2③）。調停前置主義が適用され，合意に相当する審判（法277Ⅰ）の対象事件です。

【2】 養親子関係存否確認調停申立ての要件等

養親子関係の存在又は不存在の確認の調停申立てをすることができるのは，戸籍の記載等により外見上養親子関係の存在又は不存在がある場合に，それが真実に反しており，かつ，他の合意に相当する審判事件として調停申立てをすることができない場合です。縁組無効・取消し，離縁無効・取消し，協議離縁無効・取消しの審判対象事件は，養親子関係不存在確認申立ての要件を欠きますので，実親子関係存否確認事件と比べて，養親子関係存否確認の調停申立てが許される事案は多くはありません。

第三者も，確認の利益がある場合には，存否確認の調停申立て・訴えを起こすことができます。確認の利益とは養親子関係の存否が確認されることによってその第三者が特定の利益を得又は特定の義務を免れるに至るという利害関係のあることとされています。相続権の有無・相続人の範囲に係る場合や扶養義務，親権の帰属に係る場合などです。

【3】 合意に相当する審判事件の調停手続

Ⅰ 当事者

養親と養子，及び確認の利益を有する第三者です。縁組当事者の一方が死

亡した後は，合意に相当する審判をすることはできず（法277Ⅰ但書），人事訴訟によらなければなりません。

Ⅱ 合意に相当する審判の前提となる家事調停手続

申立人において，当該養親子関係の存否を確認する利益があるかについて，事実関係や法律関係がまずは問われます。他の合意に相当する調停・審判申立てによるべき事案であるか否かが問題となる場合もありましょう。

他の調停・審判事件の対象とならない場合であって，確認の利益が認められる場合には，養親子関係の存在・不存在の原因について，事実の調査や実質的な争いがあるか否かについての聴取・調整が行われます。事案に応じて調停外の利害関係人の参加が検討される場合もあります。

当事者間に合意が形成されない場合は，調停は不成立で終了し，人事訴訟を提起して争わなければなりません。

当事者間に実質的な合意ができた場合は，合意に相当する審判手続に進みます。養親子関係の存否に関する事柄は，当事者の任意の処分に任せることができない事項であり，調停を成立させることはできません。

Ⅲ 合意に相当する審判手続

調停の当事者間において養親子関係の存在又は不存在を確認する旨の申立ての趣旨のとおりの審判を受けることについて合意でき，当事者双方が養親子関係の存否の原因について争わない場合は，家庭裁判所は，必要な調査を行い，正当であると判断するときは，その調停委員会を組織する家事調停委員の意見を聴いた上で，合意に相当する審判をします。

この審判手続の詳細，異議申立て等については，**Q54**，**Q55**を参照してください。

【4】その他

調停の申立て・合意に相当する審判により解決が図れる「養親子関係存否確認事件」としては，縁組の届出・離縁の届出が受理されたにもかかわらず過誤により戸籍の記載が欠落した場合などが考えられます。多くの養親子関係存否確認の紛争は，縁組当事者の一方が既に死亡していたり，無効行為の転換や権利濫用の法理など複雑な主張が展開されるなど，人事訴訟手続によ

らなければならない事案でしょう。
　調停の申立てにあたっては，判例等を精査し，慎重に検討することが必要であると考えます。

【山田　攝子】

Q101 養親子関係事件の戸籍手続

養親から離縁調停を申し立てられました。離縁には応じるつもりですが，永年使ってきた氏を変えたくありません。可能でしょうか。

〔1〕 戸籍制度と離縁

離縁により養親子関係の消滅という身分関係の変動を生じますので，身分関係の公証制度である戸籍に真実の身分関係が表示されるよう戸籍届出が必要です。

Ⅰ 創設的離縁届出

協議離縁及び死後離縁は，離縁若しくは死後離縁の届出により成立します（創設的届出）。

(1) 協議離縁届は，養親及び養子（15歳未満の場合は離縁後に法定代理人となるべき者，戸籍法71，民法811Ⅱ）が，養子又は養親の本籍地，届出人の所在地の市区町村役場に当事者の戸籍全部事項証明書（又は戸籍謄本）各1通を添付して協議離縁届を提出し，受理された日から離縁の効力を生じます。成人の証人2名の署名・押印が必要です。提出の際に，本人確認のため公的な身分証明書の提示を求められますので，持参してください。

(2) 死後離縁届は，生存当事者が（戸籍法72），戸籍全部事項証明書のほか，家庭裁判所の離縁許可の審判書謄本及びその確定証明書を添付し，成年の証人2名の連署をもって提出し，受理された日から死後離縁の効力を生じます。

Ⅱ 報告的離縁届出

調停離縁，審判離縁，判決離縁，和解離縁及び認諾離縁は，それぞれ調停の成立，審判・判決の確定，和解又は認諾調書の記載により離縁が成立し，戸籍の届出は，報告的届出です。

【2】 離縁調停成立後の戸籍の手続

Ⅰ 届出人及び届出の期限

調停離縁が成立した場合，申立人は，調停成立後10日以内に離縁の届出をしなければなりません（戸籍法73・63Ⅰ）。相手方が離縁の届出を希望する場合，調停条項に「相手方の申し出により，調停離縁する」と記載してもらえば，相手方の届出を受理する戸籍実務の取扱いです。また，届出義務者が10日以内に届出をしない場合は，他方の当事者が届け出ることができます（戸籍法73・63Ⅱ）。

養子が15歳未満の未成年者である場合の届出人は，法定代理人です（民法811）。15歳に達した未成年の養子は，意思能力を有する限り，届出をすることができます。

Ⅱ 届出場所

養子又は養親の本籍地，届出人の所在地のいずれかに届け出てください（戸籍法25）。

Ⅲ 必要書類等

調停離縁届の必要書類は，調停調書の謄本と当事者，法定代理人の戸籍全部事項証明書（又は戸籍謄本）各1通です。離縁届に必要事項を記載し，届出人が署名・押印して，市区町村役場の戸籍係に提出します。本人確認のため，公的な身分証明書を持参してください。

Ⅳ 省略謄本

裁判上の離縁の届出には，裁判の謄本を添付しなければなりませんが（戸籍法73・77・63Ⅰ），戸籍の記載に関係のない部分を省略したいわゆる「省略謄本」（調停調書・審判書・和解調書・認諾調書又は判決書の省略謄本）で差し支えないとされています。調停合意の内容が多岐にわたる場合は，担当書記官に，戸籍届出用として省略謄本の作成を求めてください。

【3】 裁判上の離縁確定後の戸籍の手続

調停以外の裁判上の離縁についても，届出（報告的届出）をする義務があることは，調停の場合と同様です。審判離縁及び判決離縁の場合は，上記に付

加して確定証明書を添付する必要があります。

【4】 離縁の際に称していた氏を称する届出

養子は，配偶者とともに養子をした養親の一方のみと離縁した場合を除いて，離縁によって縁組前の氏に復します（民法816 I）。

養子が養親の氏を続称したい場合，縁組の日から7年を経過した後の離縁の場合に限り，離縁の日から3か月以内に戸籍法に定める縁氏続称の届出をすることができます（民法816 II，戸籍法73の2）。離婚の際の婚氏続称と異なり，養親子関係存続期間が7年以上であることの制限が設けられていることに留意してください。

なお，縁氏続称届出は，離縁のほか縁組取消しにも認められますが，縁組無効には認められません。また，離縁をしたとしても氏に変動がないか，又は縁組前の氏以外の氏を称する場合は縁氏続称届出をすることはできません。

【5】 不受理申出と離縁等届出

離縁届けの不受理申出がなされている場合，申出人の取下げがないと協議離縁届けは受理されませんので，留意が必要です。調停を含む裁判上の離縁の届出は不受理申出の取下げがなくても受理されます。

【6】 離縁以外の場合の戸籍の手続について

I 縁組無効の審判確定後の戸籍の手続

申立人は，縁組無効について合意に相当する審判確定後1か月以内に，審判書謄本及び確定証明書を添付して，申立人の本籍地又は所在地の市区町村役場に戸籍の訂正を申請しなければなりません（戸籍法116・25）。戸籍訂正により既になされた縁組事項を削除して，戸籍は縁組前の状態に回復されます。

II 縁組取消しの審判確定後の戸籍の手続

申立人は，縁組取消しについて合意に相当する審判確定後10日以内に，審判書謄本及び確定証明書を添付して，申立人の本籍地又は所在地の市区町村役場に縁組取消しの届出をしなければなりません（戸籍法69・63・25）。申立人が10日以内に届出をしない場合は，相手方が届出をすることができます

（戸籍法73Ⅰ・63Ⅱ）。縁氏続称届出ができる場合があることは，前述のとおりです（同法69の2）。

Ⅲ　協議離縁無効の審判確定後の戸籍の手続

協議離縁無効の審判確定後の戸籍の手続は，戸籍訂正の申請です。必要書類等は，前記Ⅰを参照してください。

Ⅳ　協議離縁取消しの審判確定後の戸籍の手続

申立人は，協議離縁取消しについて合意に相当する審判確定後10日以内に，審判書謄本及び確定証明書を添付して，申立人の本籍地又は所在地の市区町村役場に協議離縁取消しの届出をしなければなりません（戸籍法73Ⅰ・63Ⅰ・25）。申立人が10日以内に届出をしない場合は，相手方が届け出ることができます（同法73Ⅰ・63Ⅱ）。

Ⅴ　養親子関係存否確認の審判確定後の戸籍の手続

養親子関係存否確認について，合意に相当する審判の確定により戸籍の届出が必要な場合は，Ⅱ，Ⅳと同様の手続です。

戸籍の訂正が必要な場合は，Ⅰと同様の手続です。

［7］　そ　の　他

離縁の調停が成立した場合や審判・裁判が確定した場合，家庭裁判所から当事者の本籍地の市区町村長に対しその旨の通知がなされます。これは，市区町村長が，戸籍の届出を怠っている届出義務者に対して届出を催告し（戸籍法44）催告しても届出をする者がないときは，職権で戸籍の記載をする（同法24Ⅱ）ことができるよう法が手当てしているものです。届出義務の懈怠には，過料の制裁があります（同法135）。

【山　田　攝　子】

第5章

親族関係事件

5

Q102 扶養請求調停

年金が少なく生活が苦しいので，息子たちに生活費の援助をしてもらいたいのですが。

〔1〕 扶養の概要

Ⅰ 扶養の意義

扶養とは，自己の資産と労力で生活することが困難な者に対して必要な援助をすることをいいます。扶養には，親族間で行う私的扶養と公的機関が行う公的扶助があり，原則として私的扶養が公的扶助に優先されます（生活保護法4，公的扶助の補充性）。

Ⅱ 扶養義務者

民法は，直系血族及び兄弟姉妹は互いに扶養をする義務があると定めています（民法877Ⅰ）。これを絶対的扶養義務者といいます。三親等内の親族については，特別の事情があるときに，家庭裁判所の審判によって扶養義務が課されます（民法877Ⅱ）。これを相対的扶養義務者といいます。

Ⅲ 具体的扶養義務の発生

絶対的扶養義務は，上記身分関係を前提に，扶養権利者が要扶養状態にあり，扶養義務者に扶養能力があり，かつ，扶養権利者から扶養義務者に請求があったときに発生します。相対的扶養義務は，上記身分関係を前提に，一方が要扶養状態にあり，他方に扶養能力があり，かつ，双方の間に「特別の事情」があるとして家庭裁判所の審判があり，これが確定したときに発生します。

Ⅳ 扶養義務の程度

扶養義務には，生活保持義務と生活扶助義務があるとされています。生活保持義務とは，夫婦間の扶養義務や親の未成熟子に対する扶養義務のように，扶養義務者が扶養権利者に自己と同程度の生活をさせる必要のある扶養義務をいいます。生活扶助義務とは，要扶養者が生活に困窮したとき，扶養義務

者が自己の地位相応な生活を犠牲にすることなく余裕のある限度で扶養すれば足りる程度の扶養義務をいいます。

V　扶養義務の順序

　扶養義務者が数人いる場合，その順序について決める必要がありますが，当事者間で協議が調わない，又は協議ができない場合には，家庭裁判所における調停又は審判でこれを定めます（民法878）。

　また，扶養権利者が数人おり，扶養義務者の資力がその全員を扶養するのに足りない場合における扶養を受ける者の順序についても同様です（民法878）。

VI　扶養の方法

　扶養の方法には，扶養義務者が要扶養者を引き取って世話をする引取扶養，必要な費用や物品を提供する給付扶養（金銭扶養と現物扶養），これらを併用する方法などがありますが，金銭扶養が原則です。金銭扶養には，一時払いと分割払いがありますが，扶養の性質上，月ごとの分割払いが原則となります。

【2】　扶養請求調停

I　扶養調停の意義，性質

　扶養を必要とする者がいる場合，扶養の方法や程度などについて，家族や親族が話し合って決めるのが通常です。しかし，扶養の程度又は方法について，当事者間で協議が調わない場合，又は協議ができない場合には，家庭裁判所に扶養請求の調停を申し立てることができます。

　扶養請求事件は，第二事件（法別表第二10項）ですので，調停が不成立となったときには審判手続に移行します。なお，三親等内の親族に対する扶養義務の設定及び取消しは，第一事件（法別表第一84項・85項）ですので，調停の申立てはできません。

II　当事者

　扶養権利者が申立人となり，扶養義務者を相手方として申し立てる場合と，扶養義務者の一部の者が他の扶養義務者と扶養権利者を相手方として申し立てる場合があります。後者に関する事案として，扶養権利者甲の二女Xが長女Yを相手方として申し立てた扶養料請求事件の原審が甲を参加させないま

まYに対し甲の扶養を命ずる審判をしたことについて、抗告審は、扶養に関する処分についての審判は扶養権利者と扶養義務者との間の法律関係を具体的に形成するものであるから、法律関係の一方当事者である扶養権利者を参加させ、審判の名宛人とする必要があるとして、原審判を取り消して差し戻しました（東京高決平6・4・20家月47巻3号76頁）。

　また、扶養義務者が数人いるときは、そのうちの1人だけを相手方として申し立てることができます。

Ⅲ　申立手続

　扶養請求調停の申立ては、申立人が相手方の住所地又は当事者が合意で定める家庭裁判所に申立書を提出して行います（法245・255Ⅰ）。相手方が数人いる場合、その1人の住所地の家庭裁判所に管轄が認められます（法5）。

　申立ての趣旨は、求める扶養の方法により異なりますが、相手方に扶養料の支払を求める場合には、「相手方は申立人に対し、扶養料として毎月○万円ずつ毎月末日限り支払うとの調停を求めます。」等と記載します。申立ての理由には、扶養請求の根拠となる身分関係、扶養権利者が要扶養状態であること、扶養義務者に扶養能力があること、その他の事情について記載します。原則として、申立書の写しの送付がなされますので、そのことを念頭に置いて記載すべきでしょう。

　また、申立書とともに申立人及び相手方の戸籍謄本（全部事項証明書）と証拠資料（後述Ⅴ参照）を提出します。

Ⅳ　扶養請求調停の前提

　扶養請求の調停は、①扶養権利者と扶養義務者が確定していること、②扶養の順位が確定していることが前提となります。②についての争いがある場合には、扶養請求の調停とともに後述する扶養順位の決定の調停を申し立てます。

Ⅴ　証拠資料等の準備

　扶養請求調停は、扶養権利者の需要、扶養義務者の資力その他一切の事情を考慮して進められます。そこで、申立人は、生活状況、収入や資産その他の経済状況がわかる資料を準備します。申立人が扶養義務者の場合は扶養権利者の分についても準備します。具体的には、収入に関する資料（源泉徴収

票，給与明細，確定申告書の写し，課税（非課税）証明書等），資産その他の経済状況に関する資料（通帳の写し，ローンの明細表等），生活状況のわかる資料（家計収支一覧表等）等です。以前，扶養料についての取決めをしたことがある場合には，その資料と支払状況がわかる資料（過去の審判書，調停調書，通帳の写し等）を準備します。相手方の収入や資産については，わかる範囲で準備します。

「その他一切の事情」としては，扶養権利者の職業や社会的地位，過去の相続の内容，扶養権利者が要扶養状態になった原因や責任などが考慮されます。考慮すべき事情がある場合には，その事情について，申立書に記載するとともに，それを裏付ける資料についても用意する必要があります。

Ⅵ 扶養の方法，程度

調停では，まず扶養権利者が要扶養状態にあること，扶養義務者に扶養能力があることの確認がなされます。その後，具体的な扶養の方法についての協議をしていくことになります。扶養の方法としての引取扶養は，住宅事情や扶養義務者（及びその家族）の理解を前提とする当事者間の合意が必要ですので，現実には困難な場合が少なくありません。そのため，扶養請求調停では，金銭扶養を原則として，その程度（具体的な扶養料の額や支払方法）についての協議が中心となります。

扶養料の算定方法としては，従前は，生活保護基準方式，労研生活費方式，標準生計費方式の3つの算定方式が利用されてきました。

最近の裁判実務において，広く算定表（判タ1111号285頁以下）が利用されるようになってからは，親の未成熟子に対する扶養のような生活保持義務については，この養育費算定表が参考にされています。

また，親族間の生活扶助義務の場合は，最低生活費を生活保護基準で算定し，そこから扶養権利者の収入を控除して不足額を算出し，扶養義務者の基礎収入からその社会的地位にふさわしい生活をするための費用を控除して扶養余力を算出し，権利者側の不足額と義務者側の余力を比較して低い方の金額とするという算定方法などが取られています（東京高決平17・3・2家月57巻11号55頁）。

Ⅶ 老親に対する扶養

　老親が申立人となって子に対して扶養請求の調停を申し立てる場合と，扶養義務者である子が老親（扶養権利者）のために他の扶養義務者（兄弟姉妹）に対して申し立てる場合があります。老親の扶養については，単なる経済的な問題だけではなく，介護の問題や，子やその家族と交流できなくなっていることに起因する心の問題を抱えている等，複雑かつ根深い背景事情がある場合も少なくありません。申立人の手続代理人としては，老親（扶養権利者）が求めているもの，その真意がどこにあるのかということについて，時間をかけて丁寧に聴き取った上で調停に臨む必要があります。また，現在の生活形態（例えば，自宅で1人暮らしをしている等）を継続していくことが可能であるのか，既に要介護状態にあるのか，将来要介護状態になった場合にはどうするのか等，老親が安心して残りの人生を送れるような方法についても合わせて協議できるように心がけるべきでしょう。

Ⅷ 扶養料の増額（減額）請求の調停

　扶養料が調停又は審判によって決まった場合でも，その後の事情の変更により，その変更を求める扶養料の増額（又は減額）請求の調停を申し立てることができます。扶養料の増額（又は減額）請求事件は，第二事件（法別表第二10項）ですので，調停が不成立となったときには審判手続に移行します。

【3】 扶養の順位決定の調停

　扶養の順位を決定する必要がある場合において（前述【1】Ⅴ），当事者間に協議が調わないとき，又は協議をすることができないときは，扶養の順位決定の調停を申し立てることができます。この調停は，第二事件（法別表第二9項）ですので，調停が不成立の場合は審判に移行します。

　ところで，扶養の順位を決定しただけでは，扶養に関する問題が解決するとは限りません。そのため，扶養の順位決定の調停とともに，扶養の程度又は方法について協議するために扶養料請求の調停を申し立てるのが一般的です。

　なお，扶養をすべき者又は扶養を受けるべき者の順序について協議又は審判があった後，事情に変更が生じたときは，その協議又は審判の変更又は取

消しを求める調停を申し立てることができます(法別表第二9項)。

【澄川 洋子】

Q103 親族間紛争調整調停

夫の両親が建てた二世帯住宅で同居するようになってから，夫の両親とギクシャクするようになりました。以前のような良好な関係を取り戻したいのですが。

〔1〕 親族間の紛争調整調停の意義，性格

　親族間の紛争は，親子，兄弟姉妹，同居の家族，伯叔父母，甥姪などの親族間における，介護の問題，財産管理の問題，家業承継の問題，同居を原因とする紛争，嫁姑の確執など，非常に多岐にわたります。親族間の紛争は，その内容により訴訟や審判等の対象とならない事項も多く，そうした場合には，話合いによって解決するしかありません。しかし，意見の対立や感情的な対立が激しい場合，複数の者の思惑が複雑に絡み合っている場合など，親族間で話合いをすること自体が困難な場合も少なくありません。
　このように親族間で解決すべき問題について意見の対立や感情的な対立が生じた場合，その他の事情によって親族関係が円満でなくなった場合，親族間の問題を解決し，円満な親族関係を回復するための話合いをする場として，家庭裁判所の調停手続を利用することができます。
　親族間の紛争調停は，一般調停事項です。調停が成立しなかった場合，訴訟事項については，民事訴訟手続等を利用して解決を図ることができますが，訴訟事項ではない問題については，未解決のまま終わることとなります。

〔2〕 親族間紛争調停の手続

I 申立て

　申立ては，申立人が，相手方の住所地の家庭裁判所又は当事者が合意で定める家庭裁判所に申立書を提出して行います（法245・255 I）。
　申立書には，当事者及び関係者の身分関係，紛争の原因，紛争に至る経過，現在の状況等の事実関係と申立人の希望する解決方法などについて，整理し

て記載しておくことが大切です。原則として，申立書の写しの送付がなされます。親族間の紛争がある場合，相手方も感情的になっている場合が多く，さらに感情的対立を激化するおそれがあるので，相手方を攻撃，非難，批判するような表現は控えるべきでしょう。

また，当該紛争の全部又は一部が訴訟事項でない場合，依頼者には，訴訟手続を利用することによる解決の道がないこと，調停が不成立で終了した場合には，問題が未解決のまま終了してしまう可能性もあることをはじめによく説明しておくべきでしょう。

Ⅱ 調停期日において

調停委員は，親族間に紛争が生じた原因や円満にいかなくなった原因などについて，当事者双方の言い分や心情などを聴いた上で，具体的な解決案を提示したり，解決のために必要な助言をしてくれたりします。また，調停委員は，当事者双方に対して，相手の認識や心情などを伝えつつ，紛争の原因を取り除くためにはどうすればよいのか，問題解決のための具体的方法を考えるように宿題を出すこともあります。いたずらに相手の批判を繰り返すだけでなく，問題解決のために知恵を出し合い，譲歩できるところは譲歩することによって，折り合いをつけることも大切であると思われます。

Ⅲ 調停に代わる審判の利用

調停が成立しない場合に，家庭裁判所は，相当と認めるときは，当事者双方のために衡平に考慮し，一切の事情を考慮して，職権で，事件解決のために必要な審判（調停に代わる審判）をすることができます（法284）。

親族間の紛争調停において，調停委員会が適切な調停案を示しているにもかかわらず，当事者の一方が合理的な理由もなく合意を拒んでいるような場合（例えば，申立人と合意すること自体を拒んでいる等）には，調停に代わる審判がなされる可能性もあります。

【澄川 洋子】

第6章
遺産分割事件

Q104 遺産分割調停の申立て

A子の亡父甲は遺言を残していなかったので，母乙，兄Bと妹Cと話合いで父の遺産を分けたいと考えていますが，兄Bは母及びＡＣら妹と仲が悪いため話合いがまとまりそうにありません。そこで，A子は裁判所に持ち込んで解決したいと考えています。どのような手続がありますか。また，どのように申し立てればよいでしょうか。

〔1〕 遺産分割協議

共同相続人は，被相続人が遺言で相続開始の時から5年を超えない期間を定めて遺産の分割を禁じた場合を除き，いつでも，その協議で遺産の分割をすることができます（民法907Ⅰ）。

〔2〕 遺産分割協議が整わない場合

遺産分割協議が整わない場合，遺産分割調停又は審判につき，申立て時に選択が可能です。ただし，審判申立て後，付調停の場合もあります。

Ⅰ 家庭裁判所に請求できる場合

遺産の分割について，共同相続人に協議が調わないとき，又は協議をすることができないときは，各共同相続人は，その分割を家庭裁判所に請求することができます（民法907Ⅱ）。

Ⅱ 民法907条2項に定める「請求」

民法907条2項に定める「請求」は，遺産分割審判としても（法別表第二12項），遺産分割調停としても，申し立てることができます（法244）。遺産分割調停は，実体法上当事者の協議によって解決することが期待されている事項に関するものとして，調停になじむ事件ですが，手続上は，当事者の任意で調停又は審判のいずれかの方法を選ぶことができます。

Ⅲ 付調停，新法で高裁の自庁調停が可能に

もっとも，家事事件手続法244条の規定により調停を行うことができる事

件についての訴訟又は家事審判事件が係属している場合には，裁判所は，当事者の意見をきいて，いつでも，職権で，事件を家事調停に付することができます（法274Ⅰ）。

家事事件手続法により家事審判法と大きく変わったのは，同条においては高等裁判所も自庁にて家事調停に付することができると規定され（法274Ⅲ），かつ裁判官のみの単独調停も可能となった点です（法274Ⅴ・247）。

【3】当　事　者

Ⅰ　全員参加

遺産分割は，共同相続人全員の間で，分割前の遺産の共有状態を同時に解消させる性質のものですので，遺産分割の調停又は審判には共同相続人全員が参加する必要があります。

Ⅱ　申立人

遺産分割調停を申し立てることができるのは，共同相続人（民法907Ⅰ），包括受遺者（民法990），相続分譲受人（民法905）のほか，相続人の債権者（名古屋高判昭43・1・30家月20巻8号47頁。長山義彦ほか『家事事件の申立書式と手続〔12版〕』525頁），遺言執行者（民法1012）です。

遺産分割調停の申立てにつき，共同相続人が各々申し立てることは差し支えありません。

実務上は，1名又は数名の共同相続人が申立人となってその余の共同相続人を相手方として申し立てている例が多いようです。

Ⅲ　相続人の範囲

相続人の範囲については，**Q106**をご参照ください。

【4】家事事件手続法における遺産分割の位置付け

遺産分割は，家事事件手続法別表第二12項に定められ，家事調停の対象事項であるとともに，同法66条ないし72条の家事審判手続の特則の適用対象です。また，遺産分割の禁止及び寄与分を定める処分の各審判事件とともに「遺産分割に関する審判事件」として同法191条ないし200条に定められた個別の規定の適用を受けます。

このように，遺産分割事件は，家事事件の中でも典型的に当事者対立構造を有するものであることから，家事事件手続法においては当事者の手続保障及び利便性の向上が図られています。

【5】 管　　　轄

Ⅰ　調停の場合
　相手方の住所地の家庭裁判所又は当事者が合意で定める家庭裁判所（法245Ⅰ・Ⅱ）です。

Ⅱ　審判の場合
　相続開始地（被相続人の最後の住所地）を管轄する家庭裁判所（法191Ⅰ）又は当事者が合意で定める家庭裁判所（法66）です。
　家事審判法下では合意管轄が認められていませんでしたが，家事事件手続法では審判そのものの合意管轄が認められ，利便性が向上しました。
　他方，専属的合意管轄は認められていませんので，合意で定められた裁判所を相続開始地の家庭裁判所に移送することは可能です。

【6】 遺産分割調停の申立て

Ⅰ　遺産分割の調停申立て，申立書記載事項
　他の家事調停の申立てと同様，申立書を家庭裁判所に提出してしなければなりません（法255Ⅰ）。
　また申立書の必要的記載事項は次のとおりです。

(1)　他の家事調停の申立てと同様
　①　当事者及び法定代理人（法255Ⅱ）
　②　申立ての趣旨及び理由（法255Ⅱ）及び事件の実情（規127）
　申立ての理由及び事件の実情についての証拠書類があるときはその写しを申立書に添付しなければなりません（規127・37Ⅱ）。

(2)　遺産分割事件の場合
　①　共同相続人（規127・102）
　②　特別受益の有無及びこれがあるときはその内容を記載し，かつ遺産の目録を添付しなければなりません（規127・102）

Ⅱ　申立書の写しの送付

（1）　家庭裁判所は，調停申立てがあった場合には，原則として申立書の写しを相手方に送付しなければなりません（法256Ⅰ）。これは，相手方の適切な手続活動の実現と紛争の早期解決という観点から，相手方に申立書の内容を知らしめた上で調停や審判の手続を進めることが望ましいとして新設されたものです。

（2）　家事調停の申立書の写しは相手方に送付されることに伴い，申立てをする時に家事調停の申立書に相手方の数と同数の写しを添付する必要があります（規127・47）。

（3）　なお，遺産分割調停申立書の作成においては，その写しが相手方にも送付されることを念頭におく必要があります。すなわち，申立ての理由の記載については必要十分な記載とし，いたずらに攻撃的な表現や誹謗中傷する記載等により調停手続の円滑な進行の妨げとならないように留意するべきです。

［7］　遺産分割審判の申立て

Ⅰ　遺産分割の審判申立て，遺産分割審判の申立書記載事項

遺産分割の審判申立ては他の家事審判の申立てと同様，申立書を家庭裁判所に提出してしなければなりません（法49Ⅰ）。

また申立書の必要的記載事項は次のとおりです。

（1）　**他の家事調停の申立てと同様**

① 　当事者及び法定代理人（法49Ⅱ①）

② 　申立ての趣旨及び理由（法49Ⅱ②）及び事件の実情（規37Ⅰ）

申立ての理由及び事件の実情についての証拠書類があるときはその写しを申立書に添付しなければなりません（規37Ⅱ）。

（2）　**遺産分割事件の場合**

① 　共同相続人（規102）

② 　特別受益の有無及びこれがあるときはその内容を記載し，かつ遺産の目録を添付しなければなりません（規102）。

Ⅱ　申立書の写しの送付

　家庭裁判所は，審判申立てがあった場合には，原則として申立書の写しを相手方に送付しなければなりません（法67）。つまり，家事調停の申立書の写しは相手方に送付されるため，申立てをする時に，家事調停の申立書に相手方の数と同数の写しを添付する必要があります（規47）。

【8】　記録の閲覧

　当事者又は利害関係を疎明した第三者は，家庭裁判所の許可を得て，裁判所書記官に対し，家事調停事件，審判事件の記録の閲覧・謄写等を請求することができます（法254・47）。

【9】　遺産分割の調停・審判事件を本案とする保全処分

Ⅰ　財産管理者の選任等

　家庭裁判所は，遺産の分割審判又は調停申立てがあった場合において，財産の管理のため必要があるときは，申立てにより又は職権で，担保を立てさせないで，遺産分割の申立てについての審判が効力を生ずるまでの間，財産の管理者を選任し，又は事件の関係人に対し，財産の管理に関する事項を指示することができます（法200Ⅰ）。

　すなわち，家事事件手続法では，遺産分割調停申立て後であれば，審判の申立てがなくても，保全処分の申立てをすることができる旨が明記されました。

Ⅱ　仮差押え，仮処分その他の必要な保全処分

　また，家庭裁判所は，遺産の分割の審判又は調停の申立てがあった場合において，強制執行を保全し，又は事件の関係人の急迫の危険を防止するため必要があるときは，当該申立てをした者又は相手方の申立てにより，遺産分割の審判を本案とする仮差押え，仮処分その他の必要な保全処分を命ずることができます（法200Ⅱ）。

Ⅲ　新法に定める保全処分の活用

　このように，家事事件手続法では，調停申立て後であれば，保全処分を利用することができるようになりました（逆にいえば，調停も審判も申し立てられて

いない段階では認められない点，民事保全法に定める保全処分とは異なっています）。

　この遺産分割の調停・審判事件を本案とする保全処分については，調停手続とは別に審理が行われます。

　この申立てをすることにより，遺産の劣化・散逸を防ぐための措置を早期に講じることができますので，積極的な活用を検討するべきです。

【中村　規代実】

Q105 遺産分割調停の手続手順

遺産分割調停の手続は，どのように進められるのですか。調停が不成立に終わった場合，あらためて審判の申立てが必要ですか。
また，審判までにどのようなことが行われ得るのでしょうか。

【1】 まず確認すべきこと——遺言や遺産分割協議書の有無

Ⅰ 遺言が存在する場合

　有効な遺言があれば，その遺言の記載により遺産の帰属が決まります。自筆遺言の場合は，検認手続を受けていること，法定の書式を満たしていることが必要です。

　遺言が全ての遺産について処分を決めている場合，遺産分割の対象となるべき遺産は存しないことになります（この場合，遺留分減殺請求が認められても，その結果は物権法上の共有関係となりますので，遺産分割手続はなされません）。

　他方，遺言が遺産の一部についてのみ処分を決めている場合は，残った遺産に関して遺産分割手続が必要となり，また，割合的包括遺贈の場合にも遺産分割手続が必要となります。

　なお，有効な遺言が存在する場合であっても，当事者全員がその遺言の記載内容にとらわれずに遺産分割を行うことに同意すれば，遺産分割協議を行うことが可能です。

　逆に，法定の書式に違反した無効な遺言であっても，当事者全員が被相続人の遺志として尊重し，それに沿った遺産分割の合意ができればその合意は有効です。

Ⅱ 遺産分割協議書が存在する場合

　遺産分割調停事件に関して，既に相続人間の遺産分割協議書が作成されている場合があります。

　全ての遺産について有効な遺産分割協議が成立している場合，その協議書の内容に従って遺産の帰属が決まりますので，履行の問題が残っていても，

遺産分割手続自体は終了しています。

Ⅲ 一部分割が先行する場合

遺産の一部について有効な遺産分割協議が成立している場合，当該遺産は遺産分割協議の対象から外れ，残る遺産のみが遺産分割調停の対象となります。

その場合，先行して行われた一部分割が後の遺産分割における分割割合に影響を与えるか否かが問題となりますが，これは一部分割の合意における意思解釈の問題です。残余財産について一部分割とは別個独立にその相続分に従って分割する旨の合意が認められないときは，一部分割済みの遺産を現存するものとして遺産全体の総額を再評価し，その上で改めて各相続人の取得額を算定することになります。

【2】 前提問題がある場合

前提問題（遺言や遺産分割協議書の効力，相続人の範囲，遺産の帰属等）について争いがあり，当事者間の合意が得られず調停の円滑な進行が見込まれない場合は調停をそのまま進めることができませんので，いったん調停を取り下げ，それぞれに応じた手続により，それら前提問題を確定させる必要があります。

【3】 東京家裁本庁の運用──チャート図「遺産分割調停の進め方」にのっとった進行

東京家裁本庁では，チャート図にのっとって，5つの段階ごとに論点を整理し，論点ごとに合意を得るようにしながら，遺産分割調停手続を進行させる運用がなされています。

① 相続人の範囲の確認（→Q106参照）
　　　　↓
② 遺産の範囲の確定（→Q109，110参照）
　　　　↓
③ 遺産の評価（→Q113参照）
　　　　↓
④ 各相続人の取得額の計算（→Q114～119参照）

　　　　　　　↓
⑤　遺産の分割方法の決定（→Q120参照）

【4】 音声の送受信による通話の方法による手続
——家事事件手続法による利便性の向上

　家庭裁判所は，当事者が遠隔の地に居住しているときその他相当と認めるときは，当事者の意見を聴いて，家庭裁判所及び当事者双方が音声の送受信により同時に通話をすることができる方法（電話会議システムないしテレビ電話会議システム）により調停手続を進めることができます（法258Ⅰ・54）。

　これは家事審判法にはなかった規定であり，利便性の向上が図られています。

【5】 調停条項案の書面による受諾

　当事者が遠隔の地に居住しているなどの事由により出頭することが困難であると認められる場合において，その当事者が調停条項案を受諾する旨の書面を提出し，他の当事者が家事調停の手続の期日に出頭して当該調停条項案を受諾したときは，当事者間に合意が成立したものとみなされます（法270）。

【6】 遺産分割の調停が成立した場合

　遺産分割調停調書に記載された事項は，確定した審判と同一の効力を有します（法268Ⅰ）。

　この遺産分割は，相続開始の時に遡ってその効力を生じます。ただし，第三者の権利を害することはできません（民法909）。

【7】 遺産分割調停不成立の場合

　家事事件手続法別表第二に掲げられている遺産分割調停が不成立で終了した場合には，あらためて審判の申立てをするまでもなく，調停申立ての時に審判申立てがあったものとみなされ，当然に審判手続に移行します（法272Ⅳ）。これらの事件について調停の申立てがされ当事者間に調停が成立しない場合，そのまま終了させたのでは当事者の紛争解決の要求を満たすことに

はならないためです。

【8】 調停に代わる審判──改正により遺産分割調停事件にも適用

Ⅰ 改正の内容・趣旨

　家庭裁判所は，遺産分割調停が成立しない場合において相当と認めるときは，当事者双方のために衡平に考慮し，一切の事情を考慮して，職権で，事件の解決のため必要な審判をすることができます（法284）。

　家事審判法において遺産分割調停事件を含む乙類の事件には上記審判の適用がないとする明文が入っていた（家審法24Ⅱ）のが，改正により削除されました。この改正は紛争の早期解決に資するものです。

Ⅱ 共同の申出

　調停に代わる審判に服するとの共同の申出があれば異議の申立てができません（法286Ⅷ）ので，共同の申出はいわば仲裁の合意と同様の機能を有することになります。ただし，調停に代わる審判の告知前に限り，当事者の一方は相手方の同意がなくても共同の申出を撤回することができます（法286Ⅸ）ので，この点は仲裁の合意とは異なります。

　遺産分割について調停に代わる審判がされ異議申立てがないという事例も出てくるのかどうか，今後の活用実態が待たれるところです。

【9】 遺産分割審判手続（申立て後）

Ⅰ 当事者からの陳述の聴取（法68）

（1）　家事事件手続法別表第二の審判事件における当事者の主体的関与を認め当事者の手続保障を図る特則の一つとして，家庭裁判所は，申立てが不適法であるとき又は申立てに理由がないことが明らかなときを除き，当事者の陳述を聴かなければならず，当事者の申出があるときは，審問の期日において陳述聴取をしなければならないとの規定が新設されました（法68）。

（2）　規定の仕方から，家庭裁判所の陳述聴取は，任意的ではなく，義務的です（必要的陳述聴取）。

（3）　なお，この68条の規定は，調停手続には準用されません（ただし，いわ

ゆる同席調停を否定する趣旨ではありません)。

(4) 審問とは，口頭により当事者その他の者から裁判官が陳述を直接聴取するという意味であり，書面照会や家裁調査官による調査等は含まれません。逆にいえば，当事者から審問期日の申出がない場合には迅速な解決のために書面照会等による場合や，家裁調査官が聴取するという方法により陳述聴取がされる場合もあります。

(5) 家庭裁判所がこの審問によって事実の調査をするときは，他の当事者は，原則として，当該期日に立ち会うことができます(法69)。

Ⅱ 事実調査の通知(法70)

家庭裁判所は，別表第二に掲げる事項について事実の調査をしたときは，その旨を当事者及び利害関係参加人に通知しなければなりません(法70)。

通知を受けた当事者等は，記録の閲覧・謄写請求(法47Ⅰ)を行うことにより裁判所の心証形成過程を確認・検討することができ，また，必要に応じて，審判の基礎資料を追加して提出することができることになります。

Ⅲ 審理終結日の指定(法71)

家庭裁判所は，申立てが不適法であるとき又は申立てに理由がないことが明らかなときを除き，相当の猶予期間を置いて，審理を終結する日を定めなければなりません(法71本文)。

この趣旨は，当事者に審理終結日まで審判の基礎資料の提出を尽くさせることにあることから，審判は審理終結日までに提出された資料のみに基づいてなされなければならないことが導かれます。

他方，当事者双方が立ち会うことができる家事審判の手続の期日においては，直ちに審理を終結する旨を宣言することができます(法71但書)。

Ⅳ 審判日の指定(法72)

家庭裁判所は，前条(法71)の規定により審理を終結したときは審判をする日を定めなければなりません(法72)。

Ⅴ 遺産の換価を命ずる裁判(法194Ⅰ・Ⅱ)

家庭裁判所は，遺産分割のために必要があると認めるときは，相続人に対し，遺産の全部又は一部を競売して換価することを命ずることができます(法194Ⅰ・Ⅱ)。

任意売却を命じる場合は，相当性も要件となり（法194Ⅱ本文），相続人の意見を聴き，共同相続人の中に競売によるべき旨の意思表示をした者があればこの限りではありません（法194Ⅱ但書）。

Ⅵ 審判——現物分割，代償分割，給付命令（法195・196）

(1) 遺産分割の方法は，現物分割が原則です。

(2) もっとも家庭裁判所は，遺産分割の審判をする場合において，特別の事情があると認めるときは，遺産分割の方法として，共同相続人の1人又は数人に他の共同相続人に対する債務を負担させて，現物の分割に代えること（代償分割）ができます（法195）。

(3) また，家庭裁判所は，遺産の分割の審判において，当事者に対し，金銭の支払，物の引渡し，登記義務の履行その他の給付を命ずることができます（法196）。

Ⅶ 即時抗告（法198）

相続人は，遺産の分割の審判及びその申立てを却下する審判については即時抗告をすることができます（法198Ⅰ①）。

なお，家事審判規則11条は利害関係人も含めていましたが，その必要性が乏しいとして家事事件手続法では除外されました。また，利害関係人に即時抗告権がない以上，家事審判法105条の公告も残す必要がないことから，家事事件手続法では公告の定めはなくなりました。

Ⅷ 取下げの制限（法199・153）

遺産分割審判の申立ての取下げは，相手方が本案について書面を提出し，又は家事審判の手続の期日において陳述をした後にあっては，相手方の同意を得なければ，その効力を生じないとされています（法199・153）。これは，遺産の分割の審判事件において，申立人だけでなく，相手方にとっても審判を得ることに強い関心と利益があるためです。

【中村　規代実】

Q106 相続人の範囲

遺産分割調停で相続人の範囲を確認する必要があるのはなぜですか。また，どのようにその範囲を確認するのですか。当事者となるのはどの範囲ですか。
　共同相続人中に熟慮期間中の者や所在不明，長期間生死不明の者がいる場合，どのように対応すればよいですか。

〔1〕 相続人の範囲の確認の必要性，その方法

Ⅰ 遺産分割調停・審判には共同相続人全員が参加

　遺産分割は，共同相続人全員の間で，分割前の遺産の共有状態を同時に解消させる性質のものですので，遺産分割の調停又は審判には，共同相続人全員が参加する必要があります。
　そのため，遺産分割調停では，まず，誰が相続人であるかを特定し，確認する必要があります。

Ⅱ 相続人の特定の方法

　被相続人が日本人であれば，基本的に，戸籍により特定します。

Ⅲ 戸籍によれば法定相続人に該当する者について当事者がその身分関係を争う場合――前提問題の紛争

(1) 調停手続はいったん取下げを要する

　遺産分割調停の前提問題の紛争ですので，調停手続をそのまま進めることはできません。いったん調停の取下げを要し，合意に相当する審判（法277）又は人事訴訟により，身分関係の存否を確定させる必要があります。

(2) 合意に相当する審判（法277）

　離婚及び離縁を除く人事訴訟事項（人訴法2）についての家事調停手続において，①手続当事者間に申立ての趣旨のとおりの審判を受けることについての合意が成立し，かつ申立てに係る無効・取消原因又は身分関係の形成存否の原因について争わない場合には，②家庭裁判所は，必要な事実を調査し，

③調停委員会を組織する家事調停委員の意見を聴いた上で，④その当事者間の合意が正当であると認められるときは，その合意に相当する審判をすることができます（法277）。

これらの人事訴訟事項については，手続当事者の合意のみで確定させることにはなじまないので，調停を成立させることはできない一方，逆に当事者間に争いのない場合にまで訴訟提起を強制するのは，身分関係の早期安定，手続経済の見地から相当ではないことから家事審判法23条と同様の手続を残したものです。

【2】 遺産分割の当事者

I 法定相続人

民法は，相続人の種類と範囲につき，配偶者相続人と血族相続人としており，配偶者は常に相続人となり，血族相続人がいるときはその者と同順位となります（民法890）。

血族の第1順位……子又はその代襲者（民法887ⅠないしⅢ）
　　　第2順位……直系尊属（民法889Ⅰ①。ただし，親等の異なる者の間では，その近い者を先にする）
　　　第3順位……兄弟姉妹又はその代襲者（民法889Ⅰ・Ⅱ）

Ⅱ 代襲相続

被相続人の子又は兄弟姉妹が相続人となるべき場合にその者が相続開始以前に死亡したとき又は相続欠格事由に該当し，若しくは廃除によってその相続権を失ったときは，その者の子（ただし，兄弟姉妹は甥・姪まで。なお，昭和55年12月31日までに開始した相続に関しては，兄弟姉妹の代襲者も何代でも認められます）がこれを代襲して相続人となります（民法887Ⅱ・889Ⅱ）。

Ⅲ 胎　児

胎児は，相続法上は既に生まれたものとみなされますが，死産したときは相続人として扱われません（民法886Ⅰ・Ⅱ）。

婚姻外の胎児にも相続権が認められます。

胎児の出生を待って，その母が法定代理人として調停手続に加わることになりますが，その場合，利益相反行為として特別代理人の選任を請求するべ

きです。

Ⅳ 割合的包括受遺者

包括受遺者は，相続人と同一の権利義務を有するので（民法990），遺産分割手続の当事者適格を有します。ただし，全部包括遺贈の場合は遺産分割手続の対象財産が存在しないことになるので，割合的包括受遺者のみ当事者適格が認められます。

Ⅴ 当事者となっていない相続人の存在が判明した場合

参加の手続（法41・42・258）を検討する必要があります。

【3】 当事者になれない者

Ⅰ 内縁の配偶者

内縁の配偶者の相続権は認められません。

Ⅱ 相続欠格・廃除

相続人に該当する者であっても，相続欠格事由（民法891）に該当する場合や推定相続人の廃除の審判（民法892。法別表第一86項〜88項）が確定した場合は，相続人となれません。

Ⅲ 相続放棄をした者

相続放棄をした者は，その相続に関して，初めから相続人とならなかったものとみなされます（民法939）。

ただし，相続欠格や廃除と異なり，相続放棄をした者に関して代襲相続は問題となりません。

【4】 共同相続人中に熟慮期間中の者がある場合

熟慮期間が経過するまでは，まだ相続人が不確定な状態にありますが，このような場合に申立てがされたとき，実務ではこの申立てを直ちに却下することをせずに，期間満了あるいは相続人確定まで審理手続を待っているのが実情です。

【5】 共同相続人中に所在不明，長期間生死不明の者がいる場合

I　所在不明の者がいる場合

　他の相続人である当事者が不在者の財産管理人（民法25Ⅰ）選任を申し立て，財産管理人に，不在者の法定代理人として遺産分割調停事件に関与してもらう必要があります。

　財産管理人は，最終的な調停合意を行うときは，選任した家裁に成立予定の調停条項（通常は中間調書）を示して許可審判を得ておくことが必要です。

II　長期間生死不明の者がある場合

　他の相続人である当事者が家裁に失踪宣告（民法30）の審判を申し立て，その審判が確定すると，当該生死不明者は死亡したものとみなされ，失踪者の相続人が遺産分割事件の当事者として参加することが可能となります。

【中村　規代実】

Q107 相続人の不存在

亡父甲の遺産分割について，Ａ子が母乙，兄Ｂ及び妹Ｃを相手に遺産分割調停を申し立てたのですが，兄Ｂと母乙・ＡＣ姉妹との対立が深く，話合いがまとまらないまま調停手続の期日が重なっていたところ，同調停手続の途中でＢが死亡しました。Ｂは独身で，乙及びＡ，Ｃは従前対立が激しかったＢの遺産について相続する意思はなく家裁で放棄申述手続をしたので，Ｂには相続人がいないことになります。この場合，亡父甲の遺産分割におけるＢの相続分や係属している調停手続はどうなるのですか。また，Ｂ自身の遺産の処遇はどうなるのでしょうか。

【１】 相続財産とともに法人となります

死亡当事者に相続人がいない場合（相続人が相続放棄をした場合などを含む），死亡当事者の相続分は，死亡当事者固有の相続財産とともに法人（一種の財団法人）となります（民法951）。

【２】 相続財産管理人

Ⅰ 選任手続

この場合，利害関係人又は検察官が，家庭裁判所に相続財産管理人の選任を請求します（民法952）。

Ⅱ 調停事件の受継，最終的な調停合意をするとき

選任された相続財産管理人は，被相続人の相続財産（プラス（積極）財産及び債務等のマイナス財産）を管理し，不動産や預貯金，有価証券等のプラス財産を売却処分するなどして換価し，他方債務の弁済等の業務を行います。被相続人が調停中に死亡した場合，被相続人の相続財産管理人が当事者（相続財産法人の代表者）として調停事件を受継します。

相続財産管理人が最終的な調停合意をするときは，選任した家裁に成立予定の調停条項（通常は中間調書）を提示して権限外許可の申立てをして，許可

審判を受ける必要があります。

Ⅲ 特別縁故者への相続財産の分与

相続財産管理人が相続財産の清算を行った後に相続財産が残った場合，家庭裁判所は，被相続人と生計を同じくしていた者，被相続人の療養看護に努めた者その他被相続人と特別の縁故があった者の請求によって，これらの者に対し，相続財産の全部又は一部を与えることができます（民法958の3Ⅰ・法別表第一101項）。

Ⅳ 国庫に帰属

相続財産管理人が相続財産の清算を行った後に，また特別縁故者の分与がある場合はその分与後にプラスの相続財産が残った相続財産は国庫に帰属します（民法959）。

【3】 本事例へのあてはめ

Ⅰ　A及びCは，被相続人Bについて家裁で相続放棄申述手続をした結果，初めからBの相続人とならなかったものとみなされます（民法939）。他方，亡父甲の遺産分割調停が係属していますのでA及びCは家庭裁判所にBの相続財産管理人の請求をする必要があります。

Ⅱ　亡父甲の遺産分割調停手続については，選任されたBの相続財産管理人が当事者（Bの相続財産法人の代表者）として受継することになります。

Ⅲ　Bの相続分及びBの固有の相続財産とともに法人となります。

Bの相続財産管理人が相続財産の清算を行った後に相続財産が残った場合，Bと生計を同じくしていた者，Bの療養看護に努めた者その他Bと特別の縁故があった者の請求によって，これらの者に対し相続財産の全部又は一部を与えることができます。また，特別縁故者に分与されなかった相続財産は，国庫に帰属します。

【中村　規代実】

Q108 相続分の譲渡・放棄

相続分の譲渡・放棄とは何ですか。また，譲渡・放棄した当事者は調停・審判手続に関与し続けることができるのでしょうか。
　その際，相続分の譲渡・放棄の真意の確認方法はどのようにするのですか。

〔1〕 相続分の譲渡

Ⅰ 相続分の譲渡とは

　被相続人の死亡によって相続人に承継された権利及び義務を第三者又は他の相続人に対し包括して譲渡する契約です。

　ただし，債務の譲渡，すなわち債務引受けは，債権者には対抗することができません。

　民法では，共同相続人の1人が相続開始から遺産分割までの間にその相続分を第三者に譲り渡すことができることを認めた上で，他の共同相続人はその価額及び費用を償還してその相続分を取り戻すことができると定められています（民法905）。今日における本条の趣旨は，遺産が第三者の手に渡り第三者が遺産分割に介入して紛争が発生することの予防及び円滑な分割の実現にあります。

　もっとも，実際には，相続人間でなされることが多いようです（例えば，農業・中小企業など事業承継のために承継者以外の相続人が相続分を無償譲渡したり，長期化する遺産紛争に巻き込まれたくない相続人が他の相続人に譲渡したり，多数の相続人がいる場合に相続人の数を減らして遺産分割を円滑に終わらせるために譲渡したりするなど）。

Ⅱ 譲渡者の遺産分割調停手続及び審判の当事者適格

　相続分の全部譲渡がされた場合には，譲渡者は，これにより，原則として，遺産分割調停及び審判の当事者適格を喪失し，遺産分割請求権を失うと解されています。ただし，譲渡者たる相続人が登記移転義務等を負担する場合に

は，一般に当事者適格を喪失しないと解されています[*1]。

Ⅲ 相続分を譲渡した者と手続の関係——改正により手続からの排除が可能に

(1) 具体的事例として，AがBを相手方として遺産分割の審判の申立てをしたところ，Bが相続分をCに譲渡し，Cが当事者参加をしたという場合を想定してみます。

(2) 相続分の譲渡により，当該譲渡者が当然に当事者の地位を喪失するのか否かについては考え方が分かれ，家事審判法下の調停実務上，相続分の譲渡があった場合，前記のように譲渡者が登記移転義務又は占有移転義務を負担しない限り，譲渡者が脱退することにより，事実上手続から外れる（調停調書に譲渡者を当事者として表示しない）という運用がなされていたようです。

(3) 家事事件手続法では，個人の私生活上の秘密に関する情報を扱う家事事件の性格に照らして，当事者となる資格を有しない者及び当事者である資格を喪失した者を家事事件に関与させないようにするため，これらの者を家事審判の手続から排除する制度を設けました（法43）。

上記事例では，家庭裁判所は，相続分を譲渡したBを遺産分割審判の手続から排除することができることになります。

(4) この手続からの排除の裁判に対しては即時抗告をすることができます（法43Ⅱ）。

(5) この43条は家事調停に準用されています（法258）。もっとも，家事調停の場合には，調停条項の中で相続分の譲渡人が相続人でないことや相続分を有しないことにつき確認する必要もあるでしょうから，あえて調停手続からの排除の手続が取られることはそれほど多くはないのではないかと思われます。

【2】 相続分の放棄

Ⅰ 相続分の放棄

相続分の放棄とは，相続人が自分は遺産を取得しない旨の意思表示をすることです。相手方のない単独行為でありその趣旨の意思表示がされた場合には即時にその効力が発生し，撤回をすることはできないというべきです。

もっとも，相続分の放棄につき，他の共同相続人のために無償で相続分を譲渡していると構成することも可能であり，相続人が相続分を放棄するという意思表示をした場合であっても直ちに共有持分の放棄とすることはなく，それが特定の共同相続人に対するものであるかを確認すべきである（それが肯定されればその相続人への相続分の譲渡とみるべき）あるいは他の共同相続人全員のために自己の相続持分を放棄するという意思の場合も他の共同相続人に対しその相続分に応じて自己の相続分を譲渡する意思を有していると解すべきであるとする見解もあります（谷口知平＝久喜忠彦編『新版注釈民法(27)相続(2)〔補訂版〕』287頁〔有地亨＝二宮周平〕）。

II　相続放棄との違い

　相続分の放棄によってその相続人は，相続人の地位を失うものではなく，相続債務の負担は残ります。また，相続分の放棄は，相続放棄と異なり期間制限はありませんが，他方で，当該事件限りの効力しかありません。
　これは，相続放棄については，法定期間内に（民法915）家庭裁判所における申述の方式が必要とされ（民法938）かつ家庭裁判所の真意確認を経た受理審判により効力を生じること，初めから相続人とならなかったものとみなされること（民法939）が定められていることとの違いによるといえます。

III　相続分の放棄者の遺産分割調停手続及び審判の当事者適格

　放棄者が遺産分割調停手続及び審判の当事者適格を喪失するか否かにつき見解が分かれていますが，相続人たる地位を喪失しなくとも，遺産分割手続は，積極財産すなわち権利の分割を目的とするものであるから，当事者適格を喪失するというのが実務です。

IV　相続分を放棄した者と手続の関係——改正により手続からの排除が可能に

(1)　具体的事例として，AがB及びCを相手方として遺産分割の審判の申立てをしたところ，Bが相続分を放棄したという場合を想定してみます。

(2)　【1】で述べたように，家事事件手続法では，個人の私生活上の秘密に関する情報を扱う家事事件の性格に照らして当事者である資格を喪失した者を家事事件に関与させないようにするため，家事審判の手続から排除する制度を設けました（法43）。上記事例では，家庭裁判所は，相続分を譲渡した

Bを遺産分割審判の手続から排除することができることになります。

【3】 相続分の譲渡・放棄の真意の確認方法

　相続分の譲渡・放棄がなされる場合，実務上，譲渡者・放棄者の真意を確認するため，譲渡者・放棄者が実印で押印した相続分譲渡証書又は相続分譲渡証書又は相続分放棄書を印鑑証明書とともに提出させています。

【中村　規代実】

《注》
＊1　この点につき司法研修所編『遺産分割事件の処理を巡る諸問題』167頁には「譲渡者が登記移転義務又は占有移転義務を負担する場合には，一般に，譲渡者は遺産分割事件の当事者適格を喪失しないといわれている。しかし，譲渡者は，遺産の分割に関して自己の権利を主張できず，他の相続人及び譲受人が決定した遺産分割の結果に基づき，履行義務を負担するだけであるから，正確には，遺産分割事件の当事者適格を喪失し，利害関係人として参加し，又は参加させられる資格を取得するものというべきである。」とあります。

Q109 遺産の範囲

どのような遺産が相続の対象となるのですか。遺産分割の対象とは異なるのですか。

[1] 包括承継

相続による権利承継は包括承継とされ，被相続人の一身に専属したものや祭祀財産を除き，被相続人の財産に属した一切の権利義務が相続の対象，すなわち遺産となります（民法896・897）。

しかし，相続の対象となる遺産が全て遺産分割の対象となるものではなく，対象の範囲は異なります（Q110を参照ください）。

[2] 一身専属権

一身専属権については，個別的検討を要します。

婚姻費用分担請求権や親族間の扶養請求権等の親族法の権利義務は相続の対象となりません。

他方，被相続人が交通事故で死亡した場合の損害賠償請求権や慰謝料請求権等，被相続人が不法行為又は債務不履行によって取得した損害賠償請求権・慰謝料請求権は，通常の金銭債権ですので，相続の対象となります（ただし，金銭債権は，原則として遺産分割の対象になりません。Q110を参照ください）。

[3] 祭祀財産

祭祀財産は相続の対象ではなく，慣習に従って祭祀を主宰すべき者が承継し，慣習が明らかでないときは，家庭裁判所が祭祀財産承継者を定めます（民法897Ⅰ・Ⅱ）。

遺産分割調停において，祭祀財産承継者の指定が関連事項（付随問題）の一つとして主張されることがあります。調整が難航する場合には，遺産分割調停事件と切り離して，別途祭祀財産の指定の調停又は審判を申し立てるこ

とについて検討の必要があるでしょう（詳細はQ129をご参照ください）。

【中村　規代実】

Q110 遺産分割の対象財産（遺産の範囲と異なる）

遺産分割の対象となる財産の範囲は，遺産の範囲と異なると聞きましたが，どのように異なるのでしょうか。具体的にはどのような財産が遺産分割の対象となるのでしょうか。

〔1〕 遺産分割の対象となる財産

Ⅰ 相続財産と遺産分割の対象となる財産とは別

遺産分割は，複数の共同相続人に共同帰属（民法898）している相続財産を，相続分に応じて共同相続人に分配し，その終局的な帰属を確定させるための手続です。

したがって，全ての相続財産が遺産分割の対象となるものではなく，遺産分割の対象となる相続財産とは，相続開始時に存在し，遺産分割時にも存在し，遺産共有状態にある，積極財産です。

Ⅱ 遺産分割の対象となる財産の分類

遺産分割の対象となる財産としては，①その性質上当然対象となる財産，②①以外の遺産であっても，相続人全員が分割対象財産にする旨の合意をすれば，調停・審判手続において分割対象財産として扱われる財産，③調停手続での協議は可能であるが，合意しても審判対象となり得ない財産があります。

〔2〕 その性質上当然対象となる財産

Ⅰ 不動産等

土地及び建物（共有持分を含む）はもちろん，地上権や土地賃借権も分割対象財産です。

建物賃借権については，財産的価値があれば対象財産として扱いますが，公営住宅の使用権については，相続人が承継するものではないとされています（最一小判平2・10・18民集49巻7号1021頁）。

II　現金

　現金も相続開始により当然に分割されるものではなく，遺産分割の対象となります（最二小判平4・4・10裁判集民164号285頁）。

　現金の特定方法は，現実の保管者と金額をもってなされます。

III　定額郵便貯金債権

　定額郵便貯金について，法令上，預入れ時から一定の据置期間を定め当該期間が経過するまでは分割払戻しをすることができないとされていることから，定額郵便貯金債権は，その預金者が死亡したからといって相続と同時に当然に相続分に応じて分割されることはなく，同債権の最終的な帰属は遺産分割の手続において決せられるべきことになります（最二小判平22・10・8民集64巻7号1719頁）。すなわち，定額郵便貯金債権は，合意しなくても遺産分割の対象となります。

　なお，定額郵便貯金は，平成19年10月1日で廃止されており，それ以降の新たな預入れは認められていません。

IV　株式・社債・国債

　いずれも不可分的権利であるので，遺産分割の対象となります。

V　投資信託

　様々な種類がありますが，基本的には不可分的権利であり，遺産分割の対象となります。

　ただし，約款での一部解約が認められている場合，例外的に可分債権と同様に評価する余地もあるので（大阪地判平18・7・21金融法務事情1792号58頁），権利の内容について約款等を確認する必要があります。

　可分債権と同様に評価されるものについては，当事者全員の合意があれば遺産分割の対象となります。

VI　ゴルフ会員権

　ゴルフ会員権には，預託保証金制（多くがこの種類です），株主会員制，社団法人制の3種類があります。

　預託保証金制の場合，会員の権利のうち預託金返還請求権は遺産となり，株主会員制の場合は通常の株式に準じて扱われます。

　他方，社団法人制の場合は，会則で相続を認めない（したがって遺産となら

ない）のが一般的です。

Ⅶ　知的財産権
著作権，特許権等の知的財産権も遺産分割の対象となります。

Ⅷ　動　産
自動車，貴金属，書画骨董品その他の動産は，財産的価値のあるものは分割対象財産です。

　もっとも，通常，自動車，純金以外の動産の特定はおよそ困難である一方で必ずしも財産的価値があるわけでもないので，遺産分割調停の円滑な進行を妨げないよう，いわゆる形見分けとして，遺産分割とは別に，当事者間の協議により分配する方がよいでしょう。

【3】 合意があれば遺産分割調停・審判の対象にすることができる財産

Ⅰ　金銭債権
預貯金・貸金等の金銭債権は，可分債権として相続発生と同時に法律上当然に各相続人に相続分に応じて分割承継されることから，遺産分割の対象とはなりません（最一小判昭29・4・8民集8巻4号819頁）。

　もっとも，当事者全員の合意があれば，分割の対象とすることができます。

　預貯金は，現金と同様に遺産分割の最終的な調整手段に使い易く，また，相続人が可分債権であるとして預金の分割払戻しを請求しても金融機関がすぐに応じない取扱いをしていることが多いことから，預貯金については，ほとんどの場合，合意して分割の対象としています。

Ⅱ　代償財産
相続開始から遺産分割までの間に，遺産が処分されて代償財産に転化した場合，例えば，相続税や被相続人の債務の支払に充てるために相続人の合意により遺産たる不動産を売却した場合の売却代金は，特段の事情がない限り，遺産とはなりません（最一小判昭54・2・22裁判集民126号129頁）。

　もっとも，当事者全員が，このような代償財産を遺産分割の対象とする合意をした場合は，分割対象財産として扱います。

Ⅲ 遺産からの果実
Q112をご参照ください。

【4】 合意があっても審判対象となり得ない財産

Ⅰ 保険金請求権
　被相続人を被保険者とする生命保険契約に基づく死亡保険金や被相続人の死亡を保険事故とする傷害保険契約等に基づく保険金は，いずれも保険契約により保険会社から受取人に直接支払われるものですので，受取人の固有の財産であって遺産ではありません。
　受取人が被相続人になっている場合も同様に遺産ではありません。

Ⅱ 死亡退職金・遺族給付
　死亡退職金等，名目にかかわらず被相続の死亡に伴い被相続人の勤務先から支給される金員は，勤務先の支払規程等の定めに従い遺族に直接支払われるものですので，基本的には遺産ではありません。
　被相続人と一定の親族関係にあった遺族に対し，社会保障関係の法律に基づき支給される給付も同様です。

Ⅲ 債　　務
　相続債務は遺産ではありますが，遺産分割の対象にはなりません。
　調停において債務の負担者を決めることはできますが，負担しない者の債務が当然に消滅するわけではなく，債権者が免除しなければ債務が残ります。
　債務については，当事者全員の合意があっても審判の対象にはなりません。

Ⅳ 遺産の管理費用
　相続開始後の遺産の維持管理費用（固定資産税，火災保険料，修繕費，借地の地代など）も，当事者全員が合意すれば調停でその清算等について取り決めることはできますが，審判の対象とすることはできません。

Ⅴ 葬儀費用・香典
　遺産分割調停において，葬儀費用と香典，将来の法事費用の負担，墓地や墓石の取得費用の負担等が問題とされることがあります。
　これらも，遺産分割とは別の問題であり，むしろ祭祀承継者指定の問題と密接に関連する事項です。

当事者全員が合意すれば調停で解決することはできますが，審判の対象とすることはできません。

Ⅵ 使途不明金
Q111をご参照ください。

【中村　規代実】

Q111 使途不明金

相続開始前に一部の相続人が被相続人名義の預金を引き出し，使途不明金があることが判明したため，このままでは遺産の範囲が確定しません。調停手続との関係においてどのように対応するべきでしょうか。

〔1〕 使途不明金の問題

Ⅰ　相続開始前に一部の相続人による被相続人名義の預金引出し行為

相続開始前に一部の相続人が被相続人名義の預金を引き出していることが判明し，争点になることがあります。

かかる行為が被相続人の意思に基づく贈与であれば，特別受益の問題になり得ます。

他方，被相続人に無断で引き出された場合は，損害賠償請求又は不当利得返還請求の問題です。

Ⅱ　相続開始後に一部の相続人による被相続人名義の預金引出し行為

相続開始後に一部の相続人が被相続人名義の預金を引き出している場合も，その使途が不明の場合にはⅠと同様の問題になります。

〔2〕 調停手続との関係

上記〔1〕Ⅰ後段及びⅡのいわゆる使途不明金については，最終的には民事訴訟で解決されるべき事項ですので，相続人間で調整を図っても容易に合意に至りそうにない場合は，調停手続から切り離して別手続での解決を図るべきことになります。

【中村　規代実】

Q112 遺産から生じる果実

遺産から生じる果実（相続開始後の賃料，利息及び配当金等）は遺産分割の対象財産になるのでしょうか。

【1】 問題の所在

遺産分割手続において，相続開始から遺産分割までの間に不動産の賃料収入（駐車場の代金も含まれます）など，遺産から果実や収益が発生した場合，果実・収益が誰に帰属するのか，誰が受け取るかという点が共同相続人間で問題となることが多々あります。

しかし，相続開始後に遺産から発生した果実は，遺産とは別個の財産であり遺産ではなく，当然に遺産分割の対象となるものではありません。

【2】 判例——最高裁第一小法廷平成17年9月8日判決

この点に関し，最高裁第一小法廷平成17年9月8日判決（民集59巻7号1931頁）は，「遺産は，相続人が数人あるときは，相続開始から遺産分割までの間，共同相続人の共有に属するものであるから，この間に遺産である賃貸不動産を使用管理した結果生ずる金銭債権たる賃料債権は，遺産とは別個の財産というべきであって，各共同相続人がその相続分に応じて分割単独債権として確定的に取得するものと解するのが相当である。遺産分割は，相続開始の時にさかのぼってその効力を生ずるものであるが，各共同相続人がその相続分に応じて分割単独債権として確定的に取得した上記賃料債権の帰属は，後にされた遺産分割の影響を受けないものというべきである。」と判示しました。

すなわち，相続開始後に発生した遺産からの果実は遺産とは別個の財産であり，遺産ではなく，各共同相続人がその相続分に応じて確定的に取得するとしたのです。

【3】 実務での扱い

　遺産である不動産の賃料収入のほか，預貯金の利息，株式や投資信託の配当金，著作権や特許権の使用料についても，前掲最高裁第一小法廷平成17年9月8日判決と同様，遺産から発生した果実及び収益は，遺産そのものではなく，当然に遺産分割の対象となるものではないとしています。

　もっとも，当事者全員が遺産分割の対象とすることに合意した場合は遺産分割の対象とすることができるとしています。

【中村　規代実】

Q113　遺産の評価

遺産の評価はなぜ必要ですか。また，調停実務上，評価の基準時や方法はどのようにされていますか。

【1】　遺産の評価の必要性

　遺産分割は，遺産を各相続人の相続分に応じて分配する手続ですので，分割の対象となる遺産の評価が必要です。

　もっとも，例外的な分割方法——現物分割して代償金を支払わない場合，全ての遺産を換価分割するか共有分割する場合など——は，遺産を評価する必要はありません。しかし，これらの場合でも，特別受益又は寄与分の主張がなされているときは，具体的相続分の計算のために相続開始時における遺産の評価が必要になります。

【2】　遺産の評価の基準時

Ⅰ　遺産評価が問題となる2時点

　遺産分割事件では，①法定相続分を修正して（相続分の指定や特別受益及び寄与分によって），各相続人の具体的相続分を算定する段階と，②算定された具体的相続分に従って遺産を現実に分割する段階の2段階において，遺産評価が問題となります。

Ⅱ　実務での扱い

　上記①の具体的相続分算定の段階における遺産評価の基準時は，相続開始時とされ，同②の現実的に分割する段階においては，分割時の遺産評価に基づいて分割を実施しています。

　審判による遺産分割を実施するときは，上記のような2段階評価に基づいて行うのが原則です（したがって，特別受益及び寄与分が問題とならない場合においては，分割時の評価のみで足りることになります。なお，単純な相続分の指定のみがなされた場合も同様です）。もっとも，相続開始時と分割時に期間の経過がさほど

なく，かつ，当事者に異議がないとき等，2段階評価を行わなくとも相続人間の実質的公平を害しないと認められる特段の事情がある場合には，特別受益又は寄与分が認められる場合であっても，分割時のみの評価による分割が許される余地はあるでしょう。

　調停手続においても，理論的には同様の取扱いが必要ですが，当事者の合意を基礎とする手続であるため，基本的には遺産分割時（現在時）のみの評価に基づいて合意が成立することも多く，特別受益又は寄与分が問題となる場合にはそれらの算定基準時がいずれも相続開始時とされているため相続開始時での評価も必要になります。

【3】 遺産の評価の方法──調停実務

I　基本的態度

　遺産をどのような方法により評価するかについては，家庭裁判所（調停委員会）が手続の進行段階（調停段階か審判段階か），その対象物件の種類や，その事案において当該財産の占める重要性の程度，紛争の実情等を総合的に勘案して，適切に裁量権を行使して決定します。

　理論的には，職権探知主義（法258 I・56）が適用される場面ですが，当事者主義的運用が許容される場面でもありますので，実務的には，当事者に積極的な関与を求め，場合によっては，評価方法，評価額そのものにつき合意を成立させるなどして，当事者の合意を尊重した評価方法がとられています。

II　鑑　　定

　遺産の客観的な価額を評価する方法としては，鑑定が代表的なものですが，他の簡易な方法によることも違法ではありません。

　遺産の中で重要な部分を占める不動産など，評価の対立が厳しく，相続人間の公平が図れないおそれのある場合には，家庭裁判所は当事者に鑑定の申立てを勧告することになります。鑑定による方が当事者の納得も得やすいといえます。

III　当事者の合意

　調停実務において，遺産がほとんど不動産である場合に，当事者が合意することにより，固定資産課税台帳記載の評価額や路線価を基準として分割す

る方法もとられています。
　つまり，共同相続人全員がその評価方法によることを明確に同意していれば支障は生じないといえます。

【中村　規代実】

Q114 特別受益(1)

特別受益による持戻しとはどのような制度ですか。特別受益は遺産分割にどのような影響を与えるのですか。

〔1〕 民法903条の趣旨

　民法903条が定める特別受益は，同法904条の2の寄与分と並んで同法900条ないし902条によって定まる法定相続分若しくは指定相続分から具体的相続分を算定するためのものです。

　特別受益制度は，相続人間の公平を図るための制度といわれていますが，民法903条2項は被相続人の意思を尊重するため超過受益者に返還を求めず，また持戻免除の意思表示を認めており（民法903③），一方，特別受益（これは被相続人の意思に基づくものです）といえども遺留分減殺請求の対象となりますから（民法1031。判例通説），結局，遺留分を侵害しない範囲で，被相続人の意思を尊重する制度だと説明した方が妥当だと思われます。特別受益の持戻しを定める民法903条1項は，持戻しを認め相続人を公平に扱うことが被相続人の意思に合致するから定められたものと説明することになります（生前贈与の持戻しについて，「相続分の前渡し」という言い方がされるのが一般的です。前渡しをされているから，遺産分割では前渡し分を差し引くことが被相続人の意思に合致するという理解になります）。共同相続人間の公平を強調しますと，被相続人の意思にそぐわない解釈になると思われます。

〔2〕 簡単な事例

　被相続人A，相続人が子B，C，Dだとします。Aの遺産は現金9000万円，BはAから生前に金3000万円の贈与を受けていたとします。

I　みなし相続財産

　遺産である金9000万円に金3000万円を加えて金1億2000万円が民法903条1項が「相続財産とみなし」とするものであり，「みなし相続財産」といわ

れています。

II　本来の相続分

このみなし相続財産に法定相続分（若しくは指定相続分）を乗じます。そうしますと，B，C，D1人当たり金4000万円となります。これが同項の「前三条の規定により算出した相続分」（同項の最初の「相続分」）で，「本来の相続分」といわれるものです。

III　具体的相続分

Bについては，この本来の相続分から贈与の金額を控除します。その結果，相続財産についてのBの相続は金1000万円となります。同項が「相続分の中から」「その贈与の価額を控除した残額をもってその者の相続分とする」と規定するところであり，この残額である相続分が「結局の相続分」とか「具体的相続分」といわれるものです（同項の2つ目の「相続分」）。

IV　価額返還主義

Iについて「持戻し」という表現が使われるのが一般的ですが，注意していただきたいのは，持ち戻すのは「価額」であるということです。Bが生前贈与を受けていたのが不動産であっても不動産を持ち戻すではなく，その不動産の価額を持ち戻すということです。価額返還主義といわれるものです（生前贈与を受けた相続人が遺産分割時においてその財産を所有していても，その財産を遺産に持ち戻して遺産分割の対象とするわけではありません）。同項の文言を見れば明らかです。

V　遺贈された財産の価額

次に，当然のことですが，みなし相続財産の計算については遺贈された財産の価額は加えません。同項も遺贈と贈与を書き分けています。しかし，遺贈された財産は，受遺者に帰属し（民法985），具体的相続分の算出にあたっては，遺贈された財産の価額が受遺を受けた相続人の「本来の相続分」から差し引かれます。ここでも差し引かれるのは「価額」です。遺贈された財産が遺産分割の対象となるわけではありません。

【3】 特別受益と相続債務

Ⅰ 債権者との関係

具体的相続分の算定は積極財産についてなされ，相続債務が存在することは，具体的相続分の算定に影響を与えません。相続債務が存する場合，債権者との関係では，共同相続人は法定相続分に従って債務を負担します。可分債権を念頭に置き，債権者の立場を考えれば当然のことだと思われます。

Ⅱ 相続人間での関係

これに対し，共同相続人間ではどのように分担されるかについては対立があります。

対外関係と同様に法定相続分によって負担されるとする第1説，具体的相続分によって負担されるとする第2説，遺産（遺贈対象を含む）及び贈与された利益によって負担されるとする第3説があります。

この問題が現実化するのは，相続人の1人が相続債務全額を支払って，他の相続人に求償するといった場合についての訴訟においてだと思われます。そうしますと，第2説の場合，地方裁判所が特別受益のみならず，寄与分についても審理しなければならないことになってしまい，寄与分についての判断を家庭裁判所の専権とした民法904条の2第2項に抵触することになります。また，特別受益の多いものほど債務の負担が減る（超過特別受益者はゼロ）こととなり公平に反するように思われます。

第3説は公平だと思います。しかし，民法は法定相続分と具体的相続分は認めていますが，生前贈与や遺贈を含めた利益（一種の相続分です）という概念を認めておらず，このような利益によって債務負担の割合を決めてよいのか疑問となるところです。

このように第2説及び第3説に疑問があること，対外関係と同一に処理する点で便宜であるという点で第1説が通説とされています。

ところで，相続人に対し特定の遺産を承継させる場合，遺贈という方法ではなく相続させる旨の遺言によることが普通です。この相続させる旨の遺言については，物権効を有する遺産分割方法の指定説といわれる立場が判例です。そして，この特定の遺産の価額が法定相続分を超えるときは，相続分の

指定を含む遺産分割方法の指定がなされたとする考え方が有力です（谷口知平＝久貴忠彦編『新版注釈民法(27)』201頁〔有地亨〕。谷口知平＝久貴忠彦編『新版注釈民法(27)〔補訂版〕』172頁〔有地亨＝二宮周平〕）。最高裁は，遺留分侵害額の算定に関してですが，「相続人の一人に対して財産全部を相続させる旨の遺言により相続分の全部が当該相続人に指定された場合，遺言の趣旨等から相続債務については当該相続人にすべてを相続させる意思のないことがあきらかであるなどの特段の事情のない限り，当該相続人に相続債務もすべて相続させる旨の意思が表示されたものと解すべきであり，これにより，相続人間においては，当該相続人が指定相続分の割合において相続分のすべてを承継することになると解するが相当である」としていますから（最判平21・3・24民集63巻3号427頁，判タ1295号175頁），相続させる旨の遺言がある場合には，第1説については，指定相続分が法定相続分より大きい場合には，指定相続分によって負担されると考えることになりそうです。

【4】持戻免除

ところで，民法は，持戻しの免除という制度を認めています。この持戻免除の意思表示（民法903Ⅲ）は，特定の相続人に相続分のほかに特別の利益を与える制度です。被相続人の意思を尊重するものです。この意思表示の方式には制限がなく，もちろん遺言でなされる必要もなく，事案における諸事情を考慮して黙示の意思表示によることも認められています（黙示でも可能ですから遺贈についても遺言でなすことは必要ありません。反対説があります。なお，相続人に対し遺贈がなされることは稀であり，ほとんどは相続させる旨の遺言です。相続させる旨の遺言の多くは遺産の全部についてその帰属を決めていますから，遺産分割手続が不要となります。したがって，持戻免除ということもありません）。配偶者に対する贈与や遺贈については，長年の貢献に報い，老後の生活の安定を図るためのものであり相続分以上の財産を必要とする特別の事情があるとして，黙示の持戻しの免除が認められる例が審判でも多く見られます。病弱な子についても同様です。また，被相続人が特定の相続人に生前に贈与しているにもかかわらず，この贈与に言及することなく，遺言で相続分の指定をしたような場合にも，黙示の持戻免除の意思表示があったと考えることができます。農家の二

男が独立するについて土地建物を贈与するといった場合ならば，遺産の前渡しとして持戻しをすることが被相続人の意思に合致するといえるでしょうが，一般的にいうならば持戻免除の意思のない贈与はむしろ例外的だと思われます。

　持戻免除の意思表示について，寄与分と刺し違えのような判断がされることがあります。例えば，妻に不動産が生前贈与されたことについて，「長年にわたる妻としての貢献に報い，その老後の生活の安定を図るため」のものであり，妻には「他に老後の生活を支えるに足る資産も住居もない」として黙示の持戻免除の意思表示がなされたとする一方で，持戻免除の認められる「贈与によって（中略）得た利益を超える寄与があった」とは認められないといった形です（東京高決平8・8・26家月49巻4号52頁）。この点については，単に特別の寄与がないという方が妥当だと思います。

【5】 遺産分割調停における特別受益

　寄与分は遺産分割とは異なる審判事項であり（民法904の2Ⅱ，法別表第二14項），独立の調停事項です。しかし，特別受益はこれと異なり独立の調停事項とはされていませんから，遺産分割調停のなかで話し合われることになります。

　遺産分割審判について家庭裁判所が職権で（法56Ⅰ）遺産の有無をもれなく把握することは不可能なことです。この点は特別受益や寄与分についても同じであり，当事者は自ら特別受益や寄与分を基礎づける事実を明らかにするほかありません。調停についても事情は同じであり（なお，法258Ⅰは法56を準用しています），当事者が資料を提出しなければなりません。また，遺産分割は経済的な事件ですから，その一部である特別受益についても，当事者は対立当事者に自分の主張の内容と提出する資料を明らかにして反論の機会を与えるべきです。とりわけ特別受益は遺留分減殺請求についても問題となり，遺留分減殺請求は地方裁判所で審理される事件ですから，遺産分割においても主張や資料を対立当事者に明らかにさせることに抵抗はありません。資料を提出する際に非開示の申出をしても，対立当事者からその閲覧謄写の許可の申立てがあった場合（法254Ⅰ）には，家庭裁判所が閲覧謄写を相当と認め

て許可する（法254Ⅲ）のが普通だと考えられます。

　特別受益のうち生計の資本としての贈与に関しては，共同相続人の幼いころからの子細な不平等な事実が主張されることがありますが，特別受益に該当するのは「生計の資本」に該当する場合だけであり，また，持戻免除が認められる場合も多いことからしますと，多くの時間と精力を費やしても無駄に終わることも覚悟しておく必要があります。

【加藤　祐司】

Q115 特別受益(2)

共同相続人について特別受益が問題となるのはどのような場合ですか，また特別受益にあたる遺贈，贈与にはどのようなものがありますか．

[1] 特別受益が問題となる共同相続人

民法903条1項は，共同相続人が生前贈与や遺贈を受けた場合の規定です．問題となるのは，次のような場合です．

Ⅰ 被代襲者が被相続人から生前贈与を得ていた場合

肯定説が通説であり，被代襲者の生前贈与についても代襲相続人は特別受益を受けたものと扱われます．昭和37年の民法改正により，相続人が「直系卑属」から「子」に改められ株分け理論が確認され，代襲相続人は被代襲者が相続できる利益以上を取得すべきではないといえるからです．否定説は，持戻しに服する者は特別受益を受けた相続人自身であることを理由とします．

Ⅱ 代襲相続人が被相続人から生前贈与を得ていた場合

① 代襲原因発生後（子の死亡後）であれば持戻しの対象となることには争いがありません．

② 代襲原因（子の死亡前）の場合については，肯定・否定両説があります．肯定説は，共同相続人間の公平維持を理由とし，否定説は代襲原因発生以前においては相続人ではなく相続分の前渡しとはいえないとします．被代襲者が生きていれば代襲相続人への生前贈与を考慮する余地はなかったのですから，否定説が妥当だと思います．審判例には双方あります．

Ⅲ その他

① 受贈後に推定相続人となった者（例えば受贈後婚姻した配偶者や縁組した養子）については，共同相続人間の公平を理由として肯定する例が多いようです．しかし，受贈時には共同相続人でなかったとしてⅡ②と同様に否定することにも根拠があるように思われます．

② 共同相続人の配偶者や子が受けた贈与については，原則的には共同相

続人の特別受益とはいえないでしょう。しかし，当該贈与が共同相続人に対する贈与と異ならないといった特別の事情がある場合には，肯定できることもあります（審判例では，被相続人の孫の扶養をしない子に代わって，被相続人である祖父が孫の教育費や生活費も負担をしたという事案について，相続人である子について特別受益を認めたというものがあります。神戸家尼崎支審昭47・12・28家月25巻8号65頁。また，福島家白河支審昭35・5・24家月33巻4号75頁は，相続人の夫になされた農地等の贈与について，夫を立てた方がよいとの配慮からなされたが，贈与の趣旨は相続人に利益を与えるためであるとして特別受益に該当するとしています）。
③　包括受遺者が生前贈与を受けていた場合については，民法990条により相続人と同じ扱いであることを理由とする肯定説と，被相続人の意思はその定めた割合（遺産の何分の1といった割合）の増減は予定していないとする否定説があります。否定説が妥当だと思いますが，黙示の持戻しの免除の意思表示があると見ることも可能でしょう。

【2】 特別受益に該当する遺贈，贈与

I　遺　贈

遺贈が特別受益に該当することは，民法903条1項の規定上明らかです。

実際に多く問題となるのは，特定の財産を特定の相続人に相続させる旨の遺言です。相続させる旨の遺言が遺産分割方法の指定だとしますと，その財産については一部分割があったことになるでしょうから，これを特別受益に該当するということには抵抗があります。しかし，物権効があるという点で遺贈と差はなく，特別受益に該当するものと扱われています。また，遺贈と同じ扱いをしませんと民法903条3項の持戻免除の適用の余地がなくなりますから，硬直した結果を招くことにもなりかねません（森野俊彦「特別受益持戻し規定の解釈と運用について」判タ1050号60頁）。

II　婚姻若しくは養子縁組のための贈与

持参金や支度金とかいわれるものです。金員の形ではなく，婚姻や縁組について持参する財産の場合もあるでしょう。これらの金額が少額の場合には，相続分の前渡しとはいえず，また，被相続人が資産家であった場合には，あ

る程度の金額であっても特別受益にあたらないといわれています。子である共同相続人の全てに同程度の持参金が渡されたという場合は，特別受益にあたらないといわれることがあります。しかし，子同士の間では具体的相続分に差が生じないという意味で理解できるところですが，配偶者との関係では具体的相続分に差が生じますから妥当ではありません。説明するとするなら，特別受益には該当するが，持戻免除がなされているという方が妥当だと思います。

なお，結納金については程度の問題はあるでしょうが，どちらかというと，被相続人である親の社交上の出費と考えるべきだと思います。挙式費用も同様にいえると思います。

Ⅲ 生計の資本としての贈与

生計の資本としての贈与に該当するか否かは，被相続人の資産，収入，贈与の動機，贈与額等の諸般の事情を考慮して決せられます。

(1) 不動産

不動産の贈与は，生計の資本としての贈与に該当し特別受益にあたるとされています。不動産を取得するための金銭の贈与も同様です。被相続人の土地の上に共同相続人のうち1人が建物を建てた場合，使用借権の設定があり，使用借権の額に相当する額の贈与があったものとみることができます。使用借権の額は更地価額の1割ないし3割前後といってよいでしょう。ただし，被相続人と同居して生活することを目的とする贈与の場合には，黙示の持戻免除の意思表示があることも少なくないと思います。

(2) 高等教育の費用

高校，大学，大学院，大学のうちでも医学部や歯学部に係る費用，さらに公立と私立によってそれらの費用は，大きく変わってきます。これらに要する費用は，職業費用として将来の相続人の生活の基礎（生計の資本）となるべきものです。しかし，一方でこれらは親の扶養義務の問題と見ることもできます。扶養義務の履行であれば贈与ではないこととなります。結局，被相続人の生前の収入や資産，社会的地位から見て，その程度の教育をすることが当然だと見られる費用については扶養義務の範囲内と考えて贈与にはあたらず，「特別」受益には該当せず，それを超えた不相応な費用については該当

すると説明されることとなります。もっとも，ここでいう扶養義務とは，生活保持義務，生活扶助義務といった民法877条以下の規定の解釈としていわれるものほど厳格なものではないと思われます。長男は国立大学の医学部，二男は私立大学の医学部といった場合において，二男については被相続人の収入，資産，社会的地位から見て不相応だといった場合には，特別受益に該当することになります。ただし，持戻免除といったことを考えることは必要となりましょう。

(3) **生命保険請求権**

(a) 被相続人が自己を被保険者とし，死亡保険金の受取人を相続人の1人と指定した生命保険契約は，他人のためにする保険契約ですが，民法537条2項が定める受益の表示を要せず，当然に保険契約の利益を享受することができます（保険法42）。この保険金請求権は，被保険者の死亡という保険事故発生までは条件付権利であり（山下友信『保険法』509頁），保険契約効力発生と同時に相続人たるべき者の固有財産となっています。したがって，被相続人の死亡によって条件が成就した場合には，相続人がその固有の権利として保険金請求権を有することとなるのであり，保険金請求権が相続財産となるわけではありません（最判昭40・2・2民集19巻1号1頁。この判決以前は，保険金請求権が相続人固有の権利となるのは被相続人死亡と同時であるとしていました。『最高裁判所判例解説民事篇〔昭和40年度〕』20頁）。相続財産とならないということは，保険金受取人は相続放棄をしても保険金を受け取れるということです。

このように保険金請求権が相続人固有の権利であるとすると，それは被相続人から贈与されたものでも，また，遺贈されたものでもありませんから，特別受益にあたることもないことになります。

(b) しかし，死亡保険金請求権が保険金受取人の固有の権利だとしても，実質的には保険料を負担する保険契約者がその意思に基づいて保険金受取人を指定したのであり，そこに贈与に類似した恩恵的な関係があることも否定できません。また，生命保険契約といっても保険期間を長期とするものは貯蓄という要素を含んでおり（一時払いの養老保険については貯蓄としての性格が顕著です），そのため保険契約者が解約すれば解約返戻金の支払を受けることができます。その他，保険料は保険会社が資産として運用し，その利益は保険

契約者配当金として分配されますから投資信託に近似する状態にあるとも指摘されています（山下・前掲28頁）。このような要素があるのにもかかわらず，遺産にも特別受益にもあたらないというのは，共同相続人の公平を害するようにも思われます。

　次に述べる最高裁判所の決定以前の（審）判例や学説は，特別受益に該当し得ることを前提として，①遺産総額との関係で特別受益とはいえない場合があるのではないか，②特別受益となるのは，保険金額か，払い込んだ保険料額か，解約返戻金の額か，保険金額に払い込んだ保険料額の総保険料に対する割合を乗じた金額か，③被相続人と死亡保険金受取人との関係から持戻免除の黙示の意思表示を認める場合があるのではないかという様々な議論があり，結論として妥当な解決が図られていたと思われます。

　(c)　最高裁判所は，平成16年10月29日の決定（民集58巻7号1979頁）で，①死亡保険金は特別受益にあたらない，②保険金受取人である相続人とその他の共同相続人との間に生ずる不公平が民法903条の趣旨に照らし到底是認することができないほど著しいものであると評価すべき特段の事情が存する場合には，同条の類推適用により，死亡保険金請求権は特別受益に準じて持戻しの対象となる，③この特段の事情の有無については，保険金の額，この額の遺産の総額に対する比率のほか，同居の有無，被保険者の介護等に対する貢献の度合などの保険金受取人である相続人及び他の共同相続人と被相続人との関係，各相続人の生活実態等の諸般の事情を考慮して判断すべき，としました。

　この決定について問題となるのは，どのような場合に特段の事情があるといえるのか，特段の事情があるとしても保険金全額を持ち戻させるべきなのかということです。まず，保険金全額を持ち戻させるのかという点については，保険料に相当する金額ではなく，共同相続人の公平の見地から取得した保険金の額を基本として考えることになるのではないかという説（『最高裁判所判例解説民事篇〔平成16年度〕（下）』632頁）と保険金額全額を基準として諸要素を考慮して持ち戻す額を決定するのが相当であるとする説があります（渡邊雅道「特別受益を考える」判タ1261号106頁）。これとも関連しますが，特段の事情については基本的には保険金の額と保険金の額の遺産総額に対する比率等の

客観的な事情により著しい不平等が生じないかを判断し，さらに，身分関係や生活実態等その他の事情からそれが公平を損なうといえないかどうかを判断することになるのではないかという考え方が示されています（前掲『最高裁判所判例解説民事篇〔平成16年度〕〔下〕』631頁）。

　この決定後の（審）判例では，保険金額が遺産総額の50％以上の事案でしかも遺産総額が相当高額（1億円前後）な場合について特段の事情の存在を認めているものがあり，結局，50％以下では認められにくく，50％を超えても保険金が少額である場合には被相続人と保険金を取得する相続人の関係（配偶者なのか子なのか，同居しているか，被相続人の面倒は誰が看てきたか），保険金を取得する相続人や他の共同相続人の収入や資産状況によっては特別受益とは認められない，といったことになるのではないでしょうか。

　(d)　なお，特別受益とは異なる問題ですが，保険契約者が被保険者でありかつ保険金受取人である生命保険契約（自己のためにする保険契約）の死亡保険金請求権については相続財産に含まれるとする説が有力です。これについては，共同相続人の遺産の範囲に含めるとの合意を取った上で遺産分割の対象とするという実務上の扱いが紹介されています（比佐和江「遺産分割に伴う諸問題」東京弁護士会弁護士研修センター運営委員会編『家族法』390頁）。

(4) 死亡退職金

　(a)　在職中の死亡により死亡退職金が支払われる場合，これが相続財産に該当するかどうかについては，死亡退職金の性格が功労補償，生活保障，賃金後払いのいずれに該当するかに関連して議論されてきました。

　しかし，公務員の場合は法令で，民間企業では就業規則等の内部規則で定まるのが普通であり，これらの法令や内部規則は第1順位の受給権者を内縁を含む配偶者とする例が多く，民法の相続の順序とは異なった順序と内容を定めています。このような民法の定めと異なる死亡退職金の定めが存するにもかかわらず，死亡退職金を相続財産であるとすることは困難です（ただし，伊藤昌司『相続法』200頁は，賃金後払説に立ち相続財産であるが法令や内部規定が定める承継準則に委ねることができると説明します）。すなわち，このような場合には，死亡退職金はこれらの法令や内部規定により受給権者の生活保障のために認められた，受給権者の固有の権利であると考えられます。

例外的に，会社の内部規定が受給者を「相続人」と定めている場合と，何らの内部規定もない場合に死亡退職金が相続人中の特定の者（例えば配偶者である妻）に支給される場合があります。いずれについても，死亡退職金についての賃金の後払説に基づき相続財産であると理解することもできますが，もともと，後払いの賃金だというだけで死亡退職金の法的な説明として十分なのか疑問ですし，死亡退職金を支払う側において被相続人に対する債務と認識されているのかも疑問といわざるを得ません。この意味で，前者については相続人に死亡退職金の受給権を認めるもの，後者は特定の者，例えば配偶者に受給権を認めるものとして，いずれも相続人あるいは特定の者の固有の権利であると解するのが妥当であると思われます（最判昭62・3・3判タ638号130頁）。

　(b)　生命保険の死亡保険金については，被相続人が特定の相続人を保険金受取人と指定しますから，被相続人がその受取人の生活保障を意図しているという点が前面に出てきます。これに対して，死亡退職金の場合には特定の者の生活保障のために賃金をストックしているとは考えられません。そうしますと，死亡退職金が特定の相続人に支払われますと，他の共同相続人との関係では不公平だということが強く感じられることになります。このような両者の違いが，生命保険金に比べて死亡退職金のほうが特別受益性を肯定する裁判例が多い理由の一つだと指摘されています（松原正明『全訂判例学説相続法Ⅱ』60頁）。

　死亡退職金が受給権者固有の権利だとしますと，基本的には死亡保険金と同じく特別受益性（民法903の類推適用）は否定されることになります。前記の平成16年の最判と同様に，死亡退職金の受給権者である相続人とその他の共同相続人との間に生ずる不公平が民法903条の趣旨に照らし到底是認することができないほど著しいものであると評価すべき特段の事情の有無で特別受益性を判断すべきだと思いますが，多くの場合に受給権者は内縁を含む配偶者であること，死亡保険金ほど高額になることはまれであることから，一般的は特別受益にはあたらない，仮にあたるとしてもその一部が特別受益にあたると解すべきだと思います。

【加　藤　祐　司】

Q116 特別受益(3)

超過特別受益と遺留分侵害とはどのような関係に立ちますか，また超過特別受益額は誰がどのように負担しますか。

[1] 超過特別受益と遺留分侵害

　ある相続人が遺贈や贈与を受け，その結果具体的相続分がマイナスになる場合，その相続人を超過受益者と呼んでいます。

Ⅰ　超過特別受益者が存しない場合

　被相続人Ａ，子Ｂ，Ｃで，遺産が9000万円，Ｂに3000万円の生前贈与であったとします（みなし相続財産は1億2000万円）

　Ｂの具体的相続分は，1億2000万×1／2－3000万＝3000万（円）

　Ｃの具体的相続分は，1億2000万×1／2＝6000万（円）

となります。

Ⅱ　超過特別受益者が存する場合

　ⅠでＢが1億円の生前贈与を受けていたとするとします（みなし相続財産は1億9000万）この場合には，

　Ｂの具体的相続分は，1億9000万×1／2－1億＝－500万（円）（具体的相続分は0ということです。ただし，1億円の生前贈与があります）

　Ｃの具体的相続分は，1億9000万×1／2＝9500万（円）

となるはずですが，遺産は9000万円しかありませんから，Ｃの具体的相続分は9000万円となります。Ｃについては，Ｂの超過分を差し引いて具体的相続分を算出することになります。

　この点について，民法903条2項は，Ｂが遺産から「相続分を受けることができない」とだけ規定し，Ｂが遺産若しくはＣに500万円を返還する必要がないとは定めていませんから，公平の観点から超過分である500万円を返還すべきだとする少数説があります。少数説によりますと，相続人間では遺留分減殺が必要ないこととなってしまい妥当ではありません。

なお，Bが生前贈与ではなく遺贈を受けていた場合でも結論は同じです。

Ⅲ 遺留分を侵害する場合

次に，Bが3億円の生前贈与を受けていた場合（みなし相続財産は3億9000万円），

Bの具体的相続分は，3億9000万×1／2－3億＝－1億500万（円）（具体的相続分は0）

Cの具体的相続分は，3億9000万×1／2＝1億4500万（円）

遺産は9000万円ですから，BのマイナスはCが負担することとなり，Cの具体的相続分は9000万円となります。民法903条2項の解釈としてはこのとおりですが，Cの遺留分を侵害することになってしまいます（遺留分額は，民法1029・1044・903Ⅰ・1028・1044・900④により，3億9000万×1／2×1／2＝9750万となります）。そこで，Cは，民法1031条に従い，遺産分割により取得できる金9000万円を除いた金750万円につき遺留分減殺請求ができることとなります（金2億7000万円が，超過特別受益者が遺留分減殺請求を受けない生前贈与の限界額ということになります）。

以上でお分かりいただけたと思いますが，特別受益の問題は，その金額の大きさにより，超過特別受益者ついで遺留分侵害の問題と連なっていくことになります（以上について中川善之助＝泉久雄『相続法〔4版〕』271頁以下）。

【2】 超過特別受益額の負担方法

Ⅰ 相続人が子だけの場合

被相続人A，相続人が子B，C，D，E，遺産が金1億円で，Cが金8000万円の生前贈与を受けていたとします。

みなし相続財産は金1億8000万円で，4人の子の本来の相続分は金4500万円ずつとなります。ところが，Cには金3500万円の超過特別受益（8000万－4500万）がありますから，これを他のB，D，Eで負担することになります。そうしますと，本来の相続分である金4500万円から（3500万×1／3）を差し引いた3333万円余が，それぞれの具体的相続分となります（この例では，次のⅡ(1)ないし(4)いずれの説でも同じ結論となります）。

II 配偶者がいる場合

次に，Iの例でBが子でなく，配偶者だったとします。Bの本来の相続分は9000万円，C，D，Eの本来の相続分は3000万円となります。ところが，Cは8000万円の生前贈与を受けていますから，超過特別受益部分（5000万円）を他の相続人が負担しなければなりません。

いくつかの考え方があります。

(1) 配偶者の相続分と子の相続分は別系列だとし，同系列内で負担すべきとする説（配偶者優遇説）。この説によるとBの具体的相続分は，9000万円となります。

D，Eの具体的相続分は，Cの超過特別受益5000万円を2分の1ずつ負担することとなりますから，

3000万－（5000万×1／2）＝500万（円）

となります。遺留分額は1500万円ですから，差額（1000万円）については遺留分減殺請求をすることとなります。

(2) 超過特別受益者以外の相続人が民法903条1項の相続分（具体的相続分説。当然のことですが超過特別受益の負担を控除する前の額です）の額に応じて負担するとする説（具体的相続分基準説）。この説では，民法903条1項を形式的（文言どおり）に読みますと，Bの相続分は9000万円，D及びEの相続分は3000万円ずつとなり，この割合で，超過特別受益額である5000万円をB，D，Eが負担します。この説によると，

Bの具体的相続分は，9000万－（5000万×9000万／1億5000万）＝6000万（円）

D，Eの具体的相続分は，3000万－（5000万×3000万／1億5000万）＝2000万（円）

となります。

(3) 超過受益者を除いた残りの相続人が本来の相続分（法定相続分あるいは指定相続分）の割合に応じて負担するとする説（本来的相続分基準説）。この説では法定相続分はBが2分の1，D及びE各6分の1ですから，5000万円をBが5分の3，D及びEが5分の1ずつの割合で負担します。

Bの具体的相続分は，9000万－（5000万×3／5）＝6000万（円）

D，Eの具体的相続分は，3000万－（5000万×1／5）＝2000万（円）
となります。この結論は，(2)説と同じです。
　(2)説と差が出てくるのは，DやEが遺贈を受けているときです。Dが1000万円の遺贈を受けているとします。(2)説ですと，

　　Bの具体的相続分は9000万－（5000万×9000万／1億4000万）＝5785万（円）余，

　　Dの具体的相続分は2000万－（5000万×2000万／1億4000万）＝1285万（円）余（ただし，別途1000万の遺贈），

　　Eのそれは3000万－（5000万×3000万／1億4000万）＝1928万（円）余

となります。これに対し，(3)説では，

　　Bの具体的相続分は，9000万－（5000万×3／5）＝6000万

　　Dの具体的相続分は，2000万－（5000万×1／5）＝1000万（ただし，別途1000万の遺贈）

　　Eの具体的相続分は，3000万－（5000万×1／5）＝2000万

となります。負担額は遺贈の有無で変わりません。

　(4)　超過特別受益者がいる場合には，超過特別受益者を除いて遺産について民法903条1項を適用する説（超過特別受益者不存在擬制説）。この説では，

　　Bの具体的相続分は，1億×1／2＝5000万（円），

　　C及びDの具体的相続分は，1億×1／4＝2500万（円）

となります。

　(5)　以上の考え方のうち，(1)説は血族相続人と配偶者相続人の株分け理論を根拠とするものです（中川＝泉・前掲430頁，434頁，281頁）。魅力的な説だと思いますが，配偶者が優先され過ぎることに疑問があります。また，配偶者が超過特別受益を受けている場合には子が超過分を負担せざるを得ないことを考えますと（前記のとおり民法903Ⅱの解釈として，超過特別受益者は超過分を返還する必要はないとされています），相続分が別系列というだけで割り切ることはできないように思います。

　(4)は分かりやすい考え方だと思いますが，超過特別受益者があるときに，どうしてみなし相続財産を考えないこととするのか，その理由がよくわかりません。

実務では(2)説が有力だといわれています（松津節子「特別受益と寄与分」東京弁護士会弁護士研修センター運営委員会編『家族法』436頁）。
　超過特別受益者がいない場合には，民法903条1項により本来の相続分から遺贈の価額を差し引いた金額が具体的相続分となり，その取得額は生前贈与や遺贈を受けなかった者の具体的相続分と同じ金額となります。これが被相続人の意思と考えられるからです。だとすれば，超過特別受益者があった場合においても遺贈を受けた者とそうでない者の取得額を等しいとするのが，民法903条1項の考え方と一致するように思われ，(3)説が妥当だと思われます。もし，被相続人が受贈者に多くの財産を渡したいのであれば，持戻免除の意思表示をすることにより対処すべきということになります。

【加藤　祐司】

Q117 特別受益(4)

特別受益の評価はどのような時点でするのでしょうか。

● 特別受益の評価時点

I 相続開始時説

　特別受益の評価時点については，相続開始時説と遺産分割時説の対立があります。相続開始時説が通説・判例です。

　民法903条1項は具体的相続分の算定につき「被相続人が相続開始の時において有した財産の価額にその贈与の価額を加えたものを相続財産とみなし」とし，同法904条は「前条に規定する贈与の価額は，受贈者の行為によって，その目的である財産が滅失し，又はその価格の増減があったときであっても，相続開始の時においてなお原状のままであるものとみなしてこれを定める」としており，さらに同法904条の2第1項が寄与分に関し「被相続人が相続開始の時において有した財産の価額から共同相続人の協議で定めたその者の寄与分を控除したものを相続財産とみなし」としているのは，相続開始時において遺産や生前贈与の価額を評価し，同時点で共同相続人の具体的相続分を定めるものであると理解することになります。言葉を変えれば，具体的相続分は相続開始時において定まっているべきだと考えることになります（このことは遺留分についても同様であり，民法1029条1項が「遺留分は，被相続人が相続開始の時において有した財産の価額にその贈与した財産の価額を加えた額から債務の全額を控除して，これを算定する」と定め，また，民法1044条が904条を準用していることから，遺留分は相続開始時において評価されるという解釈が取られることになります）。寄与分については民法904条のような規定はありませんが，通説・判例の考え方では寄与分の評価時点も相続開始時となります。また，民法905条1項の相続分の譲渡は全遺産についての包括的持分の譲渡について定めるものですが，このような規定が設けられているのも相続開始時において全遺産についての具体的相続分が決まっているからだと理解されることになります

し，同法909条但書は個々の遺産についての具体的相続分（持分）が決まっており，これを処分できることから設けられた規定だと理解されることになります。

次の2点は注意しておくことが必要です。まず，遺産分割は当然遺産分割時においてなされますから，遺産分割時点の遺産の評価をしなければならないという点と，特別受益や寄与分がない事案においては，相続開始時，遺産分割時のいずれでも具体的相続分率は変わらないということです。したがって，特別受益や寄与分のない事案では，相続開始時において遺産を評価する必要はありません。なお，寄与分の評価時点が問題となる事案は多くありませんから，以下では特別受益，そのうちでも最も問題となる生前贈与を例に検討します。

相続開始時説では，
① （相続開始時の相続財産価額）＋（相続開始時の贈与財産の価額）＝みなし相続財産額
② （みなし相続財産額）×（法定又は指定相続分率）＝本来の相続分（金額であらわされる）
③ （本来の相続分）－（相続開始時の遺贈財産又は贈与財産の価額）＝具体的相続分。これも金額であらわされます。
　（ただし，ここで超過特別受益者の超過分の負担による調整が加わることがあります）
④ 各自の具体的相続分÷具体的相続分の総計＝各自の具体的相続分率
⑤ 遺産分割時の相続財産の価額×具体的相続分率＝最終の取得分
という計算方法がとられることになります。

Ⅱ 簡単な事例

簡単な事例により具体的に説明します。

(1) 被相続人A，相続人子BとC，遺産は甲土地と乙土地，特別受益や寄与分はありません。

相続開始時から遺産分割時まで間に甲土地の価額が1000万から2000万と，乙土地の価額が1000万から500万と変動したとします。B，Cが具体的相続分率（1/2）にしたがって分割時の遺産を2分の1ずつ分けあいます。例

えば，甲不動産をＢ，乙不動産をＣが取得すれば，ＢはＣに750万の代償金を支払うこととなります。

(2) (1)と同じ身分関係で，遺産は甲土地（相続開始時・遺産分割時1000万），Ｂに対する生前贈与乙土地（贈与時500万，相続開始時1000万，遺産分割時1000万）だとします。

みなし相続財産額は2000万，Ｂ，Ｃの一応の相続分各1000万，Ｂの具体的相続分０，Ｃの具体的相続分1000万，Ｂの具体的相続分率０，Ｃの具体的相続分率１，その結果，甲不動産はＣが全部取得することとなります。

(3) (2)と同じで，甲土地の相続開始時・遺産分割時の価額が2000万であったしますと，みなし相続財産額は3000万，Ｂ，Ｃの一応の相続分各1500万，Ｂの具体的相続分500万，Ｃの具体的相続分1500万，Ｂの具体的相続分率0.25，Ｃの具体的相続分率0.75となり，その結果，甲不動産をＣが全部取得しますと，ＣからＢに500万の代償金が支払われることとなります。

(4) (3)と同じで，甲土地の相続開始時の価額が1500万，遺産分割時2000万であったとしますと，みなし相続財産額は2500万，Ｂ，Ｃの一応の相続分各1250万，Ｂの具体的相続分250万，Ｃの具体的相続分1250万，Ｂの具体的相続分率約0.167，Ｃの具体的相続分率約0.833，その結果，甲不動産をＣが全部取得しますと，ＣはＢに約334万（2000万×0.167）の代償金を支払わなければならないことになります。

(5) (4)と同じで，乙土地が遺産分割時において金1500万円だったとします。相続開始時説では(4)と同じ結論となります。つまり，相続開始時説は生前贈与された財産については遺産分割時での評価をしません。分割時までの乙土地の評価の増減による利益・不利益はいずれも受贈者であるＢに帰することになります。

これに対し，遺産分割時説は，遺産についても特別受益についても遺産分割時で評価し，この評価額に基づき具体的相続分を算出します。

遺産分割時説では，
① （遺産分割時の相続財産価額）＋（遺産分割時の贈与財産の価額）＝みなし相続財産額
② （みなし相続財産額）×（法定又は指定相続分率）＝本来の相続分

③ （本来の相続分）－（遺産分割時の遺贈財産又は贈与財産の価額）＝具体的相続分

という計算式となり，みなし相続財産は3500万円，B，Cの本来の相続分1750万円，Bの具体的相続分250万，Cの具体的相続分1750万，甲不動産を全部取得すると，CはBに250万円を支払わなければならないことになります。

　ここで分かるように，遺産分割時説は遺産分割時において具体的相続分を決める立場であり，相続開始時説のように相続開始時において具体的相続分率を決定し，これを遺産分割時における遺産の評価額に乗ずるという手続は不要ということになります。相続開始時説では，遺産については，相続開始時説と遺産分割時で2回評価し，特別受益については相続開始時だけ評価するのに対し，遺産分割時説では，遺産，特別受益のいずれについても遺産分割時でのみ評価します。また，特別受益の価額の変動を遺産分割に反映することもできます。このように遺産分割時説のほうが妥当であるかのように見えるにもかかわらず，相続開始時説が判例・通説であるのは，結局，先に掲げた民法の法条が文理的に相続開始時説に馴染みやすいという点だけだと思います。遺産分割時説では，民法903条や同法904条が予定しているのは，相続開始時と遺産分割時が近接している一般的な場合であり，両者が時間的に離れている場合についてまで定めていないと理解しています。

【加藤　祐司】

Q118 寄与分(1)

寄与分とはどのような制度ですか。寄与分は遺産分割にどのような影響を与えるのですか。

【1】 民法904条の2の趣旨

民法904条の2が定める寄与分は，同法903条の特別受益と並んで同法900条ないし902条によって定まる法定相続分若しくは指定相続分から具体的相続分を算定するためのものです。

【2】 寄与分の法的性格

これについては，調整説と財産権説の対立があります。

調整説（相対説）は，寄与分を共同相続人間の相続分を調整し，実質的公平を図るための制度とするのに対し，財産権説（絶対説）は，寄与分を一種の身分的財産権と捉え，寄与者に本来帰属すべき財産上の利益を帰属させ実質的公平を図るための制度だとしています。

両説の対立は，①相続人全員に同等の寄与があった場合，調整説はそれらの寄与の程度にかかわらず特別の寄与足り得ないとするのに対し，財産権説では全員について特別の寄与として評価すること，②遺留分を侵害するような寄与分を認め得るかについて，調整説では民法904条の2第2項の「一切の事情」の中で，他の相続人の遺留分も考慮され，これを侵害することのないように寄与分は調整される（調整が期待される）と解されるのに対し，財産権説では遺留分を侵害するような寄与分も認められるとする点です。

調整説によりますと，申立てをした共同相続人の寄与分を判断するためには申立てをしていない共同相続人の寄与も判断せざるを得なくなり，そうしますと申立てをした者についてだけ寄与分を認めるという立場（民法904条の2Ⅱ）と相容れないように思われます（最高裁判所事務総局編『改正民法及び家事審判法規に関する執務資料』33頁）ので，財産権説の方が妥当だと思います。

【3】 簡単な事例

被相続人がA，相続人が配偶者Bと子C及びDであり相続財産6000万円だとし，Dには寄与分500万円が認められたとします。

I みなし相続財産

遺産である金6000万円から金500万を控除した金5500万円が民法904条の2第1項の「相続財産とみなし」とするものであり，「みなし相続財産」といわれています。

II 具体的相続分

このみなし相続財産に法定相続分（若しくは指定相続分）を乗じます。これが同項の「第900条から第902条までの規定により算定した相続分」（同項の最初の「相続分」）です。寄与分が認められるCについてはこれに金500万円を加えます（これが同項の2つ目の「相続分」です）。

Bの具体的相続分は，(6000万－500万)×1／2＝2750万（円）

Cの具体的相続分は，(6000万－500万)×1／2×1／2＝1375万（円）

Dの具体的相続分は，(6000万－500万)×1／2×1／2＋500万＝1875万（円）

となります。

III 算定方式

審判における寄与分の算定方式は，「申立人の寄与分を，遺産分割の対象となる遺産の価額の3割と定める」という割合方式と，「申立人の寄与分を金1000万円と定める」という金額方式があります（司法研修所編『遺産分割事件の処置をめぐる諸問題』271頁）。民法904条の2第1項は「被相続人が相続開始の時において有した財産の価額から共同相続人の協議で定めたその者の寄与分を控除したものを相続財産とみなし」と定めていますから，寄与分が割合方式で定められても，金額に換算されることになります。具体的相続分も金額であらわされます（この点は，同項が「第九百条から第九百二条までの規定により算出した相続分に寄与分を加えた額をもってその者の相続分とする」と定めていることからも明らかです）。

【4】 特別受益と寄与分双方がある場合

I 同時適用説

特別受益相続人と寄与相続人双方が存する場合における具体的相続分の算定方法には対立があります。民法903条，904条の2には文言上の手掛りがないところから民法が特別受益，寄与分に優劣をつけていないと理解できることと，適用の簡明さから同時適用説が通説です。同時適用説以外に，903条優先説，904条の2優先説，さらに個別に適用して後に調整する説がありますが，これらによった審判例は見当たりません。

【3】と同じ事例で，Cに金900万円の生前贈与があったとします。同時適用説では次のようになります。

Bの具体的相続分は，（6000万＋900万－500万）×1／2＝3200万（円）

Cの具体的相続分は，（6000万＋900万－500万）×1／4－900万＝700万円（円）（他に生前贈与900万円）

Dの具体的相続分は，（6000＋900－500）×1／4＋500万＝2100万円

II 超過特別受益者が存する場合

Iと同じ事例で，Cへの生前贈与が金2300万円だったとします。この事例において同時適用説を適用しますと，次のようになります。

Bは，（6000万＋2300万－500万）×1／2＝3900万（円）

Cは，（6000万＋2300万－500万）×1／4－2300万＝－350万（円）ですので0
（他に生前贈与2300万円）

Dは，（6000＋2300－500）×1／4＋500万＝2450万（円）

この例では，金350万円がCの超過特別受益ということになります。この金350万円をBとDでどのように負担するのかについて争いがあります（この負担を差し引くことにより具体的相続分が決まります）。

(1) 民法903条と904条の2の双方を適用して負担を定める方法によりますと，

Bの具体的相続分は，3900万－（350万×3900万／3900万＋2450万）≒3685万（円）

Dの具体的相続分は，2450万－（350万×2450万／3900万＋2450万）≒2315万

(円)
となります。

(2) 民法903条を適用して負担を定める方法によりますと，
Bの具体的相続分は，3900万－（350万×3900万／3900万＋1950万）≒3667万（円）
Dの具体的相続分は，2450万－（350万×1950万／3900万＋1950万）≒2333万（円）

(1)の考え方においては，Dはその寄与分についても超過特別受益を負担するのに対し，(2)の考え方では寄与分についてはこれを負担しないことになります。つまり(2)では寄与分は別扱いとなります。(2)の考えに立つ東京高等裁判所の決定があります（東京高決平22・5・20判タ1351号207頁。事案は寄与相続人が特別受益相続人でもあるというものです）。民法904条の2第1項が相続開始時において存する財産の価額から寄与分を控除してみなし相続財産を算出し，このみなし相続財産に法定相続分や指定相続分を乗じて得られ額に寄与分を加えて寄与相続人の具体的相続分を算定したことからしますと，寄与分は別枠の取得分ということができると思います。そうしますと，(2)の考え方の方が民法の考え方に忠実であると思われます。【2】に記載した寄与分の法的性格についての財産権説にも沿っています。

【5】 寄与分と相続債務

具体的相続分の算定は積極財産についてなされ，相続債務が存在することは，具体的相続分の算定に影響を与えません。共同相続人は法定相続分の割合で相続債務を承継します。寄与分のある場合についても同様です。

これに対して，共同相続人間では具体的相続分に応じて相続債務を承継するという考え方があり得るところです。

この問題は，相続人の1人が相続債務全額を支払って，他の相続人に具体的相続分にしたがって求償するといった場合について，訴訟において現実化するもの思われます。そうしますと，地方裁判所が寄与分についても審理しなければならないことになってしまい，寄与分についての判断を家庭裁判所の専権とした民法904条の2第2項に抵触することになります。具体的相続

分に応じて負担するという考え方は共同相続人の公平に利するところがあると思いますが，法定相続分に従って負担すると解するほかないように思います。もちろん，法定相続分に応じた債務の承継を前提にして，協議若しくは調停において遺産分割の内容を検討するということはあってもよいところです。また，寄与分の審判において民法904条の2第2項の一切の事情の一つとして相続債務の額を考慮すべきであると説かれています（谷口知平＝久貴忠彦編『新版注釈民法(27)〔補訂版〕』247頁〔有地亨＝犬伏由子〕）。

【6】 寄与分の評価時点

I 相続開始時説

寄与分の評価時点についても，特別受益と同様に相続開始時説と遺産分割時説とが対立します。特別受益の評価についての遺産分割時説は，ここでも遺産分割時説に結びつきます。また，特別受益について相続開始時に立っても，寄与分については，協議，調停，審判により定まりますから（民法904の2 II），寄与分決定時だとする考え方もあり得るところです。しかし，裁判例は相続開始時説に立っています。民法904条の2第1項の文言は相続開始時説を支持するものと読むことができます。

II 遺産分割時説

ところで，特別受益における遺贈や生前贈与については遺産分割の対象とはなりません。これと異なり，寄与分は遺産についての割合で決められるにせよ金額で決められるにせよ，遺産分割の対象から外れるのではありません。寄与分を加えた価額が具体的相続分となり（民法904の2 I），遺産分割（協議，調停，審判）において遺産を分割する際の基準となります。特別受益について相続開始時説は，相続開始時において遺産及び特別受益の価額を評価して遺産についての具体的相続分を算出し，遺産についての具体的相続分率を計算するものです。したがって，遺産分割時においては特別受益の評価をすることはありません（特別受益の評価の変動は特別受益者にのみ関係します）。これに対し，寄与分については，それが遺産に対する割合で定められたときには，相続開始時と遺産分割時で割合には変わりませんから，相続開始時と遺産分割時の双方で遺産を評価する意味はなく，遺産分割時で評価すれば足りるこ

とになります。これに対し，寄与分が相続開始時における金額で定められるときには，遺産である不動産の価格が相続開始時から遺産分割時まで大きく変動した場合には，その金額が遺産に占める割合が異なってくることがあり得ることになります。しかし，このようなことがあり得るということで寄与分を相続開始時において評価すべきだとは思われず，「寄与の時期，方法及び程度，相続財産の額その他一切の事情を考慮して」遺産分割時において評価すれば十分だと思います。遺産分割時説が妥当だと思います。

【7】 寄与分主張の手続

寄与分は協議によって定めることができます（民法904の2Ⅰ）。協議がととのわないときには家庭裁判所の手続となります。

Ⅰ 管轄・併合

寄与分を定める審判は，家事事件手続法別表第二14項にあたる事件です。民法910条の価額支払請求のあった場合のほかは，遺産分割審判の申立てがなされている場合のみに認められます（民法904の2Ⅳ）。管轄については同法191条2項により遺産分割審判事件が継続している裁判所となります。手続の併合については同法192条定めています。

寄与分を定める調停の管轄は相手方の住所地を管轄する家庭裁判所ですが（法245Ⅰ），遺産分割調停が継続しているときは，その裁判所に調停を申し立てます（法245Ⅲが準用する191Ⅱ）。併合については同法245条3項が準用する同法192条が定めています。

寄与分を定める審判や調停は，通常，遺産分割の前提となりますから，上記のとおり遺産分割の継続する裁判所が管轄裁判所となり，手続も併合されます。しかし，例外的に民法910条の価額支払請求を請求する場合にも認められます。価額支払請求は訴訟事項とされていますから（法別表第二に掲げられていません），価額支払請求が地方裁判所に，寄与分を定める審判や調停が家庭裁判所に別々に係属することがあり得ることになります。

Ⅱ 資料の提出

寄与分について家庭裁判所が職権で（法56Ⅰ），その内容を把握することは不可能なことであり，当事者は自ら寄与分を基礎づける事実を明らかにする

ほかありません。調停についても事情は同じであり（なお，法258Ⅰは法56を準用しています），当事者が資料を提出しなければなりません。また，当事者は対立当事者に自分の主張の内容と提出する資料を明らかにして反論の機会を与えるべきだということができます。資料を提出する際に非開示の申出をしても，対立当事者からその閲覧謄写の許可の申立てがあった場合（法254Ⅰ）には，家庭裁判所が閲覧謄写を相当と認めて許可する（法254Ⅲ）のが普通だと考えられます。

　寄与分が認められるためには特別の寄与行為がなければなりません。これに関しては多くの審判例が積み重ねられていますから，これらを参考にして，また，これらを基礎付ける資料の有無を精査して調停に臨む必要があります。

【加藤　祐司】

Q119 寄与分(2)

寄与分が主張できるのは誰ですか，またどのような寄与が特別の寄与といえますか。

【1】 寄与分を主張できる者

　民法904条の2第1項は，共同相続人が特別の寄与をした場合についての規定です。問題となるのは，次のような場合です。

I　包括受遺者（民法990）

　包括受遺者が相続人と同一の権利義務を有するところから，寄与分を主張することができるとする見解と，遺言者の意思は受遺者に一定の割合の遺産を取得させようというものであり，寄与分による修正を認めるべきでないとして否定する見解があります。否定説が正当だと思います。

II　代襲相続人

　(1)　代襲相続人が被代襲者の寄与を主張することができるかということです。肯定説が通説・判例です。代襲者が被代襲者の取得すべき相続分を承継することからすれば，肯定説が妥当だと思われます。

　(2)　代襲相続人の寄与については，代襲原因発生後のものが主張できることに争いはありません。

　代襲原因発生以前の寄与については肯定・否定双方があります。民法904条の2第1項は寄与の時期を定めていないこと，共同相続人間の公平の観点から肯定する見解が通説です（松原正明『全訂判例学説相続法Ⅲ』110頁）。寄与当時には相続人でないこと，特別受益については否定説が有力であることから，否定説にも理由があると思われます。もともと代襲相続人は被代襲者の相続分を承継する者であり，被代襲者が生きていたら主張できない寄与を主張できるとする理由はないように考えられ，否定説でよいように思われます。

Ⅲ　Ⅰ～Ⅱで寄与分を主張し得る者は，その配偶者等の寄与も主張できるか

　例えば，相続人の妻が被相続人の事業に従事していたといった場合や相続人の妻が被相続人の介護に従事したという場合です。肯定説は相続人の履行補助者あるいは手足としてなされた貢献であり相続人の寄与として主張できるとします。肯定説に立つ裁判例が存します。肯定説の問題点は，妻の寄与がどうして夫の寄与となるのか理由が明らかでない（「財布は一つ」といったことだけで理由となるのか。谷口知平＝久貴忠彦編『新版注釈民法(27)〔補訂版〕』247頁〔有地亨＝犬伏由子〕)，妻以外の者（例えば相続人の子）も履行補助者や手足と認めるのか，認めるとすればその範囲について明確な判断基準がなくなるのではないかといったものです。しかし，実際の事案では，夫と妻が協力して相続人に寄与しており，否定することがためらわれるものも多いように思われます。

【2】 特別の寄与行為

　民法904条の2第1項は「特別の寄与」を寄与分の要件の一つとしています。つまり，単なる寄与行為があったというだけでは足りません。

　基本的な考え方としては，当該身分関係において通常期待される程度を超える貢献が「特別な寄与」となると考えられています。夫婦間では協力扶助義務（民法752）や婚姻費用の分担義務（民法760）があり，直系血族及び兄弟姉妹の間には互いに扶養義務があり（民法877Ⅰ），さらに直系血族及び同居の親族間では互いに扶合いの義務が課せられていますから（民法730），これらの義務の範囲内の行為は通常の寄与であり，特別の寄与とは認められません。また，生活保持義務を負う配偶者（民法752）と生活扶助義務を負うに過ぎない親族（民法887）の間では，通常期待される貢献の程度は異なってくることになります。やや，形式的かもしれませんが，これらの義務範囲内での寄与は「特別な寄与」に該当せず，この範囲を超えて初めて「特別の寄与」に該当することになります。なお，配偶者については，法定相続分が昭和55年の改正で3分の1から2分の1に引き上げられたことも「通常期待される貢献」の判断については考慮されるべきだと思われます。なお，複数の相続

人がそれぞれ何らかの寄与をした場合に，寄与行為を相続人間で相対的に考えるのかという点については，**Q118【2】**に記載したとおりです。

寄与行為については，民法904条の2第1項が「被相続人の事業に関する労務の提供」「財産上の給付」「療養看護」「その他の方法」としており，これに応じて類型化（審判の事案の整理）がなされています（司法研修所編『遺産分割事件の処置をめぐる諸問題』280頁以下。同書では，各類型に従った寄与分の算定方法も紹介されています）。

Ⅰ 家業従事型

被相続人の営む農業や商工業に相続人が従事する類型です。無償なのか低額ではあるが有償であるか，家業に従事した期間は何年位かまた専従していたか，被相続人の資産や収入で生活していたのか等が判断の材料となるでしょう。

Ⅱ 金銭出資型

普通は継続的な寄与ではなく，一回的なものです。親族的扶養の範囲を超えることが多いため，寄与分が認められやすい類型ということができます。共働きの夫婦が一方の名義で不動産を購入した場合については，潜在的持分権を認め寄与分を問題にする必要はない（潜在的持分を超える部分は相続の対象となる）とする説（有地＝犬伏・前掲253頁）と，寄与分の主張を封じた場合には民事訴訟で争わざるを得ず紛争の一回的解決に反するから，寄与配偶者の選択により共有持分ないし寄与の主張もなし得るとする説があります（松原・前掲135頁）。

Ⅲ 療養看護型

例えば，長女が親を自宅に引き取って介護をしたといった場合には，職業的付添婦に支払うべき費用を算定し，その全部若しくは一部を寄与分と認める例が多いようです。もちろん，親族として通常期待される程度を超えるものでなければなりません。その意味で，継続性と専従性が問題となります。また，配偶者と他の親族とでは扶養義務の程度に差がありますから，配偶者には相当高度な貢献が期待されます。

Ⅳ 扶養型

3人の子のうち1人が被相続人である親に扶養料を送っていた場合，その

子の扶養料の分担額を超える部分については特別の寄与があるということができます。ただし，扶養義務が生ずるためには扶養能力が必要ですし，各共同相続人が負担すべき扶養料の負担額を算出するためには扶養余力も認定することが必要となります。しかし，このような認定を遺産分割手続に要求することは困難です。結局，寄与分の判断においては，扶養料を共同相続人の法定相続分割りとしてしまい，寄与者の分担額を超えた支出を特別の寄与とするといった割り切った考え方が必要となります。なお，被相続人に資産収入がある場合には扶養義務が存在しませんから，被相続人に送った金銭を特別の寄与と考えることができることとなります。もちろん，ある程度継続することが必要であり，僅かな期間小遣い程度の金額を送っても特別の寄与とは認められません。

Ⅴ 財産管理型

被相続人の不動産の賃貸管理などがあげられます。第三者に委任して管理させた場合の費用を基準として考えることになりますが，ここでも継続してなされていないと特別の寄与とはいえません。

Ⅵ その他

特殊なものとして，相続放棄や遺産分割協議があげられることがあります。例えば，被相続人がＡ，相続人妻がＢ，子がＣであり，Ａの相続につき，Ｂが相続放棄し，Ｃが遺産全部を取得したところ，Ｃが死亡し，Ｃの相続人はＢ（母）とＣの妻Ｄであるとします。また，Ａの遺産分割協議においてＣが遺産全部を取得していた場合に同様の問題が生じます。

相続放棄については肯定説が多数説のようです。遺産分割協議や相続放棄は，例えば家業を継ぐためＣのために遺産を分散したくない，Ｂは十分な生命保険金を受領しているからといったさまざまな動機のもとになされるのであり，Ｃの財産が増加したのはそれらの反射的効果に過ぎないというのが否定説の理由となります。肯定説は，遺産分割によって取得した財産をＣに贈与したり，ＢがＣに相続分の譲渡する場合には特別な寄与と認められ得ることを理由とします。相続分の譲渡については認めるべきとも考えられますが，実態は遺産分割協議や相続放棄と大差ないように思われます。このように考えると，これらについても否定説となります。

【3】 消極的寄与

　共同相続人の1人が被相続人の財産を減少させた場合，寄与分の規定を根拠に当該相続人の相続分を減少させることができるかということです。否定説が通説です。民法904条の2は昭和55年に改正により新設された規定です。この改正は，それ以前の多くの審判例が，実質的な共有持分の清算，被相続人の不当利得，当該相続人の報酬といった様々な構成により相続人の寄与貢献を認めていたものの取扱いを統一しようという意図に基づくものであり，消極的寄与についてまで視野に含めるものではありませんでした。民法904条の2第1項の「被相続人の財産の維持又は増加」という表現も，消極的寄与を予定してないと考えられます。ただし，1人の相続人が，一方で積極的寄与を，他方で消極的寄与をしたという場合には，両者を総合して特別の寄与の有無を判断すべきものと思われます。

【加藤　祐司】

Q120 遺産分割の方法

遺産分割の方法にはどのようなものがありますか。共有物の分割とはどのように異なりますか。

［１］ 遺産分割の方法──共有物分割に関する民法の規定と民法906条との関係

　共有物分割については民法256条以下が定める規律に従ってなされます。同法258条２項は「共有物の現物を分割することができないとき，又は分割によってその価格を著しく減少させるおそれがあるときは，裁判所は，その競売を命ずることができる」としています。最高裁判所の一判例は「相続財産の共有（中略）は，民法改正の前後を通じ，民法249条以下に規定する『共有』とその性質を異にするものではない」との前提に立って，「遺産の共有及び分割に関しては，共有に関する民法256条以下の規定が第一次的に適用せられ，遺産の分割は現物分割を原則とし，分割によつて著しくその価値を損する虞があるときは，その競売を命じて価格分割を行うことになるのであつて，民法906条は，その場合にとるべき方針を明らかにしたものに外ならない」としています（最判昭30・５・31民集９巻６号793頁）。

　これに対して，遺産共有を物権法上の共有と同じ性格だとしても，遺産分割は様々な財産を含む遺産を総合的に分割するものであるから，民法906条自体を基準として分割方法の選択をすべきであり，同条の基準によることができないときに民法258条２項の競売を命ずるべきだとするのが学説の一般的な考えです（中川善之助＝泉久雄『相続法〔４版〕』330頁，332頁，谷口知平＝久貴忠彦編『新版注釈民法(27)』324頁〔谷口知平＝加藤一郎〕，谷口知平＝久貴忠彦編『新版注釈民法(27)〔補訂版〕』316頁〔潮見佳男〕）。民法906条を基準とするということは，現実的には後に述べる代償分割が，現実分割が不可能なとき，また現実分割によって著しくその価値を損するおそれがあるときでも可能だということを意味することになります（仙台高決平５・７・21家月46巻12号32頁は，現物分割をす

ることが不可能であるとしても、直ちに競売によりその代金を分割することは相当でないとして代償分割が可能かどうか審理することが相当であるとしています)。

なお、民法258条2項の共有物分割については弾力化が進んでいます。これについては、最高裁昭和45年11月6日判決（民集24巻12号1803頁）、最高裁昭和62年4月22日判決（民集41巻3号408頁）、最高裁平成4年1月24日判決（家月44巻7号51頁）、最高裁平成8年10月31日判決（民集50巻9号2563頁）等を参照してください。

【2】 遺産分割の方法

遺産分割の方法として認められているのは、現物分割、代償分割、換価分割、共有分割です。

なお、審判における遺産分割は具体的相続分に従ってなされるのであり、どのような分割方法が取られるにせよ、それは具体的相続分に拘束されることは当然です。

Ⅰ 現物分割

【1】のいずれの考え方でも、遺産それ自体を現物で分けることが原則であることについては異論がありません。個々の物件そのものを分割する方法と甲土地は相続人A、乙土地は相続人Bという分割方法も現物分割です。

審判における現物分割の一種として、相続人Aは土地所有権、相続人Bがその土地の賃借権というように、用益権を設定することができるのかという問題があります。これを可能とする見解が有力ですが（司法研修所編『遺産分割事件の処理をめぐる諸問題』317頁。ただし、同書326頁はこれを共有分割の一態様と位置付けています）、契約によってしか発生しないはずの賃借権を審判によって発生させることができるとする根拠は不明といわざるを得ません（松原正明『全訂判例先例相続法Ⅱ』348頁）。

Ⅱ 代償分割

審判をなすについて「特別の事情」がある場合に共同相続人の1人又は数人に対する債務を負担させて現物の分割に代えるという分割方法です（法195）。家庭裁判所はこの代償金を負担させる審判において、金銭（代償金）の支払を命ずることができ（法196）、この金銭の支払を命ずる審判は執行力の

ある債務名義と同一の効力を有します（法75。単純執行文の付与は不要だと解釈されています。条件成就執行文や承継執行文についてはその付与が必要です。『逐条解説・家事法』248頁）。

　特別の事情については、①現物分割が不可能か、あるいは、現物分割が不可能ではないものの分割によりその価値を著しく減少させる場合、②現物分割は可能であるが特定の相続人に具体的相続分を超えて遺産を取得させることを相当とする事情がある場合を意味しています。②は遺産に居住したり、遺産を耕作している相続人に当該不動産を分割するといった場合であり、現状を維持するためになされるところです。

　代償分割の要件として、特別の事情のほか代償金の支払能力が必要とされています（最決平12・9・7家月54巻6号66頁）。代償金の支払は即時になされることが原則であり、分割払いや支払の猶予は認められないとまではいえないとしても特別の事情がある場合に限るというべきでしょう。なお、分割払いや支払の猶予を認める場合において代償金の支払を担保するために審判で抵当権を設定できるかという問題があります。家事審判法下でも議論のあったところです。同法下で議論されていたところによれば、肯定説（司法研修所編『遺産分割事件の処理をめぐる諸問題』322頁）は家事事件手続法196条によって抵当権の設定も可能だとすることになります。しかし、同条は紛争の一回的解決を目的として、分割の結果（ここでは「代償金の負担する」）を実現するために給付訴訟と同様の処分（「代償金を支払え」）をすることを認めただけと考えられ、さらにすすんで、元来契約でなされる抵当権の設定まで審判で認めるのかについては疑問の残るところです（松原・前掲330頁）。

Ⅲ　換価分割

　遺産を売却して、その売却代金を分配する方法です。2種類あります。

(1)　中間処分としての換価

　最終的な分割方法を決定するために予め換価しておくことが相当な場合（例えば、換価分割を活用して、残部について現物分割をする場合）、遺産が経済状況の変動によって交換価値を減ずるおそれのある場合、遺産が変質しやすく、保管管理に相当な費用を要する場合（法194Ⅰの換価処分の必要性）において、家庭裁判所が換価される財産及び換価金を保管する財産の管理人を選任した

上（法194Ⅵ），相続人に遺産の換価を命じるものです。換価の方法の原則は競売ですが（法194Ⅰ），競売によらなくても換価の公正が担保される場合で，競売によるよりも実質的に妥当，あるいは迅速な売却が期待できるとき（法194Ⅱの「相当と認めるとき」）において，共同相続人全員に意見を聴いて競売によるべき旨の意思を表示するものがいない場合には（法194Ⅱ但書），任意売却をすることができます（法194Ⅱ本文）。

(2) 終局審判における換価

民法258条2項による分割であり，形式的競売といわれるものです。中間処分としての換価と異なり，任意売却は認められていません。

終局審判において遺産の一部の換価をしますと，現物分割や代償分割との間で時間的な間隙が生じるところから，遺産の総額が確定できないこととなり，解釈の難しい問題が生じます（司法研修所編『遺産分割事件の処理をめぐる諸問題』323頁）。中間処分としての換価を活用して，終局審判で全遺産を分割すべきだと思います。

Ⅳ 共有分割

遺産を構成する個々の財産を共同相続人のうち複数の者の共有とする分割です。この分割方法は法律が定めるものではなく，裁判例の上で認められたものです。これは遺産共有を物権法上の共有にするものであり，共有状態を解消するためには共有物分割の手続をとらなければならず，他の分割方法をとることが困難な場合に認められるものです。例えば，被相続人と複数の相続人の共有の不動産（これは被相続人の配偶者の所有不動産が法定相続され被相続人と子が法定相続分で遺産分割したといった場合に見られます）についてなされることが考えられます。この場合，現物分割はもちろん，代償金を負担する者がいなければ代償分割もできず，かといって被相続人の持分だけを換価することは困難であるか，若しくは低廉な価格でしかその可能性はありません。したがって，共有分割をして後日の共有物分割の手続に任せることが相当だと思われます。

Ⅴ 各分割方法の優先順位

原則的な遺産分割方法は，現物分割です。遺産を分けるという性格上当然のことと思われます。現物だけで具体的相続分に従った分割は現実には困難

ですから，代償分割が併用されることになります。代償分割は現実の存する遺産をそのままの形で維持することができ，その意味で第二次的な分割方法です。代償分割は代償金の支払能力を有する者の存在が必要ですから，このような者がいなければ換価分割をとるほかありません。さらに，換価分割も困難であれば共有分割をするほかないことになります。

【3】 遺産分割調停における分割方法

　【2】に記載したとおり，遺産分割が審判でなされる場合には遺産分割は具体的相続分に従ってなされます。裁判所はこの具体的相続分に拘束され，具体的相続分を変更することはできません。

　これに対して，遺産分割が協議や調停でなされるときには，具体的相続分と異なる分割をすることができますし，そもそも，具体的相続分を意識的に算出しないことも多いと思われます。もちろん，共同相続人の意思表示に瑕疵があれば無効や取消しに結びつくことはあり得ますし，民法90条に該当する例がないとはいえませんが，基本的には経済的な紛争として共同相続人の意思が尊重されます（なお，法別表第二事件についての調停が既判力を有しないことには争いがありません。佐上善和『家事審判法』437頁）。したがって，別表第二事件である遺産分割についての調停について錯誤無効等を主張して，再協議，再調停や審判の申立てをなすことができます。また，調停の無効確認訴訟についても，確認の利益が認められます）。

　遺産分割の方法についても，協議や調停の場合には共同相続人の意思に従ってなすことができます。現物分割が可能であっても任意売却して代金を分割することもありますし，代償金の支払を分割としたりすることもよくあることです。不動産について賃借権を設定することも，代償金の支払につき，代償金を支払うこととなった相続人の遺産以外の財産に抵当権を設定することも可能です。また，換価が困難でない場合であっても，共同相続人の一部については現物分割，他の相続人については共有分割をすることもできます。

【加　藤　祐　司】

Q121 遺産分割と登記

相続開始後，相続財産である不動産について遺産分割がなされたのですが相続を原因とする移転登記をしていませんでした。そうしたところ，この不動産を取得しないこととなった相続人の債権者がその持分を差し押さえてしまいました。

[1] 遺産分割と登記

被相続人をA，相続人は長男X，次男Yであるとします。Aは，土地建物を所有していましたが，相続開始後法定相続分（各2分の1）による相続登記がなされ，その後，XとYは遺産分割について話し合い，Xがこの土地建物を承継することになりました。ところが，法定相続分による登記をXの単独所有とする登記をする前に，Yの債権者ZがYの持分を差し押さえたとします。

このような事例が，遺産分割と登記といわれる問題であり，最判昭和46・1・26（民集25巻1号9頁，別ジュリ193号家族法判例百選〔7版〕150頁。Zが仮差押債権者の事案）は「遺産の分割は，相続開始の時にさかのぼってその効力を生ずるものではあるが，第三者に対する関係においては，相続人が相続によりいったん取得した権利につき分割時に新たな変更を生ずるのと実質的に異ならないものであるから，不動産に対する相続人の共有持分の遺産分割による得喪変更については，民法177条の適用があり，分割により相続分と異なる権利を取得した相続人は，その旨の登記を経なければ，分割後に当該不動産につき権利を取得した第三者に対し，自己の権利の取得を対抗することができない」としました。したがって，Xは遺産分割で取得したYの法定相続分である2分の1の共有持分についてZに対抗できないこととなります（なお，差押債権者，仮差押債権者が，民法177条の第三者に該当することについては異論のないところです）。この判例は，「民法909条但書にいう第三者は，相続開始後遺産分割前に生じた第三者を指し，遺産分割後に生じた第三者については民法

177条が適用される」とし，遺産分割の前後で民法909条但書と同法177条の適用を区別しています。したがって，Ζが遺産分割前に登場したものであれば，Ζは民法909条但書により保護されることになります。

【2】 共同相続と登記

【1】の遺産分割と登記と類似するものとしてあげられるのが，共同相続と登記という問題です。

【1】の例で，Ｙが登記書類を偽造して，Ｙの単独名義の登記をし，土地建物をＺに売却した場合です。ここで問題となるのはＸの持分についてＸがＺに対して登記なくして対抗できるのかということです。

相続による権利移転について登記なくして対抗できるというのは大審院以来の判例であり，最高裁も「相続財産に属する不動産につき単独所有権移転の登記をした共同相続人中のＹならびにＹから単独所有権移転の登記をうけた第三取得者Ζに対し，他の共同相続人Ｘは自己の持分を登記なくして対抗しうるものと解すべきである。けだしＹの登記はＸの持分に関する限り無権利の登記であり，登記に公信力なき結果ΖもＸの持分に関する限りその権利を取得するに由ないからである」としました（最判昭38・2・22民集17巻1号235頁，前掲別ジュリ193号家族法判例百選〔7版〕148頁。なお，この判決は「Ｘがその共有権に対する妨害排除として登記を実体的権利に合致させるためＹ，Ζに対し請求できるのは，各所有権取得登記の全部抹消登記手続ではなくして，Ｘの持分についてのみの一部抹消（更正）登記手続でなければならない（中略）。けだし右各移転登記はＹの持分に関する限り実体関係に符合しており，またＸは自己の持分についてのみ妨害排除の請求権を有するに過ぎないからである」「更正登記は実質において一部抹消登記であるから，（全部抹消登記請求につき更正登記を命じたのは）申立の範囲内でその分量的な一部を認容したものに外ならない」と判示しており，不動産登記及び民事訴訟法の処分権主義の点でも参考になります）。

【3】 遺贈と登記

つぎに【1】の例で，ＡはＸに土地建物を遺贈していましたが，Ａの死亡後，Ｙが法定相続分による相続登記をし，Ｙの持分をＺに売却したとします。

この点について，最高裁昭和39年3月6日判決（民集18巻3号437頁，前掲別ジュリ193号家族法判例百選〔7版〕154頁，Zが差押債権者の事例）は，「不動産の所有者が右不動産を他人に贈与しても，その旨の登記手続をしない間は完全に排他性ある権利変動を生ぜず，所有者は全くの無権利者とはならないと解すべきところ（中略）遺贈は遺言によつて受遺者に財産権を与える遺言者の意思表示にほかならず，遺言者の死亡を不確定期限とするものではあるが，意思表示によつて物権変動の効果を生ずる点においては贈与と異なるところはないのであるから，遺贈が効力を生じた場合においても，遺贈を原因とする所有権移転登記のなされない間は，完全に排他的な権利変動を生じないものと解すべきである。そして民法177条が広く物権の得喪変更について登記をもつて対抗要件としているところから見れば，遺贈をもつてその例外とする理由はないから，遺贈の場合においても不動産の二重譲渡等における場合と同様，登記をもつて物権変動の対抗要件とするものと解すべきである」と判示しています。この判決に従いますと，Xは遺贈で取得した不動産のうち，Yが譲渡した持分についてZに対抗できないことになります。

　ただし，Aの遺言において，遺言執行者が指定されている場合（民法1006 I）には，反対の結論となりそうです。これは，最高裁が民法1012条1項，1013条の遺言者の意思を尊重すべきものとして遺言執行者をして遺言の公正な実現を図らせるという趣旨から，相続人が民法1013条の「規定に違反して，遺贈の目的不動産を第三者に譲渡し又はこれに第三者のため抵当権を設定してその登記をしたとしても，（中略）受遺者は，遺贈による目的不動産の所有権取得を登記なくして右処分行為の相手方たる第三者に対抗することができるものと解するのが相当である」としたからです（最判昭62・4・23民集41巻3号474頁，前掲別ジュリ193号家族法判例百選〔7版〕184頁）。

【4】 相続させる旨の遺言と登記

　【1】の例でAは土地建物をXに相続させる遺言をしていたところ，Yが法定相続分による相続登記をし，持分をZに売却したとします。

　【3】と状況は似ていますが，判例は「特定の遺産を特定の相続人に『相続させる』趣旨の遺言は，特段の事情のない限り，何らの行為を要せずに，

被相続人の死亡の時に直ちに当該遺産が当該相続人に相続により承継される」「このように，『相続させる』趣旨の遺言による権利の移転は，法定相続分又は指定相続分の相続の場合と本質において異なるところはない」として，XはZに対し遺言によって取得した土地建物（ここではYが譲渡した持分）について登記なくして対抗できるとしています（最判平14・6・10判タ1102号158頁）。この判例の前提としているのは，【2】の最高裁昭和33年2月22日判決と最高裁平成5年7月19日判決（判タ875号93頁）（指定相続分が80分の13，法定相続分が80分の20で，後者が前者を上回る80分の7については無権利の登記であり，公信力がない結果Zが取得したのは80分の13にとどまるとしました）です。

【3】の遺贈と登記の判例と比較して，XとZの利害関係に差があるのか疑問とされています（中川善之助＝泉久雄『相続法〔4版〕』258頁）。

【5】 相続放棄と登記

【1】の例でYが相続放棄をしたにもかかわらず，法定相続分による登記をしてZに持分を売却したとします。【1】の遺産分割と登記の問題と対比されることの多い問題です。これについても最高裁の判決があります。Zが仮差押権者の事例です。

最高裁昭和42年1月20日判決（民集21巻1号16頁，前掲別ジュリ193号家族法判例百選〔7版〕152頁）は，申述期間（民法915Ⅰ）内に「放棄の申述をすると（中略），相続人は相続開始時に遡つて相続開始がなかつたと同じ地位に置かれることとなり，この効力は絶対的で，何人に対しても，登記等なくしてその効力を生ずると解すべきである」としました。すなわち，放棄によって共有持分の増加したXは登記なくして増加した共有持分（もともとはYの持分）につきZに対抗できることになります。

遺産相続と登記と相続放棄が結論を異にすることについて，【1】に記載した最高裁判例は，遺産分割前後を通じて相続財産若しくは相続人の持分に第三者が利害関係を有するに至ることが少なくないのに対し，相続放棄が許されるのは短期間であり（民法915Ⅰ），相続財産に対する処分行為があれば放棄が許されなくなることから（民法921①・③），第三者の出現を顧慮する余地が比較的乏しいからだとしています。

【加藤　祐司】

第7章

遺留分減殺事件

Q122 遺留分の意義，遺留分侵害額の計算，遺留分算定の財産

遺留分とはどのような制度ですか，遺留分侵害額はどのように計算されますか。

【1】 遺留分制度の意義

Ⅰ 遺留分制度の趣旨

遺留分制度とは，一定の範囲の相続人に被相続人の遺産のうち一定の割合を確保させるためのものです。

これは，被相続人の財産処分の自由を保障すると同時に，他方で近親者である相続人の生活保障や財産形成への協力への評価など遺産に対する一定の期待を保護するものです。特定の相続人に遺産が集中しかねない（単独相続の実現する結果となる）遺言が多い中で，共同相続人の公平の下支えをするという意味もあります。

遺留分制度の仕組みとしては，金銭返還主義と現物返還主義があります。民法は，後者を基本にしていますが（民法1036のほか，民法1040・1041も現物の返還を前提としています），一方，価額弁償（民法1041）を広く認めており，金銭返還主義への譲歩が見られます。

Ⅱ 遺留分の事前放棄

民法1028条以下の遺留分の規定で，戦後，唯一新設されたものです（民法1043）。均分相続による農業や自営業の資産の細分化を防ぐという意味がありますが，家督相続の廃止に対する抵抗をやわらげるためという政治的配慮に基づいていたとされ，現在でも廃止論があります（よほど特別な事情のあるときは相続人の廃除をすべきだということになります）。家庭裁判所の許可によることとなり（法別表第一110項），許可の基準は，放棄者の自由な意思に基づくか，放棄の必要性，放棄に対する代償の有無といったところです。

父親の分割の中で，子のうち特定の相続人に多くの遺産を取得させ，その代わり母親の相続に関して遺留分を放棄してもらい，両親死亡の段階では子

のいずれもそれなりの遺産を取得するといった例もあります（なお，東京地判平11・8・27判タ1030号242頁は，このような事案において，訴訟上の和解において父親から多くの遺産を取得した者が遺留分を請求しないことの約束をしたにもかかわらず，母親死亡後母のした遺言についてなした遺留分減殺請求を権利の濫用だとしています）。

【2】 遺留分侵害額の計算

Ⅰ 簡単な事例

被相続人がA，相続人が子B，C，Dとします。遺産としては金1600万円の不動産があり，相続債務は金600万円，Cに対し金200万円の生前贈与がなされています。Aの遺言は全ての財産をBに相続させるというものです。

(1) 遺留分額算定の基礎となる財産

遺留分額算定の基礎となる財産（民法1029Ⅰ・1030・1044・903Ⅰ）は，

1600万＋200万－600万＝1200万（円）となります──①

この遺留分算定の基礎となる財産については，【3】に記載します。

(2) 遺留分額

総体的遺留分額（B，C，Dの遺留分の総額）は，①×遺留分率（民1028条2号）で，

1200万×1／2＝600万（円）となります──②

そして，個別的遺留分額（B，C，D個々の遺留分額）は，②×法定相続分（民1044・900④）で，

600万×1／3＝200万（円）となります──③

Ⅱ 遺留分侵害額の計算（最判平8・11・26民集50巻10号2747頁，家族法判例百選〔7版〕別ジュリ193号186頁。全ての財産を相続人に包括遺贈した事案です）

この判例は，②から特別受益額と相続によって得た額を控除し，遺留分権者が負担した債務額（法定相続分によります）を加えた金額が遺留分侵害額としています。

(1) CがBに遺留分減殺した場合，Bには金200万円の生前贈与があり，また，法定相続分に従って相続債務を承継しますから，

200万－200万－0＋200万＝200万（円）

が遺留分侵害額となります。

(2) DがBに遺留分減殺した場合には，法定相続分による債務を承継するだけですから，

200万 − 0 − 0 ＋200万＝400万（円）

が遺留分侵害額となります。

(3) ここまでが，遺留分侵害額の算定の基本です。ただし，最高裁平成21年3月24日判決（民集63巻3号427頁，判タ1295号175頁）は，この例でいえば，Bが相続債務600万円全部を承継した場合には，法定相続分に応じた相続債務の額を遺留分の額に加算することは許されないとしました。共同相続人の1人に財産全部を相続させる旨の遺言がなされ，他の相続人が遺留分減殺請求をして，持分移転登記手続を求めた事案です。この判決の内容は次のとおりです。

① 財産全部を相続させる旨の遺言により，相続分全部が当該相続人に指定された場合，特段の事情のない限り，相続人間では，当該相続人が相続債務を指定された相続分（すなわち全部に相続分）に応じて承継する（相続人間では相続分の指定は相続債務に及ぶ）。

② 相続債務についての相続分の指定は，相続債権者の関与なくなされたものであるから，相続債権者に対しては効力が及ばず，各相続人は相続債権者から法定相続分に応じた相続債務の履行を求められたときには，これに応じなければならない。ただし，相続債権者が相続債務についての相続分の指定を承認して，指定相続分に応じた相続債務の履行を請求することは妨げない。

③ 遺留分侵害額の算定は，相続人間において，遺留分権利者の手元に最終的に取り戻すべき遺産の数額を算出するものというべきであり，したがって，相続人のうちの1人に対して財産全部を相続させる遺言がされ，当該相続人が相続債務も全て承継したと解される場合，遺留分の侵害額の算定においては，遺留分権利者の法定相続分に応じた相続債務の額を遺留分の額に加算することは許されない。

④ 遺留分権利者が相続債権者から相続債務について法定相続分に応じた履行を求められ，これに応じた場合も，履行した相続債務の額を遺留分

の額に算入することはできず，相続債務を全て承継した相続人に対して求償し得るにとどまる。
この判決の理論をここの例に当てはめますと，
(ⅰ) CがBに遺留分減殺した場合には，遺留分侵害額は，200万－200万－0＋0＝0となり，
(ⅱ) DがBに遺留分減殺した場合には，遺留分減殺額は，200万－0－0＋0＝200万（円）となります。

C，Dが相続債権者に対して法定相続分に応じた相続債務の履行をした場合には，Bに対し200万円を求償することとなります（④）。

この最高裁の判決は，被相続人の意思を根拠としており，全部を相続させる遺言や相続分を指定する遺言についてはこのとおりで良いと思います。ただ，遺産全部について共同相続人全員分け与える形の相続させる遺言（Bについては自宅不動産，Cは別荘，Dは株券とその他の財産一切という内容です）についても，結果としては相続分が指定されたことになりますが，ここでの被相続人の意思は相続債務の負担についてまでは及んでいないと思われます。

【3】 遺留分算定の基礎となる財産と遺留分減殺の対象

Ⅰ 遺留分算定の基礎となる財産

民法1030条，1039条と1044条が準用する903条1項によることになります。
① 相続開始時において有した財産（遺贈の対象を含む）の価額
② 相続開始前の1年間になされた贈与の価額
③ 当事者双方が遺留分権利者に損害を加えることを知ってなされた贈与の価額
④ 当事者当方が遺留分権利者に損害を加えることを知ってなされた不相当な有償処分については，その対価を控除した金額
⑤ 特別受益に該当する贈与の価額
⑥ 相続債務の全額　①から⑤の合計額から⑥を控除します。
⑦ なお，中小企業における経営の承継の円滑化に関する法律に，中小企業の後継者が先代から受けた株式等を，遺留分を算定するための財産としないこと，遺留分を算定するための財産の価額に算入すべき価額につ

いての特例が定められています。

以上について，いくつか問題となる点をあげておきます。
(i) ①ないし⑤の財産や贈与の評価時点については，相続開始時とされています（最判昭51・3・18民集30巻2号111頁）。遺留分減殺時とする考え方もあり得るところです。
(ii) ②及び③の贈与はたとえ相続人に対するものであっても全ての贈与が対象となります（生計の資本としての贈与に限られません）。無償処分（例えば債務免除）を含みます。もちろん，日常の儀礼のための贈答などは含みません。
(iii) ③の「損害を加えることを知って」に関しては，贈与から相続開始まで長期間が経過している場合には，この要件を満たさないことが多いと思われます。
(iv) 生前贈与に持戻免除の意思表示がなされていた場合について，最高裁は「持戻し免除の意思表示が，抗告人らの遺留分を侵害する（中略）限度で失効する」としていますから（最決平24・1・26判タ1369号124頁），持戻免除の意思表示については考えなくてもよいことになります。
(v) ④については，減殺請求自体は有償処分についてなされ，対価が償還されます（民法1039第2文）。
(vi) ⑥に関し保証債務については，主たる債務者が弁済不能な状態にあるため保証債務を履行しなければならず，かつ，その履行による出捐を主たる債務者に求償しても，返還を受けられる見込みがないような特段の事情が必要です（東京高判平8・11・7高民集49巻3号104頁，判時1637号31頁）。

II 生前贈与と遺留分減殺

遺留分算定の基礎となる財産の全てが減殺の対象となるかについては争いがあります。

被相続人がAで，相続人が子B，Cとし，遺産が評価500万円の不動産，Bに20年前に不動産の生前贈与がなされこの不動産の評価額が金4000万円だったとします。債務はありません。

遺留分算定の基礎となる財産は，Ⅰに記載したとおり金4500万となります。Aは20年前には非常に裕福であり，当時は4000万円程度の不動産の贈与など

遺留分の問題になるようなものではなかったとします。
　民法1031条は「遺留分権利者及びその承継人は，遺留分を保全するのに必要な限度で，遺贈及び前条に規定する贈与の減殺を請求することができる」としていますから，減殺の対象となる贈与はⅠの②と③だけです。そうしますと，⑤の生前贈与が遺留分減殺請求の対象となるためには，②か③の要件を満たさなくてはならないことになります。しかし，上に掲げた例では②も③も満たしません。そうなりますと，結局，Bに対する生前贈与については減殺請求ができないことになります。民法1044条は同903条を準用していますが，903条1項は「被相続人が相続開始の時において有した財産の価額にその贈与の価額を加え」るという意味で遺留分算定の基礎となる財産の計算にあたって利用されるものであることは明らかですが，生前贈与が遺留分減殺請求の対象となるとしているわけではありません。また，民法903条2項は超過特別受益者が相続分を受けないとしており，遺留分になぞらえれば遺留分以上の生前贈与を受けた者は遺留分がないというだけのことです。
　この点について最高裁判所は，遺留分算定の基礎となる財産に含まれる「贈与のうち民法1030条の定める要件を満たさないものが遺留分減殺の対象とならないとすると，遺留分を侵害された相続人が存在するにもかかわらず，減殺の対象となるべき遺贈，贈与がないために右の者が遺留分相当額を確保できないことが起こり得るが，このことは遺留分制度の趣旨を没却するものというべきである」として，特別受益たる生前贈与は，民法1030条の要件を満たさなくても減殺請求の対象となることを示しました（最判平10・3・24民集52巻2号433頁，前掲別ジュリ193号家族法判例百選〔7版〕192頁）。通説です（松原正明『全訂判例先例相続法Ⅴ』323頁以下）。対象説（肯定説，積極説）といわれます。
　先程の例ですと遺留分算定の基礎となる財産の価額は金4500万円，Cの遺留分は金1125万円，Cが取得できる遺産は金500万円となり，遺留分侵害額は，

　（500万＋4000万）×1/2×1/2－500＝625万（円）

であり，肯定説では，この金625万円について減殺請求できることになります。これに対し，反対説（算入説，消極説といわれます）では，遺留分減殺請求できないことになります。文理的には反対説の方が優れています。

反対説でも，20年前の贈与が民法1030条第2文の要件を満たすときには625万円を減殺請求できることになります（困難なことが多いと思われます）。

【4】 家事調停で遺留分減殺により物件等の返還を求める手続

相続人同士の間での遺留分減殺による物件等の返還を求める家事調停は，家事事件手続法別表第一，第二のいずれにも属さない，また人事に関する訴訟事件でもない，家庭に関する事件となります（法244）。

遺留分侵害額をもとに現物返還，価額弁償等の方法が検討されることになります。

【加 藤　祐 司】

Q123 遺留分減殺の順序と減殺の割合，減殺請求後の法律関係

複数の遺贈，死因贈与，生前贈与がある場合に減殺請求はどのようにするのですか。また，減殺請求後の法律関係はどのようになりますか。

[1] 遺留分減殺の順序

　遺留分減殺請求の対象は遺贈と民法1030条に該当する（及び特別受益にあたる）贈与です（民法1031）。

　減殺請求は「遺留分を保全するのに必要な限度」でなし（民法1031），贈与に先んじて遺贈を減殺します（民法1033）。複数の遺贈は，価額の割合で減殺します（民法1034）。贈与は後の贈与（相続開始時に近い贈与）から減殺します（民法1035）。同時に複数の贈与がなされた場合には，価額の割合で減殺します（民法1034の類推。中川善之助＝加藤永一編『新版注釈民法(28)〔補訂版〕』500頁〔宮井忠夫＝千藤洋三〕）。

　死因贈与は，生前贈与よりも遺贈に近い贈与であり，最後の贈与として扱われ，減殺は，遺贈，死因贈与，生前贈与の順序でなされます（東京高判平12・3・8判タ1039号294頁，前掲別ジュリ193号家族法判例百選〔7版〕198頁。通説といってよいと思います）。

　減殺を受ける受贈者の無資力による損失は遺留分権者の負担となります（民法1037）。以下のようなことです。

　被相続人がＡ，相続人が子Ｂ，Ｃ，Ｄであり，遺産金500万円で，平成17年にＢに金3000万円（相続開始時）不動産の贈与が，平成18年にはＣに金2500万円（相続開始時）の不動産が贈与されましたが，Ｃは贈与を受けた不動産を売却し，代金を浪費してしまい，無資力になっています。相続債務はありません。

　この場合，Ｄの遺留分額は，金1000万円で，遺留分侵害額は金500万円（1000万－500万。民法903Ⅰにより遺産の500万はＤが取得します）となります。

　ＤはＣに遺留分減殺請求（Ｃは不動産を売却しているので民法1040本文により価額

弁償となります）しても，実をあげることはできません。このような場合でも，先の受贈者Bに減殺請求をすることはできません。

【2】 遺贈の減殺の割合

民法1034条本文は，「遺贈は，その目的の価額の割合に応じて減殺する」と定めています。この「目的の価額」を「遺留分を超える価額」とするのが判例の立場（最判昭10・2・26民集52巻1号274頁，前掲別ジュリ193号家族法判例百選〔7版〕196頁。ただし，相続させる旨の遺言の事案）です。

I 簡単な事例

被相続人がA，相続人が子B，C，Dであり，Bに金4900万円，Cに金1100万円が遺贈され，遺贈された以外の財産は存しないものとします。相続債務は存しません。

民法1034条の「目的の価額」をそのまま金4900万円，金1100万円だとしますと，DはBとCに次のように減殺請求をすることになります。B，C，Dの個別的遺留分額は金1000万円ですから，

　Bへの減殺請求額は，1000万×4900万／6000万≒817万（円）

　Cへの減殺請求額は，1000万×1100万／6000万≒183万（円）

となります。

CがDの減殺請求に応じて，この金183万円分の共有持分を移転するか，Bが価額弁償としてこれを支払いますと，Cはその遺留分額を確保することができないことになってしまいます。そこで最高裁は，この「目的の価額」を「遺留分を超える価額」と解することにより，BとCが，金3900万円と金100万円の割合で減殺請求を受けるものとして，このような事態が起こることを回避しました（Bは975万円分を負担し，Cは金25万円分を負担します）。ただ，Bが配偶者である場合には，相対的にBが有利に扱われることになり，それでもよいかといった問題点はあるように思われます。

なお，有力な学説としては，法定相続分以上の財産を取得した者だけが法定相続分を上回る価額について減殺請求を受けると解する立場もあります（中川善之助＝泉久雄『相続法〔4版〕』671頁）。判例の考え方は，被相続人も自由に処分できないCの遺留分の確保を理由とすることとなりましょうし，後者

は法定相続分を超える遺贈や贈与を受けることにより遺留分侵害の原因となったことを理由とすることとなりましょう（中川＝泉・前掲257頁）。

　以上の解釈は，遺留分減殺請求が他の遺留分権者の遺留分に割り込む場合だけに適用されるわけではありません。

　同じ例で，Bへの遺贈金3000万円の不動産，Cへの遺贈2500万円の不動産，遺贈の対象とならない遺産500万（Dが取得）だとします。この場合，Dは，

　　Bに対して，500万×2000万／3500万≒286万円

　　Cに対して，500万×1500万／3500万≒214万円

の減殺請求することになります。

　なお，法定相続分を超過する価額（Bは1000万，Cは500万）の割合で按分して減殺するという説によると，

　　Bに対しては500×1000÷1500＝333.3万円

　　Cに対しては500×500÷1500＝166.7万円

ということとなります。

II　相続分が指定された場合

　なお，この判例の考え方は，遺留分を侵害する指定相続分についても適用され，遺留分割合を超える相続分を指定された相続人の指定相続分がその遺留分割合を超える部分の割合に応じて修正されるとされています（最決平24・1・26判タ1369号124頁。後妻2分の1，後妻との間の子2人に対し各4分の1，先妻との間の子3人については相続分零の指定をなした事案）。原審は，法定相続分を超える割合に応じて修正されるとしていました。

III　同様の考え方をする場合

　ところで，遺留分減殺請求が他の遺留分権者の遺留分に割り込む場合についてのIの解釈は，減殺の割合以外の場面でも適用できるように思います。

　被相続人がA，相続人が子B，C，Dであり，遺産金500万円で，平成17年にBに金4200万円（相続開始時）不動産の贈与が，平成18年にはCに金1300万円（相続開始時）の不動産が贈与されていたとします。

　DがCに遺留分減殺し（後の贈与），金500万円を取得しますと（金500万円に相当する共有持分を取得），Cの手元には金800万円分の共有持分しか残らず，Cは遺留分（Cの遺留分額も金1000万円）を確保できなくなります。したがって，

DがCに減殺請求できるのは300万円分ということとなり，残りの200万円分についてはBに減殺請求することになるのが正しいように思われます（中川善之助＝加藤永一編『新版注釈民法(28)』500頁〔宮井忠夫＝千藤洋三〕）。

【3】 遺留分減殺請求後の法律関係

I 遺留分減殺請求権の法的性格

遺留分減殺請求権は形成権であり，減殺によって贈与又は遺贈の全部又は一部が失効し，受贈者や受遺者が取得した権利は遺留分侵害の限度で当然に遺留分権利者に物権的に帰属し，受贈者や受遺者と遺留分権利者がそれぞれの持分割合で物権法上の共有者となるといわれています（最判昭51・8・30判タ340号155頁，同昭57・3・4判タ468号102頁。遺贈の目的物が減殺の対象である場合には，履行拒絶権となります）。この物権的効果は遡及するとするのが通説です（二宮周平『家族法〔4版〕』441頁，その説明としては松原正明『全訂判例先例相続法V』369頁）。物権的形成権説と呼ばれています。

遺留分減殺請求に係る訴訟は，所有権等が移転していることを前提とする物の引渡請求若しくは移転（持分移転を含む）登記手続請求となります。遺留分減殺請求という包括的な訴訟が存在するわけではありません。

次いで，（減殺の結果共有となれば）共有関係の解消は，遺産分割手続ではなく，共有物分割手続となります（このことは，受贈者や受遺者が相続人以外の第三者であるときは疑いがありません）。

このほか請求権説，債権的形成権と呼ばれる考え方がありますが，物権的形成権説との差は，説明のしやすさの相違に過ぎないといわれています（二宮・前掲441頁。問題となり得るとすれば，減殺請求後に，減殺義務者が贈与を受けた不動産を第三者に譲渡した場合，遺留分義務者の債権者が差し押さえた場合，遺留分義務者が破産した場合などだと思います。このうち譲渡について最判昭36・7・19民集14巻9号1779頁は登記が必要だとしています）。民法が形成権の構成と物権的効力を認めているフランス法の系譜を引くこと，民法1036条，1040条，1041条の現物返還（原状回復）を前提としていると考えられることが物権的形成権の根拠として挙げられています。

Ⅱ　遺留分減殺請求により移転する権利

　遺留分減殺請求がなされることにより遺留分権利者に移転する権利は，贈与，遺贈された権利と同様の権利です（例えば不動産を贈与していれば遺留分権利者に移転するのはその不動産の持分であり，相続分の指定であるなら相続分です）。民法の条文上では「返還」という表現が用いられていますが（民法1036・1041），物権的形成権説では移転した所有権等に基づく目的物の返還請求と理解することになります。

Ⅲ　遺留分減殺請求後の法律関係

　共同相続人のうち1人に，特定の財産について贈与，遺贈若しくは相続させる旨の遺言がなされたときに，遺留分減殺請求がなされた場合にも，その物についての共有は，物権法上の共有となります（遺産共有とはなりません。共同相続人以外の場合には当然です）。

　他に遺産が存在して相続人間で遺産分割が必要となる場合にも，当該物件についての共有関係の解消は，共有物分割という訴訟手続で処理されることになります（訴訟説といわれる立場です）。この2つに分かれた手続を一本化できないか，別々の手続になるとしても，家庭裁判所での遺産分割審判手続と地方裁判所での訴訟手続を調整できないか，いずれも現在まで定説のない難しい問題です。

Ⅳ　遺留分減殺請求がなされても遺産分割手続がなされる場合

　Ⅲのとおり，遺留分減殺請求後の分割手続は，民法256条以下が定める共有物の分割手続です。ただし，次のような例外があります。

（1）　割合的な包括遺贈がなされ（民法990），それに対して遺留分減殺請求がなされた場合に復帰する権利も遺産に対する割合的な権利です。

　遺留分減殺請求によって復帰するのは割合的な権利ですから，その解消のためには遺産分割手続がとられることとなります。なお，全部包括遺贈がなされた場合にはⅤに記載するとおり共有物分割手続と解するのが一般的です。

（2）　相続分の指定（民法902Ⅰ）に対し，遺留分減殺請求がなされると，指定相続分と同様の権利（すなわち相続分）が遺留分権利者に移転します。遺産は遺産共有となり，遺産分割手続がとられることになります。

（3）　割合的に相続させる遺言は，相続分の指定と同様に考えることができ，

(2)と同様になります。

V 遺産全部について包括遺贈や相続させる旨の遺言がなされた場合

　最高裁平成8年1月26日判決（判夕903号104頁）は，相続財産の全部について包括遺贈がなされた事案において，「遺言者の財産全部についての包括遺贈は，遺贈の対象となる財産を個々的に掲記する代わりにこれを包括的に表示する実質を有するもので，その限りで特定遺贈とその性質を異にするものではない」としました。したがって，全部包括遺贈についても，遺留分減殺請求後の共有関係は物権法上の共有となり，その解消は共有物分割手続となります。

　財産全部を相続させる旨の遺言についても同様に解することになると思われます。相続させる旨の遺言は，相続分指定の効果もあると考えられますから，相続分指定に対する減殺として相続分の一部が減殺者に移転し遺産分割手続が必要だとも考えられないではありません。しかし，遺産分割だとしても当事者は相続させる旨の遺言により財産を受けた者と減殺者だけとなってしまい不都合です。

【加藤　祐司】

Q124 価額弁償(1)

遺留分減殺請求がなされた場合に，金銭を支払って解決する価額弁償という制度があるとのことですが，どのような内容のものですか。

【1】 価額弁償制度の趣旨

遺留分減殺請求がなされた受贈者，受遺者は，減殺を受けるべき限度において，贈与，遺贈の目的の価額を遺留分権利者に弁償して返還の義務を免れることができます（民法1041）。民法は遺留分減殺請求の効果について現物主義の原則を採用していますが（民法1036），目的物の「価額の弁償を認めても遺留分権利者の生活保障上支障をきたすことにはならず，一方これをみとめることによって，被相続人の意思を尊重しつつ，すでに目的物の上の利害関係を生じた受贈者又は受遺者と遺留分権利者との利益の調和をも図ることができる」（最判昭51・8・30民集30巻7号768頁，判タ340号155頁）として，現物返還主義の修正を認めています。もともと，遺留分減殺請求の効果については，現物返還主義と金銭返還主義の立法上の対立がありますが，民法は現物返還主義を基本としながらも，価額返還主義に譲歩した内容となっています。

【2】 価額弁償が問題となる場合

I 目的物ごとの価額弁償

遺留分減殺請求の対象が2個以上の物となる場合に，遺留分義務者が特定の物についてだけ価額弁償をなし得るのかという問題があります。被相続人が共同相続人の1人に財産全部を包括遺贈し，他の共同相続人が遺留分減殺請求をなし，これに対し，遺留分義務者が特定の目的物（株式）について価額弁償を主張した事案において，最高裁判所は，これを認めると遺留分義務者が特定の財産を優先的に取得できることになるとした原審に対し，「遺留分権利者のする返還請求は権利の対象たる各財産について観念されるのであるから，その返還義務を免れるための価額の弁償も返還請求に係る個の財産

についてなし得るものというべきであり，また，遺留分は遺留分算定の基礎となる財産に一定割合を示すものであり，遺留分権利者が特定の財産を取得することが保障されているものではなく（民法1028乃至1035参照），受贈者又は受遺者は，当該財産の価額の弁償を現実に履行するか又はその履行の提供をしなければ，遺留分権利者からの返還を拒み得ないのであるから（最高裁昭和52年(オ)第907号同54年7月10日第三小法廷・民集33巻5号562頁），右のように解したとしても，遺留分権利者の権利を害することにはならないからである。このことは，遺留分減殺請求の目的がそれぞれ異なる者に贈与又は遺贈された複数の財産である場合には，各受贈者又は各受遺者は各別に各財産について価額の弁償をすることができることからも肯認できる」として，遺留分義務者が特定の物についてだけ価額弁償をなすことを認めています（最判平12・7・11民集54巻6号1886頁）。

II 価額弁償が問題とならない場合

遺留分を侵害する相続分の指定，割合的包括遺贈及び割合的に「相続させる遺言」については，遺留分減殺請求の結果，遺留分義務者と遺留分権利者とが相続財産を遺産共有することになりますから，価額弁償の問題とはなりません。これに対し，遺産全部について包括遺贈や相続させる旨の遺言がなされた場合については，最高裁平成8年1月26日判決（判タ903号104頁）は，「遺言者の財産全部についての包括遺贈は，遺贈の対象となる財産を個々的に掲記する代わりにこれを包括的に表示する実質を有するもので，その限りで特定遺贈とその性質を異にするものではない」としていますから，遺留分減殺請求後の共有関係は物権法上の共有となり，価額弁償の問題となります（Iの最判54・7・10の事案がこれにあたります）。財産全部を相続させる旨の遺言についても同様に解することになると思われます。

III 民法1041条1項本文の価額弁償

なお，受贈者が贈与の目的物を第三者に譲渡した場合には，遺留分権利者はその価額を請求することができます（民法1040 I 本文。なお，同条は贈与だけに定めていますが，遺贈についても類推適用されます。最判昭57・3・4民集36巻3号241頁）。これも価額弁償ですが，判例上多く問題とされているのは民法1041条の価額です。贈与又は遺贈の目的物を譲り受け，遺留分減殺請求を受ける悪

意の第三者については，民法1041条が適用されます（民法1041Ⅱ）。

【3】 価額弁償請求の調停

　価額弁償請求の調停は，家事事件手続法別表第一，第二のいずれも属さない，また人事に関する訴訟事件でもない，家庭に関する事件となります（法244）。

　遺留分侵害額をもとに目的物についての権利の割合（持分）を基本として弁償金額を調整することになります。

【加 藤 　祐 司】

Q125 価額弁償(2)

価額弁償額についての遺留分権利者と遺留分義務者の利益の調整について判例上様々な工夫がなされているとのことですが，どのような工夫なのでしょうか。

【1】 価額弁償における価額の算定

Ⅰ 遺留分減殺請求権の法的性格

(1) 遺留分減殺請求権の法的性質については，形成権＝物権説，形成権＝債権説，請求権説の対立があります。この点について最高裁判所が形成権＝物権説，形成権＝債権説のいずれの態度か明確ではないとの評価もありますが（中川善之助＝加藤永一編『新版注釈民法(28)〔補訂版〕』474頁〔中川淳〕），「遺留分権利者の減殺請求により贈与又は遺贈は遺留分を侵害する限度において失効し，受贈者又は受遺者が取得した権利は右の限度で当然に減殺請求をした遺留分権利者に帰属するものと解するのが相当であ」るとした昭和51年判決や，「民法1031条所定の遺留分減殺請求権は形成権であつて，その行使により贈与又は遺贈は遺留分を侵害する限度において失効し，受贈者又は受遺者が取得した権利は右の限度で当然に遺留分権利者に帰属するものと解すべきものであることは，当裁判所の判例とするところであ」るとする昭和57年3月4日判決（民集36巻3号241頁，判タ468号102頁）等によりますと，最高裁判所は形成権＝物権説に立っていると考えられます。最高裁の平成21年12月18日判決（民集63巻10号2900頁，判タ1317号125頁。以下では「平成21年判決」といいます）も「一般に，遺贈につき遺留分権利者が遺留分減殺請求権を行使すると，遺贈は遺留分を侵害する限度で失効し，受遺者が取得した権利は上記の限度で当然に減殺請求をした遺留分権利者に帰属する」としており，同じく形成権＝物権説に立っています。

(2) この形成権＝物権説によりますと，遺留分権利者に権利が帰属しますから，遺留分義務者は引渡し，移転登記（持分移転登記を含む）といった現物

返還義務を負うこととなります。遺留分権利者は，この返還義務を免れるために民法1041条に基づき価額弁償をすることとなります。

Ⅱ　価額弁償額の算定

（1）　この価額弁償は現物返還にかわるものですから現物と等価値のものでなくてはなりません。単に等価値というだけではなく，実質的価値においても等価値でなければなりません（高木多喜男「遺留分減殺請求と価額弁償」判タ637号20頁は，権利の強度の問題だとしています）。これに関し，最高裁判所は，同条により返還義務を免れる効果が生ずるためには，価額の弁償を現実に履行するか，又は価額の弁償のために弁済の提供をしなければならないとしています（最判昭54・7・10民集33巻5号562頁，判タ399号137頁。以下「昭和54年判決」といいます。最近の最高裁判所の判決は，単に「現実の履行」又は「履行の提供」と表現しています）。最高裁判所がこのように現実の履行又は履行の提供を要求したのは，いうまでもなく価額弁償をするという意思表示だけで返還義務が消滅してしまうとすれば，遺留分権利者が現物に代わる価額を確実に手中に収める道が保障されなくなってしまうからです。具体的には，民事執行法38条の第三者異議の訴えで目的物を確保でき，また，破産法62条の取戻権を行使し得る立場にあった遺留分権利者が，価額弁償をするという意思表示だけでこれらの立場を失い，価額弁償請求権という一般債権に過ぎない金銭債権の債権者に過ぎなくなってしまうからです。

（2）　昭和54年判決は，利益考量という点で優れていますが，一方，受贈者や受遺者（遺留分義務者）がどのようにして弁償すべき金額を定めるのか（現物の評価すなわち価額弁償すべき額の算定をどのようにするのか）という新たな問題が生ずることとなります。この金額が定まらなければ，遺留分義務者は現実の履行も履行の提供もできません。仮に，遺留分義務者が自ら妥当であるとして提供してもその金額が返還を免れる現物の評価を下回れば提供としての効果も生じません。つまり，現物返還を求める訴えが提起され，遺留分義務者が自ら評価した金額を提供しても，それが裁判所の評価額を下回るならば現物返還の給付判決がなされることとなってしまいます。昭和54年判決の結果，遺留分義務者は価額の算定という重い負担を負うこととなりました。

（3）　また，この価額の算定すなわち遺留分減殺の結果遺留分権利者に帰属

した権利（現物）の評価という点については，算定の時点が問題となります。最高裁昭和51年8月30日判決（民集30巻7号768頁，判タ340号155頁。以下「昭和51年判決」といいます）は，遺留分権利者が現物返還請求として持分移転登記手続請求をなしたのに対し，遺留分義務者が価額弁償の申出をなし，遺留分権利者がこれに応じて訴えを変更して価額弁償請求をなしたという事案について，「価額弁償は目的物の返還に代わるものとしてこれと等価であるべきことが当然に前提とされているものと解されるのである。このようなところからすると，価額弁償における価額算定の基準時は，現実に弁償がされる時であり，遺留分権利者において当該価額弁償を請求する訴訟にあつては現実に弁償がされる時に最も接着した時点としての事実審口頭弁論終結の時であると解するのが相当である」としました。

(4) 遺留分権利者から現物返還の請求がなされた訴訟において，遺留分義務者が価額弁償の意思表示をしたとしても，この遺留分権利者の意思表示は訴訟上，何ら抗弁としての意味を持ちません。現物返還請求権を免れさせるためには，昭和54年判決にあるとおり，現実の履行又は履行の提供をしなければならないからです。なお，価額弁償の抗弁という表現がなされることがありますが，正確ではありません。この意思表示は，後に記載するとおり遺留分権利者に価額弁償請求権の行使を可能とさせるものであり，むしろ，遺留分権利者が価額賠償請求権を行使するための要件となるだけです。抗弁というのは，一方当事者（ここでは遺留分権利者）が主張する事実に基づく法律効果（現物返還）を前提としながら，相手方（ここでは遺留分義務者）がその法律効果の発生を妨げ，又はそれを消滅させる目的で，別の事実を主張することをいうのですが（伊藤眞『民事訴訟法〔4版〕』318頁），価額弁償の意思表示は現物返還請求権の行使を妨げ，又は，これを消滅させることはありません。

(5) (2)に記載したとおり，遺留分義務者が現実の履行又は履行の提供をして，現物の返還を免れるためには，価額弁償額の算定をしなければなりません。これは極めて困難です。

この点に関し，最高裁平成9年2月25日判決（民集51巻2号448頁，判タ933号283頁。以下「平成9年判決」といいます）は，「遺留分算定の基礎となる遺産の範囲，遺留分権利者に帰属した持分割合及びその価額の算定については，関係

当事者間に争いのあることも多く，これを確定するためには，裁判等の手続において厳密な検討を加えなくてはならないのが通常であるから，価額弁償の意思を有する受遺者にとっては民法の定める権利を実現することは至難なことというほかなく，すべての場合に弁償すべき価額の履行の提供のない限り価額弁償の抗弁は成立しないとすることは，同法条の趣旨を没却するに等しいものといわなければならない」としています。実際，この判決の第一審によると遺留分権利者の現物返還すべき持分割合は1億0036万分の2353万7868，控訴審では2億1547万1500分の2236万1016とされており，このような持分割合を遺留分権利者が算出し，さらに，事実審口頭弁論終結時の価額を正確に算定した上価額弁償すべき金額を算定し，現実の履行又は履行の提供をすることはほとんど不可能であるといって差支えありません。そして，このような価額弁償すべき額の算定が困難なのは，平成9年判決の事例に限ったものではなく，遺留分減殺事件ではごく普通のことであるといって過言ではありません。

(6) 価額弁償すべき額が遺留分義務者において算定することがほとんど不可能だとしますと，この現実の履行又は履行の提供という抗弁を実現することもできなくなってしまいます。現物の確保を望む遺留分義務者が裁判所にこの金額を決めて欲しいと考えるのは当然の成行きだと思われます。

民法は遺留分減殺請求について現物返還を前提としながらも，受遺者，受贈者に現物返還と価額返還の選択権を与えており，両主義の中間を目指していると解されています（高木・前掲14頁）。しかし，このように中間を目指したとしても，価額弁償すべき金額の算定が困難だとすれば，価額弁償は機能しないことになってしまいます。

この点について最高裁判所の考え方を明らかにしたのが，平成9年判決です。平成9年判決は，遺留分減殺請求が遺贈された不動産について持分移転登記手続を求める訴訟（意思表示を命ずることを求める訴訟）において，遺留分義務者が裁判所の定めた価額により価額弁償をする旨の意思表示をしたという事案について「遺留分減殺請求を受けた受遺者が，単に価額弁償の意思表示をしたにとどまらず，進んで，裁判所に対し，遺留分権利者に対して弁償をなすべき額が判決によって確定されたときはこれを速やかに支払う意思が

ある旨を表明して，弁償すべき額の確定を申し立てたという本件のような場合においては，裁判所としては，これを適式の抗弁として取扱い，判決において右の弁償すべき額を定めた上，その支払と遺留分権利者の請求とを合理的に関連させ，当事者双方の利害の均衡を図るのが相当であり，かつ，これが法の趣旨にも合致するものと解すべきである」としました。ここで，適式な抗弁としてとする点については，「受遺者からする本件価額確定の申立ては，その趣旨からして，単に価額の確定を求めるのみの申立てであるにとどまらず，その確定額を支払うが，もし支払わなかったときは現物返還に応ずる趣旨のものと解されるから，裁判所としては，その趣旨に副った条件付判決をすべきものということができる」としており，先の抗弁の定義との関係においても，現物返還請求権に条件を付するというという意味で抗弁ということができましょう。

　そして，平成9年判決は，「遺留分権利者からの遺贈の目的物の返還を求める訴訟において目的物返還を命ずる裁判の内容が意思表示を命ずるものである場合には，受遺者が裁判所の定める金額を支払ったという事実は民事執行法173条（現174）所定の債務者の証明すべき事実に当たり，同条の定めるところにより，遺留分権利者からの執行文付与の申立てを受けた裁判所書記官が受遺者に対し一定の期間を定めて右事実を証明する文書を提出すべき旨を催告するなどの手続を経て執行文が付与された時に，同条1項の規定により，意思表示をしたものとみなされるという判決の効力が発生する。また，受遺者が裁判所の定める金額について弁償の履行の提供をした場合も，右にいう受遺者が裁判所の定める額を支払った場合に含まれるものというべきであり，執行文付与の前に受遺者が右の提供をした場合には，減殺請求によりいったん遺留分権利者に帰属した権利が再び受遺者に移転する反面，遺留分権利者は受遺者に対して右の額の金銭の支払を求める権利を取得するのである」としました。そして，同判決は，事実審の口頭弁論終結時の持分の価額を金2278万8231円とした上，遺留分義務者である被上告人が「（民法1041条）所定の遺贈の目的物の価額の弁償として右同額の金員を支払わなかったことを条件として，（遺留分権利者である）上告人の持分移転登記手続請求を認容すべきである」と判示しました。この判決主文は，「被上告人は，上告人に対

し，被上告人が上告人に対して民法1041条所定の遺贈の目的の価額の弁償として金2272万8231円を支払わなかったときは，第一審判決添付第一目録記載の（中略）持分につき，所有権移転登記手続をせよ」となっています。なお，判決主文の書き方については，従来，高等裁判所レベルで問題のあった点です。なお，この判決主文は登記原因の記載がない点については「平成○年○○月○○日遺留分減殺を原因とする」を記載すべきだというもっともな指摘があります。平成9年判決後の最高裁平成9年7月17日判決にはこの点の記載があります（判タ953号108頁）。

(7) このようにして，最高裁判所は，昭和51年判決，昭和54年判決と首尾一貫した上，価額弁償制度を現実に利用しやすくする方法を提示したものということができると思われます。

昭和51年判決の事案は，遺留分権利者が訴えを変更して価額弁償を求めたというものであるのに対し，平成9年判決の事案は遺留分権利者が積極的に価額弁償を求めたものではありません。遺留分権利者が価額弁償を求める場合には，価額の算定時期を事実審の口頭弁論終結時とすることは納得できるのですが（現物と等価であることが必要ですが，事実審の口頭弁論終結時以外に算定すべき時点が存しません），遺留分権利者が積極的に価額弁償を求めていない平成9年判決のような事案においても事実審の口頭弁論終結時を算定の基準時として良いのかという問題が残ります。平成9年判決は，現実に弁償を履行する（この判決のいうとおり履行の提供を含みます）機会を与え，かつ，事実審の口頭弁論終結時を基準時と判決確定後の現実の弁償との間隔があまり開きすぎないようにするために，民事執行法174条を利用したということができると思います。現物返還請求をする遺留分権利者が執行文の付与申請をしますから，長期間の間隔が生ずることは予想しなくても良いと考えられるからです（中野貞一郎『民事執行法〔増補新訂6版〕』830頁は，平成9年判決について，民事執行法174条3項が定める緩衝措置を利用させる趣旨に他ならないとしています）。

(8) 平成9年判決は，持分移転登記手続請求という意思表示を命ずる判決手続についてのものです。物の引渡しを求める訴訟については，民事執行法174条が適用できないため，確定期限付きの条件付き判決（条件部分を判決確定の2週間後において受遺者が○○円を支払わなかったときは，という形とする）に修正

すべきだと解されています（『最高裁判所判例解説民事篇〔平成9年〕〔上〕』275頁）。

【2】 価額弁償額の確認請求

I 価額弁償額の確認請求

以上の価額賠償のついての判例は、いずれも遺留分権利者から現物返還請求にせよ価額弁償請求にせよ請求がなされている事案についてのものです。ところが、生前贈与や遺言の効力自体に争いがありますと、形だけ遺留分減殺請求はなされますが、遺留分権利者は現物返還も価額賠償の請求もなそうとしません。認知症に罹患して遺言能力（民法963）に問題のありそうな母親が長男に全財産を相続させるといった遺言をなしていたといった事案においては、遺留分権利者は時効との関係で遺留分減殺請求はしますが、まず争われるのは遺言の有効無効となります。遺留分義務者としては、生前贈与や遺言の効力について勝訴しても、遺留分の問題は残ってしまいます。遺留分義務者が紛争を速やかに終わらせるための手段はないのかが問題となります。

II 確認の利益

この問題については、平成21年判決が判断を示しています。この事案では、特定の遺産を特定の相続人に相続させる旨の母親の遺言による遺産分割方法の指定について、遺留分権利者から遺留分義務者に対し遺言無効確認の訴えが提起され、遺留分義務者から遺留分権利者に対して「母親の相続について上告人（遺留分義務者）に対して有する遺留分減殺請求権が金2770万3582円を超えて存在しないことの確認」を求めて訴えが提起されています（本訴、反訴の関係ではないようであり、弁論の併合がなされているようです）。遺留分権利者は、遺言無効の主張を全面に押し出し、遺留分減殺請求はしたものの遺留分減殺請求に基づく現物返還請求も価額弁償請求もしませんでした（この価額弁償請求権の発生については、後に記載します）。

平成21年判決で問題となったのは、確認の利益です。

最高裁は、「遺留分権利者から遺留分減殺請求を受けた受遺者等（注：この判決は、特定遺贈の受遺者と相続させる旨の遺言において特定の目的物を相続させることとした特定の相続人を合わせて「受遺者等」としています）が、民法1041条所定の価額を弁償する旨の意思表示をしたが、遺留分権利者から目的物の現物返還請

求も価額弁償請求もされていない場合において，弁償すべき額につき当事者間に争いがあり，受遺者等が判決によってこれが確定したときは速やかに支払う意思がある旨を表明して，弁償すべき額の確定を求める訴えを提起したときは，受贈者等においておよそ価額を弁償する能力を有しないなどの特段の事情がない限り，上記訴えには確認の利益があるというべきである」と判示し，訴えの適法性を認めました。

　この判決は，確認の対象としての適格性については，特定の遺産を特定の相続人に相続させる遺言による遺産分割方法の指定が遺留分の減殺の対象となる場合においても，遺留分権利者は民法1041条の規定により減殺を受けるべき限度において目的物の価額を弁償し，又はその履行を提供することにより，目的物の返還義務を免れることができるとして，昭和54年判決を引用した上，「遺留分権利者が受遺者等に対して遺留分減殺請求権を行使したが，いまだ価額弁償請求権を確定的に取得していない段階においては，受遺者等は，遺留分権利者に帰属した目的物の価額を弁償し，又はその履行の提供をすることを解除条件として，上記目的物の返還義務を負うものということができ，このような解除条件付きの義務の内容は，条件の内容を含めて現在の法律関係というに妨げなく，確認の対象としての適格に欠けるところはないというべある」と判断しています。平成9年判決は，現物返還請求に対して遺留分権利者が裁判所の定めた金額をもって価額弁償をなすべき旨を主張した場合について，これを適式な抗弁と認めて解除条件付きの判決をしたものです。平成21年判決は，これをさらに一歩進め，現物返還請求がなされていなくとも，価額弁償すべき額の確認請求について確認の利益を認めたものです。確かに，価額弁償すべき額が定まって，その額で履行又は提供すれば現物返還義務を免れますから，解除条件付きの義務の内容すなわち価額弁償の額の確定については現在の法律関係ということができると考えられ，確認の対象としての適格性に欠けるところはないと思われます。

　ついで即時確定の利益については，価額弁償すべき額の算定の困難性に触れた上「弁償すべき額が裁判所の判断により確定されることは，上記のような受遺者等の法律上の地位に現に生じている不安定な状況（注：価額弁償すべき金額が定まらず価額の弁償又は履行の提供をして現物返還義務を免れることが事実上不

可能となることです）を除去するために有効，適切であり，受遺者等において遺留分減殺に係る目的物を返還することと選択的に価額弁償することを認めた民法1041条の趣旨にも沿うものである」とし，さらに「受遺者等が弁償すべき額が判決によって確定されたときはこれを速やかに支払う意思がある旨を表明して，上記額の確定を求める訴えを提起した場合には，受遺者等がおよそ価額を弁償する能力を有しないなどの特段の事情がない限り，通常は上記判決確定後速やかに価額弁償がなされることが期待できるし，他方，遺留分権利者においては，速やかに目的物の現物返還請求権又は価額弁償請求権を自ら行使することにより，上記訴えに係る訴訟の口頭弁論終結の時と現実に価額の弁償がされる時との間に隔たりが生じるのを防ぐことができるのであるから，価額弁償における価額算定の基準時は現実に弁償がされる時であること（注：ここで昭和54年判決が引かれています）を考慮しても，上記訴えに係る訴訟において，この時に最も接着した時点である事実審の口頭弁論終結の時を基準として，その額を確定する利益が否定されるものではない」と判示しました（この点については，原審との判断の違いが際立っています。最高裁判所のいうように価額弁償すべき額が確定すれば，遺留分義務者が判決確定後速やかに弁償することが期待できるのか，それとも原審がいうように現実に履行されることが確実であるとは一般的にはいえないのか，かなり微妙であると思います）。

　なお，この平成21年判決は，先に記載したとおり，「（遺留分義務者）に対して有する遺留分減殺請求権は金2770万3582円を超えて存在しないことの確認」を求めたものですが，最高裁は，遺留分義務者である「上告人が民法1041条の規定に基づきその返還義務を免れるために支払うべき額が金2770万3582円であることの確認」であると解した上で判断しています。

　一定金額を超える債務の不存在の確認を求める訴えの場合には，原告が自認する金額については訴訟物とならず，この部分については既判力も生じないとされています（淺井重機「債務不存在確認訴訟」鈴木忠一＝三ヶ月章監修『新・実務民事訴訟法講座1』378頁）。おそらく，最高裁判所は，価額弁償すべき金額を既判力で確認することが紛争の解決のために必要だとして現物返還義務を免れるために支払うべき額の確認だとしたものと思われます。

Ⅲ 主張・立証責任

　価額弁償すべき額についての主張・立証責任は，遺留分権利者にあると考えられます。遺留分権利者の価額弁償請求権の権利発生に係る事実だからです。ところが，価額弁償については，遺留分義務者が価額弁償すべき旨の意思表示をすることが出発点であり，遺留分義務者は現物返還を望む場合もあり，さらには，平成21年判決の事案のように生前贈与や遺言の無効を強く主張することもあります。このような場合，遺留分権利者の価額弁償の発生原因となる事実や価額の主張・立証について本腰を入れることを期待することができません。裁判所の適切な訴訟指揮が期待されるところです（松原正明『全訂判例先例相続法Ⅴ』460頁）。

【3】 価額弁償請求権の発生

　遺留分権利者はいつ価額弁償請求権を取得するのでしょうか。民法は，遺留分権利者が価額弁償請求権という権利を有することを明示していません。最高裁平成20年1月24日判決（民集62巻1号63頁，判タ1264号120頁。以下「平成20年判決」といいます）は，遺留分権利者の持分移転登記手続請求に対し受遺者である遺留分義務者が価額弁償の申出をなし，遺留分権利者が価額弁償請求に訴えの交換的変更をなしたという事案について，①減殺請求に対して価額の履行の提供をした場合には，遺留分義務者は現物返還義務を免れ，一方，遺留分権利者は価額弁償請求権を取得する（昭和54年判決，平成9年判決），②遺留分義務者が価額について履行の提供をしていない場合であっても，価額を弁償する旨の意思表示をしたときは，遺留分権利者は遺留分義務者に対し，遺留分減殺に基づく目的物の現物返還請求権を行使することもできるし，それに代わる価額弁償請求権を行使することもできるとしています（昭和51年判決，平成9年判決）。さらに，③遺留分権利者が遺留分義務者に対して価額弁償を請求する意思表示をした場合には，遺留分権利者は，遺留分減殺請求によって取得した物の返還請求権をさかのぼって失い，これに代わる価額弁償請求権を確定的に取得する，としています（この判決は，価額弁償請求についての遅延損害金に関するものであり，その起算日は，遺留分権利者が価額弁償請求権を確定的に取得し，かつ，遺留分義務者に対しその支払を請求した日の翌日であるとしていま

す。支払請求をした日の翌日になるというのは、価額弁償請求権が民法412条3項の期限の定めのない債権だからです。この遅延損害金の起算日の問題については、裁判所が遺留分権利者に対する価額弁償すべき金額を定めてその支払を命ずることによって初めて価額弁償請求権を取得するとして、価額弁償に係る判決の確定日の翌日からだとするこの判決の原審の考え方があります。なお、いずれの考え方をとるとしても、民法1036条が減殺請求の日以後の果実を返還しなければならないとしていることから、価額弁償の場合における果実の返還の問題は別に検討する必要があります（二宮周平『家族法〔4版〕』447頁））。

【4】 現物返還と価額弁償の関係

現物返還と価額弁償がいかなる関係に立つのという問題があります。債権の本来の目的は一個の特定した給付ですが、債権者又は債務者が他の給付をもって本来の給付に代えることができる権利（代用権・補充権）を有している債権を任意債権と呼んでいます。「代用権は債務者にある場合が通常であるが、この場合債権者は本来の給付のみを訴求することができる。債務者による代用権の行使は、代用給付を現実にしなければ特定の効果は生ぜず、債権の目的は依然として本来の給付である」と説明されています（奥田昌道編『新版注釈民法(10)Ⅰ』367頁〔山下末人＝安井宏〕）。

この説明を価額弁償の問題に当てはめてみます。まず、遺留分減殺請求によって、現物返還請求権が発生します。この現物返還請求権には遺留分義務者に価額の弁償で現物の返還に代えることができる代用権が付されています。遺留分義務者がこの代用権を行使するためには価額の弁償を現実の履行又は履行の提供をしなければなりません。この弁償の現実の履行又は履行の提供によって現物返還請求権は消滅します（一般的にいいますと、履行の提供は履行遅滞の責任を免れさせますが債務消滅の効果までは生じさせませんが、昭和54年判決は、履行の提供によって「現物の返還の義務を免れる」としています）。このように現物返還請求権には、遺留分義務者の代用権が付された任意債権という性質を有しているということができます。

一方、遺留分権利者は、基本的には現物返還請求しか行使できません。これは、現物返還請求権には遺留分義務者のための代用権が付されているに過ぎないからです。しかし、平成21年判決によりますと、**Q124【3】**記載のと

おり，遺留分義務者が価額を弁償する旨の意思表示をした場合（遺留分義務者が履行の提供をしていない場合です。提供を伴っていませんから任意債権における代用権の行使にはなりません）には，目的物の返還請求を行使することもできますし，それに代わる価額弁償請求権を行使することも可能であり，そして，遺留分権利者が価額弁償を請求する意思表示をした場合には，遺留分権利者は，遺留分減殺請求によって取得した目的物の所有権及び所有権に基づく現物返還請求権をさかのぼって失いこれに代わる価額弁償請求権を確定的に取得します。すなわち，遺留分義務者が価額を弁償する旨の意思表示をした以後は，遺留分権利者が代用権を有する現物返還請求権と価額弁償請求権とが任意債権の関係となり，遺留分権利者が価額賠償を請求する意思表示をすることによって代用権を行使した場合には，価額弁償に確定するという趣旨であると思われます（債権者が代用権を有する場合において代用権の行使は債務者に対する意思表示でなされます。山下＝安井・前掲367頁）。

　なお，平成20年判決は前記のとおり価額弁償請求権が確定的に取得されるのはこの意思表示によってだとし，したがって，これに対する遅延損害金の起算日についても確定後支払請求をした日の翌日だとしています。もし，民法411条が定める選択債権における選択権の行使と同様に代用権行使の結果が債権発生の時にさかのぼると考えることができるならば，遅延損害金の起算日も減殺請求時にさかのぼり，民法1036条による果実の返還もこの遅延損害金の問題として処理するという方法で考えることもできることとなります。

【加　藤　祐　司】

Q126 遺留分と特別受益・寄与分

遺留分侵害額の算定にあたり，寄与分が考慮されていません。このことは実際の家事調停や訴訟においてどのような意味がありますか。

［1］ 特別受益と寄与分が遺留分制度にもつ意味

　特別受益と寄与分は，遺産分割について共同相続人の具体的相続分を算出するために認められているものです。この点では，両者とも同様の意味をもっています。

　しかし，寄与分が遺産分割と価額支払請求（民法910。相続開始後認知によって相続人となった者が遺産分割後に相続分に相当する価額の支払を請求する制度であり，遺産分割によって得られるべき利益を確保するためのものです）にのみ意味をもつのに対し（民法904の2Ⅳ），特別受益は遺留分の算定の基礎となる財産の範囲に加えられ（民法1044・903），遺留分制度においても意義を有することになります。つまり，寄与分は共同相続人の間だけで問題であるのに対し，特別受益は，それ自体は共同相続人に対するものですが，共同相続人以外の者に対しても意味をもつことになります。もともと，遺留分制度は兄弟姉妹を除く相続人に被相続人の財産のうち一定の割合を確保するためのものですから（民法1028），受遺者や受贈者が共同相続人であろうと第三者であろうと関係がありません。

　寄与分というのは被相続人の財産の維持又は増加に特別の寄与をした共同相続人について被相続人の相続開始時からこれを差し引いてみなし相続財産を算出するものですが，遺留分の算定の基礎となる財産の計算にあたりこれを差し引きますと，他の共同相続人の遺留分は減少してしまい，先の遺留分制度の趣旨に反することとなります。また，遺留分制度は共同相続人以外の者との関係でも問題となりますが，寄与分を遺留分算定の基礎となる財産の算出において差し引きますと，受遺者や受贈者は遺留分が減少することにより利益を受けることになってしまいます。

ただし，寄与分が遺留分と全く関係がないわけではありません。遺留分侵害額の計算においては（最判平8・11・26民集50巻10号2747頁，判夕931号175頁），相続によって得た額が差し引かれますから，寄与分が認められる場合には相続によって得た額として遺留分侵害額から控除されることとなります。これも，遺留分という制度が，被相続人の財産から一定の割合の財産を確保させるためのものだからです。

【2】 簡単な事例

【1】に記載したとおり，遺留分制度は共同相続人間だけの制度ではありません。ところが，生前贈与や遺贈は実際には共同相続人に対しなされることが多いことから，誤解が生ずることがあります。相続させる旨の遺言についても同様です。

被相続人がA，相続人は子B，Cで，AはBに全ての財産（1億円相当）の全てを相続させる遺言をしています。生前贈与はなく，遺産には消極財産は存しません。

I 寄与を抗弁として主張できるか

Bは，Aの事業に協力しAの財産の形成に寄与し，その寄与は3000万円と評価されるとします。Cは遺留分減殺を理由とする訴訟を提起しました。Bはこの訴訟において，この寄与の事実を抗弁として主張することができるでしょうか。

この抗弁を認めますと，Cは遺留分侵害額である金2500万円の支払を受けることができなくなります。

II 寄与を請求原因として主張できるか

Cは，Aの事業に協力しAの財産の形成に寄与し，その寄与は3000万円と評価されると考えています。Cは遺留分減殺を理由とする訴訟を提起しましたが，Cはこの訴訟において寄与の事実を主張することができるでしょうか。

Cのこの主張を認めるということは，Cが遺留分侵害額以上の請求ができることとなってしまいます。

III 寄与分が主張できない理由

民法904条の2第3項が遺産分割と価額支払請求があった場合についてだ

けに寄与分の請求をなし得るとしていること，また同条2項が寄与分を定めることを家庭裁判所の職務としているということは，ⅠやⅡのような抗弁や請求を認めないことにほかなりません。

【3】 地方裁判所が寄与分を判断すべきか問題となる事案

　寄与分は遺産分割と価額支払請求だけ，家庭裁判所で審理され，判断されるものです。しかし，いくつかの特殊な事例で，地方裁判所で寄与分の判断をしなければならないのか問題となることがあります。例えば次のような場合です。

Ⅰ　遺留分減殺請求についての訴訟と遺産分割が双方存する場合

　遺産の大部分が共同相続人に遺贈され，遺留分減殺請求訴訟が継続した場合，遺留分侵害額を算出するためには，相続によって得られた額が決められなければなりません。そうしますと，遺留分減殺訴訟を担当する地方裁判所は遺産分割の結果を待たなければならなくなってしまいます。

　遺産分割の結果を待たずに判決をしようとすれば，地方裁判所が相続によって得られる額を審理して判断しなければならなくなります。相続によって得られる額は，遺留分権利者の具体的相続分を算出するということですから，寄与分についても審理し判断することになります。しかし，これは民法904条の2が寄与分を判断する場合を遺産分割と価額支払請求に限定していること，寄与分の判断は家庭裁判所がなすこととしていることと抵触することになります（松原正明『全訂判例先例相続法Ⅴ』497頁）。

Ⅱ　詐害行為取消訴訟

　遺産分割協議は詐害行為取消権の対象となるとされていますが（最判平11・6・11民集53巻5号898頁），取消しの対象となるのが具体的相続分を下回る部分だとした場合，詐害行為取消訴訟を扱う地方裁判所は，寄与分について審理し判断をしなければならないことになってしまいます。これも民法904条の2に抵触します。

Ⅲ　考え方

　特別受益については，遺留分減殺請求に基づく訴訟において地方裁判所において遺留分の基礎となる財産の算定にあたって審理されます。しかし，寄

与分について地方裁判所が判断することは予定されていません。そうだとしますと，ⅠやⅡの訴訟では法定相続分に基づいて考えるほかないように思われます。

【加藤　祐司】

第8章

その他の相続関係事件

Q127 遺産をめぐる紛争調停

遺産分割を終えたのですが、相続人の1人が遺産分割の対象とした財産の内に自分の物があると言い出しました。

【1】 遺産をめぐる紛争

　遺産をめぐる紛争は，ある財産が被相続人の遺産に該当するかどうか（遺産性といわれます）の争いであり，遺産分割前のものと遺産分割後のものとがあります。前者については**第2編第6章**，**第7章**で解説していますので，ここでは遺産分割後に遺産性が争われる場合について記載します。

【2】 非遺産を対象とした遺産分割の非遺産に対する効力

　遺産分割（以下では遺産分割協議を念頭においています）は，遺産（ただし，遺産と遺産分割の対象は必ずしも一致しません。この点についても**Q110**で解説しています）についてなされます。

　非遺産（被相続人の財産でない財産）に遺産分割の効力が及ぶことはありません。他人のものに遺産分割の効力が及ぶとする理由がないからです。

　これに対して非遺産を含んでなされた遺産分割全体の効力については解釈上の対立があります。もし，遺産分割の対象とされた全財産が非遺産であれば遺産分割は無効です。この点については争いがありません。非遺産を含んで遺産分割がなされた場合，上のとおり非遺産に遺産分割の効力が及ぶことはありませんから，遺産分割の一部無効となります。この一部無効が遺産分割全体にどのような影響を及ぼすのかという点についての争いです。

【3】 非遺産を含んでなされた遺産分割の効力

　非遺産を含んだため遺産分割が一部無効とされた場合，この一部無効が遺産分割全体に及ぼすかについては，争いがあります。

I　担保責任によるとする説

非遺産の分割を受けた共同相続人は，民法911条により担保責任を追及するによって満足すべきものとする考え方です（石田敏明『改訂注解家事審判法』566頁。遺産分割審判についての論述です）。

II　全部無効を認める説

非遺産が分割の対象とされた財産の大部分又は重要な部分である場合は，遺産分割協議は全部無効となると考えるべきだとする考え方です（名古屋高決平10・10・13判タ999号275頁。ただし遺産分割審判についての判断です）。

遺産分割は，遺産に属する物又は権利の種類及び性質，各相続人の年齢，職業，心身の状態及び生活の状況その他一切の事情を考慮してなされますが（民法906），非遺産が分割の対象とされた財産の大部分であるような遺産分割協議がこの基準を満たしてなされることは困難だと思われます。基本的には I のように担保責任で対処するべきですが，非遺産が分割の対象とされた財産の大部分又は重要な部分であるときには，全部無効とすることが共同相続人の意思にも合致するものと思われます（谷口知平＝久貴忠彦編『新版注釈民法(27)』321頁〔谷口知平＝加藤一郎〕，中川善之助＝泉久雄『相続法〔4版〕』316頁。いずれも遺産分割審判についての言及です）。I に記載した説についても，遺産分割協議については担保責任として解除を認めるのであれば（石田・前掲568頁），結果はほとんど変わらないと思われます。

III　担保責任の負担割合

なお，細かい点になりますが，非遺産が遺産分割の対象とされた財産の一部に過ぎないときは，遺産分割はその非遺産についてだけ無効（一部無効）であり，無効とされた部分については民法911条により民法563条1項の代金減額，3項の損害賠償によって処理されます。遺産については全部分割済みと扱われることになります。この場合，担保の責任の割合が，法定相続分によるか，具体的相続分によるか，それとも遺産分割協議の結果取得した財産の価額に特別受益若しくは遺贈によって取得した財産の価額を加えた価額に応じて負担するか争いがあります。公平に合致するのは最後の説です（中川＝泉・前掲358頁）が，公平という以上の理由があるのか不明です（谷口知平＝久貴忠彦編『新版注釈民法(27)〔補訂版〕』〔宮井忠夫＝佐藤義彦＝渡邉靖彦〕）。

【4】 非遺産性をめぐる調停

　遺産分割の対象となった財産について，①第三者が当該財産は自分の物であると主張する場合と，②遺産分割に参加した共同相続人の1人が当該財産は自分の物であると主張する場合があります。

　①の場合には，遺産分割によって当該財産の分割を受けた相続人に対する請求となり，民事訴訟で争われることとなります。

　②の場合にも民事訴訟で争われることもあるでしょうし，家事調停が申し立てられることもあると思われます。家事調停は，遺産分割によって当該財産の分配を受けた者だけに対して所有権の確認という形で申し立てられることもあるでしょうし，共同相続人全員に対して先になされた遺産分割の無効を前提として再分割の申立てという形がとられることもあるでしょう。家事調停において，遺産だとするにしても，非遺産だとするにしても，合意するに至らなければ，民事訴訟で解決されるほかありません。

　【3】に記載したとおり，非遺産を含んで遺産分割がなされた場合には，遺産分割が全部無効となるか，あるいは共同相続人間で担保責任の問題となります。いずれにしても，共同相続人全員の利害にかかわることです。そうであるなら，できる限り相続人全員が関与してなされることが妥当だということになります。

　もちろん，第三者が民事訴訟を提起したという場合には，他の共同相続人は訴訟に補助参加するといった手段しかありません。②の場合でも民事訴訟が提起されたときは同様です。

　②の場合について当該財産の分配を受けた者だけを相手方にして家事調停が申し立てられたときにおいても，非遺産であることについて当事者間で争いがないといった場合には，別に相続人全員を当事者とする申立てを促して，共同相続人全員で調停手続を進めることが統一的な解決をはかるために妥当であると考えられます。

【5】 分割後に新たに遺産が発見された場合

　以上とは反対に，遺産分割後新たに遺産が発見される場合があります。

I 対処方法が決められている場合

遺産分割おいては分割協議書の末尾に「上記以外の遺産は相続人〇〇〇〇が全て取得する」,「上記以外の遺産が存した場合には別途協議のうえその取得者を定める」,「上記以外の遺産が存した場合には相続人が法定相続分によって取得する」といった条項が設けられて,遺産分割後に新たな遺産が発見された場合に備えることが普通です。このような条項が設けられた場合には,これらの条項に従って処理され新たな遺産が発見されたことにより,既になされた遺産分割が影響を受けることはありません。

II 対処方法が決められていない場合

先にも記載しましたが,遺産分割は民法906条の基準に従う総合的な分割であり,原則として全ての遺産が一時に分割され,その最終的な帰属が決められることが好ましいといわなければなりません。しかし,実際には遺産を構成する財産が遺産分割後に発見されることもあります。この場合について既になされた遺産分割協議が無効となることがあるかについては,【2】の非遺産が遺産分割の対象とされた場合と同様に考えることができると思います。すなわち,発見された遺産が遺産の大部分又は重要な部分であるときには,遺産分割協議が民法906条の基準に従ってなされることは困難であり,既になされた遺産分割は無効であり,そうでないときは発見された遺産について分割をすれば足りると思われます。無効の場合には,再分割をすることとなります。

【6】 分割後に遺言書が発見された場合

やはり類似の問題として,遺産分割後に遺言書が発見される場合があります。遺言の内容は様々ですので,遺産性に関連する範囲で触れておきます。

I 共同相続人以外の者に特定遺贈がされた場合

共同相続人以外の者に特定遺贈がなされた場合,受遺者は遺贈が効力を生ずると同時にその権利を物権的に取得します。このような内容の遺言の存在を知らないままになされた遺産分割は,非遺産についてなされた遺産分割ということになります。したがって,【3】に記載したところと同様に扱われることになります。すなわち,特定遺贈された物が唯一の遺産であれば遺産

分割協議は全部無効であり，遺産の大部分又は重要な部分であるときは，特定遺贈の対象に関する部分だけでなく，遺産分割全部が無効となります。遺産に一部に過ぎない場合には，特定遺贈された遺産についての部分だけが無効であり，民法911条により同法563条1項の代金減額あるいは3項の損害賠償の問題として処理されることとなります。

Ⅱ 遺産全部について包括遺贈がされた場合

遺産全部について包括遺贈がなされた場合については，「遺贈の対象となる財産を個々的に掲記する代わりにこれを包括的に表示する実質を有するもので，その限りで特定遺贈とその性質を異にするものではない」（最判平8・1・26民集50巻1号132頁）とされますから，そもそも遺産分割の対象となる遺産がなんら存しないという意味で遺産分割は無効となります。財産全部を特定の相続人に相続させる旨の遺言についても同様です。

Ⅲ 共同相続人に特定遺贈がされた場合

共同相続人の1人に特定遺贈がされていたときはⅠと同様です。受遺者が遺産分割において特定遺贈を受けた財産を取得しているときには，遺産分割協議を無効とする必要はないようにも思われますが，遺産分割においてその者が遺産の大部分を占める不動産を取得し，その代わりに法定相続分に応ずる代償金の負担をしたといった場合には，遺留分侵害額と大きな差が生じますから，遺産分割協議は無効となるというべきでしょう。相続させる旨の遺言についても同じです。

【加藤　祐司】

Q128 相続回復請求調停

相続の放棄をした人から，相続の放棄は共同相続人が書類を偽造したものであるから無効であるとして，遺産分割調停の申立てがなされました。相続放棄の手続は既に15年も前のことであり，相手方の相続回復請求権は時効によって消滅していると思うのですが。

[1] 相続回復請求権の性格

　昭和22年の民法改正前には，「家督相続回復ノ請求権ハ家督相続人又は其法定代理人カ相続権侵害ノ事実ヲ知リタル時ヨリ5年間之ヲ行ワザルトキハ時効ニ因リテ消滅ス相続開始ノ時ヨリ20年ヲ経過シタルトキ亦同ジ」とする旧法966条とそれを遺産相続に準用した規定（旧民法993）が存在していました。この旧法966条に関しては，家督相続回復請求が判決により認容されますと，不法な家督相続による戸籍上の戸主の記載の抹消及び家督相続による戸主の記載がなされました。家督相続回復請求は，このように戸主権の回復という点で意味をもっていました。

　しかし，遺産相続については，そもそも相続回復請求権という権利が存在するのかについても定説を見ない状況にあったようです。戦後の民法改正の際にも家督相続制度の廃止に伴う字句の修正があっただけであり（民法884），相続回復請求権をめぐる争いは戦前から引続き見通しの悪い状況が続いていました。

　大きな問題点は，①相続回復請求権という権利が個々の財産についての権利（例えば妨害排除請求権とか登記請求権）とは別に存するのか，②別の権利として存在するのであれば，個々の財産についての権利とはどのような関係に立つのか，③個々の財産についての権利のほかに相続回復請求権という権利はないとするなら，時効が定められている理由は何か，④共同相続人間で時効の問題となるのか，といったものです（従来の学説や判例の対立については中川善之助＝泉久雄『相続法〔4版〕』，伊藤昌司『相続法』256頁，松原正明『全訂判例先

例相続法Ⅰ』37頁，副田隆重「相続回復請求権」法学教室254号9頁，同「相続回復請求権」野田愛子＝梶村太市総編『新家族法実務体系(3)』49頁，また後記の最高裁昭和53年12月20日判決（民集32巻9号1674頁，別ジュリ193号家族法判例百選〔7版〕124頁。以下「昭和53年判決」といいます）直後の文献として鈴木禄彌「相続回復請求制度の雲散」判タ378号5頁，高木多喜男『口述相続法』231頁等を参照してください）。

【2】 昭和53年判決

Ⅰ 昭和53年判決の事案

昭和53年判決は，戸籍上明らかな代襲相続人の1人を除外して，他の相続人だけで，複数の不動産について，他の相続人について単独名義とする相続登記がなされた事案についてのものです（相続登記がどのようになされたかは不明です）。代襲相続人は，これらの登記の抹消登記手続を請求したところ，第一審及び原審は代襲相続人の請求を共有持分権に基づく妨害排除請求であるとし請求を認容しました（第一審は全部を認容，原審は持分割合12分の1について更正登記手続を認めました）。両審は，代襲相続人の請求は共有持分権に基づく妨害排除請求であって，相続回復請求ではないとして，他の相続人のその消滅時効の主張を排斥しました。第一審及び原審は，少なくとも結論としては，【1】の①については肯定，④については否定の立場に立ったと思われます。

Ⅱ 昭和53年判決の内容

(1) 趣　　旨

相続回復請求の制度は，表見相続人が真正相続人の相続権を否定し相続の目的たる権利を侵害している場合に，真正相続人が自己の相続権を主張して表見相続人に侵害の排除を請求することにより，真正相続人に相続権を回復させるものである。

民法884条が消滅時効を定めたのは，表見相続人が外見上相続財産を取得したような事実状態が生じたのち相当年月を経てからこの事実状態を覆滅して真正相続人に権利を回復させることにより当事者又は第三者に権利義務関係に混乱を生じさせることのないように相続権の帰属及びこれに伴う法律関係を早期かつ終局的に確定させるためである。

(2) 共同相続人の扱い

共同相続人による侵害についても，その相続分を超える部分については被相続人による侵害と異ならず，また，第三者との関係においても法律関係の早期決着の要請は被相続人による侵害と異ならない。

(3) 表見相続人の範囲

自ら相続人でないことを知りながら相続人であると称し，又はその者に相続権があると信ぜられるべき合理的な事由があるわけでもないにもかかわらず自ら相続人であると称し，相続財産を占有管理することにより侵害している者は，本来，相続回復請求制度が対象として考えている者にあたらない（一般の物権侵害者，不法行為者に過ぎない）。したがって，これらの者は相続回復請求権の消滅時効を援用できない。

共同相続人のうち1人若しくは数人が，他に共同相続人がいること，ひいては相続財産のうちその1人若しくは数人の本来の持分をこえる部分が他の共同相続人の持分に属するものであることを知りながらその部分も自己の持分に属するものであると称し，又はその部分についてもその者に相続による持分があるものと信ぜられるべき合理的な事由（例えば，戸籍上はその者が唯一の相続人であり，かつ，他人の戸籍に記載された共同相続人がいることが分明でないなど）があるわけでもないにもかかわらずその部分も自己の持分に属するものであると称し，これを占有管理している場合は，もともと相続回復請求制度の適用が予定されている場合にはあたらない。したがって，このような者も，相続回復請求権の消滅時効を援用できない。

Ⅲ 昭和53年判決の評価

この最高裁判所は，それまでの判例・学説の混迷状態に終止符を打ち，自ら新たな解釈を示したものだと考えられます。

(1) 相続回復請求権を個々の財産についての権利と別物かどうかについては明示していませんが，法律関係の早期の終局的な確定という立論からしますと，相続回復請求権が時効によって消滅しても個々の財産についての権利行使を認めることはあり得ないと思います。

(2) (1)の結果は，結論としては個々の財産について消滅時効を認めるのと差はありません。相続回復請求権といいますと，あたかも，相続人に個々の

財産についての権利とは別個の権利を認め、相続人を保護するもののように考えてしまいますが、実質は相続人の保護のための制度ではないことになります。すなわち、相続回復請求の制度は、個々の財産、とりわけ消滅時効にかからないとされる所有権に消滅時効を認め、遺産について登記名義を有する者や占有する者を保護するための制度ということになります。

(3)　また、最高裁は相続回復請求制度の適用を共同相続人間についても認めました。この点については、現在も批判の強い点です（中川＝泉・前掲52頁）。共同相続人間で時効援用を認めることは、遺産分割請求権に時効を認めるに等しいからです（遺産分割請求は個々の財産についての所有権などの権利に基づくものと見ることができますが、遺産分割をしないで長期間が経過しますと民法884の時効を援用されてしまうことになりかねないからです。相続資格に争いのない場合にこのような結論はおかしいと考えられます。もっとも、考え方を変えれば相続資格に争いのあるとき（民法884の「相続権を侵害された」とき）に、どうして所有権が時効にかかるのかその理由はよくわかりません）。

(4)　(3)に昭和53年判決は、民法884条の適用を共同相続人間にも適用し、その意味では間口を広げました。しかし、この判決は、他方で表見相続人として保護される範囲を厳しく限定しました。この判決の意味する「自ら相続人であることについての善意かつそのように信じるについての合理的理由」、「他に共同相続人がいることおよびその相続分を侵害していることについての善意かつそのように信じるについての合理的理由」（やや大雑把かもしれませんが、善意無過失）が認められる事案は多くはないとされています。判決自身が「共同相続人相互間における相続財産に関する争いが相続回復請求制度の対象となるのは、特殊な場合に限られる」としています。時効の援用が認められないときには、個々の財産についての物上請求、登記請求の問題となる例が多く、不法行為による損害賠償、不当利得返還の問題となることもあるでしょう。共同相続人間の場合には遺産分割（再分割）という形で現れることもあります。

【3】 表見相続人の例

民法884条によって保護される表見相続人としてあげられているのは、つ

ぎのようなものです（二宮周平『家族法〔4版〕』334頁によっています。なお，昭和53年判決は，民法884条によって保護される者を表見相続人としています）。範囲は狭く，この判決は「884条をほとんど死文と化せしめる」という評価もされています（鈴木・前掲12頁）。

Ⅰ　自ら相続人であることについての善意かつそのように信じるについての合理的事由のある場合

戸籍上は被相続人の嫡出子として記載されているが，実は他人の実子だった場合，先順位の相続人が相続放棄の申述をし受理されたので，次順位の相続人が相続したところ，実は相続放棄が無効であった場合，遺言で相続から廃除する旨記載されている相続人が，遺言の存在を知らず，相続財産を占有していたところ，遺言が発見され，家裁に廃除請求がなされこれが認められた場合等があります。

Ⅱ　他に共同相続人がいること及びその相続分を侵害していることについての善意かつそのように信じるについての合理的事由のある場合

戸籍上，存在を知り得ない相続人（他人の実子として届け出られた子，離婚や離縁が無効とされた配偶者・養子，死後認知された子）が相続権を主張して，相続登記の抹消や遺産の再分割を請求してきた場合があります。

【4】　善意無過失（合理的事由）の判断時期と立証責任

合理的な事由の存在の立証責任は時効援用者にあり，合理的な事実の存在時期は相続権侵害の開始時に存することが必要とされています（いずれも最判平11・7・19民集53巻7号19日，判タ1013号113頁）。立証責任の面でも時効援用は容易ではありません。

【5】　表見相続人と取引した第三者の保護

善意無過失（合理的事由）の存否は，譲受人である第三者がいる場合でも，表見相続人について判断され，表見相続人に合理的事由がなく表見相続人が時効援用できないときは，譲受人も時効援用はできないとされています（最判平成7・12・5判タ906号239頁）。逆に表見相続人が時効援用できるときは，譲受人も時効援用はできるものと思われます（副田・前掲法学教室254号12頁）。

第三者自身についての取得時効は可能です。民法32条1項類推の可能性を考える立場もあります（伊藤・前掲273頁）。民法94条2項の類推については相続人の帰責性を見出すことが難しいように思われます。

【6】 相続回復請求調停

家事事件手続法別表第二に該当する事件ではなく，また人事に関する訴訟事件でもありません。(相続人間の争いの場合には) 家庭に関する事件ということになります（法244）。調停が不調になれば民事訴訟で争われることになります。

ただし，相続回復請求が遺産分割の申立て（あるいは再分割の申立て）の形をとった場合には同法別表第二事件となります。全ての遺産について民法884条の時効の援用が認められれば，遺産が存しないことになりますから，審判手続に移行した場合には却下の審判がなされることになります（東京高決平7・6・23判タ902号187頁）。

【加藤　祐司】

Q129 祭祀財産承継調停

死亡した父がお墓を所有していましたが，このお墓を今後守っていく人はどのように決めれば良いですか。

【1】 祭祀財産の承継の特殊性

　相続財産の承継については，民法896条本文が「相続人は，相続開始の時から，被相続人の財産に属した一切の権利義務を承継する」と定めています。祭祀財産については，この民法896条に続く，897条で「系譜，祭具及び墳墓の所有権は，前条の規定にかかわらず，慣習に従って祖先の祭祀を主宰すべき者が承継する。ただし，被相続人の指定に従って祖先の祭祀を主宰すべき者があるときは，その者が承継する。（2項）前項本文の場合において慣習が明らかでないときは，同項の権利を承継すべき者は，家庭裁判所が定める」と定めていますから，祭祀財産については，相続財産ではあるものの，その承継のルールが民法の相続承継の原則と異なっていることになります。

　祭祀財産については，昭和22年の改正された明治民法が「系譜，祭具及ビ墳墓ノ所有権ハ家督相続ノ特権ニ属ス」と規定し，祭祀財産は家督を象徴するものとしてその承継は家督相続の当然の内容とされていました。改正民法においても祭祀財産が一般の財産承継とは異なったルールに従うことになり，このことについて強い批判があったことは当然のことです。祭祀財産というのは，祖先，すなわち，先祖なり，肉親なりそれらを追慕する意思のない者が承継しても意味のないものです。また，墳墓などは承継することが経済的な負担となることもあるものです。結局，民法897条はこのような祭祀財産の特殊性に着目して解釈されるべきだと思います。

　民法は婚姻によって氏を改めた夫又は妻が祭祀財産を承継した後に協議上の離婚した場合には祭祀財産の承継者を定めなければならないとし（民法769），この規定は生存配偶者の復氏（民法751Ⅱ），姻族関係の終了（民法751Ⅱ），婚姻の取消し（民法749），裁判上の離婚（民法771），養子縁組の取消し（民法

808Ⅱ），離縁（民法817）に準用されています。これらの規定は，氏，姻族関係，法定血族関係と祭祀財産を結びつけているものだということができます。しかし，これらの場合において氏を変え，姻族関係や法定血族関係が終了した者が祭祀財産を所有し続けても，先祖等の追慕を期待することは普通困難ですから（祭祀財産の管理も期待できません），関係者の協議により祭祀財産の承継者を定めることとしたのであり，離婚等しても期待し得るのであれば，離婚等した者にそのまま祭祀財産を所有させておくことも可能だと思われます。

【２】 祭祀財産の範囲

　系譜は系図を，祭具は位牌仏壇を意味しています。これらと同様に意味を有するもの，また，これらに付随するものも含まれます。墳墓については，遺体や遺骨を葬っている設備，つまり墓石，墓碑，墓誌，埋棺などを意味しています。用語としては分りにくいのですが，明治民法の立法段階では墓地（墓石や墓石のある土地）は墳墓に含まないという解釈がとられていたようです。

　墓石，墓碑が立てられ，遺体や遺骨が埋葬され，祭祀の執り行われることもある場所である墓地が祭祀財産に含まれないとするのは，やや不自然であり，墓地も墳墓に含まれるもの（準ずるもの。大阪家審昭52・1・19家月30巻9号108頁）と解されます。ただし，墓地の使用は，所有権に基づく場合もありますが，多くはその使用権の性格も明確ではなく（永代使用料と一定の期間ごとに管理料といった名目の金員が支払われることが多いと思われます），その意味でももともと相続「財産」と呼べるのかが問題となるものもあります。しかし，このような，曖昧な墓地についての使用権を含めて墳墓に含まれると考えられます。

【３】 承継者の数

　祭祀財産の承継者が「家」の精神的支柱というべき役割を果たすべきものだとすれば，祭祀財産の承継者は1人をいうべきことになると思われます。民法も「祖先の祭祀を主宰すべき者」としていますから，祭祀財産の承継者は1人であるとしていると見ることもできます。

　しかし，祖先の祭祀を主宰する者といっても民法の規定は結局のところ，祭祀財産の承継を定めているに過ぎません。祭祀財産という特殊な「財産」

の承継ということであるなら，複数の者が承継することとしても何ら差し支えないことになります。祭祀財産を承継してそれを縁として先祖を追悼，追慕したい者が複数おり，それらの者が祭祀財産の承継に伴う経済的負担を安定的になし得る者であるのなら，それら複数の者に祭祀財産を分属させても何ら問題はないと解されます。共同で承継したいというならば，それも可能です。審判例は，原則として1人であるべきとの原則に立ち，特段の事情がある場合について分属させ，また共同で承継することができるとしているようですが（東京家審昭42・10・12判タ232号246頁，仙台家審昭45・12・25家月32巻8号98頁），それ程厳格に解釈すべき理由はないと思われます。

反対に，祭祀財産を承継するについて，適当な者がいなければ，承継者なしとすることも仕方がありません（審判であれば，申立ては却下することになります）。

【4】 承継者の資格

祭祀財産の承継者は，相続人である必要はありません。民法が通常の相続による財産の承継と別の承継ルールを定めたことからすれば当然のことです。内縁の妻等が承継者となることも当然に認められるところです。

【5】 祭祀財産の承継者の決定

民法897条が定める，祭祀財産承継者の順序は，被相続人の指定，慣習，家庭裁判所の指定です。しかし，まず，関係者の協議で決めることができます。

I 関係者の協議

民法897条は，関係者が協議によって祖先の祭祀を主宰すべき者（祭祀財産の承継者）を決定できるかについては定めていません。確かに，祭祀財産の承継の場合には普通の相続財産の承継のように協議すべき者が定まっておらず，協議の結果が不安定になることはあり得ることです。しかし，安定した祭祀財産の承継者を確保するためには親族等がそれぞれの希望を出し合って話し合うことが妥当な方法であると考えられます。家事事件手続法が祭祀承継者の指定を別表第二事件（11項）として調停ができる事件としているのも

このような趣旨だと考えられます（もし話合いによる決定を否定するのであるならば別表第一事件とすべきことになります）。遺産分割協議で祭祀財産の承継者を決めることも珍しくありません。多くの事案では相続人が被相続人のもっとも関係の深い者ですから、これらの者が定めることに何の問題もありません。

ただし、関係者が協議で祭祀財産承継者を定めたところ、この協議に参加しなかった者は再度協議を求めることができます。もし、新たな参加者を交え話し合っても協議が成立しないときには、家庭裁判所に指定を求めることになります。

II 被相続人の指定

被相続人は、祖先の祭祀を主宰すべき者を指定し、祭祀財産の承継者を定めることができます。遺贈という方法でも可能です（中川善之助＝泉久雄『相続法〔4版〕』215頁）。

被相続人の指定は、遺言でなされる必要がないばかりか、被相続人の指定についての黙示の意思を推定することもあります（名古屋高決昭59・4・19判タ531号163頁）。

指定を受けた者は祖先の祭祀を主宰すべき者となることを拒み、祭祀財産を承継しないこともできます。祖先を追慕する意思のない者に承継させても意味はありません。

被相続人が指定し、指定を受けた者が祖先の祭祀を主宰する者となることを拒まない場合には、Iの関係者の協議でこれを覆すことはできないというべきです。祭祀財産も被相続人の財産ですから、被相続人の意思は尊重されるべきだと考えられますし、被相続人と指定を受けた者の意思が一致しているならば、他の関係者にこれを変更させる理由はないと思われます。この意味で被相続人の指定は関係者の協議に優先します。

なお、被相続人の生前に、これを譲渡することも可能です（中川＝泉・215頁）。

III 慣習

民法897条1項にいう慣習は、被相続人の住所地の地方的慣習をさしますが、被相続人の出身地、職業等によって、一般の慣習と異なるものがあればこれによることになります。しかし、このような慣習が明らかになるか（民

法897Ⅱ）疑問です。

　被相続人の意思は，慣習に優先します。関係者の協議も慣習に優先します。

Ⅳ　審　判

　Ⅲの慣習が明らかにならないときは家庭裁判所が定めることになります。家庭裁判所による指定の基準については，「一般論としては，候補者と被相続人との身分関係や事実上の生活関係，候補者の祭祀主宰の意思や能力，稼業の承継の有無，利害関係人の意見といったものを総合して考慮しつつも，特に被相続人との生活関係や親和関係を重視するといった流れがほぼ定着してきているように思われる」，という裁判例の評価（西岡清一郎「祭祀財産の承継者の指定の手続・要件」判タ1100号450頁）がなされています。祖先の追慕を期待できる者を考え，加えて祭祀財産の承継に伴う経済的負担まで考慮に入れる点で妥当だと思います。

【6】　遺産分割との関係

　前記のとおり，遺産分割についての話合いの中で，祭祀財産の承継について話し合われることがあります。遺産分割調停手続でもあるところです。先祖の墓を守りそのための費用や仏事のための費用が必要となるから遺産から多くの分配を受けるべきだといった形での主張がなされることもありますし，反対に，墓をもらったのだから分配は少なくとも良いはずだという言い方がなされることもあります。

　祭祀財産の承継は，他の相続財産の承継とは別のルールでなされるべきですから，いずれの主張も遺産分割に影響を与えるものではありません。特に多くの遺産を受けるべきだとの考えについては，家督相続のにおいのするところです。

【加藤　祐司】

第 9 章
渉外家事調停事件

Q130 渉外家事調停事件とは

渉外家事調停事件とはどのようなものですか。どのような判断が加わりますか。また，調停前置主義は適用されますか。

【1】 渉外家事事件とは

渉外家事事件とは，法律関係を構成する諸要素（例えば，国籍，住所地，婚姻挙行地，出生地，相続財産所在地等）が複数の国に関連する事件のことをいいます。

渉外家事事件であっても，調停の進め方は基本的に異なるものではありませんが，その他と異なる3つの法律問題があります。調停を進めるにあたり検討しておかなければなりません。

第1は，国際裁判管轄権の存否の確認，第2は，準拠法の決定，第3は，裁判の国際的効力の問題です。

【2】 国際裁判管轄権の存否の確認

国際裁判管轄権とは，当該事件を裁判する権限のことで，日本の裁判所に国際裁判管轄権がある場合でなければ，日本で裁判することができません。

そして，この国際裁判管轄権について，日本では，従来，明文規定がなく，条理によっていました。

民事訴訟法が平成23年に改正（平成24年4月1日施行）され国際裁判管轄についての規定が入れられました（民訴法3の2ないし3の11）。が，それは，あくまでも財産権上の訴え，及びその保全についての国際裁判管轄に関わるものです。そして，相続権，遺留分に関する訴え，遺贈などは，民訴法3条の3第12号に規定されました。が，人事訴訟など家事に関わるものには適用されません（民訴法改正附則5）。したがって，家事に関わるものについての国際裁判権は一部（離婚後の扶養など）を除いて明文規定がなく，いわゆる法規欠缺であり，それにつき条理によって補充しています。そして，民事訴訟法

の規定する土地管轄規定から，国際裁判管轄規定を推知し，一般的には「当事者の衡平，裁判の適正・迅速を期するという条理に従って」解釈により決するのが相当とされています。これまで具体的事件において条理に従って判断され，事件類型ごとに裁判例が集積されています。家事調停・審判においても，争訟的性格を有する事件については，原則として相手方の住所地が日本にあれば日本に国際裁判管轄権が認められています。これは，被告の住所地を管轄とするという法原則（actor sequitur forum rei）によります。

　なお，国際裁判管轄権がないと考えられる場合でも，相手方が調停や審判に応じた場合や管轄について合意がある場合には，日本で処理できるものとして取り扱われています。

　調停の国際裁判管轄権を考える場合，訴訟における国際裁判管轄権と同一に考えてよいかどうかは問題ですが，離婚の調停の場合は，離婚は訴訟事項であることから同様に考えてよいとされています。

　離婚訴訟の裁判管轄権については，最高裁昭和39年3月25日の大法廷判決（民集18巻3号486頁）とその後の判例の集積によって，一応の管轄原則が確立されています。

　それによると，日本の国際裁判管轄権がある場合は次のようにまとめられます。

　①　原則として被告の住所地が日本であること
　②　原告の住所が我が国にあって，原告が遺棄されている場合
　③　原告の住所が我が国にあって，被告が行方不明である場合
　④　原告の住所が我が国にあって，その他②，③に準ずる場合

　そして，国際裁判管轄権が日本にあると認められる場合には，国際私法上の「手続規定は法廷地法に従う」との一般原則により，渉外家事事件の手続についても日本の家事事件手続法，家事事件手続規則に従うことになります。

【3】　準拠法の決定

　このように，国際裁判管轄権が日本にあり日本の裁判所で裁判や調停ができる場合，手続については我が国の法規に従うことになりますが，当該事件に適用する実体的な法基準はどの国の法令によるかが次の問題です。

というのも，国によって法律が違い，国家間の法の抵触があるからです。統一法形成をする動きもありますが，2国間，又は，多国間の国際私法条約を結ぶことが多く，ハーグ国際私法会議において，後者の条約が多数制定されています。

　日本でも，条約批准に向け，国内法を改正することがあります。例えば平成元年（1989年）の「女子に対するあらゆる形態の差別の撤廃に関する条約」の批准に向け，平成元年に法例改正が行われるなど，大きな影響がありました。その後も，準拠法について現代化が必要とされ，平成18年（2006年）6月21日に「法の適用に関する通則法」が成立し，現在ではそれによって準拠法が定められることとなっています。なお，それ以前に，「扶養義務の準拠法に関する法律」，「遺言の方式の準拠法に関する法律」が成立しており，それらの分野については，それらの法律によって，準拠法が定められます。

　当該事件の法律関係の性質により，通則法を使うのか，個別法を使うのか，通則法を使うとして，どの条文によるのかが違ってきます。つまり，当該家事事件の法律関係の性質により準拠法を定める法律，及び条文が異なりますので，当該事件の法律関係を把握することが重要です。

　準拠法の決定手順の基本を示すと以下のとおりです。

【準拠法の決定手順】
　① 法律関係の性質決定　当該家事事件をその法律関係の性質によって分類し，それらがどの国際私法のどの条項に該当するか決定します。
　② 準拠法の指定　該当する国際私法の条項が規定する連結点（国籍，常居所地，密接関連地等）を確定し，その連結方法に従って一応の準拠法を指定します。
　③ 準拠法の確定　国際私法の総則的規定（不統一法国，反致の適用等）に従って適用すべき準拠法を確定します。
　④ 外国法の適用　準拠法と確定した外国法の解釈・運用上の問題点を解決します。

　以下の設問（Q131～Q134）でいくつかの具体的な準拠法を示します。

【4】 裁判の国際的効力

　以上の要件が認められ，日本で調停や審判が行われた際に，その効力が海外でも認められるかという問題も生じます。日本の調停や審判の結果を他国が承認し，執行するかということです。この点は，その国が，外国裁判などに対してどのような立場であるかによって異なります。したがって，渉外調停事件を扱う際には，あらかじめ，調査・予測しておくことが望ましいといえます。

【5】 調停前置主義の適用の有無

Ⅰ　調停前置の原則

　当該渉外事件について，日本に国際裁判管轄権が認められ，日本法が準拠法になる場合，調停前置主義を取られているもの（**Q26参照**）について，原則として調停前置主義が適用されます。日本法がそれを採用しており，日本法による場合だからです。

　もっとも，この場合でも，外国人の本国法で調停制度を認めておらず，裁判によることとなっている場合など，調停を成立させても，本国においてその効力が問題とされかねない場合があります。このような場合でも，家庭裁判所の実務では，渉外離婚などで，調停前置を行ってきました。家事審判法で，第1に家事事件については，非公開で人的関係の調整を試みて解決に至るのが望ましいとされているからであり，また，第2に調停調書に，「本調停は，日本国家事事件手続法268条1項により確定判決と同一の効力を有する」との文言を記載するなどして，外国人の本国法でもその効力が認められるように配慮することが可能だからです。

Ⅱ　調停前置主義が適用されない場合

　他方，日本に国際裁判管轄権があるけれども，外国人同士の離婚など，他国の法を準拠法とする場合もあります。そして，その国が，調停による離婚を認めず，裁判による離婚のみを認める場合もあるわけです。例えば，日本に居住する米国人夫婦の離婚につき，日本の裁判所で，テキサス州法が適用され調停を経ませんでした（東京地判平17・2・18判時1925号121頁）。

しかし，いきなり裁判によらず，調停ではないですが，審判によった例があります。例えば，裁判離婚のみを認めるイギリス法が準拠法である場合に，旧家事審判法24条による離婚の審判を行ったことがあります（東京家審昭51・5・31判タ345号297頁）。また，離婚の合意ができている夫婦につき，裁判離婚のみを認めるハワイ州法が離婚の準拠法である場合に，旧家事審判法23条による離婚の審判によった例もあります（横浜家審平3・5・14家月43巻10号48頁）。このように，その国の法律で調停による離婚制度がない場合でも，やはり調停前置の趣旨から調停や審判を活用することも他国での効果をふまえた望ましい解決に至ると考えられています。

【牛島　聡美】

Q131 渉外離婚調停

渉外離婚調停は，どのような場合に日本でできますか。

〔1〕 日本で渉外離婚調停ができる場合

　国際結婚が増え，離婚も増えています。

　日本人と外国人の夫婦や，外国人同士の夫婦が日本にいて，離婚を求める場合が多くあります。

　日本の裁判所が，渉外離婚を管轄するのは，Q130の【2】に記載したように，原則として，被告の住所が日本にあることを前提としますが，原告が遺棄された場合，被告が行方不明である場合，その他これに準ずる場合に，原告の住所が日本にあるならば，日本の裁判所が管轄権を有し，手続は日本法によります（最判昭39・3・25民集18巻3号486頁）。

　外国に行った配偶者を被告として日本の裁判所に離婚調停を申し立てることはできますが，調停は話合いの場なので，相手方が日本の調停に出席することになります。申立てがされたことが裁判所から相手方へ普通郵便で送られますが，相手方が調停期日に出席しなかったら不成立となります。そこで相手方の出席が期待しにくい場合には，調停を経ずに離婚裁判にすることも行われています。

〔2〕 日本に国際裁判管轄がある場合の準拠法

　日本に裁判管轄権がある場合の準拠法は，離婚については通則法27条が適用されますが，同条で通則法25条が準用される結果，次のように段階的に準拠法が決められます。

① 第1に夫婦の同一本国法
② 夫婦の同一本国法がなければ，第2に夫婦の同一常居所地法
③ 夫婦の同一常居所地法もなければ，第3に夫婦にもっとも密接な関係がある地の法

ただし，夫婦の一方が日本に常居所を有する日本人のときは日本法によります。

【3】 準拠法が日本法とされる場合

日本法が適用される場合，日本では①協議離婚（民法763），②調停離婚（法244），③審判離婚（法39），④裁判離婚（民法770），⑤和解離婚・認諾離婚（人訴法37）があります。

このうち，協議離婚は，当事者の同意で離婚届出を出せばよいため，日本人配偶者が日本に常居所をもつ場合は，協議離婚届出が受理されています（平成元年10月2日民2,3900通達第2の1イ(ア)）。ですから，離婚の合意がある場合は，協議離婚の方法がもっとも簡単といえます。ただし，日本のような協議離婚制度が認められている国は限られているので，相手国での効力が認められるかも考えて，協議離婚か調停離婚かを選択します。

I 協議離婚の効力の有無と調停選択

(1) 台湾の中華民国民法1049条は我が国と同様，当事者の合意により離婚できるとし，1050条で，そのために書面作成，2人以上の証人，戸籍機関への登記が必要としています。1050条は，方式の問題とされています。方式の準拠法については，法の適用に関する通則法34条において，離婚の準拠法の他，行為地法によることができるとされています。日本で離婚手続をする場合は，日本法によることもできますので，中華民国の戸籍機関へ登記に行かなくても，日本の戸籍窓口に届け出ることによって中華民国での効力も認められます。したがって，協議離婚を選択して問題ないといえます。

(2) 韓国民法834条では，「夫婦は，協議によって離婚することができる」としていますが，離婚に名を借りた追出し離婚を防ぐため，1977年改正で，韓国民法836条1項が「協議上の離婚は，家庭法院の確認を受け，家族関係の登録等に関する法律に定めるところにより，申告することによってその効力が生じる」として，家庭法院の確認が必要とされました。日本の戸籍実務では，在日韓国人夫婦からの協議離婚届を受理していますが，韓国法上では有効な離婚とは認めていません。そこで，韓国法でも有効な離婚をするためには，韓国でも認められている調停離婚を行うのが望ましいでしょう（櫻田

嘉章＝道垣内正人編『注釈国際私法(2)』54〜56頁)。

(3) 北朝鮮法では，協議離婚を認めていません。戸籍実務は，本人が特に韓国人でないことを主張しない限り，原則として韓国法によるものと考えて処理するとされており（民事法務協会民事法務研究所戸籍法務研究会編『新版実務戸籍法』284頁)，受理されますが，相手国でも有効な離婚とするためには調停によるのが良いと考えられます。

(4) 中国法でも，中華人民共和国婚姻法31条で，「夫婦双方が自由意思により離婚を望む場合には，離婚を認める」と定め，協議離婚を認めていますが，当事者が婚姻登記機関に出頭して申請することとなっており，婚姻登記機関が，双方の自由意思に基づいていることを調査により明らかにして離婚証を発給するとされています。日本の戸籍実務では，これが単なる形式的成立要件であるとの理解を前提に，中国法を準拠法とする協議離婚届として受理しています。これに対し，公的機関による実質的審査権が認められているとして，これを実質的成立要件であるとすると，中国法に準拠したものとして協議離婚届書を受理するだけでは，中国法上有効な離婚とはならないとされるおそれがあります。その回避のためには，調停によるのが良いでしょう。

(5) また，協議離婚を認めていないブラジルに関して，ブラジル人同士の協議離婚届は，受理すべきではないこととなっています（平6・2・25民二第1289号回答)。

Ⅱ 調停離婚

協議離婚を認めていないか，認めていてもその実質的審査を要する国の法律に準拠する場合については，公的機関の関与のため，調停離婚を要します。調停離婚が成立した場合，調停離婚は，当事者の合意によることを本質にしますが，裁判離婚しか認めない国において効力をもつように，調停調書に，確定判決と同一の効力を有すると書くことにより，公的機関の関与を明示することがあります。

調停離婚は，相手方が出席することが必要なので，それが期待できない場合には求められません。その後，裁判離婚になります。

Ⅲ 審判離婚

裁判離婚しか認めていないイギリス，ハワイ州法などを準拠法とする場合

について，審判離婚をすることがあります。**Q 130**をご参照ください。本来裁判離婚とすべきですが，公的機関が関与したものとして他国でも効力が認められるのです。

Ⅳ　裁判離婚

　裁判離婚しか認めないテキサス州法を準拠法とする離婚で，東京地裁で離婚判決（東京地判平17・2・18判時1925号121頁）がなされたことは**Q 130**のとおりです。このような場合は，他国での効力を考え，調停離婚は選びません。

　他方，相手方が外国に行くなどして配偶者を遺棄した場合，行方不明の場合は，日本法に準拠して日本の裁判所に離婚調停申立てが可能ですが相手方不出席を考え，調停前置せずに離婚訴訟を提起することができます。

　もっとも，この場合は，外国に訴訟の書類を送達することが必要となります。①領事送達，②中央当局送達，③指定当局送達等があります。送達する書類については，②，③については当該外国語の言語に翻訳する必要があります。最高裁判所事務総局編『国際私法共助執務資料』（法曹会）を参考にしてください。そして，裁判所に問い合わせて手続をすることになります。

　外国の管轄官庁に嘱託を発した後6か月を経過しても送達証明書が送付されない場合や，外国に帰国した夫の住所が不明となり，調査しても送達すべき住所が判明しなければ，公示送達という方法になります（民訴法110Ⅰ③・④）。外国においてすべき送達についての公示送達（翻訳不要）は，掲示を始めた日から6週間で効力を生じます（民訴法112Ⅱ）。なお，2回目以降の公示送達は掲示の翌日から効力を生じます。このようにして送達した後は，相手方欠席でも，日本の裁判所で口頭弁論期日が開かれ証拠調べをし，離婚原因が認められれば，離婚判決がなされます。

【牛島　聡美】

Q132 渉外離婚に伴う財産的請求・養育費請求調停

国際結婚をしましたが，離婚をする場合，財産的請求・養育費を請求するにはどうしたらいいでしょうか。

【1】 日本で国際裁判管轄があるとされる場合

日本で国際裁判管轄が認められるかについては，Q130を参考にしてください。

そして，日本で国際裁判管轄があるとされる場合，次に，どの国の法律によって判断されるかについては，財産的請求，養育費請求をどのような法律問題とみるかで異なってきます。【2】夫婦間の財産的請求か，【3】親子間の養育費かで，適用される法律が異なります。後者ではⅠ離婚申立て時か，Ⅱ離婚後かによっても，適用される法律が異なります。

【2】 離婚に伴う夫婦間の財産的請求

Ⅰ 財産分与に一方の持分の実質的清算の性格がある場合

この場合，夫婦財産制の問題として，法の適用に関する通則法26条によるとする見解もあります。同条は同法25条を準用しています。同条は，夫婦の本国法が同一なら，それにより，同一でなければ，夫婦の常居所地法により，いずれの法もなければ，夫婦にもっとも密接な関係がある地の法によります。

Ⅱ 慰謝料・離婚後扶養としての財産分与

このような財産分与について，一般に離婚の準拠法によるとされます（最判昭59・7・20民集38巻8号1051頁）。離婚紛争期間中の婚姻費用についても，離婚の準拠法によると考えられます。法の適用に関する通則法27条は離婚について，同法25条を準用しつつ，但書として夫婦の一方が日本に常居所を有する日本人であるときは，離婚は日本法によるとしています。

Ⅲ 離婚自体の損害賠償請求

これについては，婚姻中の夫婦間で生じた問題であるから，統一的に処理

すべきであり，原則として離婚の準拠法によることになります。離婚自体による損害賠償ではなく，離婚原因たる一方配偶者の行為により生じた他方配偶者の損害は，離婚と独立した不法行為として，不法行為に関する法の適用に関する通則法17条（原則として加害の結果発生地の法，例外として加害行為地の法）によるとする立場が多数説とされています。が，離婚の際に問題になった場合には，離婚の問題としてその準拠法によるとする有力説もあります。まずは，離婚調停等で主張されるのがよいでしょう。

【3】 養育費請求

Ⅰ 離婚紛争段階での養育費請求

この点，離婚の準拠法によるのか，親子関係の準拠法によるのかの争いがありましたが，平成19年1月1日施行の法の適用に関する通則法32条によることとされました。

すなわち，法の適用に関する通則法32条は，「親子間の法律関係は，子の本国法が父又は母の本国法（父母の一方が死亡し，又は知れない場合にあっては，他の一方の本国法）と同一である場合には子の本国法により，その他の場合には子の常居所地法による」としています。

Ⅱ 離婚後の養育費請求

離婚後については，親子という親族関係から生ずる扶養義務の問題と解され，扶養義務の準拠法に関する法律2条が適用されます。

① 第1に，扶養権利者の常居所地法によります。

　ただし，扶養権利者の常居所地法によればその者が扶養義務者から扶養を受けられないときは，当事者の共通本国法によります。

② 第2に，前項の規定により適用すべき法によっても扶養権利者が扶養義務者から扶養を受けられないときは，扶養義務は日本法によって定めます。

　日本法では，第二事件と分類され，調停成立すれば，確定した審判と同一の効力を有し，不成立ですと審判手続に移行して審判されます。

Ⅲ 具体的な婚費，養育費の金額

この点については，配偶者の生活場所や子供がどこの国で養育されるかな

どによって，物価水準などの影響を受けることが多くなります。

扶養義務者が外国に行ってしまった場合は，前記Q131Ⅳと同じように送達（公示送達を含む）をし，扶養義務者欠席でも判断します。

さらに，審判の送達をします。扶養義務者が任意に支払わない場合で財産が海外にある場合などに，判決又は審判を当該外国で執行できる場合は，その執行を求めることになります。その国で，日本の判決や審判の効力が認められなければ，その外国で改めて裁判を起こすこともあり得ます。

【牛島　聡美】

Q133 渉外子の引渡し・面会交流調停

国際結婚をした日本人が配偶者の本国で住んでいましたが，家庭内暴力を受けたことから，16歳未満の子どもを連れて日本に帰国しました。子どもを戻せと配偶者からいわれていますが，どうしたらいいですか。

〔1〕 準拠法の選択

日本に国際裁判管轄がある場合，親子間の法律問題について，法の適用に関する通則法32条が適用されます。

すなわち，子の本国法が父又は母の本国法と同一の場合は，子の本国法となります。その他の場合は，子の常居所地法となります。

〔2〕 平成26年（2014年）4月1日施行のハーグ条約実施法

Ⅰ ハーグ条約の制定過程

「国際的な子の奪取の民事上の側面に関する条約」（以下「ハーグ条約」という）が，ハーグ国際私法会議にて昭和55年（1980年）10月25日に採択され，昭和58年（1983年）12月1日に発効しています。日本でもこれを平成25年（2013年）に批准し，平成26年（2014年）4月1日に施行されました。

国際結婚の増加に伴い，離婚した夫婦の一方が無断で子を連れて国外に出るケースが多くなり，国際的なルール作りが必要となったことが背景にあります。現在は欧米を中心に90か国が加盟し，アジアでは韓国，タイ，シンガポール，スリランカが加盟しています。中国は香港，マカオのみで，本土にこの条約は適用されません。

Ⅱ 概 略

結婚が破綻して，国境を越えた子どもの連帰りがあったときに，原則として迅速かつ確実に子どもを元の国（常居所地）に返還して，元の国で紛争解決に向けた手続をするのが良いとの考えによる条約です。子と離れて暮らす親による面会を支援する国際協力の仕組み等をも定める多国間条約です。他

方，子や，他方の親への虐待のように「子の心身に重大な危険」があったり，連れ去った親へのDVが子の面前であったような場合であると判断すれば，引渡しを拒むなどの配慮をしています。

　日本人同士の夫婦でも一方が子を連れて国外に出て，締約国にいる場合，対象になり得ます。

　このようにハーグ条約は子どもの常居所地国の裁判所の権限を尊重するために作られたものであって，子どもの親権に関して判断を下すものではありません。

Ⅲ　監護の権利をめぐる各国の差異

　離婚後の親権について各国で差異があります。日本では家族法上，子の親権者を夫婦のどちらか一方に決めておかなければ離婚は認められず，子の養育の権利・責任（親権）は母親が引き受ける法判断が多くあります（判例では，母親側によほどの問題がない限り，親権は母親に渡されるのが通例です。もっとも10歳以上の子が自らの意思で父親を選ぶ場合もあります）。ただし，法律には母親に親権を与えると明記されているのではなく，離婚裁判が起こった時点で子どもと同居している者に親権を与えるのが子どもの生活・精神上の安定に資するという判断があり，大半が母親が子どもとともにいることによっています。他の国で，養育者・育児者（Primary Carer）に親権を与える判例が確立している国もあり，この場合は母親が育児を行い，母親が親権者となることが多いです。

　これに対し，アメリカやフランスなどでは両方の親に親権が与えられ，母親に親権を与える国でも父親の面接権を確保するために母親と子どもの（外国への）移住を法的に制限するなどの法令が制定されている国もあります。

　そのため，この条約を締結及び執行するとなると，日本の家族法及び移動の自由を保障する日本国憲法との衝突が考えられ，条約締結には国内法の改正が必要となるため加入には消極的でした。しかし，国内外において国際離婚に伴う子の問題への関心が高まっていることと，欧米，特にアメリカの強い圧力などの理由から平成23年（2011年）5月に政府は加盟方針をうち出し，国内法制との整合性調整等の条約締結へ向けた準備を開始したのです。

Ⅳ　日本での手続

(1)　日本での窓口となる中央当局は，外務大臣とされています。

(2)　子が連れ出された国，及び連れ込まれた国の両方が条約加入国の場合のみに，効力を有します。また，平成26年（2014年）4月1日より前の連去りは引渡し適用外となります。ただし加盟前の連去りであっても，子と一時的に面会できるよう政府機関に支援を求めることができます。

(3)　子を連れ去られた親や，その国の関係者から子の返還・面会交流について援助の申請があれば，外務大臣は，要件を充たす場合，子の所在について，国，地方公共団体，その他政令で定める者（県の配偶者暴力相談支援センターや民間シェルターのネットワーク団体など）に情報提供を求めるなどの援助をします。

(4)　子を元の居住国に戻すかは，まず親同士で話し合うことが望ましいとされ，外務大臣は，話合いでの紛争解決機関を委託しており，紹介します[*1]。そのための弁護士を自ら探せない人のために，外務大臣が弁護士紹介をする制度があります。

また，外務省を経ずに弁護士会で対応可能な弁護士を紹介するものとして，東京三弁護士会ハーグ条約事件のための弁護士紹介窓口[*2]，大阪弁護士会法律相談部相談一課[*3]があります。

(5)　話合いで解決できない場合，東京家庭裁判所，大阪家庭裁判所のいずれかが非公開の非訟事件として判断します。条約は，子に重大な危険があれば返還を拒めるなどの例外を定めています。日本の法律も条令にそって，以下の場合は，子の返還を拒否することができます。

①　連去りから1年以上経過した後に裁判所への申立てがされ，かつ子が新たな環境に適応している場合
②　申請者が連去り時に現実に監護の権利を行使していなかった場合
③　申請者が事前の同意又は事後の黙認をしていた場合
④　返還により子が心身に害悪を受け，又は他の耐え難い状態に置かれることとなる重大な危険がある場合
⑤　子が返還を拒み，かつ当該子が，その意見を考慮するに足る十分な年齢・成熟度に達している場合

⑥　返還の要請を受けた国における人権及び基本的自由の保護に関する基本原則により返還が認められない場合

　このような返還拒否事由や申立要件について，他の締約国の裁判例を分析した報告書が日弁連から出されており，参考になります[*4]。

　また，④について連去り後の他方の親への暴力・脅迫が，該当するとされた米国の裁判例の分析[*5]が参考になります。その証拠については，海外の病院，警察，在外公館などの記録を取り寄せるほか，当事者の詳しい陳述書や調査官による調査などが考えられています。

　なお，アメリカでは，「子の意見を聞くことは，子の心に負担をかける。親のうち一方を選び他方を捨てる判断を子にさせるべきではない。」との意見から，子は自分の意見を返還命令について検討する裁判でいうことを許されない運用をされるなど国により違いがあります。

　元の居住地に戻ることになった場合，そこで親権をめぐる手続が進むこととなります。

⑹　そして，元の居住国に戻すことになった場合に，当事者が任意で戻さないとき，裁判所の執行官が親から子を引き離すことになります。

　最高裁の規則によると，執行官が子を引き離す際は連れ去った親がいるところでなされることとされており，子に対する威力の行使は禁止されており，連れ去った親への威力行使は認められていますが，子の心身に有害な影響を及ぼすおそれがある場合には禁止されております。具体的には「親の腕から強引に引き離さない」「子が拒めば無理をしない」などとされ，注意事項が確認され，引離しの方法のマニュアル（解放実施にあたって執行官が留意すべき事項）を作っています。そのマニュアルでは，連れ去った親の協力を得て任意の引渡しを実現することが望ましいとされています。執行官が親に実力行使するのは親の抵抗がかたくなな場合に限定すべきとされています。

【牛島　聡美】

《注》
*1　連絡先は，東京弁護士会紛争解決センター03－3581－0031（電話番号，以下同），
　　第一東京弁護士会仲裁センター03－3595－8588，第二東京弁護士会仲裁センター03－

3581-2249，沖縄弁護士会紛争解決センター098-865-3737，公益社団法人総合紛争解決センター06-6364-7644（大阪弁護士会1階）。
* 2 　連絡先は，0570-783-563。
* 3 　連絡先は，06-6364-1248。
* 4 　日本弁護士連合会「国際的な子の奪取に関するハーグ条約関係裁判例についての委嘱調査」報告書（2011年5月24日）。
* 5 　竹内千春「日弁連推薦留学生報告（第5回）米国の『国際的な子の奪取の民事上の側面に関する条約（ハーグ条約）』に基づく子の返還請求裁判（ハーグ裁判）実務と日本のハーグ裁判の課題」自由と正義65巻5号（2014年5月号）92～101頁。

Q134　渉外遺産分割調停

(1) 日本で暮らしている日本人である母が，外国で投資用不動産を所有していましたが，死亡しました。相続はどのようになるでしょうか。
(2) 日本人である母が，外国で暮らしていましたが，日本に不動産があった場合の相続はどうですか。

【1】 相続に関する国際裁判管轄権

　日本での国際裁判管轄があるか，つまり，日本の裁判所に提訴できるかについては，平成23年（2011年）の民訴法改正で，平成24年（2012年）1月1日に施行された，民訴法3条の3第12号により，「相続開始の時における被相続人の住所が日本国内にあるとき，住所がない場合又は住所が知れない場合には相続開始の時における被相続人の居所が日本国内にあるとき，居所がない場合又は居所が知れない場合には被相続人が相続開始の前に日本国内に住所を有していたとき」に，日本の裁判所に訴えを提起できるとしています。
　設問(1)は，被相続人である母が日本に住所又は居所があったので，日本に裁判管轄があります。設問(2)は，原則として暮らしていた外国に裁判管轄があります。

【2】 相続に関する各国制度

　相続に関しては，国により様々な法制度があり，被相続人から相続人は直接の財産の承継を定める包括承継主義と，一旦代表者に帰属して管理・清算の後に，分配・移転がされる特定承継主義（管理清算主義）があります。
　また，不動産については所在地法，動産については被相続人の死亡当時の住所地法を適用する相続分割法の国と，動産・不動産ともに，被相続人の本国法などによって決める相続統一主義があります。なお，動産には，不動産以外のもの，例えば株式なども含むとして使われている場合もあります（東京地判平22・11・29国際私法判例百選〔第2版〕158～159頁〔黄軔霆〕）。

このような中で，1989年の「死亡による財産の相続の準拠法に関するハーグ条約」（ハーグ相続条約・未発効）は，相続統一主義を原則として，国籍と常居所地を主たる連結点としましたが，被相続人による一定範囲の相続準拠法の選択ができるなど，相続分割法をも取り入れられるようにしています。

日本は相続統一主義を採用しており法の適用に関する通則法36条に「相続は，被相続人の本国法による」とされています。

【3】 日本に国際裁判管轄があるか，日本の調停によることの合意がある場合

(1) 設問(1)は被相続人である母が亡くなったときに，日本に住所があるか，居所があった場合ですから，日本の裁判所で，調停できます。そして，この場合の準拠する法律は，上記のとおり通則法36条に基づき，亡くなった母が日本国籍者であることにより，日本法に準拠します（詳細はQ131参照）。

(2) したがって，①相続開始の原因，時期，②相続人の範囲，相続能力（胎児，法人），相続欠格，相続人の廃除（東京高決平23・5・9），相続順位，③相続の承認及び放棄，④相続分，寄与分，遺留分などが日本法によります。

(3) 相続財産について，相続財産を構成する財産の範囲は，相続の準拠法によることになります。個別財産については，考え方が分かれていますが個別財産の準拠法によるとする実務があります。例えば，不動産など，登記すべき権利に関しては，実務的にはその目的物の所在地法によることが通例です。

また，不法行為による損害賠償債務は原則として加害行為の結果発生地法が準拠法であり，そこで一身専属性が認められれば，日本法上での相続財産に含まれない（民896但書）とされます。したがって，設問(1)の場合は，不動産については，その所在する外国の法律によります。

(4) なお，相続人のほとんどが日本におり，外国にいる相続人も調停に従う意向を示している場合などは，日本で出席できる相続人の意見により中間調書を作成し，外国にいる相続人に郵送して，それに受諾するとの受諾書面を返送してもらうことで調停として成立する運用がなされています。

【4】 日本に国際裁判管轄がない場合

　設問(2)のように日本人である母が外国に住所・居所をもっていた場合などは，原則として日本に管轄権がなく，住所のある外国が定める裁判管轄によります。

　もっとも，住所のあった外国で裁判管轄が認められるとして，その国の相続に関する法律で日本の法を準拠法と指定している場合については，いわゆる反致（通則法41）により，日本法によることになります。

　この点，外国で裁判管轄があるとしても，不動産所在地が日本であるなど，その国の準拠法で日本に反致されるのを認めるかについては，相続統一主義の見地から異論がありますが，通説としては認めており，日本法で定められることになります。なお，相続人間で日本の調停によることを合意することもできます。

【牛島　聡美】

巻末資料

養育費・婚姻費用算定表

(出典：東京・大阪養育費等研究会「簡易迅速な養育費等の算定を目指して――養育費・婚姻費用の算定方法と算定表の提案――」判例タイムズ1111号285頁以下／東京家庭裁判所ホームページ http://www.courts.go.jp/tokyo-f/vcms_lf/santeihyo.pdf)

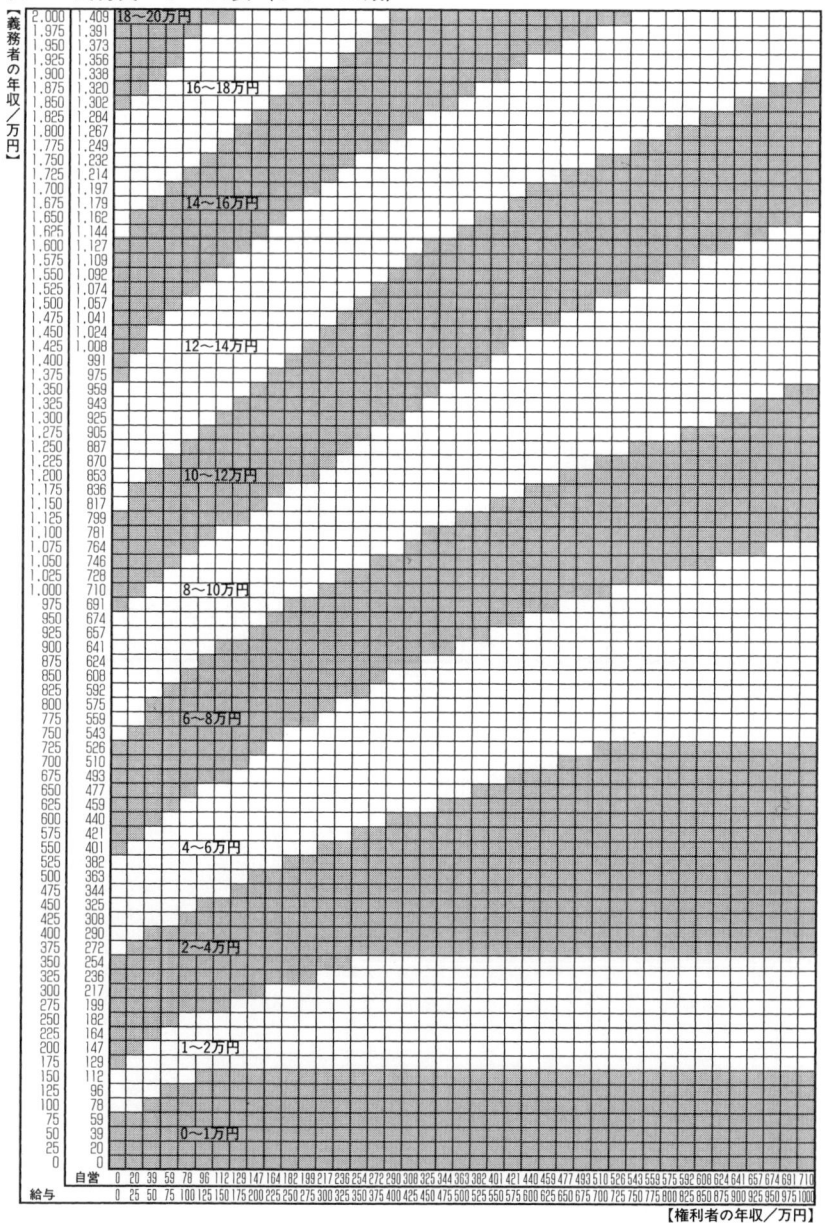

表1　養育費・子1人表（子0〜14歳）

570　巻末資料

表2　養育費・子1人表（子15〜19歳）

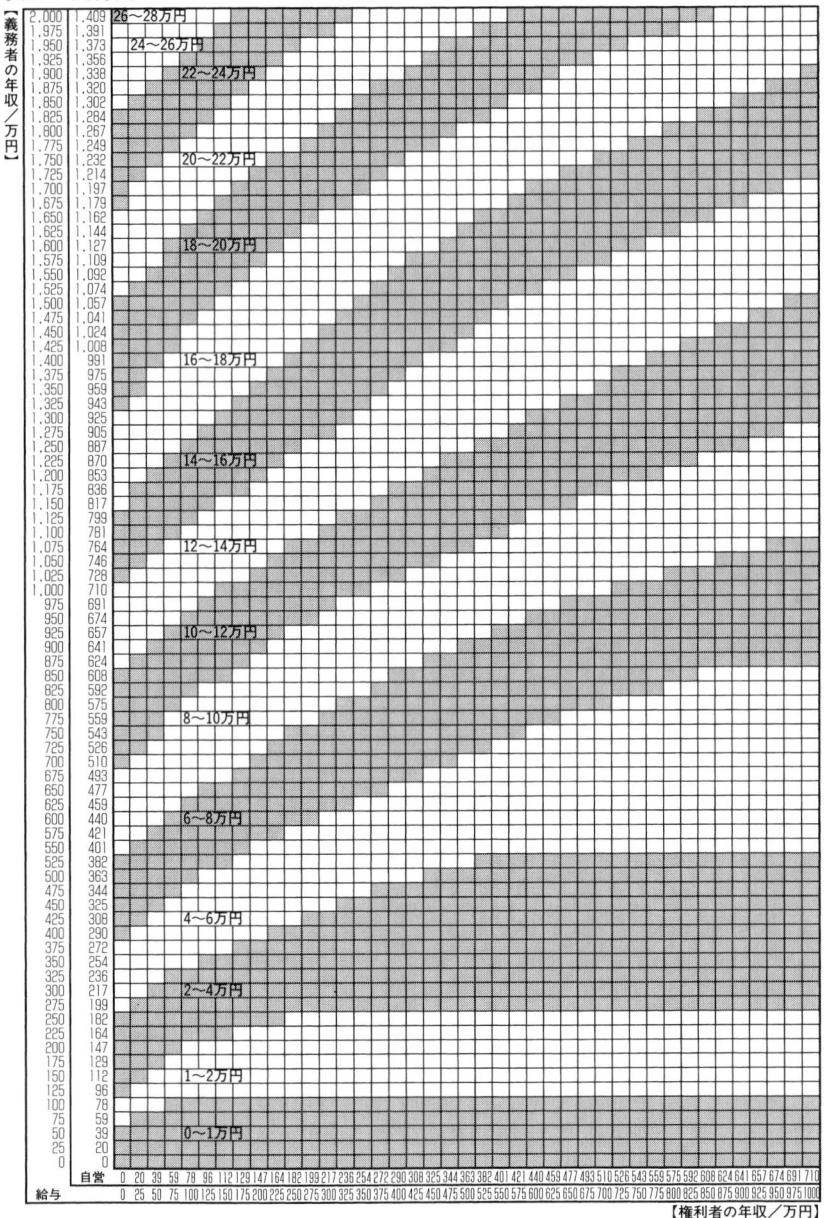

[Chart: 養育費算定表 showing obligor's annual income (義務者の年収/万円) on vertical axis and recipient's annual income (権利者の年収/万円) on horizontal axis, with diagonal bands indicating monthly child support amounts ranging from 0〜1万円 to 26〜28万円. Vertical axis shows 給与 (salary) values from 0 to 2,000万円 and 自営 (self-employed) values from 0 to 1,409万円. Horizontal axis shows 自営 values 0 to 710 and 給与 values 0 to 1,000万円.]

養育費・婚姻費用算定表　571

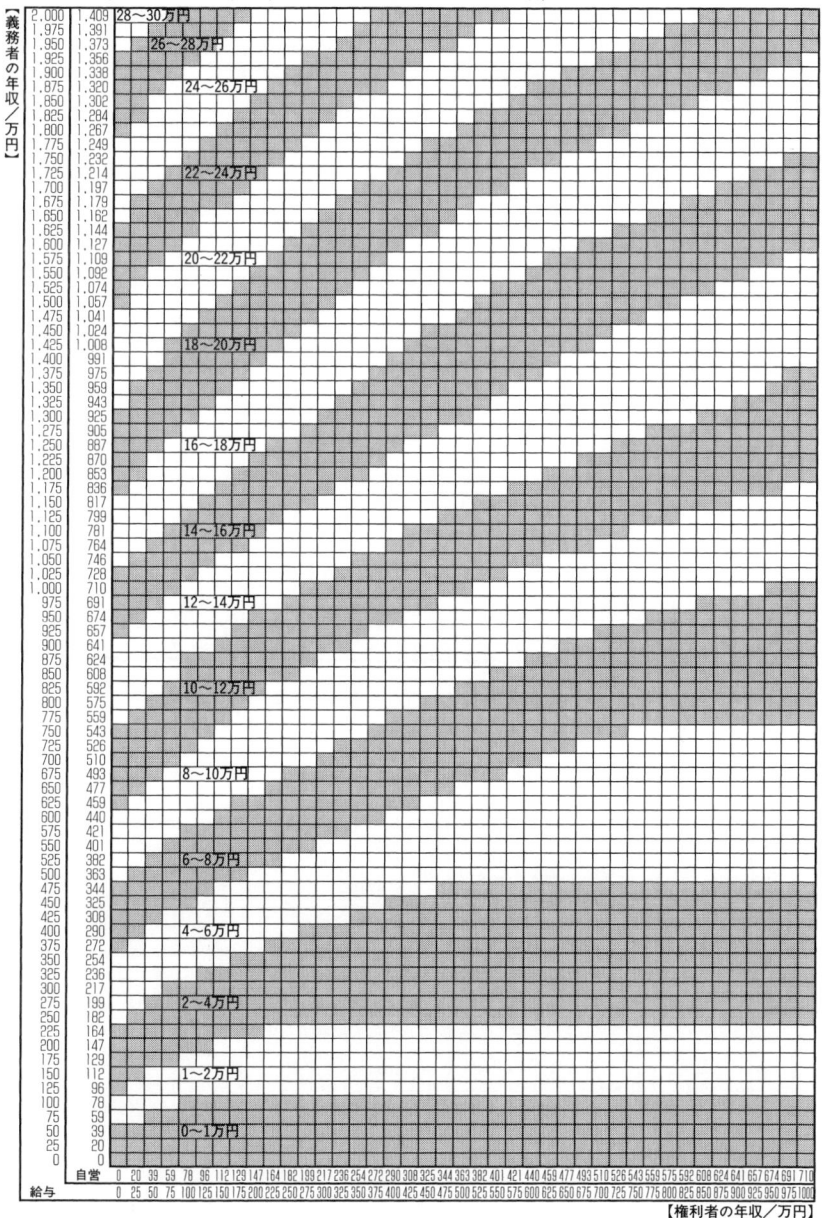

表3　養育費・子2人表（第1子及び第2子0～14歳）

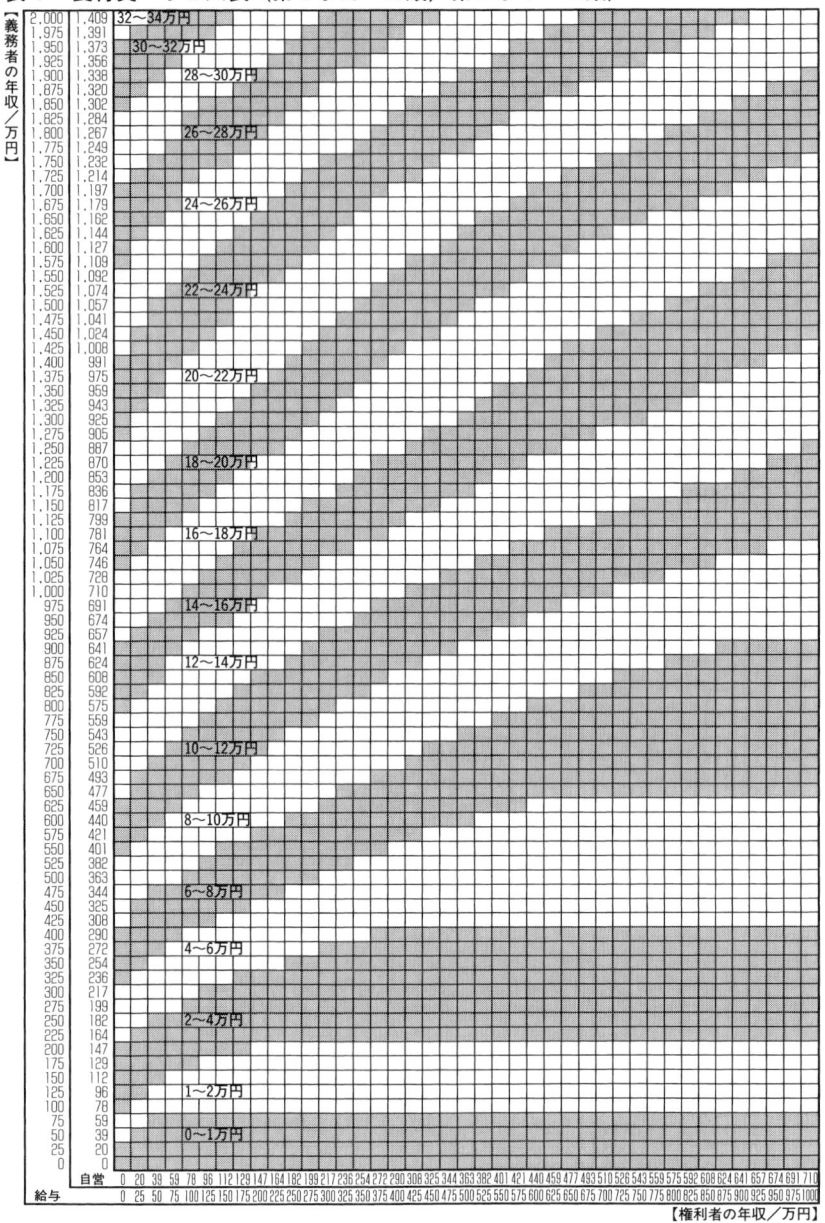

表4　養育費・子2人表（第1子15～19歳，第2子0～14歳）

表5　養育費・子2人表（第1子及び第2子15〜19歳）

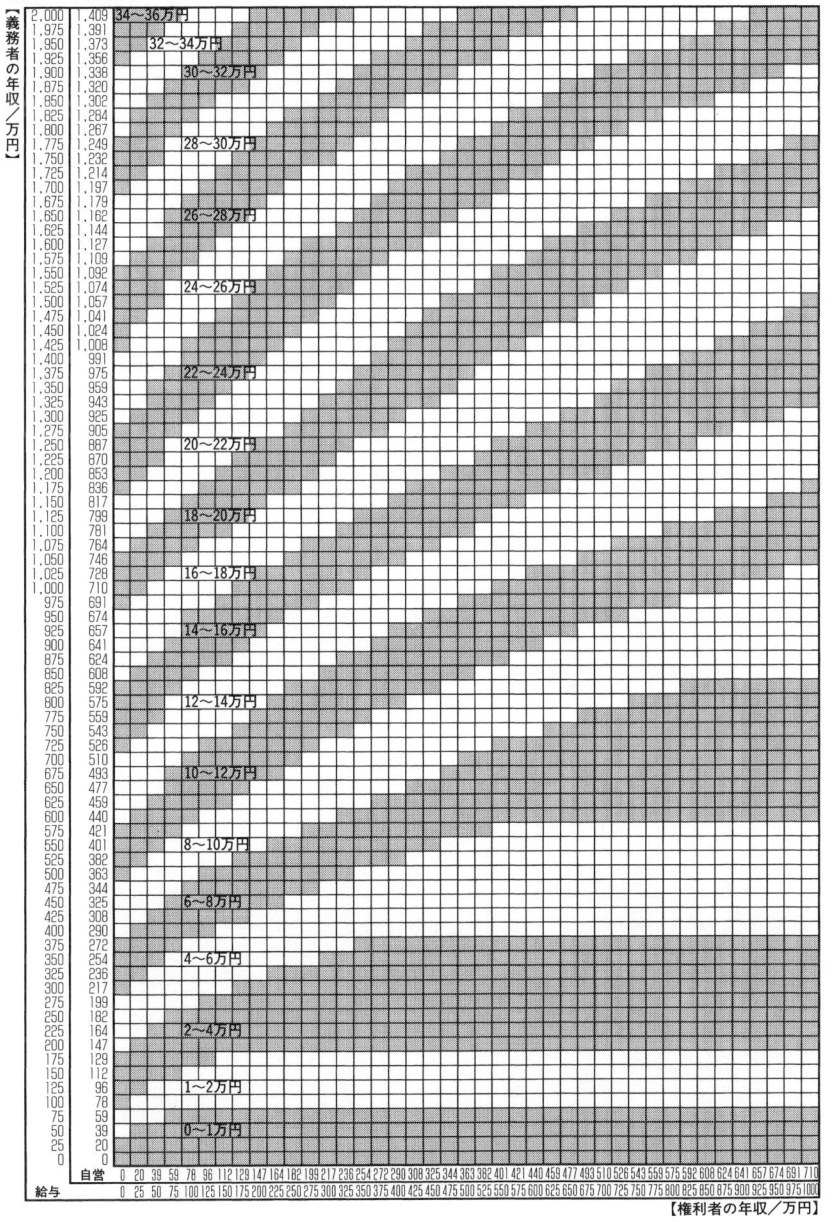

574　巻末資料

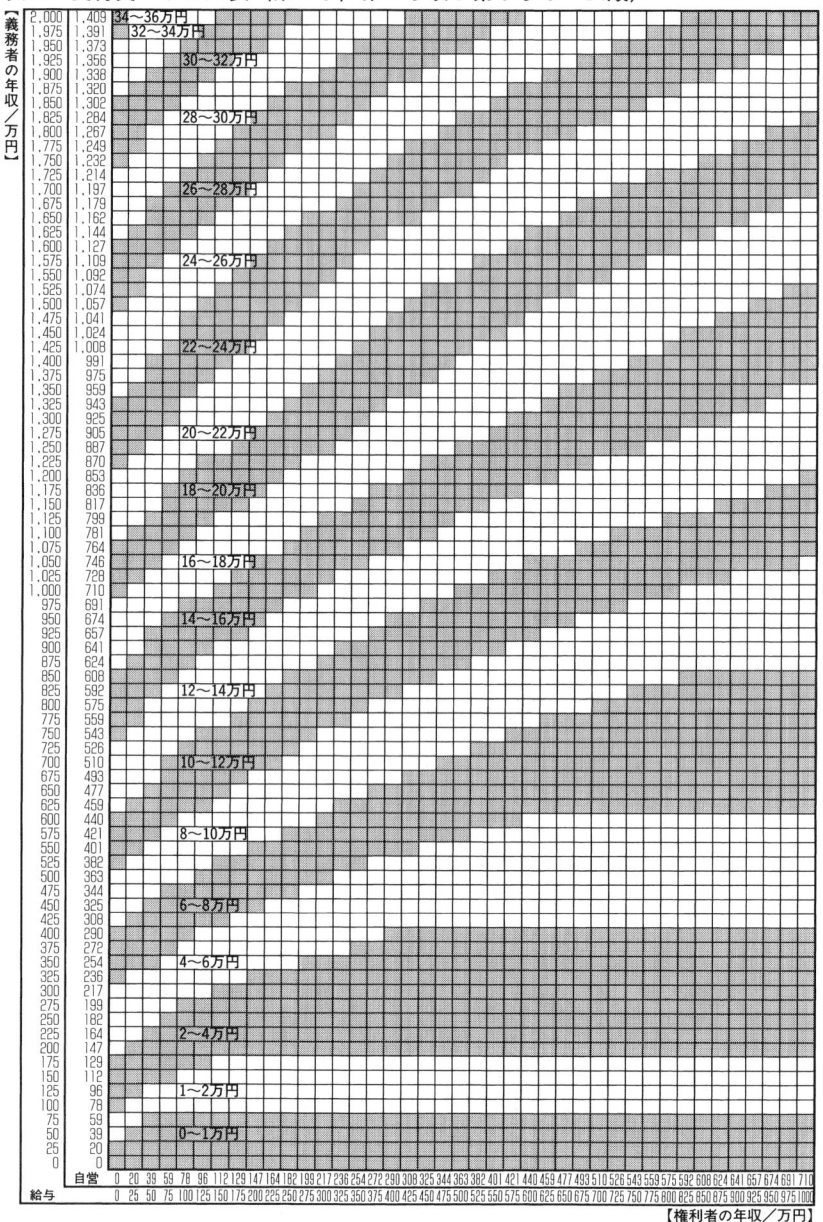

表6　養育費・子3人表（第1子，第2子及び第3子0〜14歳）

養育費・婚姻費用算定表 575

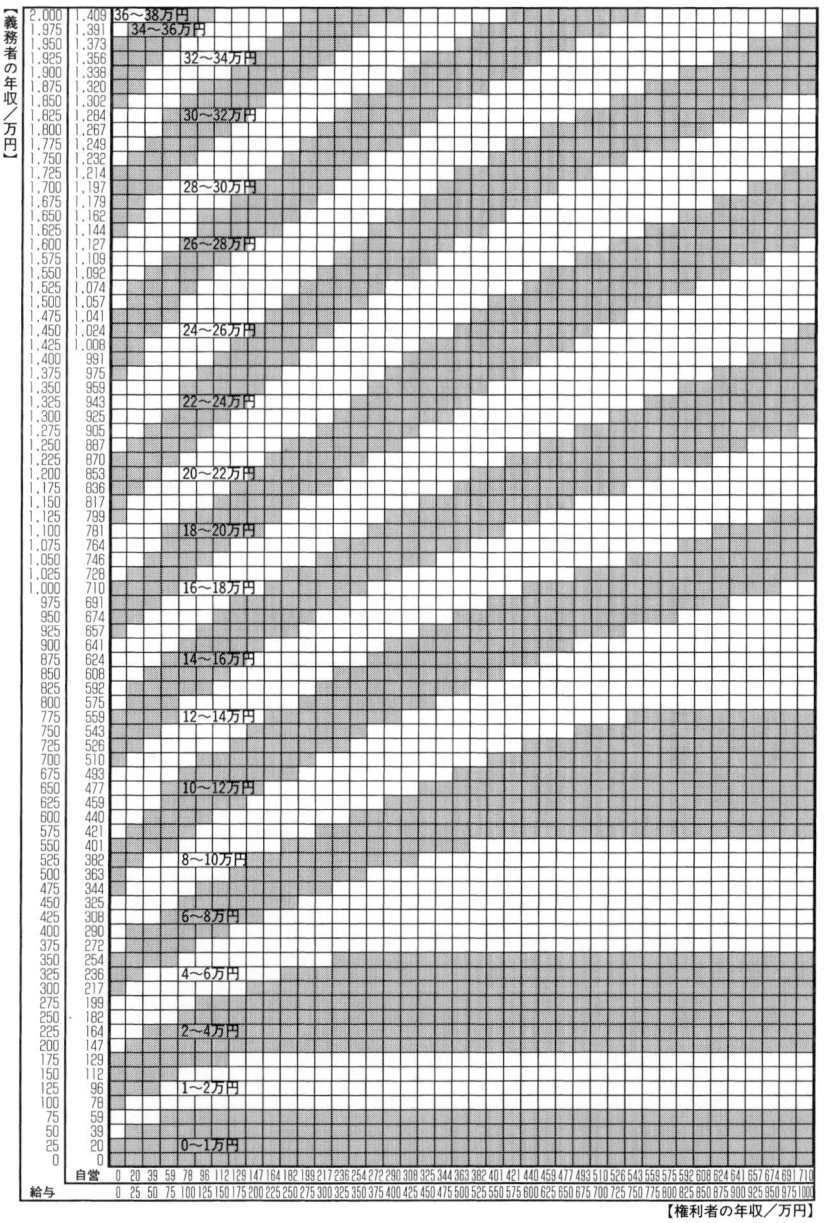

表7 養育費・子3人表（第1子15〜19歳，第2子及び第3子0〜14歳）

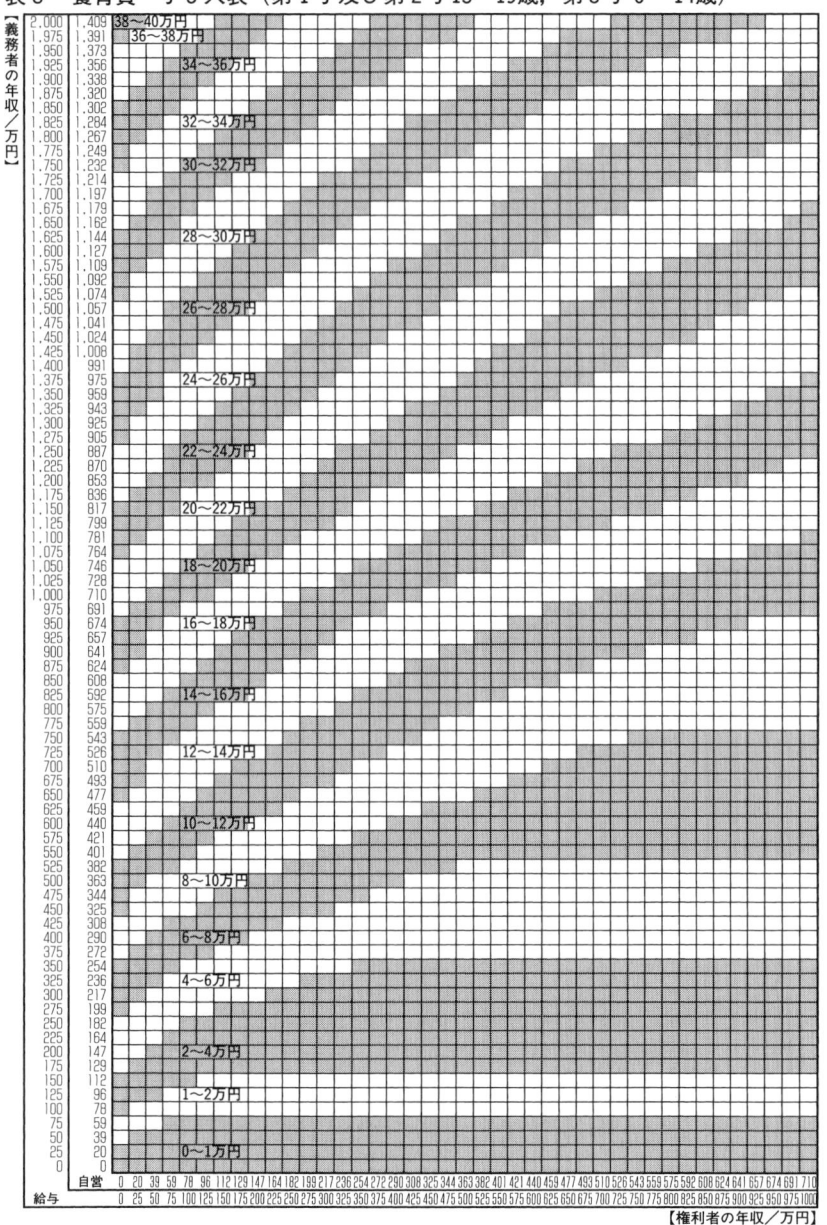

表8　養育費・子3人表（第1子及び第2子15～19歳，第3子0～14歳）

表9　養育費・子3人表（第1子，第2子及び第3子15〜19歳）

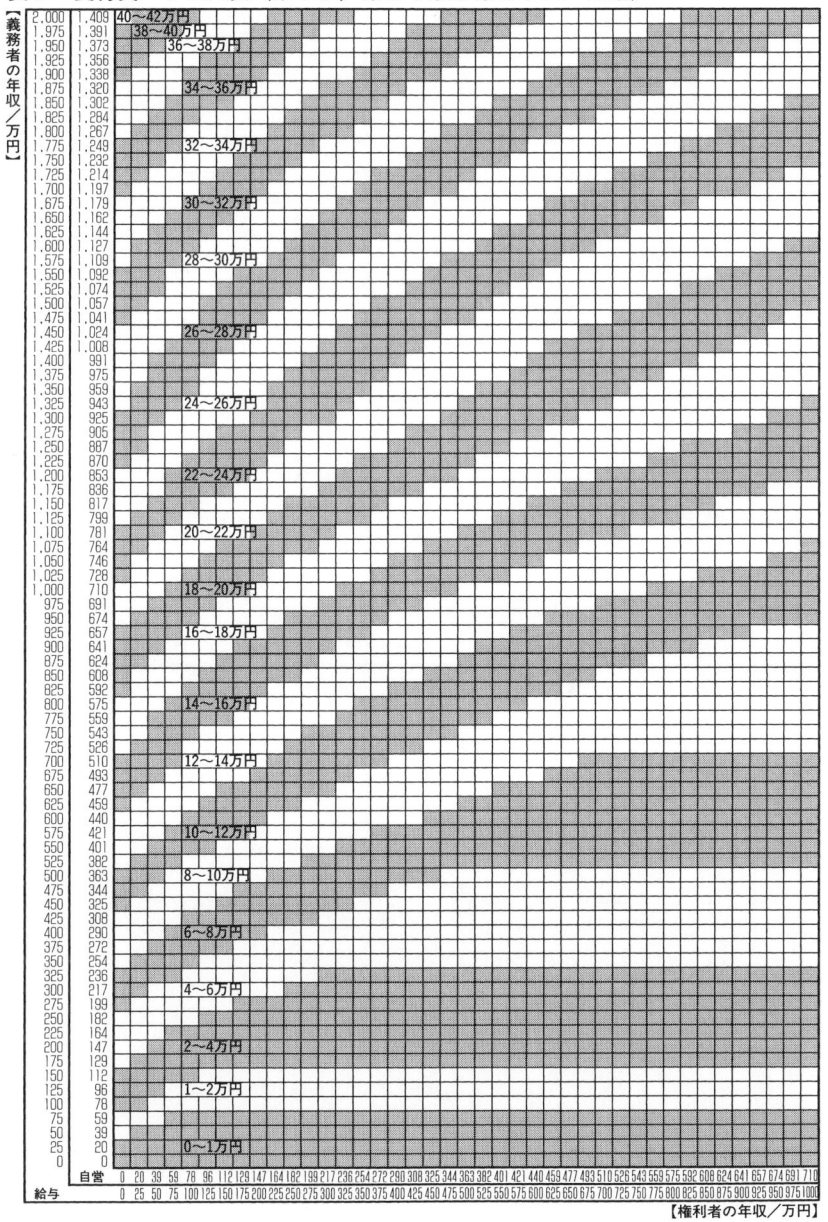

表10 婚姻費用・夫婦のみの表

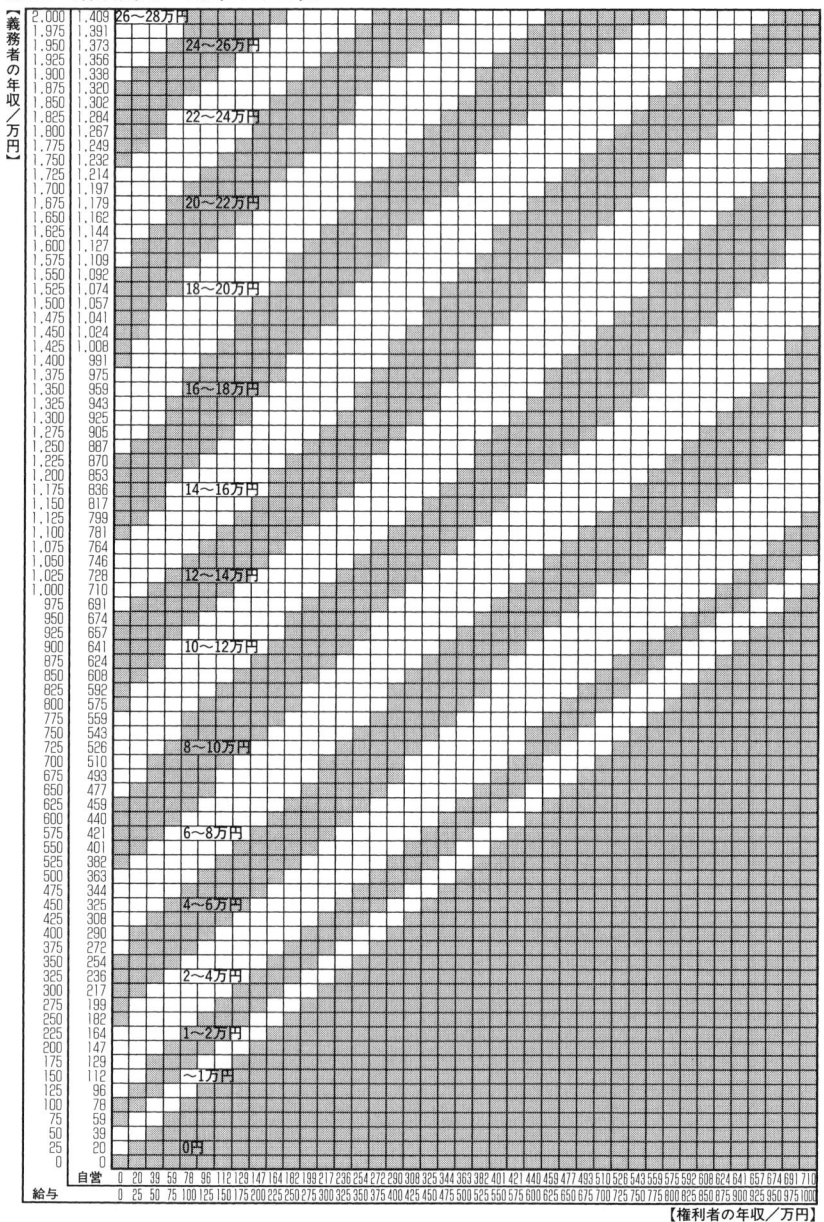

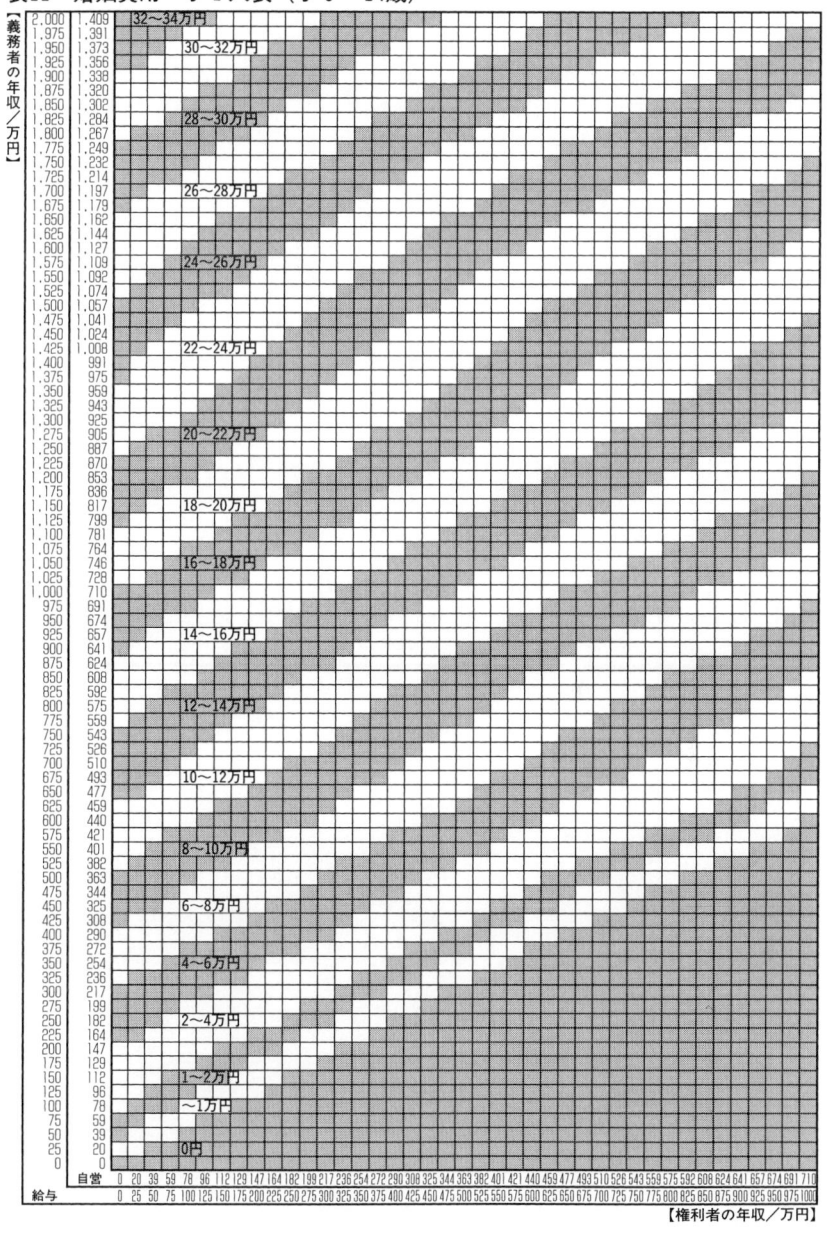

表11　婚姻費用・子1人表（子0〜14歳）

580　巻末資料

表12　婚姻費用・子1人表（子15〜19歳）

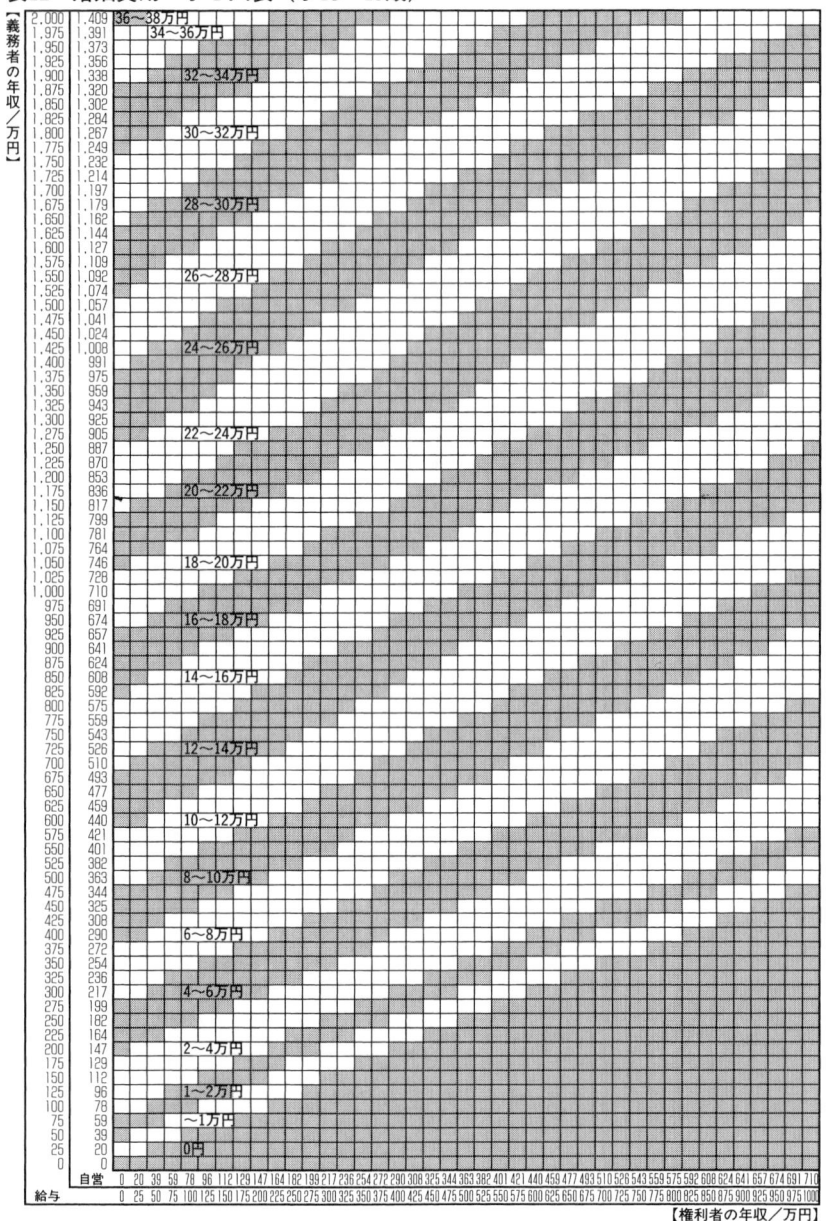

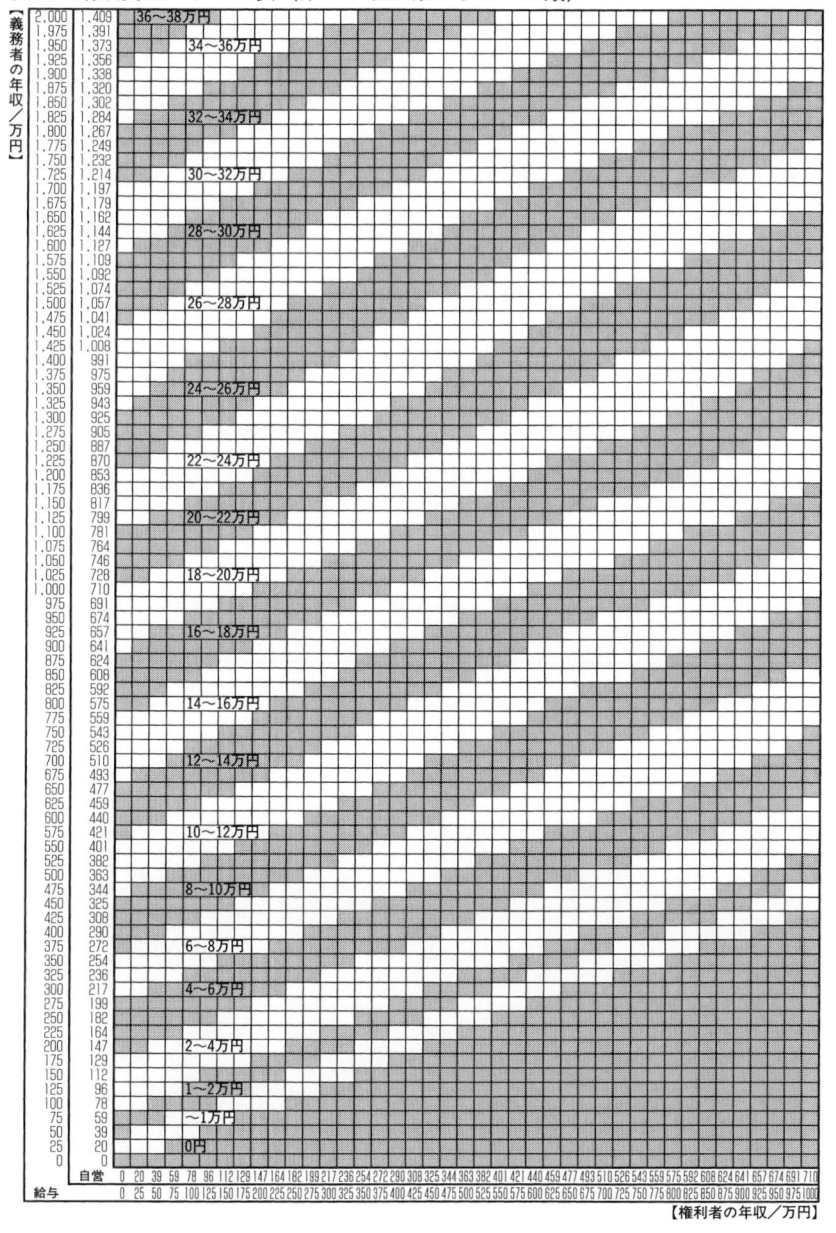

表13 婚姻費用・子2人表（第1子及び第2子0〜14歳）

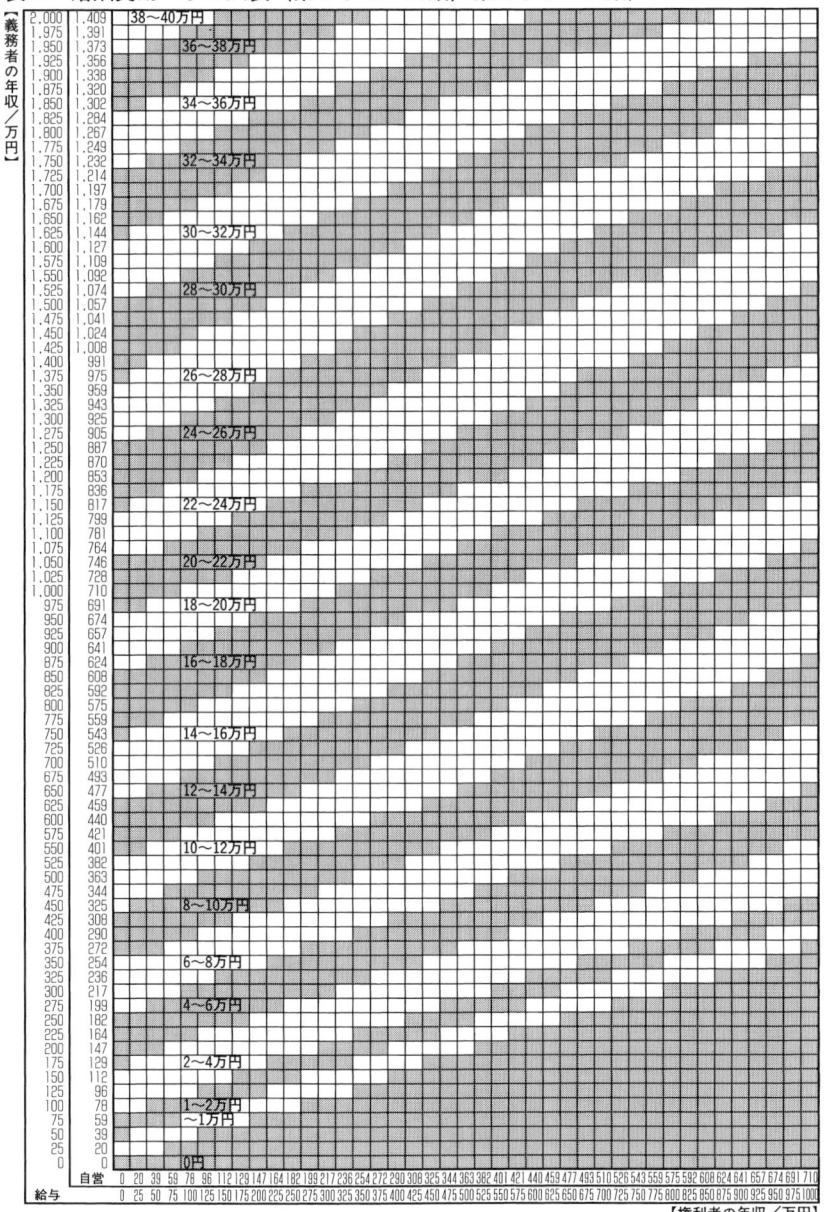

表14 婚姻費用・子2人表（第1子15～19歳，第2子0～14歳）

表15 婚姻費用・子2人表（第1子及び第2子15〜19歳）

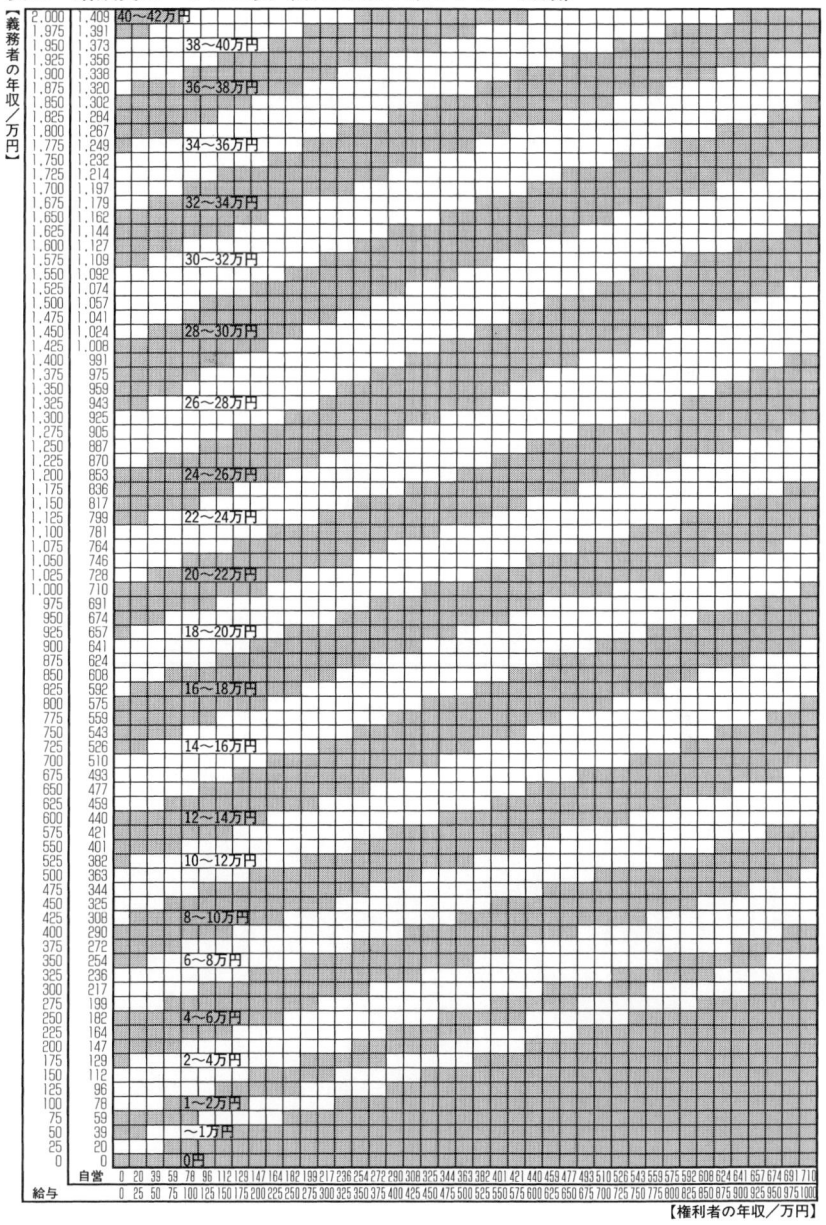

表16 婚姻費用・子3人表（第1子，第2子及び第3子0〜14歳）

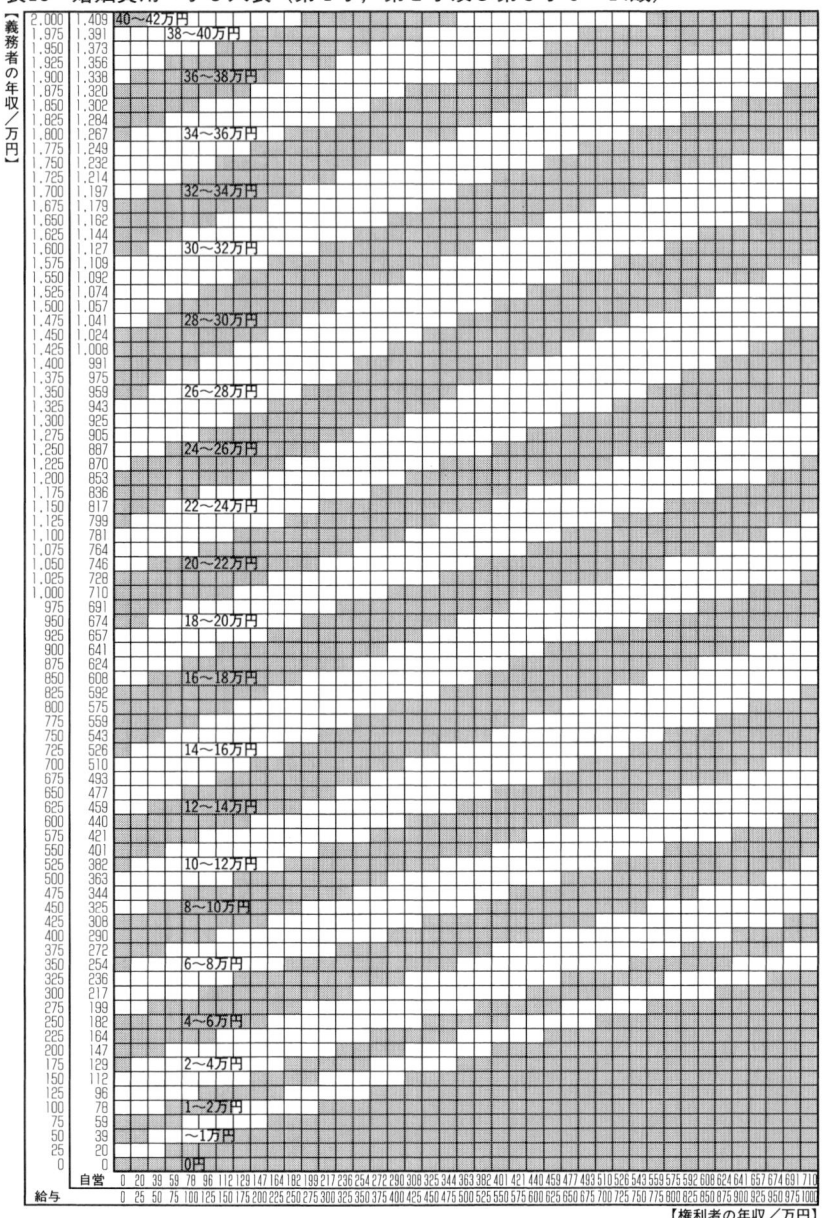

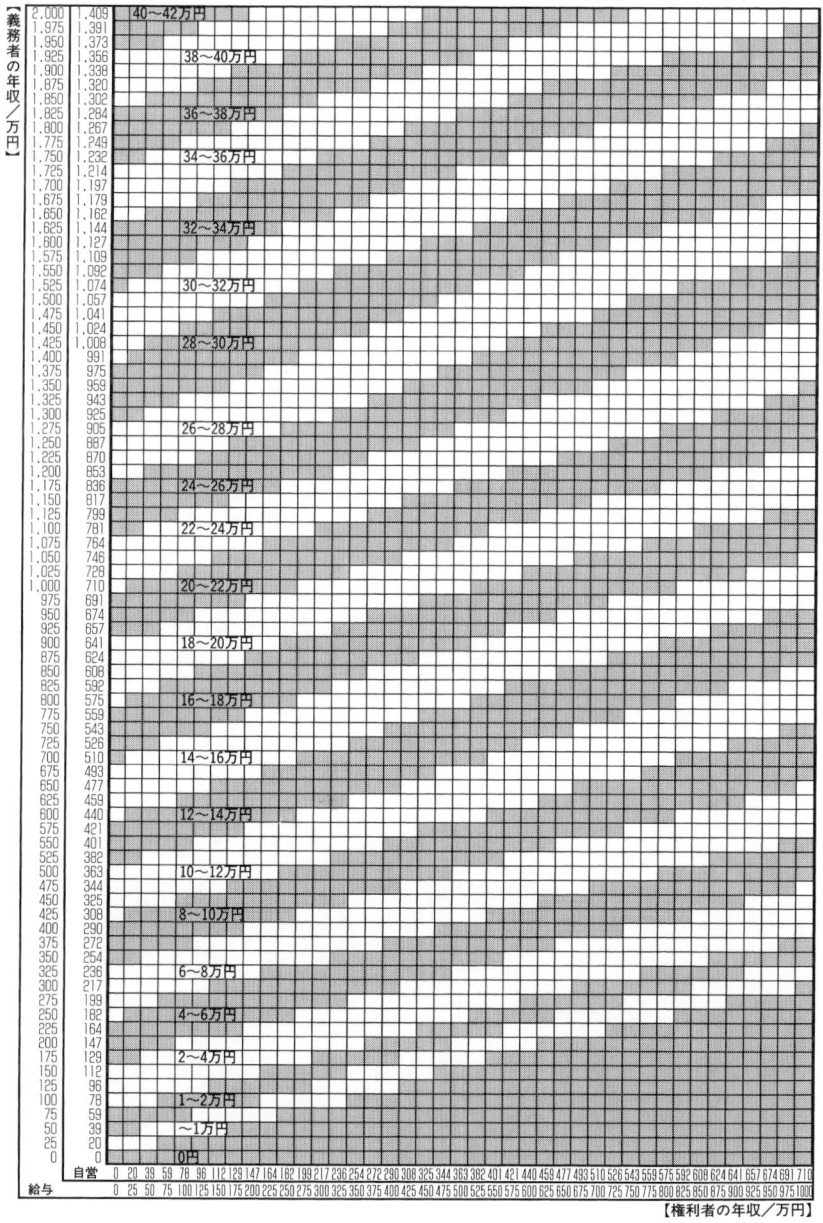

表17　婚姻費用・子3人表（第1子15〜19歳，第2子及び第3子0〜14歳）

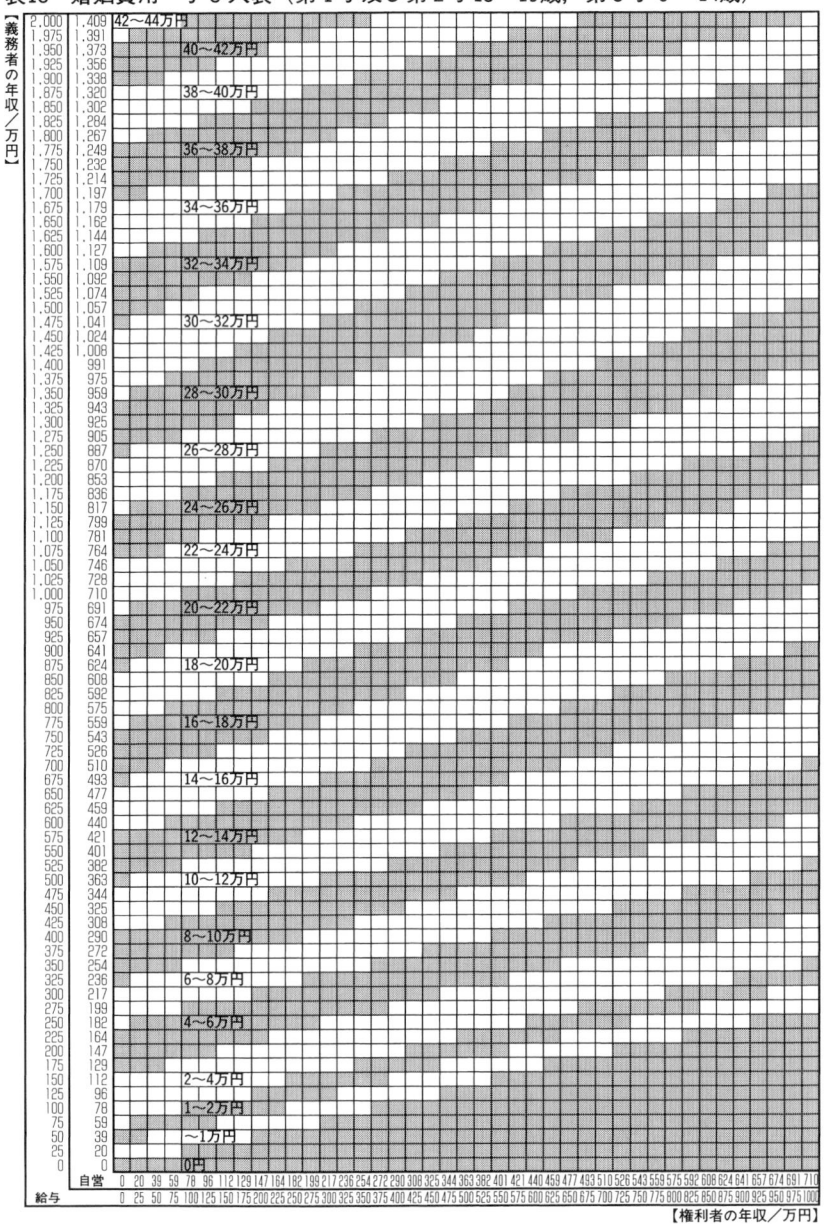

表18 婚姻費用・子3人表（第1子及び第2子15～19歳，第3子0～14歳）

表19 婚姻費用・子3人表（第1子，第2子及び第3子15〜19歳）

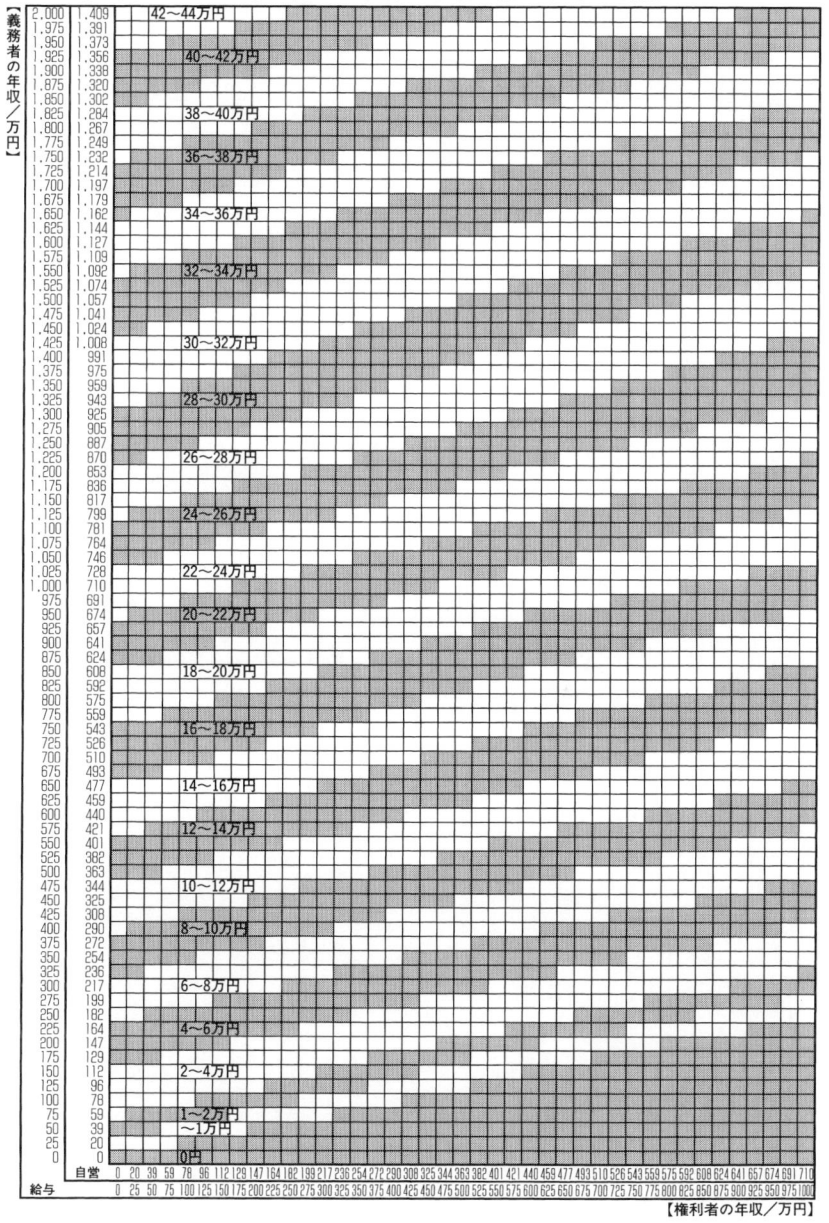

事項索引

〔主要な頁は太字で表示しています〕

あ

異議申立て（異議の申立て）
　……33, 161, **196**, 203, **207**,
　262, 321, 324, 386, 393,
　424
遺産から生じる果実……445
遺産の評価の基準時……447
遺産分割……415
　――と登記……489
　――の禁止……415
遺産分割後に生じた第三者
　……489
遺産分割後に発見された遺産
　……531
遺産分割調停の前提問題……427
遺産分割前に生じた第三者
　……489
移送……15
遺贈……457
一般調停事件……7
医務室技官……38
遺留分……495
　――の事前放棄……495
遺留分額算定の基礎となる財
　産……496
遺留分減殺請求の対象……502
遺留分算定の基礎となる財産
　……498
写しの送付に代わる通知
　……103
訴え提起の擬制……179
エフピック……365
縁氏続称……401
縁組取消し……389
縁組無効……389
親子関係否認の確認のための
　訴え……375

か

懐胎時期に関する証明書
　……368
回避……43
回付……14
家業従事型……481
過去の未払い婚姻費用……309
家事審判の申立ての擬制
　……179
家事調停委員……28
家事調停官……19, **32**
家事調停事件における受継
　……187
家事調停の申立て……93
家庭裁判所調査官……35
　――による調査・勧告
　……240
可分債権……441
仮差押命令……234
仮処分命令……234
仮の地位を定める仮処分
　……225, 235
管轄裁判所……11
　――の指定……14
管轄の合意……12
換価分割……486
監護権……346
間接強制……243, **245**
期日調書……45
期日の指定……113
期日の変更……114
基礎収入の算定……312
忌避……41
協議離縁……392
協議離婚……261
　――の無効・取消し……319
強制参加……130, 133
強制受継……139
強制認知……380
共有物分割……487
寄与分……472
記録の閲覧・謄写……52, 128
金銭出資型……481
決議……26
現地調停……115
現物分割……485
合意管轄……13
合意に相当する審判
　……9, **191**, 317, 321, 324,
　390, 427
公的扶助……405
高等裁判所における調停手続
　……163
国際裁判管轄権……**547**, 564
国庫に帰属……432
子の意思の把握……154
子の氏の変更……327
子の氏の変更許可審判……327
子の手続代理人……80
個別代理……78
婚姻関係事件の戸籍手続
　……326
婚姻関係存否確認……323
婚姻の取消しについての合意
　に相当する審判……194
婚姻の無効・取消し……315
婚姻費用……307
婚姻費用算定表……311
婚姻予約（婚約）……333
婚姻履行請求権……333
婚氏続称の届出……327
婚約破棄……333

さ

財産管理型……482
財産分与請求権……288
財産分与と離婚慰謝料の関係
　……304
祭祀財産……**437**, **540**
祭祀承継者……442
裁判所技官……38
裁判長による手続代理人の選
　任……84
裁判離婚……267
債務名義……245
事件記録の編成……48
事件経過表……47

事項索引

事件の実情 93
死後離縁 387
持参金 457
事実の調査 36, **145**
　――としての調査嘱託
　　.................. 152
事情説明書 **96**, 255
自庁処理 **16**, 97
執行の停止・取消し 232
執行文の付与 246
失踪宣告 430
私的扶養 405
児童の権利に関する条約
　　.................. 155
使途不明金 444
死亡退職金 461
死亡保険金 459
15歳以上の子の陳述 226
重婚的内縁関係 275
受継の申立て 138
受諾書面 423
主張書面 126
出生届 378
準拠法 548
渉外家事事件 547
証拠調べ 145, **149**
証拠資料 126
証拠説明書 224
情報通知書 301
　年金分割のための――
　　.................. 301
省略謄本 400
職権探知主義 145
除斥 40
親権 341
親権者の指定 341
親権者変更 342
進行に関する照会回答書
　　.................. 96
人事に関する訴訟事件 5
親族間の紛争調整調停 ... 411
審判移行 78
審判前の保全処分 220
審判離婚 267
生活保持義務 307
生計の資本としての贈与

.... 458
前提問題 422
葬儀費用・香典 442
相続回復請求権 534
相続欠格・廃除 429
相続財産管理人 431
相続債務 475
相続人の妻 480
相続人の不存在 431
相続分譲渡証書 436
相続分の譲渡 433
相続分の放棄 434
相続分放棄書 436
訴訟手続の中止 107
その他家庭に関する事件 ... 6
疎明 224
損害賠償請求 444

た

胎児 428
代襲相続 428
代襲相続人 479
代償財産 441
対象財産の確定・評価の基準
　時 290
代償分割 485
担保 232
嫡出否認の訴え 375
中間決定 158
中間合意 158
中小企業における経営の承継
　の円滑化に関する法律
　　.................. 498
超過受益者 450
調停委員会 19, **22**
調停委員手控え 48
調停期日 113
調停条項案の書面による受諾
　　.................. 175
調停前置主義 105
調停調書の更正 173
調停調書の効力 172
調停手続の終了事由 167
調停に代わる審判 ... **203**, 412
調停の不成立 178
調停前の仮の措置 215

調停前の処分 215
調停申立書 126
調停離婚 267
調停をしない措置 176
直接強制 245
定期金債権の特則 247
DV 法 235
DNA 鑑定 367
手続委任状 74
手続からの排除 135
手続行為能力 57
手続代理権の消滅 75
手続代理人 72, 74
手続の受継 137
手続の非公開 111
手続の併合・分離 117
テレビ会議システム 140
電話会議システム 140
同居, 協力, 扶助の義務
　　.................. 258
当事者参加 129
当事者による更正 78
当事者能力 56
当事者の死亡
　...... 137, **184**, 317, 321,
　324, 387
同席調停 124
特殊調停事件 9
特別委任事項 76
特別縁故者 432
特別受益制度 450
特別受益の持戻し 450
特別代理人 **66**, 69
特別養子縁組 385
特有財産 290

な

内縁関係 275
2分の1ルール 290
任意参加 129, 132
任意的付調停 18, **108**
任意認知 380
認諾離婚 267
認知 380
認知取消し 372
認知能力 366

認知無効·················· 371
年金分割調停··············· 297

　　　　　は

ハーグ条約················· 559
破綻主義··················· 268
反致······················· 566
非遺産····················· 529
非開示希望の申出（非開示の
　申出）·············· 54, 127
非開示の希望に関する申出書
　························ 127
非常勤裁判官················ 32
非常勤裁判官制度············ 32
非嫡出子の相続分··········· 369
必要的付調停········· **106**, 108
必要的併合················· 118
評議························ 26
表見相続人················· 536
夫婦関係円満調整··········· 253
不可分的権利··············· 440
不在者の財産管理人········· 430
不受理申出制度············· 262
付調停···················· 108
普通養子縁組··············· 385
不動産購入と住宅ローン
　························ 291
不当利得返還請求··········· 444
不変期間内················· 231
扶養型···················· 481
扶養義務の程度············· 405

扶養の順位決定調停········· 409
不倫相手に対する慰謝料請求
　························ 335
文書提出命令··············· 151
別居調停·················· 257
別席調停·················· 124
別表第二調停事件·············· 8
包括受遺者··········· 429, 479
傍聴の許可················· 111
法定相続人················· 428
法定代理権の証明············ 63
法定代理権の消滅············ 63
法定代理人·················· 61
補佐人····················· 88
補正命令···················· 98
本人出頭主義·········· **77**, 122

　　　　　ま

未成熟子·················· 352
未成年者·················· 352
民事執行法················· 245
面会交流権の法的性質······· 361
面会交流の認容の基準······· 362
申立書····················· 93
　──の写しの送付······· 102
　──の却下··············· 98
　──の添付書類··········· 95
　──の様式··············· 94
申立人の死亡·············· 200
申立ての却下·········· **98**, 104
申立ての併合·············· 100

申立ての変更·············· 120
申立ての理由··············· 93
持戻免除の意思表示········· 453
　黙示の──·············· 453

　　　　　や

有責主義·················· 268
有責配偶者からの離婚請求
　························ 273
養育費···················· 351
養育費算定表·············· 358
養親子関係存否確認········· 396

　　　　　ら

利益相反············ **65**, **69**, **86**
利害関係参加·············· 132
履行勧告·················· 239
履行命令·················· 242
離婚慰謝料················ 303
離婚原因·················· 268
離婚後の紛争調停··········· 285
利殖目的のマンション購入
　························ 292
療養看護型················ 481
連絡先等の届出書············ 96
浪費······················ 293

　　　　　わ

和解離婚·················· 267
割合的包括受遺者··········· 429

■編者

紙 子 達 子（かみこ　たつこ）
　　弁護士
　　1970年　慶應義塾大学法学部卒業
　　1974年　弁護士登録（東京弁護士会所属）

野 本 俊 輔（のもと　しゅんすけ）
　　弁護士
　　1969年　中央大学法学部中退
　　1974年　弁護士登録

羽 成　守（はなり　まもる）
　　弁護士
　　1970年　中央大学法学部卒業
　　1976年　弁護士登録
　　中央大学法科大学院客員教授
　〔主要著作〕
　　・『仮差押え・仮処分の法律相談』〔新版〕（編集，青林書院）
　　・『民事調停の実務』（共編，青林書院）

家事調停の実務

2014年9月26日　初版第1刷印刷
2014年10月8日　初版第1刷発行

編者　紙　子　達　子
　　　野　本　俊　輔
　　　羽　成　　　守

発行者　逸　見　慎　一

発行所　東京都文京区　株式　青 林 書 院
　　　　本郷6丁目4の7　会社
　　　振替口座　00110-9-16920／電話03(3815)5897～8／郵便番号113-0033
　　　ホームページ☞ http://www.seirin.co.jp

印刷／藤原印刷株式会社　落丁・乱丁本はお取替え致します。
©2014　紙子＝野本＝羽成　Printed in Japan
ISBN978-4-417-01633-5

JCOPY 〈㈳出版者著作権管理機構　委託出版物〉
本書の無断複写は著作権法上での例外を除き禁じられています。複写される場合は，そのつど事前に，㈳出版者著作権管理機構（TEL03-3513-6969，FAX03-3513-6979，e-mail：info@jcopy.or.jp）の許諾を得てください。